関西学院大学研究叢書　第 133 編

「地域に根ざす社会科」実践の歴史的展開と授業開発

授業内容と授業展開を視点として

峯岸由治

Yoshiharu Minegishi

関西学院大学出版会

はじめに

　本書は、博士学位請求論文「『地域に根ざす社会科』実践の歴史的展開―授業内容と授業展開を視点として―」(2009年1月兵庫教育大学に提出、2009年3月博士(学校教育学)の学位取得)を、2009年度関西学院大学研究叢書出版助成金の給付を受けて刊行したものである。刊行に際して、博士論文提出後の研究の展開を「地域社会の再生・創造に取り組む人々と協同する総合的社会科授業の開発」として、一章付け加えることにしたのである。

　本書の研究は、大学院修士課程に進学した1985年にさかのぼる。その年、私は、子どもが目を輝かせる社会科授業のあるべき姿を求めて、埼玉県大学院研修教員として兵庫教育大学大学院に進学した。そこで、私は、二人の方と出会った。一人は、恩師中村哲先生である。もう一人は、兵庫県日高町立静修小学校教諭(当時)森垣修氏である。授業の事実からその授業の規則性を解明しようとする中村先生の講義を受け、その授業の見方に大いに興味をそそられたのを覚えている。また、保護者や地域の方と手を取り合って、子どもたちの心身の成長に真剣に向き合った、前任校日高町立府中小学校での森垣先生の実践には大きな衝撃を受けた。地域に根ざしたその取り組みは、一社会科授業にとどまらず「地域に根ざす社会科」カリキュラムの編成にまで及ぶスケールの大きな実践であった。そこで私は、修士論文で、森垣先生が取り組んだ「地域に根ざす社会科」実践を取り上げ、実践から授業理論を解明することにした。そして、修士学位請求論文として、「『地域に根ざす社会科』実践の授業理論―兵庫県日高町立府中小学校の場合―」を提出することができたのである。

　その後、私は学校現場に戻り、それぞれの地域で日々頑張っておられる全国の先生方の、「地域に根ざす社会科」実践を視野に入れながら、新しい授業の開発や日々の授業の改善を通して、授業実践に主観的にかかわってきたのである。

　2007年4月、兵庫教育大学大学院連合学校教育学研究科への入学を契機に、これまで温めてきた「地域に根ざす社会科」実践の全体像を解明しよう

と思った。というのは、私の周りでも教員の世代交代が進み、資料の収集や実践者の先生方からの聞き取りが難しくなることが危惧されたからである。本書では、民間教育研究団体における1970年代以降の「地域に根ざす社会科」実践を全て収集し、それらを授業内容と授業展開を視点に検討し、その時期的傾向を探り、到達点を明らかにすることを試みた。しかし、研究の対象と課題への接近が十分であったのか、大変心もとない。本書に対して、社会科教育関係者を始めとする読者のご批判とご指導を切にお願いするものである。

　本書の刊行は、関西学院大学研究叢書出版助成金によるものである。関西学院大学の長い歴史と素晴らしい伝統に思いを馳せながら、関係者の皆様に感謝申し上げたい。刊行にあたっては、関西学院大学出版会の田中直哉氏をはじめスタッフの方々にお世話になった。初めての出版作業に右も左もわからない私は、大きなお力添えをいただいた。心からお礼申し上げたい。

2009年10月20日　研究室にて
峯岸由治

目　次

序　章　本研究の課題と方法 …………………………………… 1
　　第1節　研究の課題　1
　　第2節　研究の方法　2
　　第3節　論文の構成　12

第Ⅰ章　「地域に根ざす社会科」実践の成立と展開 ……………… 17
　　第1節　「地域に根ざす社会科」実践の成立　17
　　第2節　「地域に根ざす社会科」実践の展開　19

第Ⅱ章　地域の現実や民族的課題に目を向けた模索期
　　　　（1970年—1974年）の「地域に根ざす社会科」
　　　　実践の展開と事例分析 ……………………………… 29
　　第1節　模索期の「地域に根ざす社会科」実践の展開　29
　　第2節　模索期の「地域に根ざす社会科」実践事例の分析　33
　　　1　墓石調査を通して戦争の影響と平和への願いを考えさせた授業実践
　　　　—「戦争をどう教えたか」（小3）　34
　　　2　子どもの生活実感や共感性に結びつけて、工業の発達や平和や民主
　　　　主義の問題を考えさせた授業実践—「工業の発達」（小5）　37
　　第3節　模索期の「地域に根ざす社会科」実践の特色とその意義　42

第Ⅲ章　地域における人々の行為と社会事象とを関連付けた
　　　　拡大期（1975年—1981年）の「地域に根ざす社会科」
　　　　実践の展開と事例分析 ……………………………… 45
　　第1節　拡大期の「地域に根ざす社会科」実践の展開　45
　　第2節　拡大期の「地域に根ざす社会科」実践事例の分析　53

1　地域の人々の働く姿を取り上げた授業実践―「子どもと共につくる社会科―小3・見学学習と子どもたち」　53

　　2　地域産業の変容を保護者・住民と共に学んだ授業実践―「久慈の漁業」（小5）　56

　　3　地域住民の生活改善行為を取り上げた授業実践―「生協"がくえん班"のおばさんたち」（小3）　65

　第3節　拡大期の「地域に根ざす社会科」実践の特色とその意義　70

第Ⅳ章　子どもの認識を視野に入れ、多様な授業が開発された継承・発展期（1982年―1990年）の「地域に根ざす社会科」実践の展開と事例分析 …………………………… 75

　第1節　継承・発展期の「地域に根ざす社会科」実践の展開　75

　第2節　継承・発展期の「地域に根ざす社会科」実践事例の分析　85

　　1　子どもの社会参加を促した授業実践―「長池の学習と地域に根ざす社会科」（小3）　86

　　2　地域の歴史体験者の記録に基づき、戦争の悲惨さと平和の尊さを考えさせた授業実践―「地域に根ざす平和教育―『被爆者の手記』を教材化して―」（小6）　89

　　3　自主編成の学習書により、地域の生産労働理解を図った授業実践―「お茶づくり」（小3）　93

　第3節　継承・発展期の「地域に根ざす社会科」実践の特色とその意義　97

第Ⅴ章　現代社会の課題を視野に入れ、地域の課題を捉え直した転換期（1991年―1999年）の「地域に根ざす社会科」実践の展開と事例分析 …………………………… 101

　第1節　転換期の「地域に根ざす社会科」実践の展開　101

　第2節　転換期の「地域に根ざす社会科」実践事例の分析　114

　　1　地域の人々と平和を考えた授業実践―「『谷中平和の碑』は私たちの新しい第一歩」（小6）　114

2　開発問題を通して住民自治を考えさせた授業実践—「ポンポン山が
　　　　たいへん」（小4）　123

　　　3　創造的な生産労働行為を取り上げた授業実践—「日本のコメづくり」
　　　　（小5）　128

　　第3節　転換期の「地域に根ざす社会科」授業実践の特色と課題　135

第Ⅵ章　地域の再生・創造に関与する創造期（2000年—2005年）
　　　　の「地域に根ざす社会科」実践の展開と事例分析 ……… 139

　　第1節　創造期の「地域に根ざす社会科」実践の展開　139

　　第2節　創造期の「地域に根ざす社会科」実践事例の分析　151

　　　1　地域の伝統文化とそれを守り育ててきた人々を取り上げた授業実践
　　　　—「和光のむかしを知ろう！—今に伝わる『白子囃子』」
　　　　（小3）　151

　　　2　産業振興による新しい地域づくりを取り上げた授業実践—「三王山
　　　　のゆずから見える世界」（小3）　154

　　　3　地域の歴史に誇りを持ち、地域の再生を図る人々を取り上げた授業
　　　　実践—「総合『大好きな与那原湾　山原船が来た海辺の町』」
　　　　（小4）　161

　　第3節　創造期の「地域に根ざす社会科」実践の特色とその意義　165

第Ⅶ章　地域社会の再生・創造に取り組む人々と協同する
　　　　総合的社会科授業の開発 ……………………………………… 169

　　第1節　地域社会の再生・創造に取り組む人々と協同する総合的社会科授
　　　　業開発の視点　169

　　第2節　地域社会の再生・創造に取り組む人々と協同する総合的社会科授
　　　　業開発の事例　170

　　　1　単元名　170

　　　2　目標　170

　　　3　指導計画　172

　　　4　授業の概要　174

終　章　本研究の意義と今後の課題 …………………………………… 179

　　第 1 節　本研究の意義　179
　　第 2 節　今後の課題　190

図表・資料目次 ……………………………………………………………… 193

資料・及び参考文献 ………………………………………………………… 195

謝辞 …………………………………………………………………………… 253

付録

　　表 1 ……………………………………………………………………… 257
　　表 2 ……………………………………………………………………… 258

序章

本研究の課題と方法

第1節　研究の課題

　戦後、社会科は「民主主義社会の建設にふさわしい社会人」を育てる教科として発足した[1]。その後、「平和で民主的な国家・社会の形成者」の育成は社会科教育の理念となってきた[2]。ところが、「こうした目標を達成するためにそれにふさわしい学習内容や学習方法に基づいて授業が構成され、実践されたとは言い難い」と指摘されるように、「平和で民主的な国家・社会の形成者」の育成が困難な状況がある[3]。すなわち、「平和で民主的な国家・社会の形成者」の育成を、授業実践を通してどのように図るのかということは、社会科教育の基本的課題である。

　この基本的課題を解決するために、本研究では、「地域に根ざす社会科」実践を取り上げる。「地域に根ざす社会科」実践は、平和と民主主義を担う主権者の育成を目指して、1960年代後半から民間教育研究団体を中心に取り組まれたもので、各地で地域に根ざした実践が展開されてきた[4]。それは、「民主社会を担う主権者としての人間の育成をめざした社会科の目的・内容・方法を貫く社会認識育成の理論とそれに基づく授業構成の在り方を追求」した取り組みである[5]。本研究では、「平和と民主主義を担う主権者」を育成するた

めに「地域に根ざす社会科」ではどのような取り組みが行われたのか、なぜそのような取り組みとなったのか、それらの取り組みにはどのような歴史的意義があるのかを解明したい。

第2節　研究の方法

　「地域に根ざす社会科」実践に関するこれまでの研究としては、次の研究が見られる。
1　社会科教育史の中に「地域に根ざす社会科」実践を位置付けた実践史研究[6]
2　「地域に根ざす社会科」実践を分析し、授業理論を明らかにしようとした授業分析研究[7]

1　社会科教育史の中に「地域に根ざす社会科」実践を位置付け記述した実践史研究には、次の二つの研究方法が見られる。
　(1)　代表的な「地域に根ざす社会科」実践を取り上げ、その実践を戦後社会科教育史の中に位置付けた研究
　(2)　民間教育研究団体の社会科教育実践史の中に「地域に根ざす社会科」実践を位置付けた研究

(1)の代表的な研究としては、次のものがある。
　①　斎藤孝「地域に根ざす社会科」日本民間教育団体連絡会編『日本の社会科30年』民衆社、1977年、pp. 154-161。
　　本研究は、「なぜそのこと（「地域に根ざす社会科」筆者注）が言われたのか」「なぜ地域に根ざした社会科でなければいけないのか」を「考える」ために、「地域に根ざした社会科がどんな子どもを育てたか」「子どもたちにどんな社会認識を育てたか」を「実践から検討」したものである。そして、「そこに見られる事実から、地域に根ざすことの意味を考え」たものである。具体的には、「児童公園づくりの運動とおかあさんたち」（若狭蔵之助）を取り上げ、子どもの変容と教師の意図とを紹介し、「地域に根ざす社

会科」実践における学習内容の選択視点を明らかにしている。しかし、なぜこの実践を取り上げたのか、なぜそのような子どもの変容が可能となったのか、子どもの変容と授業内容、及び展開方法には、どのような関連があるのかなどが明らかにされておらず研究としての限界がある。

② 民教連社会科研究委員会編『社会科教育実践の歴史 記録と分析 小学校編』あゆみ出版、1983年7月。

本研究は、「平和と民主主義の理念に貫かれた科学的社会観をどう形成していくべきか」という「今日的課題」を解決するために、「これまでの教育実践の遺産に学ぶ」として、次のような研究方法がとられている。第一に「従来の四十年近い社会科の歴史の中で公表されてきた数多くの実践を概観」している。第二に「それらを系統的に整理し、特色づけ」ている。第三に、「そこからいずれを選択してまとめるか検討」されている。本研究では、「地域に根ざす社会科」実践は、「④地域に根ざす教育と科学的社会認識の育成──一九七〇年代から一九八〇年代の授業展開──」として位置付けられ、若狭蔵之助「児童公園」（6年生）、鈴木正気「久慈の漁業」（5年生）が取り上げられている。しかし、年代的な時期区分に止まっているところ、時期区分の根拠が示されていないところに研究としての限界がある。

③ 外山英昭「地域に根ざす教育と社会科の授業―1970年代」日本民間教育団体連絡会編『社会科の歴史 その40年と今日の課題』民衆社、1988年、pp. 120-143。

本研究は、「日本生活教育連盟、歴史教育者協議会、教育科学研究会を取り上げ、3人の代表的な実践家の実践に即して」「地域に根ざす社会科教育とは何かを、具体的に明らかにしたい」として行われたものである。本研究では、「生活教育と調べる社会科」として若狭蔵之助「生協のおばさんたち」、「地域に根ざす歴史教育」として安井俊夫「松戸農民の歴史」、「科学的社会認識の形成と地域…『みえるもの』から『みえないもの』へ」として鈴木正気「久慈の漁業」が取り上げられている。しかし、なぜ3人の実践なのか、どのような研究方法で分析・検討されるのかが明らかにされて

いないところに研究としての限界がある。

(2)の代表的な研究としては、次のものがある。
① 森谷宏幸・藤田尚充・谷口雅子「歴史教育者協議会の歴史教育研究における〈地域〉の問題」『福岡教育大学紀要』第26号第2分冊社会科編、1977年。

　本研究は、「歴史教育者協議会の歴史教育研究運動の過程を明らかにしながら、その研究、実践の中心として現在展開されつつある『地域』の問題を追求」したものである。具体的には、「生活」「科学」の「両概念に示される論理が歴教協においては、どのような論理過程で『地域』論に至るのか、また、その『地域』論で趣意書に示された課題がいかに統一されるのか」を明らかにするために、「歴教協の歴史教育研究運動の過程をたどりながら、『地域』論の登場する論理的過程とその意味を考察」している。しかし、授業実践に基づいた研究ではなく、社会科教育実践の歴史研究とはなっていない。

② 中島永至「民間教育団体における社会科授業実践の展開と課題」兵庫教育大学修士論文、1987年。

　本研究は、「民間教育団体にみられる小学校社会科授業実践の展開を授業実践の背後にある考え方に基づいて、系統的に解明」しようとしたものである。具体的には、『歴史地理教育』誌に掲載された「授業構成が明確に示されている小学校社会科授業実践事例を抽出」し、「授業構成の考え方に基づいて時期区分し、各期の授業構成の構造と課題を示す典型的授業実践を分析・検討」したものである。「地域に根ざす社会科」実践が展開され始める1970年以降は、次のように時期区分されている。

　低学年社会科第2期（1968年—1978年）は、「生産・労働の現実的な事象を地域で働く人を手がかりにして、共感的に認識させる実践の展開期」としている。第3期（1979年—1986年）は、「生産・労働の現実的な事象を地域で働く人を手がかりにして、知識と情意を統一して認識させ主権者意識を形成させる実践の展開期」としている。

中学年社会科第3期（1971年—1974年）は、「社会的課題を地域現実の掘り起こしを通し、子どもの思考発達を考慮しながら認識させる実践の展開期」としている。第4期（1975年—1986年）は、「社会的課題を地域現実の掘り起こしを通して、実感的に認識させ子どもの心理的・発達的側面を考慮し、主権者意識を形成させる実践の展開期」としている。

高学年社会科地理的授業実践第3期（1969年—1975年）は、「日本産業における資本主義的矛盾を地域現実の問題を手がかりにして、認識させる実践の展開期」としている。第4期（1976年—1986年）は、「日本産業における資本主義的矛盾を地域現実の典型事例を手がかりにし、子どもの心理的・発達的側面を考慮して、イメージ豊かに認識させる実践の展開期」としている。

高学年社会科歴史的授業実践第3期（1971年—1978年）は、「歴史的課題を地域史実を手がかりにして、イメージ豊かに認識させ主体者意識を形成させる実践の展開期」としている。高学年社会科歴史的授業実践第4期（1979年—1986年）は、「各時代における歴史的課題をイメージ豊かにする典型事例を手がかりにして共感的に認識させ、主権者意識を形成させる実践の展開期」としている。

本研究は、歴史教育者協議会の授業実践に基づく、社会科教育実践の歴史的研究である。その意味では、共通する問題意識にたった研究である。しかし、歴史教育者協議会の実践に限定されているところ、1986年までの実践が対象となっているところに違いがある。

③　歴史教育者協議会編『歴史教育50年のあゆみと課題』未来社、1997年。

本研究は、「二十一世紀に向けて何をよりどころにして歴史を考察し、歴史教育にたずさわっていけばよいのだろうか」という「課題にこたえる」ために、歴史教育者協議会の「今日までのあゆみをふりかえり、そこから学ぶことがまず必要」であるとして、「歴史編・座談会編・資料編・年表編」から構成されたものである。「歴史編は各章にテーマ性をもたせて」記述されており、「それぞれが問題になった時代の前後にまで及んで」記述され

ている。

　「地域に根ざす社会科」実践が展開され始める1970年以降は、「第7章　地域の掘りおこし運動と地域に根ざす歴史教育」、「第8章　わかる授業の創造と『動く社会科』論争」「第9章　『いのち』と『平和の尊さ』を学ぶ歴史教育」「第10章　『社会科』の解体と歴史教育の課題」「第11章　地域に根ざし平和と民主主義をきずく歴史教育」という各章にわたって展開されている。

　なお、『地域に根ざす歴史教育の創造―歴教協30年の成果と課題―』では、1970年代を「第六章　地域に根ざす―飛躍の時代」としている。

　本研究は、歴史教育者協議会の教育研究運動を歴史的にふり返ったもので、社会科教育実践の歴史研究とはなっていない。

④　日本生活教育連盟編『日本の生活教育50年―子どもたちと向き合いつづけて―』学文社、1998年11月。

　本研究は、1988年に刊行された『子どもの生活をひらく教育―戦後生活教育運動の四〇年』を「土台」としながら、「わが国を含む国際的な教育改革運動の流れを踏まえ、さらに二一世紀へむけての教育の歴史的課題を明確にする」という「意図」のもとに取り組まれたものである。「地域に根ざす社会科」実践が展開され始める1970年以降は、1970年代「第五章　子どもの全体的発達をめざして」、1980年代「第六章　子どもが生きる学校づくり」、1990年代「第七章　自立と共生への道」という章立てとなっている。

　なお、『子どもの生活をひらく教育―戦後生活教育運動の四〇年』では、1970年代を「第4章　地域に根ざし、子どもの全体的発達をめざす」としている。

　本研究は、日本生活教育連盟の教育研究運動を歴史的にふり返ったもので、社会科教育実践の歴史研究とはなっていない。

　これらの研究においては、授業実践に基づく教科教育研究となっていない、もしくは授業実践に基づく研究であっても理由が明示されずに研究対象とな

る実践が選択されている、「平和と民主主義を担う主権者」を育成する学習内容や学習方法等の変遷が明らかにされていないなど、研究としての限界がある。

2　「地域に根ざす社会科」実践を分析した研究には、次の3つの研究方法が見られる。
　(1)　個別の「地域に根ざす社会科」実践を取り上げ分析した研究
　(2)　各民間教育研究団体における「地域に根ざす社会科」実践の特徴を明らかにしようとした研究
　(3)　「地域に根ざす社会科」実践を取り上げ、比較した研究

(1)は、たくさんの研究が発表されている。社会科教育実践史研究の視点からなされた授業分析研究に次のものがある。
　①　斉藤利彦「地域住民運動と国民主権の学習――一九七〇年・若狭蔵之助『児童公園』(6年生)の授業―」民教連社会科研究委員会編『社会科教育実践の歴史　記録と分析　小学校編』あゆみ出版、1983年7月、pp. 197-230。
　本研究は、「若狭実践の内容を紹介し、その分析を行うこと」によって、「実践の提起したものおよびそこにおける『地域に根ざす』ということの意味」を明らかにしようとしたものである。本研究は、「はじめに」「一　実践の概要」「二　実践の特徴と分析」「三　おわりに――若狭実践の深化と八〇年代への問題提起―」という構成になっている。しかし、1970年代から1980年代の実践として、なぜ若狭氏の実践が選択されるのか、その根拠が明らかにされていないところに研究としての限界がある。

　②　斉藤利彦「地域に根ざす教育と科学的社会認識の育成――一九七八年・鈴木正気『久慈の漁業』(5年生)の授業―」民教連社会科研究委員会編『社会科教育実践の歴史　記録と分析　小学校編』あゆみ出版、1983年7月、pp. 255-296。
　本研究は、「子どもを夢中にさせる学習が、何故に、『久慈の漁業に固執

しつづける』という実践のねらいのもとで生み出されえたのか」を、授業実践の分析によって明らかにしようとしたものである。本研究は、「はじめに」「一　実践の概要」「二　実践の特徴と分析」「おわりに」という構成になっている。「実践の特徴と分析」は、「主体的な認識過程と科学的社会認識の形成」「地域認識の科学性」「地域実態のリアルで分析的な把握と、社会認識の発達」「地域の課題認識と、地域形成への展望」という構成になっている。しかし、1970年代から1980年代の実践として、なぜ鈴木氏の実践が選択されるのか、その根拠が明らかにされていないところに研究としての限界がある。

(2)の代表的な研究としては、次のものがある。
①　飯沼暢康「日本生活教育連盟の社会科授業実践にみられる地域教材の構成形態」兵庫教育大学社会系教科教育研究室『社会系教科教育学研究』創刊号、1989年、pp. 1-5。

本研究は、「科学的な社会認識と子どもの主体的な社会意識の統一的育成をめざした地域教材の構成原理」を「明確」にするために、日本生活教育連盟の小学校社会科授業実践の中から「地域教材を取り上げた」230事例の「地域教材の構成」を考察したものである。

本研究では、「地域教材の構成形態」を「構成目的」と「構成内容」から分類し、「最も科学的な社会認識と子どもの主体的な社会意識の統一的育成を意図した地域教材構成」として、「地域住民の生活運動」を構成内容とした「地域手段型・社会改善的意識型」に注目し、「3年　単元　生協"がくえん班"のおばさんたち」（若狭蔵之助）を取り上げ、紹介している。本研究は、授業実践に基づく社会科教育研究であるが、「地域教材の構成原理」を明らかにしようとする研究目的に違いがある。

②　中村哲「教育科学研究会の社会科教育における新動向」中村哲『社会科授業実践の規則性に関する研究—授業実践からの教育改革—』清水書院、1991年、pp. 210-219。

本研究は、「各立場の社会科における典型的社会科授業実践の規則性と、

その授業実践の基盤となる教科課程と教科目標を関連づけながら、各立場の社会科教育理論の規則性を解明する」研究の一環として、「最近の動向」を明らかにしたものである。本研究では、「社会科の授業を創る会」と鈴木正気氏の「久慈の漁業」を取り上げている。本研究は、授業実践に基づく社会科教育研究であるが、授業実践の規則性を解明しようとする研究目的に違いがある。

③　中村哲「日本生活教育連盟の社会科教育における新動向」中村哲『社会科授業実践の規則性に関する研究―授業実践からの教育改革―』清水書院、1991年、pp. 265-272。

　本研究は、「各立場の社会科における典型的社会科授業実践の規則性と、その授業実践の基盤となる教科課程と教科目標を関連付けながら、各立場の社会科教育理論の規則性を解明する」研究の一環として、「最近の動向」を明らかにしたものである。本研究では、上越教師の会と若狭蔵之助氏の「生協"がくえん班"のおばさんたち」を取り上げている。本研究は、授業実践に基づく社会科教育研究であるが、授業実践の規則性を解明しようとする研究目的に違いがある。

(3)の代表的な研究としては、次のものがある。
①　小原友行「『地域に根ざす社会科』の授業構成―若狭・安井・鈴木実践の分析―」全国社会科教育学会『社会科研究』30号、1982年、pp. 148-157。

　本研究は、「『地域に根ざす社会科』の授業構成の基本的な考え方を考察」するために、「日生連社会科部会の若狭蔵之助氏の実践、歴教協の安井俊夫氏の実践、教科研『社会認識と教育』分科会の鈴木正気氏の実践」を取り上げ、「社会認識の育成理論（認識内容と認識形成過程）」「教材構成（内容構成、狭義の教材の選択・組織、発問構成と資料）」「授業（教授・学習）過程の組織」の3つの視点で分析したものである。しかし、なぜ若狭氏、安井氏、鈴木氏の実践が分析対象となるのか、この3人の実践は「地域に根ざす社会科」実践の中でどのような位置を占めるのかなどが明らかにさ

れていないところに研究の限界がある。

② 本多公栄「地域に根ざす社会科教育―小学校中学年の地域教材をめぐって―」大槻健・臼井嘉一編『小学校社会科の新展開』あゆみ出版、1982年、pp. 42-64。

　本研究は、教育研究全国集会（1981年・1982年）に出された2本のレポートを「対比」させて、「地域に根ざす社会科教育とは何か、について考え」ている。具体的には、「愛知などのレポートが、官側のレポートとどこが同じなのか」「多くの教研参加者はなぜ感銘したのか」「それが人間社会科といわれどこが問題なのか」という3つの視点で分析・検討が行われている。しかし、何を「対比」するのか、それぞれの実践の背後にある実践者の考え方はどのようなものかが明らかにされておらず説得力に欠けるものとなっている。

　これらの研究においては、分析対象として取り上げられる「地域に根ざす社会科」実践が時期的に偏っていたり、選択理由や歴史的意義が示されていなかったりするなど研究としての限界がある。

　以上のような、これまでの「地域に根ざす社会科」実践を対象とした先行研究に対して、本研究には次のような意義と特質がある。
　第一に、先行研究は、著名な「地域に根ざす社会科」実践や研究者の問題関心による「地域に根ざす社会科」実践を取り上げる個別的な研究にとどまっていた。また、取り上げられる実践事例も、1980年代前半までの事例にとどまっていた。これに対して本研究では、民間教育研究団体における「地域に根ざす社会科」実践を全て収集し、総覧する。また、「地域に根ざす社会科」実践の発展として展開されている生活科、総合的学習実践も視野に入れて収集、総覧し、「地域に根ざす社会科」実践の全体像に迫っていきたい。
　第二に、先行研究は、多様な「地域に根ざす社会科」実践を検討することなく、年代的な時期区分にとどまっていた。これに対し、本研究では、個々の授業実践を、授業内容と授業展開の視点から検討し、「平和と民主主義を担

う主権者」を育成する授業内容及び授業展開の変遷を明らかにする。そして、その上で、展開に見られる時期的傾向に基づき時期区分を行い、それぞれの時期における多様な「地域に根ざす社会科」実践の歴史的意義を明らかにしたい。

　本研究では、「平和と民主主義を担う主権者」を育成するために「地域に根ざす社会科」ではどのような取り組みが行われたのか、なぜそのような取り組みとなったのか、それらの取り組みにはどのような歴史的意義があるのかを解明するため、研究対象として、1970年から2005年までの小学校における「地域に根ざす社会科」実践、社会認識の形成を意図した生活科、並びに総合的学習の実践を取り上げる。そして、以下の手順と方法で考察する。

　第一に、「地域に根ざす社会科」授業実践記録、並びに「地域に根ざす社会科」授業実践に関する先行研究を収集する。授業実践は、1970年以降の『歴史地理教育』『教育』『生活教育』誌に掲載されている授業実践記録の中から、地域を対象とした授業実践を全て収集する[8]。参考として、『社会科教育』誌、それぞれの団体、もしくは所属する会員の出版物も対象とする。また、授業実践に関連する先行研究は、上記4誌、及び出版されている書籍、教育関係の学会誌を対象に収集する。

　第二に、収集した授業実践記録、並びに授業実践に関する論稿を年表に整理し、取り組みの事実を確定するとともに実践の動向を把握する。

　第三に、収集した小学校の授業実践を、「平和と民主主義を担う主権者」を育成する授業内容と授業展開の視点から検討し、授業構成上の特徴を把握する。それは、「平和と民主主義を担う主権者の育成」という陶冶性から考え、子どもたちがどのような内容をどのような方法で理解し、思考しているのかを明らかにする必要があると考えたからである[9]。

　第四に、第二並びに第三の検討結果を指標として、小学校における「地域に根ざす社会科」実践の時期区分を行い、それぞれ時期の特色と課題を明らかにする。また、典型的な実践を取り上げ、それらの実践の歴史的意義を明らかにする。なお、実践事例の分析は、次の手順で行う。

(1)　実践記録に基づき目標、並びに指導計画を抽出するとともに、授業でど

んな内容が取り上げられ、どんな方法で授業が展開されているのかを抽出し、授業事実を確定する。取り上げられている内容を授業内容とする。授業で展開されている教授活動、並びに学習活動（以下、「教授・学習活動」とする。）を展開方法とする。
(2) なぜそのような授業内容が選択されるのか、教授・学習活動がなぜそのように展開されるのかを、実践の背後にある授業者の考えに基づいて明らかにする。

第3節　論文の構成

　序章では、研究の課題、研究の方法、論文の構成を述べている。
　第Ⅰ章では、「地域に根ざす社会科」実践の成立、並びに「地域に根ざす社会科」実践の歴史的展開の概要を考察し、解明している。
　第Ⅱ章では、地域の現実や民族的課題に目を向けた模索期（1970年―1974年）の「地域に根ざす社会科」実践の時期的傾向を考察し、解明している。そして、模索期の典型的な実践事例を分析・検討し、典型的実践の歴史的意義、並びに「地域に根ざす社会科」の歴史的展開における模索期の歴史的意義を指摘している。
　第Ⅲ章では、地域における人々の行為と社会事象とを関連付けた拡大期（1975年―1981年）の「地域に根ざす社会科」実践の時期的傾向を考察し、解明している。そして、拡大期の典型的な実践事例を分析・検討し、典型的実践の歴史的意義、並びに「地域に根ざす社会科」の歴史的展開における拡大期の歴史的意義を指摘している。
　第Ⅳ章では、子どもの認識を視野に入れ、多様な授業が開発された継承・発展期（1982年―1990年）の「地域に根ざす社会科」実践の時期的傾向を考察し、解明している。そして、継承・発展期の典型的な実践事例を分析・検討し、典型的実践の歴史的意義、並びに「地域に根ざす社会科」の歴史的展開における継承・発展期の歴史的意義を指摘している。
　第Ⅴ章では、現代社会の課題を視野に入れ、地域の課題を捉え直した転換期（1991年―1999年）の「地域に根ざす社会科」実践の時期的傾向を考察し、

解明している。そして、転換期の典型的な実践事例を分析・検討し、典型的実践の歴史的意義、並びに「地域に根ざす社会科」の歴史的展開における転換期の歴史的意義を指摘している。

第Ⅵ章では、地域の再生・創造に関与する創造期（2000年—2005年）の「地域に根ざす社会科」実践の時期的傾向を考察し、解明している。そして、創造期の典型的な実践事例を分析・検討し、典型的実践の歴史的意義、並びに「地域に根ざす社会科」の歴史的展開における創造期の歴史的意義を指摘している。

第Ⅶ章では、「地域に根ざす社会科」実践の歴史的展開の到達点に立って、地域社会の再生・創造に取り組む人々と協同する総合的社会科授業を開発している。

終章では、本研究の成果と意義を総括し、今後の研究課題を考察している。

註

(1) 「学習指導要領社会科編(Ⅰ)（試案）—昭和22年度—」上田薫『社会科教育史資料1』東京法令出版株式会社、p. 219、昭和63年。
(2) 文部科学省『小学校学習指導要領　平成20年3月告示』p. 34。
(3) 谷本美彦「社会科と民主主義」社会認識教育学会編『社会科教育学ハンドブック—新しい視座への基礎知識—』明治図書、p. 23、1994年。
(4) 永井滋郎・平田嘉三編『社会科重要用語300の基礎知識』明治図書、1981年、p. 23。
(5) 小原友行「『地域に根ざす社会科』の授業構成—若狭・安井・鈴木実践の分析—」全国社会科教育学会『社会科研究』30号、p. 148、1982年。
(6) 社会科教育史の中に「地域に根ざす社会科」実践を位置付けた実践史研究としては、次の研究がある。
　① 斉藤孝「地域に根ざす社会科」日本民間教育研究団体連絡会『日本の社会科30年』民衆社、1977年6月、pp. 154-161。
　② 佐々木勝男「地域の掘り起こしと社会科教育・歴史教育」日本民間教育研究団体連絡会『日本の社会科30年』民衆社、1977年6月、pp. 162-173。
　③ 森谷宏幸・藤田尚允・谷口雅子「歴史教育者協議会の歴史教育研究における〈地域〉の問題—戦後社会科教育史の研究（Ⅰの3）—」『福岡教育大学紀

要』第 26 号第 2 分冊社会科編、1977 年、pp. 13-29。
- ④ 田嶋一「『地域に根ざす』教育の思想」中内敏夫『講座　日本の学力 17 巻　学力の思想』日本標準、1979 年 5 月、pp. 297-321。
- ⑤ 「地域に根ざす—飛躍の時代—」「国民の願いにこたえる—歴教協のめざすもの—」歴史教育者協議会『地域に根ざす歴史教育の創造』明治図書、1979 年 8 月、pp. 140-171、pp. 172-210。
- ⑥ 小嶋昭道「地域に根ざす教育実践と社会科学的認識の形成」小嶋昭道『社会科教育の歴史と理論』労働旬報社、1983 年 5 月、pp. 129-190。
- ⑦ 民教連社会科研究委員会編『社会科教育実践の歴史　記録と分析　小学校編』あゆみ出版、1983 年 7 月。
- ⑧ 中島永至「民間教育団体における社会科授業実践の展開と課題—『歴史地理教育』の小学校授業実践事例を手がかりにして—」兵庫教育大学大学院修士論文、1987 年 12 月。
- ⑨ 外山英昭「地域に根ざす教育と社会科の授業—1970 年代」日本民間教育研究団体連絡会『社会科の歴史　その 40 年と今日の課題　上』民衆社、1988 年 4 月、pp. 120-143。
- ⑩ 若狭蔵之助「日本生活教育連盟」朝倉隆太郎『現代社会科教育実践講座　第 1 巻　新しい社会科教育への課題と実践』現代社会科教育実践講座刊行会、1991 年 4 月、pp. 218-227。
- ⑪ 二谷貞夫「歴史教育者協議会」朝倉隆太郎『現代社会科教育実践講座　第 1 巻　新しい社会科教育への課題と実践』現代社会科教育実践講座刊行会、1991 年 4 月、pp. 228-235。
- ⑫ 臼井嘉一「教育科学研究会」朝倉隆太郎『現代社会科教育実践講座　第 1 巻　新しい社会科教育への課題と実践』現代社会科教育実践講座刊行会、1991 年 4 月、pp. 246-256。
- ⑬ 臼井嘉一「地域に根ざした社会科学習」朝倉隆太郎『現代社会科教育実践講座　第 6 巻　地域学習と産業学習』現代社会科教育実践講座刊行会、1991 年 11 月、pp. 22-27。
- ⑭ 日本生活教育連盟編『子どもの生活をひらく教育—戦後生活教育運動の 40 年—』学文社、1989 年 12 月。
- ⑮ 歴史教育者協議会『歴史教育 50 年のあゆみと課題』未来社、1997 年 8 月。
- ⑯ 日本生活教育連盟編『日本の生活教育 50 年—子どもたちと向き合いつづけて—』学文社、1998 年 11 月。

(7) 「地域に根ざす社会科」実践を分析し、授業理論を明らかにしようとした研究には、次の研究がある。
- ① 鈴木正気「社会認識と社会科教育」『子どもの発達と教育　5　少年期発達段階と教育』岩波書店、1979 年、pp. 143-164。
- ② 中西新太郎「社会科教育における『科学』の再把握—鈴木正気氏の実践と

構想における労働過程の位置づけをめぐって—」『一橋論叢』第 87 巻第 2 号、一橋論叢編集所、1982 年 2 月、pp. 216-224。
③　谷川彰英「歴史教育者協議会の教材づくり—佐々木勝男氏の実践を例に—」『社会科教育』No. 230、明治図書、1982 年 6 月、pp. 57-62。
④　森分孝治「態度形成と授業構成(3)(4)」『社会科教育』No. 232、No. 233、pp. 107-115、pp. 107-115。
⑤　小原友行「『地域に根ざす社会科』の授業構成—若狭・安井・鈴木実践の分析—」全国社会科教育学会『社会科研究』30 号、1982 年、pp. 148-157。
⑥　本多公栄「地域に根ざす社会科教育—小学校中学年の地域教材をめぐって—」大槻健・臼井嘉一編『小学校社会科の新展開』あゆみ出版、1982 年、pp. 42-64。
⑦　斉藤利彦「地域住民運動と国民主権の学習——九七〇年・若狭蔵之助『児童公園』(六年生)の授業—」民教連社会科研究委員会編『社会科教育実践の歴史　記録と分析　小学校編』あゆみ出版、1983 年 7 月、pp. 197-230。
⑧　斉藤利彦「地域に根ざす教育と科学的社会認識の育成——九七八年・鈴木正気『久慈の漁業』(五年生)の授業—」民教連社会科研究委員会編『社会科教育実践の歴史　記録と分析　小学校編』あゆみ出版、1983 年 7 月、pp. 255-296。
⑨　影山清四郎「佐々木勝男氏の授業にみる学習課題」『社会科教育』No. 253、明治図書、1984 年 3 月、pp. 75-82。
⑩　小山直樹「概念探究学習理論による授業の改善—科学的社会認識と自立的判断力の統一的育成をめざして—」社会認識教育学会『社会科教育の 21 世紀』明治図書、1985 年 5 月、pp. 145-154。
⑪　二谷貞夫「3　民間教育団体の地域学習論—『歴史教育者協議会』の『地域に根ざす』をとりあげて—」朝倉隆太郎『社会科学習と地域学習の構想』明治図書、1985 年 5 月、pp. 142-154。
⑫　飯沼暢康「日本生活教育連盟の社会科授業実践にみられる地域教材の構成形態」兵庫教育大学社会系教科教育研究室『社会系教科教育学研究』創刊号、1989 年、pp. 1-5。
⑬　中村哲「教育科学研究会の社会科教育における新動向」中村哲『社会科授業実践の規則性に関する研究—授業実践からの教育改革—』清水書院、1991 年、pp. 210-219。
⑭　中村哲「日本生活教育連盟の社会科教育における新動向」中村哲『社会科授業実践の規則性に関する研究—授業実践からの教育改革—』清水書院、1991 年、pp. 265-272。
⑮　木戸口正宏「地域社会変動と教育実践—鈴木正氣の『地域に根ざす教育実践』を手がかりに—」『教育』No. 622、国土社、1998 年 1 月、pp. 86-94。
(8)　「地域に根ざす社会科」実践は、各民間教育研究団体の「独自の教育運動や

教育実践の中から形成されて」きたものだが、「子どもの社会認識の発達の筋道に即した授業を創造する際、地域教材は不可欠であるという視点から概念を規定することについて一定の共通理解が存在する」（永井滋郎・平田嘉三編、前掲書）とされている。そこで、本研究では、民間教育研究団体の機関誌に掲載された実践記録の中から、地域を対象とした実践記録を全て収集し、研究対象とした。

また、「1970年以降」としたのは、次の文献によった。
① 前掲誌(6)⑦
② 前掲誌(6)⑨

(9) 授業内容と授業展開を視点にした「地域に根ざす社会科」実践の検討は、次の文献によった。
・中村哲『社会科授業実践の規則性に関する研究―授業実践からの教育改革―』清水書院、1991年、pp. 30-38。

第Ⅰ章

「地域に根ざす社会科」
実践の成立と展開

第1節　「地域に根ざす社会科」実践の成立

　1970年、歴史教育者協議会（以下、「歴教協」と略す。）は、第22回大会で「研究の重点」として、初めて「地域に根ざし人民のたたかいをささえる歴史教育」を設定し、活動方針の一つに「地域に根ざし人民のたたかいをささえる歴史教育の理論的・実践的、推進」を掲げた[1]。歴教協がこうした活動方針を掲げたきっかけは、前年の山形大会における「私たち、はなばなしく安保闘争なんかに出かけていきませんが、村の中に安保も帝国主義もある」という農民の発言にあった[2]。歴教協は、この農民の発言によって、「民族の課題が地域社会の中に貫徹している」ことを発見するのである[3]。したがって、「"地域に根ざす"という考え方の基礎は"民衆こそが歴史の担い手である"という歴史観・教育観である。そして、この立場から、父母大衆・地域の民衆に学び、その教育要求をふまえ、地域にふさわしい歴史教育の内容・形式・方法を創造していくことである」と考えられていたのである[4]。

　1972年、日本生活教育連盟（以下、「日生連」と略す。）は、夏季全国研究集会の基調提案において、研究主題「子どもの発達を保証する教育の創造」に、「地域・生活に根ざして」を副題として設定したのである[5]。そして、「『地

域・生活に根ざす』ということを実践的レベルにおいてあきらかにし、その意味を理論的にいっそう深く追求したい」と提案している。日生連が「地域・生活に根ざす」という副題を設定したのは、当時の社会や教育をめぐる基本動向に対する抵抗であり、「子どもたちに現実を抽象化せずにレアルにみつめさせ、彼等を科学や芸術を生み出した基盤に立たせ、現実を変革する主体として形成しようとする教育」を創造的に発展させたいと考えたからである。また、この取り組みは、「地域住民の民主的なちからに依拠しつつおしすすめ、同時にそれが地域に民主的なちからを強めていく運動の一環」とされている[6]。

　1975年には、教育科学研究会（以下、「教科研」と略す。）が、「教育を地域に根づかせるために」という「主張」を掲げた[7]。教科研は、地域に根ざす教育を、「1960年代以降、全国いたるところに地域破壊、教育破壊をもたらした大企業本位の『地域開発政策』とこれに従属した能力主義の教育政策とを鋭く批判し、一方、教育の自主性を地域から回復しようとする」取り組みとしてとらえた。そして、この取り組みの課題として、「家庭・地域・学校における子どもの生活の総点検をするなかで、子どもの発達の全体像とかかわって学校教育のあり方を再吟味していくこと」、「今日の課題に応えうる新しい人間像をめざして地域の教育力を再編成し、創造していくこと」、「学校教育の内容・方法を地域に根づかせていくこと」、「以上にあげてきた学校教育をはじめとする教育事業の全体を、地域住民の自治のもとにおくこと」を指摘している。また、教育を地域に根づかせるためには、「教師自身が地域住民と共通の課題にとりくむことにより、自らを地域住民の一人としてとらえ直していかねばならない」と主張したのである。

　すなわち、「地域に根ざす」とは、国家だけではなく、「個人間の一層深い結合、歴史的伝統という実践的基盤をもつ」地域にも、教育目的としての対抗的価値を強く認めた主張である。そして、それは、「国家的目的に地域が従属するのではなくして、地域はそれぞれ、その地域的生活の特自性、自主性を主張する権利があるという自覚を持った運動が各地であらわれてきたという背景に支えられたもの」であったのである[8]。つまり、「地域に根ざす社会科」は、こうした時代背景のもと、「父母大衆・地域の民衆」の教育要求、「地

域住民の民主的なちから」、「地域住民の自治」との関連を図りながら、「平和と民主主義を担う主権者」を育成しようとしたのである。

第 2 節　「地域に根ざす社会科」実践の展開

　1970年から2005年までの35年間に『歴史地理教育』『教育』『生活教育』誌に発表された「地域に根ざす社会科」、生活科、総合的学習実践は、1236事例ある。この中で小学校における実践事例は、912事例となっている。この912事例は、社会科実践が755事例、生活科実践が66事例、総合的学習実践が91事例となっている。収集したこれらの実践事例は、下記のように整理した。

1　下記のように年表に整理し、取り組みの事実を確定するとともに実践の動向を把握した。（表1を参照）

「地域に根ざす社会科」実践記録及び研究年表
（○印は実践記録※印は他教科等との関連）

発行年	『歴史地理教育』(号)	『教育』(号)	『生活教育』(号)	その他 (誌名・号)
1970	斉藤秋男「歴史教育者にとって〈生活〉とはなにか─歴史教育運動総括へのひとつの試み」(164) ○関兼義［中歴］「百姓一揆・打ちこわしをどう教えたか」 ○鶴田文史［高日］「幕藩から明治への人民の闘い」 ○関谷哲郎［中歴］「江戸時代のくらしをどう教えたか」(171) ○辻由朗［小3］「『山のくらし』の学習について」	鈴木清竜「生活と科学とを結ぶもの」(251)	大沢勝也「社会科の討論のまとめ」(1月) 川合章「民主的人格形成と生活教育─日生連の研究運動の課題」(6月) 佐藤英一郎「科学的な社会認識の形成と実生活」(8月)	中野光「地域の課題をえぐり出す意味」(社・70) 稲垣忠彦「教育実践における『生活』と『科学』」(国・3〜4号) ○市川真一『地域の歴史研究と歴史教育』明治図書 ○若狭蔵之助『高学年の社会科教室』明治図書

表1　「地域に根ざす社会科」実践記録及び研究年表

2　これらの事例を実践の目標、内容に基づいて分類した。分類は、下記のように行った。
　(1)　縦軸に教科領域、目標、内容を設定し、横軸に年代を設定した。
　(2)　社会科、生活科、総合的学習の各実践を、「平和と民主主義を担う主権者の育成」という観点から「理解」を意図した実践と、理解に基づく「態度形成」を意図した実践とに分類した。
　(3)　「理解」は、「〜がわかる」などと記述されているもの、目標記述が明示されていなくても学習が内容の理解で終わっているものを分類した。「態度形成」は、目標が「〜地域にかかわりをもつ」などと記述されているもの、目標記述が明示されていなくても学習に基づき、地域社会への関与が見られるものを分類した。
　(4)　社会科実践においては、理解を意図した実践を、さらに地域社会の事象の理解を意図した実践と地域社会における人々の行為の理解を意図した実践とに分類した。生活科、並びに総合的学習実践については、それぞれの教科領域の性格から、事象と行為を分けずに扱った。
　(5)　態度形成を意図した実践は、地域社会への関与の形態から「表現」、「意見・提案」、「参加」、「行動」に分類した[9]。「表現」には、劇や合唱、紙しばいなどによって、学習したことを表現した実践を分類した。「意見・提案」は、学習したことに基づき、地域社会に意見を表明したり提案したりした実践を分類した。「参加」は、学習に関連する地域社会の取り組み、例えば伝統文化や行事、運動やイベントなどに関わった実践を分類した。「行動」は、学習に基づき、子どもたちが意図をもって地域社会に働きかけた実践、例えば署名を集める、募金を募る、看板などを設置するといったものを分類した。
　(6)　事象の理解を意図した「地域に根ざす社会科」実践の授業内容は、次のように分類した。
　　①　「実態・特色」は、「わたしたちの町＝豊橋」など、地域の地形や土地利用、自然環境に関わる内容、「『山のくらし』の学習について」など、地域社会の様子に関わる内容を分類した[10]。
　　②　「産業①②」は、「日本の農業をどう教えるか」「小松製作所粟津工

第Ⅰ章　21

場」など、地域の農林水産業や工業に関わる内容を分類した[11]。
③　「産業③」は、「商店街ザ・ダイヤモンド」など、地域の運輸や商業、サービス業に関わる内容を分類した[12]。
④　「変化・歴史」は、「交通の昔と今」など地域社会や生活の移り変わりに関わる内容、及び「秩父事件と子どもたち」など地域社会の歴史的な出来事に関わる内容を分類した[13]。
⑤　「公共・健康・安全」は、「"わたしたちの遊び場"調べ」「ゴミ焼却場の学習」など、ごみ処理や上下水道、公共施設に関わる内容を分類した[14]。
⑥　「社会問題」は、「諏訪湖の公害を授業でどのように扱ったか」など、公害や地方病といった地域社会の抱える、あるいは抱えていた問題に関わる内容を分類した[15]。

(7)　行為の理解を意図した「地域に根ざす社会科」実践の授業内容は、次のように分類した。
①　「生活」は、「お店やさん大作戦」といった地域の人々の消費生活や日々の生活行為に関わる内容を分類した[16]。
②　「生産労働」は、「『こめをつくるしごと』にとりくんで」「こうばではたらく人」といった、地域の人々の農林水産業や工業における、生産労働行為に関わる内容を分類した[17]。
③　「非生産労働」は、「おみせのしごと」といった、地域の人々の運輸や商業、サービス業における労働行為に関わる内容を分類した[18]。
④　「歴史体験」は、「父母祖父母の戦争体験を聞きつづった『戦争』学習」といった、地域の人々の歴史の中での体験に関わる内容を分類した[19]。
⑤　「歴史的社会問題解決」は、「善蔵新田の掘り起こしと教材化」、並びに「西蒲原の自由民権運動」といった生産や生活の向上を目指した、過去の地域社会における問題解決行為に関わる内容を分類した[20]。
⑥　「現代的社会問題解決」は、「『東電闘争』をどう教えたか」といった戦後の地域社会における問題解決行為に関わる内容を分類した[21]。
⑦　「文化」は、「アイヌの世界のアイヌの人たちの生活」といった、地

域文化の実際・継承・創造に関わる内容を分類した[22]。
(8) 生活科実践の授業内容は、次のように分類した。
① 「自然・生活」は、「あきとあそぼう」といった、地域の自然や人々の生活の様子並びに行為に関わる内容を分類した[23]。
② 「生産・労働」は、「おじいちゃんはイカつり名人」といった、地域の生産活動、並びにそこでの人々の労働に関わる内容を分類した[24]。
③ 「施設・機関・建物」は、「駅たんけんの実践」といった、地域の施設、建物、輸送機関、並びにそこでの人々の労働、活動の様子に関わる内容を分類した[25]。
④ 「文化・行事」は、「おばあちゃんおじいちゃんとなかよくなろう」といった、地域の文化や伝統的行事、並びにそこでの人々の文化や行事の継承・創造行為に関わる内容を分類した[26]。
⑤ 「歴史・歴史体験」は、「おじいちゃんおばあちゃんが語った戦争の話」といった、地域の歴史、並びに人々の歴史の中での行為や体験に関わる内容を分類した[27]。
(9) 総合的学習実践の授業内容は、次のように分類した。
① 「環境」は、「どうする雑木林」といった、地域の自然、環境問題、並びにそこでの人々の行為に関わる内容を分類した[28]。
② 「地域・生活」は、「多摩川で学ぶ」といった、地域並びに人々の生活行為に関わる内容を分類した[29]。
③ 「健康・福祉・人権」は、「くらしの中に憲法を学ぶ」といった、地域の人々の健康や福祉、人権に関わる実態並びに問題、そこでの人々の行為に関する内容を分類した[30]。
④ 「食」は、「牛乳はどこから」といった、食の生産、安全、並びに食に関する人々の行為に関わる内容を分類した[31]。
⑤ 「産業・労働」は、「さとうきびからふるさとウォッチング」といった、地域の産業、そこでの人々の労働行為に関わる内容を分類した[32]。
⑥ 「戦争・平和」は、「わたしのまちにも戦争があった」といった、地域の戦跡、戦時下での体験、これに関連させた平和の問題に関わる内容を分類した[33]。

⑦ 「国際理解」は、「7カ国13人のゲストティチャーと出会う国際理解教育」といった、他国の生活、文化などの理解に関わる内容を分類した[34]。
⑧ 「歴史・歴史体験」は、「大好き与那原湾・山原船が来た海辺の町」といった、地域の歴史、並びに歴史の中での行為や体験に関わる内容を分類した[35]。
⑨ 「文化」は、「わらを使ってかざりをつくろう」といった地域の文化、並びにそこでの人々の文化継承・創造行為に関わる内容を分類した[36]。

上記に従って作業したものが、表2である。

「地域に根ざす社会科」実践分類表　1

目標	社会科											態度形成	
	理解											表現	
	事象						行為						
	実態・特色	産業①②	産業③	変化・歴史	公共・健康・安全	社会問題	生活	生産労働	非生産労働	歴史体験	歴史的社会問題解決	現代的社会問題解決	文化	実態・特色	産業①
模索期 1970	3														
1971		3		3	1	2									
1972		2		7		3		2			1	2			
1973				1	3	1		1	1						
1974	2	2		2				4		1	1	1			
拡大期 1975	2	1		2				3	1	2	1				
1976	1	4		5	1			3	3	1	3				
1977	1	1					1	3			3	1			
1978	2	5		5	1	1		7	4	1	3				

表2　「地域に根ざす社会科」実践分類表

上記の作業の結果、「地域に根ざす社会科」実践には、次のような歴史的変化が見られた。
⑴　1974年以降、地域の人々の行為を取り上げた実践が増えている。
⑵　1976年以降、増減を繰り返しながらも実践数は増加基調となり、小学校の実践数は1989年がピークとなっている。
⑶　「わかる」「子どもと共につくる」といった、子どもの思考、興味や関心といった心理的要素を視野に入れた実践タイトルが1974年以降増えている。また、「子どもと学ぶ」「子どもが学ぶ」といった言葉を使った実践タイトルは1980年以降に増えている。「子どもの学び」といった言葉を使ったタイトルは、1994年以降登場している。
⑷　1970年代後半から、態度形成を意図した実践が登場する。82年には意見・提案、84年には参加、92年には行動によって地域社会に関与する実践が登場している。
⑸　環境、福祉、国際理解といった現代社会の課題を実践タイトルに使った事例が、86年以降増えている。
⑹　91年以降、公共・健康・安全に関わる内容を取り上げた実践が増えている。特に、これらの実践の多くは、環境問題の視点から授業内容が再構成されている。
⑺　1989年以降、低学年における「地域に根ざす社会科」実践を発展した地域に根ざす生活科実践が登場する。
⑻　1996年以降、「地域に根ざす社会科」実践と関連・発展した、地域に根ざす総合的学習実践が登場する。しかし、すでに70年代80年代に先駆的な実践が発表されている。
⑼　2000年以降、地域社会への関与を視野に入れ、総合的学習との関連を図った実践が増えている。

　そこで、これらの変化に基づいて、「地域に根ざす社会科」実践の変遷を、次のように時期区分した。
　第一に、1970年から74年の時期である。この時期は、「平和と民主主義を担う主権者の育成」において、「地域とは何か」「地域に根ざすとはどういう

ことなのか」といったことを各実践者が検討しながら、「民族の課題が地域社会の中に貫徹している」歴史的社会的事象とそこでの人々の行為や体験を取り上げて実践が展開される時期である。そこで、この時期を地域の現実や民族的課題に目を向けた「地域に根ざす社会科」実践の**模索期**とした。

第二に、1975年から81年の時期である。この時期は、「平和と民主主義を担う主権者」を育成しようとする多様な実践が、各地で数多く生み出された時期である。この7年間に発表された「地域に根ざす社会科」実践は、模索期の3倍を越える130事例となっている。また、この時期は、地域の人々の生産労働行為を通して主権者を育成しようとする授業実践が増加し、学習したことを表現するなどの態度形成を図った実践も登場している。そこで、この時期を地域における人々の行為と社会事象とを関連付けた「地域に根ざす社会科」実践の**拡大期**とした。

第三に、1982年から90年までの時期である。この時期は、模索期から取り組まれた、地域の掘り起こしにより得られた歴史的社会的事象と、そこでの人々の行為や体験の理解を通して「平和と民主主義を担う主権者の育成」を図ろうとした時期である。また、拡大期に指摘され始めた子どもたちの問題意識や認識形成を視野に入れ、主体的な学習活動を通して主権者を育成しようと授業内容を再構成したり、授業展開を工夫したりする時期でもある。さらに、「意見・提案」といった形で子どもたちの社会参加を促す実践が登場してくる時期でもある。生活科実践も登場し、「地域に根ざす生活科」の先駆けとなる時期でもある。そこで、この時期を、子どもの認識を視野に入れ多様な授業が開発された「地域に根ざす社会科」実践の**継承・発展期**とした。

第四に、1991年から99年の時期である。この時期は、地域の課題を現代社会の新たな問題視点から取り上げ、より広い視野から「平和と民主主義を担う主権者の育成」を図ろうとした時期である。特に、地域の上下水道やごみ処理、地域の開発に関わる授業内容を、環境の視点から新たに再構成した実践が登場してくる時期である。また、他教科他領域の学習指導と関連付けた実践が展開されたりする時期であり、「参加」「行動」など地域社会への多様な関与を意図した実践が増加する時期でもある。そこで、この時期を、現代社会の課題を視野に入れ地域の課題を捉え直した「地域に根ざす社会科」

実践の**転換期**とした。

　第五に、2000年から05年までの時期である。この時期は、過去の歴史やできごとの発掘だけでなく、それを現代の地域形成や地域創造につなげていく問題設定を行い「平和と民主主義を担う主権者の育成」を図ろうとした時期である。そこで、この時期を、地域の再生・創造に関与する「地域に根ざす社会科」実践の**創造期**とした。また、この創造期は、生活科や総合的学習等の指導との関連を図る授業実践が展開される時期でもある。

　以下、各時期の特色と課題について検討する。

註

(1)　歴史教育者協議会『歴史地理教育』No. 173、p. 86、1970年11月。
(2)　「農民と語る集い」『歴史地理教育』No. 160、p. 94、1969年10月。
(3)　古谷直康「『地域の掘り起こし』はどこまできているか」『歴史地理教育』No. 266、p. 36、1977年8月。
(4)　歴史教育者協議会編『歴史教育の創造』青木書店、p. 32、1975年。
(5)　中野光「日生連'72年　夏季全国研究集会　基調提案（案）」『生活教育』6月号、pp. 7-13、1972年。
(6)　同上誌　p. 12。
(7)　「主張」『教育』No. 324、国土社、p. 5、1975年12月。
(8)　木本力「『地域に根ざす教育』をあらためて考える」『教育実践』No. 38、民衆社、pp. 4-5、1983年春。
(9)　態度形成を意図した実践の分類に当たっては、次の文献を参考にした。
　①　唐木清志「社会科における『参加』の意義—『市民』育成を目指す社会科教育のあり方—」日本社会科教育学会『社会科教育研究　別冊　2002（平成14年度　研究年報）』pp. 25-36、2003年3月。
　②　寺本潔「子どもの参加による町づくり学習と社会科学習」日本社会科教育学会『社会科教育研究　別冊　2002（平成14年度　研究年報）』pp. 61-68、2003年3月。
　③　松岡尚敏「市民参加社会と社会科教育」日本社会科教育学会『社会科教育研究　別冊　2002（平成14年度　研究年報）』pp. 69-80、2003年3月。
　④　ロジャー・ハート著、木下勇・田中治彦・南博文監修、IPA日本支部訳『子どもの参画』萌文社、2000年。

⑩　皿井信「わたしたちの町＝豊橋」『歴史地理教育』No. 172、pp. 57-63、1970 年 10 月。
　　辻由朗「『山のくらし』の学習について」『歴史地理教育』No. 172、pp. 12-17、1970 年 10 月。
⑪　棚橋潤一「日本の農業をどう教えるか」『歴史地理教育』No. 177、pp. 137-141、1971 年 1 月臨増。
　　屋名池晴紀「小松製作所粟津工場」『生活教育』pp. 50-55、1974 年 10 月。
⑫　清水潔「商店街ザ・ダイヤモンド」『歴史地理教育』No. 432、pp. 12-13、1988 年 10 月。
⑬　小沼光義「小 4 で『交通の昔と今』をどのように教えたか」『歴史地理教育』No. 203、pp. 87-91、1972 年 10 月臨増。
　　渡辺由美子「秩父事件と子どもたち」『歴史地理教育』No. 212、pp. 4-9、1973 年 6 月。
⑭　小木曾郁夫"わたしたちの遊び場"調べ」『歴史地理教育』No. 172、pp. 12-17、1970 年 10 月。
　　石井辰雄「『ゴミ焼却場』の学習」『生活教育』pp. 47-55、1973 年 6 月。
⑮　宮入盛男「諏訪湖の公害を授業でどのように扱ったか」『歴史地理教育』No. 189、pp. 98-103、1971 年 11 月臨増。
⑯　秋山敏「お店やさん大作戦」『歴史地理教育』No. 262、pp. 10-21、1977 年 4 月。
⑰　新島ケイ子「『こめをつくるしごと』にとりくんで」『生活教育』pp. 36-43、1974 年 1 月。
　　斎藤孝「こうばではたらく人」『生活教育』pp. 30-39、1974 年 8 月。
⑱　浦沢朱美・小堀三枝子「小『おみせのしごと』」『歴史地理教育』No. 253、pp. 74-75、1976 年 8 月。
⑲　白鳥晃司「父母・祖父母の『戦争体験』を聞き綴った『戦争』学習」『歴史地理教育』No. 240、pp. 22-27、1975 年 8 月。
⑳　浅見敏夫「善蔵新田の掘り起こしと教材化」『歴史地理教育』No. 246、pp. 38-45、1976 年 1 月。
　　吉田義彦「西蒲原の自由民権運動」『歴史地理教育』No. 351、pp. 88-89、1983 年 5 月。
㉑　高根清子「『東電闘争』をどう教えたか」『歴史地理教育』No. 205、pp. 184-187、1972 年 11 月臨増。
㉒　木村剛「アイヌの世界のアイヌの人たちの生活」『歴史地理教育』No. 468、pp. 44-49、1991 年 2 月。
㉓　浦沢朱美「あきとあそぼう」『歴史地理教育』No. 580、pp. 36-39、1998 年 7 月。
㉔　長谷川竜子「おじいちゃんは、イカつり名人」『生活教育』pp. 29-34、1991 年

6月。
⑮　岸康裕「表現や交流を豊かにする教育技術―駅たんけんの実践（小2）―」『生活教育』pp. 74-83、1995年9月。
⑯　大崎洋子「おばあちゃんおじいちゃんとなかよくなろう」『歴史地理教育』No. 537、pp. 36-39、1995年9月。
⑰　小菅盛平「おじいちゃん、おばあちゃんが語った戦争の話」『生活教育』pp. 21-26、1989年12月。
⑱　渡辺恵津子「どうする？　雑木林」『生活教育』pp. 34-41、1997年6月。
⑲　中妻雅彦「多摩川で学ぶ」『歴史地理教育』No. 549、pp. 24-31、1996年6月。
⑳　満川尚美「くらしの中に憲法をさぐる」『歴史地理教育』No. 555、pp. 26-31、1996年11月。
㉑　庄司時二「生命を育む食文化をさぐろう『牛乳はどこから』」『歴史地理教育』No. 612、pp. 44-47、2000年8月。
㉒　与儀やよい「地域の良さを発見する学びをつくる―『さとうきびからふるさとウォッチング』を通して―」『生活教育』pp. 23-28、2001年8月。
㉓　中野真知子「わたしたちの町にも戦争があった―地域に残る戦争の足跡をさぐる―」『歴史地理教育』No. 649、pp. 48-51、2003年1月。
㉔　間森誉司「7か国13人の外国人ゲストティチャーに出会う国際理解教育―6年生・社会科学習とクロスさせた『総合的な学習の時間』―」『歴史地理教育』No. 651、pp. 62-68、2003年3月。
㉕　宮城アケミ「総合『大好きな与那原湾　山原船が来た海辺の町』」『生活教育』pp. 20-27、2000年8月。
㉖　長縄幸弘「わらを使ってかざりをつくろう」『歴史地理教育』No. 635、pp. 48-51、2002年2月。

第Ⅱ章

地域の現実や民族的課題に目を向けた模索期（1970年―1974年）の「地域に根ざす社会科」実践の展開と事例分析

第1節　模索期の「地域に根ざす社会科」実践の展開

　模索期となる1970年から1974年は、社会的には日本万国博覧会の開催、沖縄返還協定の調印などがあり、富山地裁におけるイタイイタイ病訴訟を始めとする四大公害病裁判で住民側患者側勝訴の判決が続々と出された時期である。教育をめぐっては、教科書検定訴訟のいわゆる「杉本判決」、日本教職員組合教育制度検討委員会第一次報告書『日本の教育はどうあるべきか』の発表などがあった時期である。

　こうした中で、1970年から74年までの5年間に発表された実践は、49事例ある。内訳は次のとおりである。第一に、発表された雑誌別に分類すると『歴史地理教育』誌に掲載された実践が35事例、『教育』誌に掲載された実践が1事例、『生活教育』誌に掲載された実践が13事例となっている。第二に、教科・領域別に分類すると社会科実践が49事例となっている。第三に、「平和と民主主義を担う主権者の育成」という観点から授業内容及び授業展開を視点に検討すると、次のことが指摘できる。

(1)　社会科実践49事例の中で、地域に見られる社会事象や人々の行為の理解を意図した実践が49事例となっている。

(2) 理解を意図した社会科実践49事例の中で、地域に見られる社会事象を扱った実践は35事例、人々の行為を扱った実践は14事例となっている。
(3) これらの実践の中には、「子どもとともに安保を考える」、「『よごれるびわ湖』を教えて」、「『東電闘争』をどう教えたか」、「農村破壊と教育実践」といった、「民族の課題」や「地域・生活の現実」を意識した実践が見られる[1]。
(4) 地域に見られる社会事象を扱った実践事例の中で、地域の変化・歴史を扱った実践が13事例となっている。この中には、「花岡事件を調査して」、「地域で戦争をどうほりおこしたか」というように、戦争に関する出来事や体験を掘り起こした授業実践が4事例見られる[2]。また、「丹波杜氏」や「秩父事件」、「東京大空襲」などのように、地域に関連する歴史事象、歴史的行為や体験を授業で取り上げたり、掘り起こしたりする事例が見られる[3]。さらに、「子どもとともに地域の遺物を」といった、地域の歴史的遺物に目を向けた実践も見られる[4]。
(5) 人々の行為を扱った実践14事例の中で、生産労働行為を扱った実践が7事例見られる。7事例の内訳は、農業が4事例、工業が3事例となっている。

以上のことから、模索期の「地域に根ざす社会科」実践の時期的傾向を、次のように指摘できる。授業内容の視点からは、第一に、「村の中に安保も帝国主義もある」「子どもたちが地域・生活の現実に目を向ける」という言葉に象徴される農業問題や公害、基地の問題などの地域の社会事象、並びにそれらに対する社会問題解決行為が取り上げられている。第二に、地域の歴史の掘り起こし、特に戦争に関する出来事や体験の掘り起こしが進められ、授業実践に結びついている。授業展開の視点からは、第一に、見学や観察、インタビュー、踏査など、学習対象への主体的な関与を図る学習活動が展開されている。第二に、墓石など地域の歴史的な遺物、人々の労働行為、過去や現在の社会的問題解決行為、お祭りなど地域の文化、並びに伝統的な行事等、子どもたちの興味や関心を触発する事例が学習対象として試行されている。

表 3　模索期の「地域に根ざす社会科」実践分類表

模索期の「地域に根ざす社会科」実践分類表　1

<table>
<tr><th rowspan="3">目標</th><th colspan="13">社会科</th><th rowspan="3"></th></tr>
<tr><th colspan="9">理解</th><th colspan="4">態度形成</th></tr>
<tr><th colspan="2">事象</th><th colspan="3"></th><th colspan="3">行為</th><th>文化</th><th>表現</th><th>意見・提案</th><th>参加</th><th>行動</th></tr>
<tr><th></th><th>実態・特色</th><th>産業①②③</th><th>変化・歴史</th><th>公共・健康・安全</th><th>社会問題</th><th>生活</th><th>生産労働</th><th>非生産労働</th><th>歴史体験</th><th>現代的社会問題解決</th><th></th><th></th><th></th><th></th><th></th></tr>
<tr><td>1970</td><td>3</td><td></td><td></td><td></td><td></td><td></td><td></td><td></td><td></td><td></td><td></td><td></td><td></td><td></td><td>3</td></tr>
<tr><td>1971</td><td></td><td>3</td><td>3</td><td>1</td><td>2</td><td></td><td></td><td></td><td></td><td></td><td></td><td></td><td></td><td></td><td>9</td></tr>
<tr><td>1972</td><td></td><td>2</td><td>7</td><td></td><td>3</td><td></td><td>2</td><td></td><td>1</td><td>2</td><td></td><td></td><td></td><td></td><td>17</td></tr>
<tr><td>1973</td><td></td><td></td><td>1</td><td>3</td><td>1</td><td></td><td>1</td><td>1</td><td></td><td></td><td></td><td></td><td></td><td></td><td>7</td></tr>
<tr><td>1974</td><td>2</td><td>2</td><td>2</td><td></td><td></td><td>4</td><td></td><td></td><td>1</td><td>1</td><td></td><td></td><td></td><td></td><td>13</td></tr>
</table>

表4 模索期の「地域に根ざす社会科」実践（小学校）一覧表

No	年	誌名巻号	教科・領域	学年	実践者名	タイトル	目標	内容
001	70	歴・172	社	3	辻由朗	「山のくらし」の学習について〈農業学習〉	理解・事象	実態・特色
002		歴・172	社	3	皿井信	わたしたちの町＝豊橋	理解・事象	実態・特色
003		歴・174	社	4	本間昇	子どもとともに安保を考える	理解・事象	実態・特色
004	71	歴・176	社	小	庄司時二	花岡事件を調査して	理解・事象	変化・歴史
005		歴・177	社	4	市川幸恵	県庁のはたらきを教えて―学級集団の中で要求をほりおこし、どのように育てるか―	理解・事象	公共・健康・安全
006		歴・177	社	5	棚橋潤一	日本の農業をどう教えるか	理解・事象	産業①
007		歴・172	社	6	大坪庄吾	地域の歴史を取り入れた歴史教育―武士の世の中（Ⅱ）の扱いを中心として―	理解・事象	変化・歴史
008		歴・188	社	5	小野寺恒男	小5で「日本の農業」をどう教えたか	理解・事象	産業①
009		歴・189	社	5	宮入盛男	諏訪湖の公害を授業でどのように扱ったか	理解・事象	社会問題
010		歴・189	社	5	溝口宜隆	郷土の農業	理解・事象	産業①
011		生・1月	社	6	末方鉄郎	〈実践〉地域現実をふまえた歴史の学習 その2―丹波杜氏を中心に―	理解・事象	変化・歴史
012		生・6月	社	5	三上勝康	公害と取り組む実践	理解・事象	社会問題
013	72	歴・192	社	中	山下国幸 江刺誠一	炭鉱閉山をどう教えたか 奔別炭鉱の閉山をめぐって	理解・事象	社会問題
014		歴・193	社	3	江東社会科サークル	東京大空襲をどう教えたか	理解・事象	変化・歴史
015		歴・193	社	高	小出隆司	大都市近郊農業の学習（計画案）	理解・事象	産業①
016		歴・193	社	4	平田れい子	地域の開発をどう教えたか	理解・行為	歴史的社会問題
017		歴・193	社	5	海老沼一子	「国土と産業」をどう教えたか―とくに地域の問題について	理解・事象	社会問題
018		歴・196	社	6	渡辺由美子	秩父事件と子どもたち 退助と博文はなぜお払いになっているのか	理解・事象	変化・歴史
019		歴・197	社	6	若狭蔵之助	川越氏の館―小学校歴史教育への一つの提起―	理解・事象	変化・歴史
020		歴・200	社	3	清水潔	子どもとともに地域の遺物を―小学校3年生の歴史学習―	理解・事象	変化・歴史
021		歴・203	社	低	山梨県西八千代支部	低学年社会科の実践	理解・行為	生産労働
022		歴・203	社	2	吉田光子	"働くこと"を正しくとらえさせるために―花づくりをどう教えたか―	理解・行為	生産労働
023		歴・203	社	4	米本勝弘	中学年社会科の実践	理解・事象	産業①
024		歴・203	社	4	真鍋恒雄	小学校4年生社会科の実践	理解・行為	現代的社会問題
025		歴・203	社	6	長沢正機	江戸時代の農民生活をどう教えたか―小学6年の通史学習の中で―	理解・事象	変化・歴史
026		歴・203	社	4	小沼光義	小4で「交通の昔と今」をどのように教えたか	理解・事象	変化・歴史
027		歴・205	社	3	成瀬実	3・1ビキニと第五福竜丸	理解・事象	社会問題
028		歴・205	社	3	高根清子	「東電闘争」をどう教えたか―小3での実践―	理解・行為	現代的社会問題
029		生・1月	社	6	若狭蔵之助	社会科 川越氏の荘園	理解・事象	変化・歴史
030	73	歴・212	社	3	小木曾郁夫	"わたしたちの遊び場"調べ	理解・事象	公共・健康・安全

031		歴・212	社	4	清水潔	公害教育　支部例会で検討して作った指導計画で	理解・事象	社会問題
032		歴・219	社	3	渡辺明	戦争をどう教えたか	理解・事象	変化・歴史
033		教・291	社	2	岡田イチ子	わたしのささやかな実践から―小学校2年社会科の実践―	理解・行為	非生産労働
034		生・3月	社	3	福田孝二	人々（市民）のねがいと市役所のしごと	理解・事象	公共・健康・安全
035		生・6月	社	2	鹿野隆弘	紙コップ工場ではたらく人の仕事―小学校2年生の社会科―	理解・行為	生産労働
036		生・6月	社	3	石井辰雄	「ゴミ焼却場」の学習	理解・事象	公共・健康・安全
037	74	歴・223	社	4	森本亨	「よごれるびわ湖」を教えて	理解・行為	現代的社会問題
038		歴・224	社	3	瀬戸孝	学区域の人々の仕事をどう教えるか	理解・事象	生産労働
039		歴・226	社	4	森垣修	農村破壊と教育実践	理解・行為	歴史的社会問題
040		歴・230	社	3	半谷弘男	小学校3年社会科の実践	理解・事象	実態・特色
041		歴・232	社	6	谷田川和夫	母と子とともに学ぶ「戦後史」	理解・行為	歴史体験
042		歴・232	社	3	石井重雄	地域で戦争をどうほりおこしたか―戦争と子どもたち―	理解・事象	変化・歴史
043		生・1月	社	全	笹島勇次郎	地域・運動・教育	理解・事象	変化・歴史
044		生・1月	社	2	新島ケイ子	「こめをつくるしごと」にとりくんで	理解・行為	生産労働
045		生・1月	社	2	井上耀基	米をつくる人	理解・事象	生産労働
046		生・7月	社	3	遠藤清一	仙川のまち―調査活動・社会科（3年）―	理解・事象	実態・特色
047		生・8月	社	3	斎藤孝	こうばで　はたらく人―何をどう教えるか―	理解・行為	生産労働
048		生・10月	社	5	屋名池晴紀	小松製作所粟津工場	理解・事象	産業②
049		生・10/11月	社	5	江口武正	工業の発達(1)(2)	理解・事象	産業②

第2節　模索期の「地域に根ざす社会科」実践事例の分析

　ここでは、模索期の授業実践を取り上げ、「平和と民主主義を担う主権者」を育成する授業内容と授業展開を検討し、授業構成上の特徴を把握する。模索期の典型的な実践としては、次のものがある。
1　墓石調査を通して戦争の影響と平和への願いを考えさせた授業実践―「戦争をどう教えたか」（小3）[5]
2　子どもの生活実感や共感性に結びつけて、工業の発達と平和や民主主義の問題を考えさせた授業実践―「工業の発達」（小5）[6]

　この2つの実践を典型としたのは、次のような模索期の実践動向を反映しているからである。第一に、「地域の持つ特別な教育的な意味」を集団的に検討したり、「地域に根ざす社会科」の性格を実践者が規定したりしながら、「地域社会の中に貫徹」している「民族の課題」や「地域・生活の現実」、並びに

地域に残る戦争の足跡を取り上げていることである。第二に、地域の遺物や人々の生活に注目し、子どもたちの授業への主体的な関わりを意図した授業が展開されていることである。

1 墓石調査を通して戦争の影響と平和への願いを考えさせた授業実践――「戦争をどう教えたか」（小3）

　ここでは、戦争が地域の人々に及ぼした影響を通して平和への願いを理解させようとした「戦争をどう教えたか」を取り上げる。実践した渡辺明は、「指導計画を立てる上で、私たち（歴教協習志野支部）はまず地域の持つ意味を明らかにしようと試みました」と述べている[7]。というのは、「今までの中央中心の歴史、支配者中心の歴史観から見れば『地域は支配される場であり、中央の政策の実現していく場』（安井俊夫「松戸農民の歴史」『歴史地理教育』193号）」である。こうした考え方では、子どもたちに生き生きとした人間のよろこびも、悲しみも、怒りも、教えることができず、歴史を発展させてきた真の要因も教えることができないと考えたからである。

　そこで、渡辺は、馬頭観音や庚申塚の中にも、子どもたちは祖先との特別なつながりを見つけ出すことができ、お寺や神社を見ても、地域の生産活動や生活との深いつながりがあったことを知ることができるところに、「地域の持つ特別な教育的な意味」を見出すのである。なぜなら、子どもたちは、ここに生きており、今まで生きてきた父母や祖先とさまざまな面で深いつながりを持っているからである。

　また、渡辺は、教科書や副読本を分析し、「①町が発展してきたことが一貫して述べられているが、②地域住民の生活がほとんどでてきていません」、「住宅団地がふえたこと（結果として農業が崩壊している）、人口がふえたことが市の発展」とされ、「地域住民にとって決して忘れられないこと、生活に重要な影響をおよぼした戦争については、1行もふれられていない」と指摘している。その上で、渡辺は、地域における戦争の影響を次のように指摘し、「地域と戦争を結びつけて指導」したのである。

　　学区（睦地区）では、『15年戦争』において実に123名の死者を出していま

す。当時の戸数が約 4000 戸ですので、約 33 軒に 1 人の割になります。どの部落も平均して、7、8 名の戦死者を出しているのです。一番多い部落では実に 28 名もの戦死者を出しています。戦死者の大部分が 20 才代の若い方々で、各家庭の労働の中心的な役割を果たしていたことと思われます。それだけに、それぞれの家庭におよぼした影響には深刻なものがあっただろうことは容易に想像されます。

墓石を調べる対象としたのは、「学区の所々に〇〇大将の筆になる忠魂碑、軍馬の碑があり、部落内のどの墓場にも大きな戦死者の墓石があり、戦争の傷跡が今も目に見える形で残って」いたからである。

「戦争をどう教えたか」は、次のような目標のもとに、5 時間にわたって授業が展開されている。

1　戦争の地域に及ぼした影響を知らせるとともに、地域住民の悲しみや平和への願いを理解させ、戦争はいけないことだということをつかませる。
2　この地域は中央とは無関係に存在していないこと。中央との大きなかかわり合いの中で人々は生きていること、さらに世界とのかかわり合いの中で生きていることを理解させる。

第 1 時は、『むつみのうつりかわり』でどんなことを勉強したいか、子どもたちに尋ねている。子どもたちは、「むかしはどんな生活をしていたのか」、「むかしの田うえはどんなようすだったか」、「学校のうつりかわり」などをあげている。しかし、子どもたちからは、戦争のことが出てこなかったので、「戦争は、自分たちとは、地域とは、無関係であって、意識の外にある」と子どもたちの様子を指摘している。

第 2 時は、学校から 300 m ほど離れた墓地に子どもたちを連れて行き、その中のひときわ大きな墓石に注目させ、碑文を読み聞かせている。そして、その墓が戦争で死んだ人の墓であることを知らせたうえで、他に戦争で死んだ人の墓があるかどうかを調べさせている。渡辺は、子どもたちが見つけた墓の碑文を再び読み聞かせ、「多くの人が知らない外国の土地で死んでいること、二十代の若さで死んでいること」に気づかせている。授業後、子どもたちは、「どの墓も大きいのはなぜ」、「なぜ中国で死んだの」、「なぜ若くて死んだの」などの疑問を示している。そこで、渡辺は、「自分たちの部落内の墓

地で、戦争で死んだ方の墓を見つけ、いつ、どこで、何才で死んだか調べてくる」ことを宿題としている。

　第3時は、アジア大地図を前にして、子どもたちに調べてきたことを発表させ、地図の上の戦死した場所にひとつひとつ×印をつけている。この地図を見て、子どもたちは、「『なぜ中国で死んだの』という疑問から一歩進んで、中国やニューギニア、ジャワなどの遠い国でなぜ死んだのかという疑問」を示している。また、「やはり若い人が死んでいるんだね」と感想をもらしている。

　第4時は、睦地区で戦争で死んだ人の名簿をもとにして遺族の家を訪問し、「どこで死んだのか」、「死んだのを知ったときどんな気持ちだったのか」を調査することが話し合われている。

　第5時は、子どもたちが調べたことを発表している。子どもたちは、遺族の方の気持ちを、「かわいそうだった。戦争はもういやだ」「戦争を二度としたくない。大黒柱をとられたような気持ちです」などと発表している。

　渡辺は、実践を振り返って、「地域の中に入りこんでの授業、世界地図を前にしての授業は、それなりに子どもたちのなかに地域を意識化させたのではないか」と述べている。

　渡辺の実践は、「平和と民主主義を担う主権者」を育成するために、授業内容では戦争が地域の人々に及ぼした影響と人々の平和への願いの理解を意図したものとなっている。そして、そのために、学区にある墓地のひときわ大きな墓石に注目させ、見学や観察、インタビュー、調査結果の発表と交流、地図上での確認といった授業展開となっている。すなわち、本実践の歴史的意義は、第一に、「民族の課題」としての平和への願いを、戦争の悲惨さとその影響を通して理解させようとしたところにある。第二に、地域の墓石に注目するという、他地域でも活用が可能な方略によって子どもの知的関心を触発したこと、地図を活用して戦争の実態に関する認識やイメージを拡張したことにある。

2　子どもの生活実感や共感性に結びつけて、工業の発達と平和や民主主義の問題を考えさせた授業実践―「工業の発達」（小5）

　実践した江口武正は、地域に根ざした社会科とは、「地域の人々の期待に正しくこたえ・地域に生活する子どもに欠けているものを補っていくために・地域の矛盾や課題を含む典型的な事例を教材としてとりあげたり・また子どもたちの生活実感や共感性に結びつけながら、迫力のある生き生きとした授業の展開を図るもの」であるという考えから、授業で扱う「工業の発達」を、次のように考えている[8]。

　　○地域の人々は、今日なぜ自分たちの生活を支える農業が、高度経済成長のための、工業の発達の犠牲にならなければならないのだろうか、という疑問を抱きながら、農業をもっと大切にしてほしいという願いや期待をもっている。
　　○一方、子どもたちの重点で欠けているものは…中略…物事に対する歴史的な見方考え方が欠けていることが、最も大きな問題点であるように思われる。…中略…
　　○だからこそ、「日本の工業」の歴史的な歩みを通して、常に底辺として工業のふみ台にされてきたし、今日もそうであるという、日本の工業の体質を具体的な資料をもとに、月影の子どもの生活実感や共感性に結びつけながら学習を進めることは極めて重要である。

　このような考え方に立って、江口は、「中心観念」、及び「基本要素と具体的要素」からなる「工業の発達」の「教材構造」（12時間扱い）を次のように構想している。

　　○中心観念　底辺産業をふみ台にしながら急速に発展してきた日本の工業
　　○基本要素（※印）と具体的要素
　　　※産業革命の影響による手工業からの脱皮
　　　・家内制工業から工場制工業へ
　　　・欧米諸国の産業革命と東洋進出
　　　※近代工業のもとを作った官営工場
　　　・富国強兵をめざした明治政府の殖産興業政策
　　　・官営工場の設立と政商の保護育成
　　　※隣国に販路をもとめた繊維工業

- ・急速な機械生産の拡大
- ・市場の獲得につながる日清・日露戦争
- ※戦争を契機に発展した重化学工業
- ・第一次世界大戦による重化学工業の飛躍的発展
- ・第一次世界大戦の終結と経済恐慌
- ※第二次世界大戦後の急速な復興と高度成長
- ・第二次世界大戦による大きな被害
- ・起死回生をもたらした朝鮮動乱
- ・工業化をめざした大企業偏重の政策
- ・新しい技術の導入と著しい進歩
- ・工業の発達にともなう新たな社会問題

また、子どもたちの実態を分析・検討し、子どもたちの「認識の発展段階」を次のように設定している。

- ・日本の工業が短日月の間に発達した事実を直感的にとらえ、初期的イメージを鮮明にする。(事実認識)
- ・追求する問題を明らかにし、解決のための予想をたてる。(問題認識)
- ・予想に基づき、いろいろな条件のもとに、多面的に分析する。(条件認識)
- ・分析を総合し、「工業の発達」のもつ本質的な意味を把握する。(科学的認識)
- ・その把握に基づいて、今日のあり方を考える。(主体的認識)

この「認識の発展段階」に基づいて、「学習展開の視点」が考察され、次のような「学習テーマと学習課題の系列」が設定されている。(丸つきの数字は扱い時間数である—筆者註)

　ア．導入課題
　　〇学習課題を設定する。
　　　・わずか80年位で、アメリカ、イギリスに追いつくことができたのはどうしてか。①
　　〇学習計画をたてる。
　　　・学習課題に迫るため、どんな計画をたてたらよいだろうか。①
　イ．分析課題
　　〇江戸時代の工業と産業革命
　　　・江戸時代の工業は、外国の工業にくらべて、どのように劣っているか。①

○明治政府の工業政策
　　　　・明治政府は外国とのおくれをとりもどすためにどうしたか。①
　　　○繊維工業の発達と女工の生活
　　　　・繊維工業の発達には、人々のどのような努力と苦しみがあったか。①
　　　○市場の拡大と日清・日露戦争
　　　　・繊維製品が多くなると、どのような問題がおこるだろうか。①
　　　○戦争への道と重化学工業の発達
　　　　・日本の重化学工業は、なぜ大正から昭和にかけて、急速に発達したのだろうか。①
　　　○戦後の工業と朝鮮動乱
　　　　・第二次世界大戦後、日本の工業はどうして早くたち直ったのだろうか。①
　　　○工業の重視と世界の注目
　　　　・世界のはげしい競争の中で、どうしてわずかの間に、大工業国になれたのだろうか。①
　　　○工業の発展がひきおこす諸問題
　　　　・工業の発展は現在、どんな問題をひきおこしているだろうか。①
　　ウ．整理統合課題
　　　○工業の発達のまとめ
　　　　・今までの学習を整理すると、どのようにまとめることができるか。①
　　エ．発展課題
　　　○これからの日本の工業
　　　　・これからの日本の工業は、どうあったらよいだろうか。①

　こうした計画に基づいて、授業は次のように行われている。
　1時間目、「学習課題をきめる（事実認識）」の授業は、次のように行われている。
　まず、「日本の江戸時代から今日までのことで、工業の発達に関係することで知っていることは」という問いかけから授業が始められている。続いて、江口の作った「工業の略年表」と、「教科書の機械生産の発達の年表」を使って、日本とイギリスの工業のそれぞれの発展を概観させている。次に、「典型的事実」として、「教科書の日本の織物工業のさし絵と、同じく江戸時代の終わりごろのイギリスの工業のさし絵」を比較させている。そして、1940年に

は、「日本がイギリス、アメリカを相手にできる工業国」になったことを略年表で確認させ、「わずか80年位で、なぜ外国においつくことができたのだろうか」という学習課題が設定されている。最後に、この課題を子どもたちに予想させて授業は終わっている。

2時間目、「学習課題に迫るための計画をたてさせる（問題意識）」では、前時の予想に基づき、次のような「学習計画」を立てさせている。

① 江戸時代の工業（手工業からの発達、ヨーロッパの産業革命）
② 明治のはじめの工業（明治政府の力の入れ方、繊維工業の発達）
③ 明治の中頃から終わり頃（工業の発達と日清・日露戦争の関係）
④ 大正から昭和のはじめ（重工業や化学工業の発達と第一次・第二次世界大戦の関係）
⑤ 戦後の工業（戦争による工業の障害や立ち直りの様子）
⑥ 現在の工業（現在の工業生産の様子と公害などの問題）

3時間目から10時間目は、「条件認識」を形成する授業となっている。各時間の課題、そこで使われている資料、展開されている学習活動は、次のとおりである。

「日本の江戸時代の工業は、イギリスの工業に比べ、どんな点が劣っていたか」（3時間目）という課題は、教科書の挿絵を比較し、解決が図られている。

「明治のはじめ、日本は外国とのおくれを取りもどすために、どんな努力をしたか」（4時間目）という課題は、富岡製糸場に関する教科書の記述、挿絵などを手がかりに解決が図られている。

「明治の中頃から繊維工業が著しく発達したが、農民の生活はどうだったか」（5時間目）という課題は、「女工哀史」（朝日新聞社編『少年少女日本史物語』）の読み聞かせなどによって解決が図られている。

「繊維工業の発達と戦争は、どんな関係にあるのだろうか」（6時間目）という課題は、説明や教科書、地図帳の資料をもとに解決が図られている。

「大正から昭和のはじめにかけて、なぜ重化学工業が発達したのか」（7時間目）という課題は、説明や資料集を手がかりに解決が図られている。

「第二次世界大戦後、日本の工業はどうしてわずか十年位で戦前を追いぬ

いたのか」(8時間目)という課題は、江口の作成した「第二次世界大戦による被害一覧表」、教科書の記述、資料「戦後の工業発展のあらまし」などを手がかりに、解決が図られている。

「はげしい世界競争の中で、日本の工業はどうして世界第2位になることができたのか」(9時間目)という課題は、「工業生産の上昇率を示すグラフ」、説明を手がかりに、解決が図られている。

「工業の発達は国民生活にどんな影響を与えたか」(10時間目)という課題は、子どもたちの話し合いによって、解決が図られている。

11時間目、「『工業の発達』のまとめ(科学的認識)」は、これまでの勉強の中で「心に強く残ったこと」を発表させ、授業を振り返り、「農業やほかの産業をふみ台にして発達してきたが多くの問題点がある、日本の工業」というまとめがなされている。

12時間目、「これからの日本の工業について話し合う(主体的認識)」は、「これからの日本の工業はどうあったらよいか」について話し合いが行われている。子どもたちは、次のような意見を発表している。

① 平和のための工業で、再び戦争に結びついてはならない。
② 他の産業をふみ台にするのではなく、他の産業とともに伸びる工業でなければならない。
③ 地域の人たちや、国民の生活を大切にしながら発達する工業でなければならない。

次に、「今後、日本の工業で努力しなければならないこと」が話し合われている。最後に、次のようなまとめがなされ、授業が終了している。

① 品質のよい品を多く作って、国民に安く売るようにしなければならない。
② 中小企業を犠牲にしないで、中小企業も大切に育てなければならない。
③ 会社のもうけ本位の考え方から、国民の生活本位の考え方に改め、公害をなくするようにしなければならない。
④ もうけ主義をやめて、外国の立場を考え、外国にも喜ばれるようなやり方をしなければならない。

江口は、本実践について、「このような学習を通してこそ、地域の人々のもつ『高度成長のふみ台にされている農業のあり方』への疑問や、『農業をもっ

と大切にしてほしい」という、期待にもある程度こたえることができたのではないか」と述べ、「地域に根ざした社会科という立場から」実践できたことを強調している。また、「かなり本質的なものが、連続的な課題意識に支えられつつ、追求された」と、「サークルの共同遺産」としての「教材構造論」の有効性を指摘している。

江口の実践は、「平和と民主主義を担う主権者」を育成するために、授業内容では江戸時代から現在までの工業の発展を取り上げ、発展の要因と影響の理解を、特に農業との関連で図るものとなっている。そして、そのために、教師の説明、自作の資料や教科書・地図帳の資料、読み物の活用を図る授業展開となっている。すなわち、本実践の歴史的意義は、第一に、工業の発展を他国との関係や他の産業との関連で扱い、「地域・生活の現実」理解を深めたところにある。第二に、子どもたちの生活実感や共感性といった心理的要素を視野に入れ、発問や教材などの授業展開を工夫し、子どもたちの主体的な授業への関与を図ったところにある。

第3節　模索期の「地域に根ざす社会科」実践の特色とその意義

模索期の「地域に根ざす社会科」実践は、「平和と民主主義を担う主権者の育成」という観点から、次の特色を指摘できる。第一に、戦後日本の「民族の課題」や「地域・生活の現実」として戦争の足跡、高度経済成長による第一次産業の衰退や公害などのひずみを取り上げていることが挙げられる。第二に、子どもたちの授業への主体的な関与を意図して、地域のフィールドワーク、見学・観察・聞き取りといった調査活動の設定、「生活実感や共感性」を視野に入れた教材の選択などが挙げられる。

模索期の「地域に根ざす社会科」実践の歴史的意義は、「平和と民主主義を担う主権者の育成」を図るために、第一に、地域に残る戦争の足跡、急激な社会変化による地域社会への影響、地域社会を支える生産労働などに注目し、地域社会の歴史的現実的問題を取り上げたところにある。第二に、地域のフィールドワーク、見学・観察・聞き取りといった調査活動など、その後の「地域に根ざす社会科」実践で展開される学習活動が取り入れられ、共有化さ

れていったところにある。

　同時期の実践者である石井重雄は、「地域には風景（環境）がある」「地域には生産労働がある」「地域には働く人がいる」「地域には生活がある」「地域には矛盾がある」「地域には歴史がある」と、地域を意味づけている[9]。こうした地域観に立って、「平和と民主主義を担う主権者の育成」を図る新たな授業実践が、次の時期に展開されていくのである。

註

(1)　本間昇「子どもとともに安保を考える」『歴史地理教育』No. 174、pp. 62-65、1970 年 11 月臨増。

　　　森本亨「『よごれるびわ湖』を教えて」『歴史地理教育』No. 223、pp. 4-15、1974 年。

　　　高根清子「『東電闘争』をどう教えたか」『歴史地理教育』No. 205、pp. 184-187、1972 年 11 月臨増。

　　　森垣修「農村破壊と教育実践」『歴史地理教育』No. 226、pp. 86-92、1974 年 7 月。

(2)　庄司時二「花岡事件を調査して」『歴史地理教育』No. 176、pp. 11-20、1971 年 1 月。

　　　石井重雄「地域で戦争をどうほりおこしたか―戦争と子どもたち―」『歴史地理教育』No. 232、pp. 27-33、1974 年 12 月。

(3)　末方鉄郎「地域現実をふまえた歴史の学習　その 2―丹波杜氏を中心に―」『生活教育』pp. 29-38、1971 年 1 月。

　　　渡辺由美子「秩父事件と子どもたち」『歴史地理教育』No. 212、pp. 4-9、1973 年 6 月。

　　　東京江東社会科サークル「東京大空襲をどう教えたか」『歴史地理教育』No. 193、pp. 95-99、1972 年 2 月増。)

(4)　清水潔「子どもとともに地域の遺物を―小学校 3 年生の歴史学習」『歴史地理教育』No. 200、pp. 4-9、1972 年 8 月。

(5)　渡辺明「戦争をどう教えたか」『歴史地理教育』No. 219、pp. 21-27、1973 年 12 月。

　　　なお、渡辺氏からは、資料として、当時の習志野八千代歴史教育者協議会の例会の記録、並びに例会の資料を提供していただいた。

(6)　江口武正「工業の発達―小学校五年―」『生活教育』pp. 56-63、1974 年 10 月・

『生活教育』pp. 30-43、1974 年 11 月。
(7) 渡辺明　前掲誌(5) No. 219。
(8) 江口武正　前掲誌(6)　1974 年 10 月・1974 年 11 月。
(9) 石井重雄「地域学習をこうとらえる」石井重雄『地域に学ぶ社会科』岩崎書店、pp. 22-26、1985 年。なお、初出は『中学年社会科の理論と実践』(地歴社 1974 年) である。

第Ⅲ章

地域における人々の行為と社会事象とを関連付けた拡大期（1975年―1981年）の「地域に根ざす社会科」実践の展開と事例分析

第1節　拡大期の「地域に根ざす社会科」実践の展開

　拡大期となる1975年から1981年は、社会的にはロッキード事件、円高ドル安などがあった時期である。教育をめぐっては、「現代社会」の新設、ゆとりある学校をうたった新学習指導要領の完全実施、40人学級が開始された時期である。

　こうした中で、1975年から81年までの7年間に発表された実践は、145事例ある。内訳は次のとおりである。第一に、発表された雑誌別に分類すると『歴史地理教育』誌に掲載された実践が123事例、『教育』誌に掲載された実践が8事例、『生活教育』誌に掲載された実践が14事例となっている。第二に、教科・領域別に分類すると社会科実践が145事例となっている。第三に、「平和と民主主義を担う主権者の育成」という観点から授業内容及び授業展開を視点に検討すると、次のことが指摘できる。

(1)　社会科実践145事例の中で、地域に見られる社会事象や人々の行為の理解を意図した実践は141事例、理解に基づき態度形成を意図した実践が4事例となっており、態度形成を図った実践が登場している。

(2)　理解を意図した社会科実践141事例の中で、地域に見られる社会事象を

扱った実践は 69 事例、人々の行為を扱った実践は 72 事例となっており、行為を扱った実践が増加している。
(3) 地域に見られる社会事象を扱った実践 69 事例の中で、地域の「変化・歴史」を扱った実践が 29 事例、「実態・特色」を扱った実践が 12 事例、「産業①②」を扱った実践が 18 事例と増加している。
(4) 「変化・歴史」を扱った実践の中には、「祖父母・父母とともに作る社会科」のように地域の歴史を掘り起こし、授業実践のみならず「地域に根ざす社会科」カリキュラムを編成した実践も見られる[1]。また、「埋もれた中世の町『草戸千軒』を教える」のように、発掘成果を取り入れた実践も見られる[2]。
(5) 「実態・特色」の中には、「川すじを追って"地域"を広げる」という、これまでとは異なる視点から授業内容が再構成されている実践も見られる[3]。
(6) 「産業」を扱った実践の中には、「久慈の漁業」のように、地域の人々の生産労働行為と地域の産業の変遷とを関連付けて扱った実践が登場している[4]。
(7) 人々の行為を扱った実践 72 事例の中で、生産労働行為を扱った実践が 31 事例、歴史的社会問題解決行為を扱った実践が 20 事例となっている。また、「お店やさん大作戦」といった生活行為（2 事例）、「おみせのしごと」といった非生産労働行為（10 事例）、「小牧基地と私たちのくらし」といった現代的社会問題解決行為（3 事例）というように、多様な行為を扱った実践が登場している[5]。
(8) 行為を扱った実践の中には、「生協"がくえん班"のおばさんたち」のように、改善的行為を取り上げた実践が登場している[6]。
(9) 態度形成を意図した社会科実践 4 事例は、いずれも表現によって地域社会への関与を図った実践となっている。
(10) 「かわと生活」という、その後の総合的学習の先駆けとなるような実践も発表されている[7]。
(11) 見学や観察、フィールドワークなど、子どもたちが地域を歩き、観察し、地域の人々から話を聞くといった学習活動が設定され、展開される実践が

増加している。

　以上のことから、拡大期の「地域に根ざす社会科」実践の時期的傾向を、次のように指摘できる。授業内容の視点からは、第一に、生活行為や歴史体験など、地域の人々の多様な行為を学習対象として取り上げ、その行為の背景にある社会事象と関連付けた実践が増加している。第二に、地域社会の維持や適応を図る人々の行為だけでなく、改善的行為を取り上げた実践が登場してくる。授業展開の視点からは、第一に、「子ども」というタイトルに象徴されるような子どもの関心や考え方を視野に入れた授業展開が見られるようになる。第二に、学習の成果を保護者や地域の方など周囲の人々に表現し発表する実践が登場してくる。第三に、地域の人々、子ども同士の社会的交流を通して知識の獲得や社会認識の形成を図ろうとする考え方に基づいて授業が展開される実践が登場してくる。

拡大期の「地域に根ざす社会科」実践分類表 1

表 5 拡大期の「地域に根ざす社会科」実践分類表

目標	事象					理解				行為				表現						態度形成				意見・提案				参加			行動		
	実態・特色	産業①②	産業③	変化・歴史	公共・健康・安全	社会問題	生活	生産労働	非生産労働	歴史体験	歴史的社会問題解決	現代的社会問題解決	文化	実態・特色	産業①	変化・歴史	公共・健康・安全	生産労働	社会問題	歴史体験	歴史的社会問題解決	現代的社会問題解決	公共・健康・安全	社会問題	生産労働	歴史体験	現代的社会問題解決	実態・特色	社会問題	歴史体験	現代的社会問題解決	生産労働	歴史体験	
1975	2	1		2				3	1	2	1																							12
1976	1	4		5	1			3	3	1	3	1																						22
1977	1	1		1	1		1	3		1	3	1																						12
1978	2	5		5	1	1		7	4	1	3			1																				29
1979	2	2		7		1	1	4	1	1	3																							22
1980	3	4		5	2	2		2	1		4										1													23
1981	1	1		4		3		9		1	3	1		1	1																			25

拡大期

表6　拡大期の「地域に根ざす社会科」実践（小学校）一覧表

No	年	誌名巻号	教科・領域	学年	実践者名	タイトル	目標	内容
050	75	歴・235	社	3	佐々木勝雄	子どもと共につくる社会科	理解・行為	非生産労働
051		歴・235	社	3	菊池浄	楽しい授業をめざして	理解・事象	実態・特色
052		歴・235	社	1	岩木光子	生活を通して子どもを育てる1年生の社会科	理解・行為	生産労働
053		歴・235	社	4	島崎忠志	くみかえた4年生教材と子どもたち	理解・行為	歴史的社会問題
054		歴・236/237	社	3	石井重雄 小川護他	小3社会科副読本「わたしたちの松伏町」をどうつくり、どう使ったか	理解・事象	変化・歴史
055		歴・237	社	中	荻森繁樹	川上にも矛盾がゴロゴロしている	理解・事象	実態・特色
056		歴・240	社	6	白鳥晃司	父母祖父母の「戦争体験」を聞きつづった「戦争」学習	理解・行為	歴史体験
057		歴・242	社	2	栗原誠三 山梨喜正	小学校低学年で農業をどう教えたか	理解・事象	生産労働
058		歴・242	社	4	本間昇	「横浜」の学習をとおして	理解・事象	変化・歴史
059		歴・244	社	3	佐々木勝男	わかる学習をめざして—社会科づくりと支部活動	理解・行為	歴史体験
060		教・324	社	小	鈴木正気	久慈の漁業	理解・事象	産業①
061		教・324	社	小	鈴木孝	ほたての養殖	理解・事象	生産労働
062	76	歴・246	社	中	鈴木理	九一色の昔の旅・今の旅	理解・事象	変化・歴史
063		歴・246	社	4	浅見敏夫	善蔵新田の掘り起こし教材化	理解・事象	歴史的社会問題
064		歴・247	社	3	梶並典生	きょう土のくらしのうつりかわり	理解・事象	変化・歴史
065		歴・247	社	6	松影訓子 島崎忠彦	自由民権運動をどう教えたか	理解・事象	変化・歴史
066		歴・249	社	3	吉野文夫	ゴミって何だろう	理解・事象	公共・健康・安全
067		歴・249	社	6	川崎利夫	地域の資料を使って原始・古代をどう教えるか	理解・事象	変化・歴史
068		歴・251	社	3	物江賢司	漁業の町から工場の町へ	理解・事象	変化・歴史
069		歴・253	社	3	浦沢朱実 小堀三枝子	おみせのしごと	理解・行為	非生産労働
070		歴・253	社	4	葛西嗣明	開発教材	理解・行為	歴史的社会問題
071		歴・255	社	3	川口知子	地域の農業（酪農）	理解・事象	生産労働
072		歴・255	社	5	小川碧	日本の工業	理解・事象	産業②
073		歴・257	社	6	松本良一	6年生に戦争をどう教えたか	理解・行為	歴史体験
074		歴・257	社	1	山村俊子	低学年社会科と到達度評価	理解・行為	実態・特色
075		歴・257	社	4	富吉勇嗣	地域の掘り起こしと教材化—寺が池の実践をとして	理解・行為	歴史的社会問題
076		歴・257	社	5	本田学	日本の農業—みかん産業のうつりかわり	理解・事象	産業①
077		歴・258	社	5	三木昌	人間のくらしと権利を大切にする社会科の授業	理解・事象	産業②
078		教・329	社		佐々木勝男	子どもの現実と社会認識	理解・行為	非生産労働
079		生・1月	社	小	金森俊朗	生産活動を中心にすえた労働教育の追求	理解・行為	生産労働
080		生・3月	社	4	岩下修	地域だけの問題じゃなかった	理解・事象	産業①
081		生・3月	社	2	広川俊宏	のりものではたらく人	理解・行為	非生産労働
082		生・3月	社	2	小川修一	「こうばではたらく人」にとりくんで	理解・行為	生産労働
083		生・3月	社	3	藤田茂	「地方自治」の学習	理解・行為	現代的社会問題

084	77	歴・261	社	4	大坪庄吾	玉川上水を教材化して	理解・行為	歴史的社会問題
085		歴・262	社	3	秋山敏	お店屋さん大作戦	理解・行為	生活
086		歴・264	社	4	佐々木勝男	子どものひとり歩きをうながす社会科	理解・事象	実態・特色
087		歴・266	社	中	松橋日郎	大太鼓・綴子用水の学習	理解・行為	歴史的社会問題
088		歴・266	社	3	林初太郎	父母に学ぶ	理解・行為	生産労働
089		歴・270	社	高	桜井利市	聞き取り調査で子どもが動く社会科学習を	理解・事象	変化・歴史
090		歴・271	社	2	布施純一	工場ではたらく人	理解・行為	生産労働
091		歴・271	社	5	金釜武治	秋田の林業	理解・事象	産業①
092		歴・272	社	中	庄司時二	かわと生活	理解・事象	歴史的社会問題
093		生・5月	社	3	鹿野隆弘	市民のくらしと下水道	理解・事象	公共・健康・安全
094		生・5月	社	4	森浩	下北（大畑町）のイカ漁	理解・行為	生産労働
095		生・5月	社	5	山田隆幸	小牧基地と私たちのくらし	理解・事象	現代の社会問題
096	78	歴・274	社	4	中路久光	地域教材と子どもの認識形成	理解・事象	実態・特色
097		歴・274	社	3	吉野文夫	労働をどう教えるか	理解・行為	生産労働
098		歴・274	社	4	笠井良純	地域にある工場	理解・事象	産業②
099		歴・274	社	3	榎本満喜子	昔の人々のくらし	理解・事象	変化・歴史
100		歴・274	社	5	清水潔	都市の子どもにふさわしい農業学習をめざして	理解・事象	産業①
101		歴・275	社	2	入谷正巳	コンクリート工場の学習で	理解・行為	生産労働
102		歴・275	社	4	佐原登登史	小4で農業をどうあつかったか	理解・事象	産業①
103		歴・276	社	小	矢崎康彦	はたらく人々「紙芝居づくり」	理解・行為	生産労働
104		歴・276	社	4	石川辰男	干潟八万石の開発	理解・事象	歴史的社会問題
105		歴・276	社	5	北舘賢	地域の現実をふまえた日本農業の指導計画	理解・事象	産業①
106		歴・277	社	3	樋渡利枝子	商店のはたらき	理解・事象	非生産労働
107		歴・279	社	2	小出隆司	ゆうびんきょくで働く人	理解・事象	非生産労働
108		歴・279	社	中	村松邦崇	学区のお地蔵様を教材に	理解・事象	変化・歴史
119		歴・279	社	高	中野照雄	子どもたちにトラペンを作らせて	理解・事象	社会問題
110		歴・280	社	6	定本美雪	戦争学習の実践	理解・行為	歴史体験
111		歴・280	社	6	木村敏美	貧富の差の発生をどう教えたか	理解・事象	変化・歴史
112		歴・281	社	2	滝沢孝子	地域に結びついた教材―田や畑で働く人	理解・事象	生産労働
113		歴・281	社	6	佐藤知行	エミシの抵抗	理解・事象	変化・歴史
114		歴・281	社	3	斉藤雄二	実感づくりの社会科―地域に根ざした農業単元プラン	理解・事象	生産労働
115		歴・282	社	2	川北秀樹	「みせではたらく人びと」をどう教えたか	理解・事象	非生産労働
116		歴・282	社	中	西山義則	子どもとともに取り組んだ中学年社会科	理解・事象	歴史的社会問題
117		歴・284	社	4	一宮泰	郡内機業をお話教材に	理解・事象	産業②
118		歴・284	社	2	大槻恭子	のりもので働く人たち	理解・事象	非生産労働
119		歴・286	社	中	川本治雄	「水道のひみつ」と「下水のゆくえ」	理解・事象	公共・健康・安全
120		歴・286	社	6	高谷二郎	天下の台所	理解・事象	変化・歴史
121		教・356	社	小	若狭蔵之助	教育研究をこころざす若い仲間へ	理解・事象	実態・特色
122		教・358	社	2	竹谷延子	地域のくらしを生かした教材づくり	理解・事象	生産労働
123		生・5月	社	3	小枝司	地域に教材を求めて	理解・行為	生産労働

124		生・6月	社	4	松本博子	足で調べたわが地域	理解・行為	歴史的社会問題
125	79	歴・287	社	3	中路久光	144人の子どもと作る社会科	理解・事象	実態・特色
126		歴・289	社	3	小田原章江	七郷堀用水で地域を教える	理解・行為	歴史的社会問題
127		歴・289	社	6	大阪高槻支部	集団でつくる地域に根ざす年間計画	理解・事象	変化・歴史
128		歴・290	社	2	笠井摂子	いねを育てる人のしごと	理解・行為	生産労働
129		歴・291	社	4	田中日出夫	田んぼと水	理解・行為	歴史的社会問題
130		歴・291	社	6	森垣修	祖父母・父母とともにつくる社会科	理解・事象	変化・歴史
131		歴・292	社	中	高梨和子	学校のうつり変わり	理解・事象	変化・歴史
132		歴・292	社	4	今井幸枝	見学体験学習と社会認識の深まり	理解・行為	生産労働
133		歴・294	社	中	磯部正博 山川弘美	荒川のフィールドワークと教材化	理解・事象	歴史的社会問題
134		歴・296	社	6	大坪荘吾 物江賢司	江戸時代の農民生活をどう教えたか	理解・事象	変化・歴史
135		歴・296	社	3	小林早智子	地域の教育力とは	理解・事象	変化・歴史
136		歴・296	社	5	橋本清貴	調査からはじめた工業学習	理解・事象	産業②
137		歴・298	社	2	芦田良子	「田や畑で働く人たち」に取り組んで	理解・行為	生産労働
138		歴・298	社	6	坂本祥子	平群の古墳	理解・事象	変化・歴史
139		歴・299	社	3	中津里子	地域を歩いて―しなものを売る店	理解・事象	非生産労働
140		歴・299	社	5	北舘賢	地域の課題を生かした社会科学習―日本の農・林・水産業	理解・事象	産業①
141		歴・299	社		秋山敏	遊びを通して育てる低学年の社会認識	理解・事象	実態・特色
142		歴・299	社	6	市川寛	子どもとともに取り組んだ開校まつり	態度形成・表現	変化・歴史
143		教・374	社	小	森垣修	地域に学ぶ学校づくり	理解・事象	変化・歴史
144		生・4月	社	3	若狭蔵之助	生協"がくえん班"のおばさんたち	理解・行為	生活
145		生・5月	社	2	杉原ひろみ	感動を育てる授業へのとりくみ	理解・行為	生産労働
146		生・8月	社	6	安達稔	「15年戦争」の学習	理解・行為	歴史体験
147	80	歴・301	社	1	清水功	「働く人」をどう学習したか	理解・行為	生産労働
148		歴・301	社		岡本史郎	市役所の仕事と私たちのくらし	理解・事象	公共・健康・安全
149		歴・302	社	5	田広寿千	地域の資料と農業学習	理解・事象	産業①
150		歴・304	社	2	宮入盛男	子どもが気づき求める授業を	理解・事象	非生産労働
151		歴・304	社	3	滝沢孝子	子どもの考えを組みこんで	理解・事象	実態・特色
152		歴・304	社	4	長畑博	郷土の歴史をこの目この耳で	理解・事象	歴史的社会問題
153		歴・304	社	5	北村文夫	意欲的な子どもを育てるために	理解・事象	産業②
154		歴・304	社	6	山田宇多子	子どもの考えをよりどころにした歴史学習	理解・事象	歴史的社会問題
155		歴・304	社	2	編集部	カネゴンと子どもたち―小学校2年生の絵地図づくり	理解・事象	実態・特色
156		歴・305	社	3	山梨喜正	川すじを追って"地域"を広げる	理解・事象	実態・特色
157		歴・305	社	3	高橋由利子	馬頭観音からみた地域のうつりかわりの学習	理解・事象	変化・歴史
158		歴・306	社	6	北舘賢	高野長英をどう教えたか	理解・事象	変化・歴史
159		歴・307	社	3	初鳥ゆりこ	みんなでやった工場調べ	理解・事象	産業②
160		歴・308	社	4	高橋勝	これからの神奈川県・くらしと基地	理解・事象	社会問題
161		歴・309	社	6	平島正司	小学校6年の戦争学習	理解・事象	変化・歴史
162		歴・310	社	3	小川碧	酒だるをつないだ百間樋用水	理解・行為	歴史的社会問題

163		歴・313	社	3	桜本豊己	ろくやおん台地の農業	理解・行為	歴史的社会問題
164		歴・313	社	中	上田信子	くらしと水	理解・事象	公共・健康・安全
165		歴・314	社	6	浅田和成	歴史学習における到達度評価のとりくみ―原始・古代	理解・事象	変化・歴史
166		歴・314	社	5	川上敬二	「日本の林業」をどう教えたか	理解・事象	産業①
167		歴・314	社	3	稲田昭	子どもの動きから知識をみちびく―小3歴史単元の指導	理解・事象	変化・歴史
168		教・385	社		帯広市愛国小市川恵子他	地域とともに歩む学校をめざして	態度形成・表現	社会問題
169		教・386	社	小	武田康男	地域に学ぶものづくりの教育	理解・行為	生産労働
170	81	歴・316	社	5	斎藤博	稲井石材にどう取り組みどう教えたか	理解・行為	生産労働
171		歴・316	社	5	土井三郎	大阪の公害をどう教えたか	理解・事象	社会問題
172		歴・317	社	4	溝川尚美	みんなで調べた小平の昔	理解・事象	変化・歴史
173		歴・317	社	6	木村敏美	「ゆとり」で地域の歴史劇に取り組む	態度形成・表現	変化・歴史
174		歴・318	社	3	渡辺明	梨づくりの仕事	理解・行為	生産労働
175		歴・320	社	3	稲岡尚	酪農の村で酪農を教える	理解・行為	生産労働
176		歴・320	社	5	上川義昭	地域の都市化に目をむける	理解・事象	社会問題
177		歴・321	社	2	佐藤静雄	2年生の工業学習	理解・行為	生産労働
178		歴・321	社	4	鈴木健三	皿亀潜穴用水をつくった先人の努力と知恵	理解・行為	歴史的社会問題
179		歴・321	社	1	村松邦崇	1年生の地域・地図学習	理解・事象	実態・特色
180		歴・321	社	5	青木ண二	労働体験を通しての農業学習	理解・事象	生産・労働
181		歴・322	社	6	館忠良	日本のあゆみとアイヌ史	理解・事象	変化・歴史
182		歴・322	社	4	八谷正巳	農業学習	理解・事象	生産・労働
183		歴・325	社	小	中浜和夫	「冷害と凶作」の特別授業	理解・事象	社会問題
184		歴・325	社	4	森垣修	土地改良・米づくりの授業	理解・行為	現代の社会問題
185		歴・325	社	5	北舘賢	岩手のりんごづくりを教えて	態度形成・表現	産業①
186		歴・326	社	高	千葉誠治	白糖の飯塚森蔵と自由民権運動	理解・行為	歴史的社会問題
187		歴・328	社	3	阿部勇一	漁家の仕事	理解・行為	生産労働
188		歴・329	社	6	中尾慶治郎	新見庄の教材化	理解・事象	変化・歴史
189		歴・329	社	6	藤井和寿	埋もれた中世の町「草戸千軒」を教える	理解・事象	変化・歴史
190		歴・330	社	3	稲岡尚	酪農学習「牛乳がしぼられるまで」	理解・行為	生産労働
191		歴・330	社	4	小原良成	「伊佐沼の干拓」の学習	理解・事象	歴史的社会問題
192		歴・330	社	5	森垣薫	地域の伝統工業「丹後ちりめん」の授業	理解・事象	産業②
193		歴・330	社	6	斎藤博	地域から掘りおこした戦争学習	理解・行為	歴史体験
194		生・4/5月	社	2	大和輝子	パン工場見学の授業記録	理解・行為	生産労働

第2節　拡大期の「地域に根ざす社会科」実践事例の分析

　ここでは、拡大期の授業実践を取り上げ、「平和と民主主義を担う主権者」を育成する授業内容と授業展開を検討し、授業構成上の特徴を把握する。拡大期の典型的な実践としては、次のものがある。

1　地域の人々の働く姿を取り上げた授業実践—「子どもと共につくる社会科—小三・見学学習と子どもたち」[8]
2　地域産業の変容を保護者・住民と共に学んだ授業実践—「久慈の漁業」（小5）[9]
3　地域住民の生活改善行為を取り上げた授業実践—「生協"がくえん班"のおばさんたち」（小3）[10]

　この3つの実践を典型としたのは、次のような拡大期の実践動向を反映しているからである。第一に、生活や労働といった人々の日常的な行為と社会的事象とを関連付けて取り上げていることである。第二に、地域の人々や子ども同士の社会的交流を通して社会認識の形成を図ろうとしていることである。

1　地域の人々の働く姿を取り上げた授業実践—「子どもと共につくる社会科—小3・見学学習と子どもたち」

　ここでは、地域の人々の働く姿を取り上げた授業実践、「子どもと共につくる社会科—小3・見学学習と子どもたち」を取り上げる。実践した佐々木勝男は、3年の社会科をどうすすめるか学年会で話し合い、年間の見通しをもった学習をすすめるため年間計画表をつくり、次のような「3年社会科のめあて」を考えている[11]。

> ①　地域の見学を通して、人々の生産と生活をリアルにつかませ、社会を見る目を育てる。
> ②　地域の人々のしごとの学習を通して、働く意味や働く人々のくろう、よろこび、願いに気づかせる。
> ③　地域のうつりかわりを学習し、地域を住みよいものにしようとする人々の願いや努力に気づかせる。

④　地域や社会をつかむために地図、その他資料の扱い方や調査方法の初歩的な力を身につけさせる。

　特に、見学学習が重要な柱になると考え、学年の教師集団が協力し、周到な準備をしている。子どもたちが「地域を実際に自分の足で歩き、そこに住み、働いている人々の具体的な姿をリアルに見つめ、地域の人々から直接、話を聞いたりしていく学習活動」によって、子どもたちは、「地域の人々の生き方にふれ、その姿に共感をよせたり、働くことの意味を考えはじめたり、世の中の矛盾やかだい、地域の歴史にだんだんと迫っていくのではないか」と考えたのである。そして、次のような計画を立てて、授業を実施している。

1　学校の屋上から学区のようすをながめる
2　教室の床に大きな地図を書いて
3　学年（170人）での町めぐり（4回）
4　町めぐりを絵地図に
5　学区のお店の分布しらべ（250軒）
6　お店の分布図つくり
7　いなかの農家の仕事しらべ（夏休みの課題）
8　お店の仕事のしらべと文集づくり
9　学区の工場しらべ（30の町工場）
10　とうふ屋さん見学

　ところが、4回の学年全体での「町めぐり」のあと、佐々木たちは、次のような子どもの感想を見て「ショックをうけた」のである。

　　わたしたちのしらべた所は、向町商店がいでした。私はクラスの子全部で行くより、班で行った方がたのしかったような感じがしました。

　そこで、佐々木は、「子どもたちの自発的な学習エネルギーを十分に発揮させることができなかった」と、「4回の町めぐり」の「欠陥」を反省し、「お店しらべ」を実施するのである。

　子どもたちは、「町内別に7つのグループをつくり、グループ討議をし、次のようなめあてと計画」を決めている。その後、「学区の店しらべ」が3回実施されている。

① めあて……店の名前、なにを売っているか、働いている人数、休み、いつ店をはじめたか、どこから田島にうつってきたか、売るためのくふうとくろう・よろこび、サービス、もうけ、せんでん、働く時間、おきゃくの多い時間
② 計画……リーダー、集まる時間と場所、おわる時間、調べること、調査カードをもつ
③ やくそく……お店の人にあいさつを忘れない、店のじゃまをしない、家の人にことわって出る、交通事故に気をつける、班長を中心に行動する

　この「店しらべ」の結果、「授業はおどろくほど新鮮で活発」なものとなり、「子どもたちは鬼の首でもとったように報告」しあったのである。調査内容の一部は、次のとおりである。

① お店のくふうはなにか
　・店をきれいにする　・しんせつにする　・おいしいものをやすく売る　・買いやすいように品物をおく　・サービスをよくする　・お客さんを大事にする
② お店のくろうは、なにか
　・仕入れがたかい　・お金がない　・ざいりょうが高くてこまる　・人手がたりない
　・ぶっかが高くて品物が買えない　・流行がはげしい
③ お店の人のよろこびはなにか
　・ありがとうございますといわれたとき　・品物がぜんぶ売れたとき　・おきゃくさんによろこばれたとき　・もうかったとき

　佐々木は、子どもたち42名が、学区の店250軒以上を調べた「エネルギーには圧倒されるばかりであった」と述べている。そして、「子どもたちは、なにげなく商売しているように見える店でも、血のにじむような必死のくろう・くふうをしていることを体でつかんだ」のであり、「お店で働いている人から直接話を聞くなかで、今のインフレ・物価高の世の中にも少しずつ眼をむけはじめたのではないか」と報告している。

　佐々木は、この実践を振り返って、「第一は、現地調査や見学での具体的な事実をとおして子どもの社会認識を育てることがどんなに大切かということ」、「第二には、重点単元には、できるだけ時間をかけ、ゆっくりとていね

いにくりかえして学習活動を進めること」、「第三は、子どもたちの共同学習を組織し、自分たちの学習エネルギーを発揮させることの大切さ、そのためには、子どもたちの学習関心と要求に十分依拠する必要がある」、「第四に、こうした学習要件を計画的に準備してやる教師の指導性はとくに重要ではないか」と指摘している。

佐々木の実践は、「平和と民主主義を担う主権者の育成」を図るために、授業内容は地域における生産や流通、販売における労働行為と社会的事象とを関連付けて取り上げ、歴史や社会を創造する人間の具体的な姿としての地域の人々の理解を意図したものとなっている。そして、そのために、見学や観察、インタビュー、調査結果の発表、絵地図や分布図作りといった授業展開となっている。すなわち、本実践の歴史的意義は、第一に、歴史や社会を創造する人間の具体的な姿として、地域の人々の労働行為と社会的事象とを関連付けて取り上げたところにある。第二に、「子どもたちの共同学習を組織し、自分たちの学習エネルギーを発揮させること」と佐々木が振り返ったように、子どもの興味や関心に基づき授業展開を修正・工夫したところにある。

2　地域産業の変容を保護者・住民と共に学んだ授業実践―「久慈の漁業」（小5）

鈴木正氣は、「久慈の漁業に固執することによって、そこに貫徹する日本産業の特性をえぐり出させたい」と考え、本実践に取り組んでいる(12)。鈴木がこのように考えたのは、「日本産業の一般的特性は、地域の特殊性に貫徹されているのであるが、しかし、この一般性自体は地域の特殊性によって前進させられている」からである。鈴木がこの実践を展開した久慈地域にも、「日本産業の一般的特性」が、「伝統的産業である漁業の衰退」として、「地域の産業構造に現象」している。したがって、「伝統的に守られてきた漁業によって形成されてきた地域の感情や意識、物の見方や知識というものが、祖父母・父母を通して広範に投影されている」子どもたちによって、「久慈の漁業が対象化されうるなら、その認識は、日本産業の一般性へするどくつき貫けざるをえまい」という見通しを持って、鈴木はこの実践に取り組んでいる。

また、鈴木は、「久慈の漁業に固執する」ということは、「教育する者を教

師に限定しないことを意味する」と述べている。そのため、子どもたちは、「自分の親（地域）を教育する側の人として正面から見直さざるをえなく」なり、本実践は「地域社会がもともと内部に持っている子どもを教育する力を顕在化させる大きな役割を果すにちがいない」と指摘している。

このような考えに基づいて、「教材の構成」、「学習の組織化」、「学習計画」が構想されている。

「教材の構成」は、「産業構造を規定する自然（資源）・生産用具（漁船）・協同労働の3つの要素から久慈の漁業を調べ、その変貌を工業との関係からおさえることによって、日立ひいては日本の産業のとらえなおしをする」という基本的視点に基づいて、産業別就業者数、久慈漁港、漁船、漁獲高の事実が検討されている。

「学習の組織化」は、「子どもたち自身が行う地域調査と、それとは相対的に独立して組織される授業、この両者を結合させていく」という基本的視点に基づいて、久慈漁港見学、グループ調査、授業の3つの指導場面が検討されている。

このような考えに基づいて構想された学習計画は、次のとおりである。

  第1次　・久慈漁港見学（2時間）
     ・生鮮小売店見学（1時間）
  第2次　・グループ調査　2月末まで
     グループ調査は放課後あるいは土曜日などに行うことを原則とする。週1回は進行状況の点検ならびに相談日をもうける。
  第3次　授業
  (1)　久慈の漁業は、日立の漁業の中でどのような位置をしめているか（1時間）
    ・日立の漁港
    ・S 25 就業別人口（各地域）
  (2)　大正期と現在の久慈の職業別戸数から、漁業を考える（1時間）
    ・職業別戸数（T 5・S 49）
    ・T 10 ごろの職業一覧
  (3)　戦後の久慈の漁業を日立の産業別人口から考える（1時間）
  (4)　久慈の漁業は進歩しているか（2時間）

　　　　・漁獲高はどうか
　　　　・漁港の変遷はどうか
　　　　・漁船の変化はどうか
　　(5) 漁業が進歩しているのに漁業人口が減少しているのはなぜか（4時間）
　　　　・工業生産と漁獲高の関係はどうなっているか
　　　　・日立港の役割は何か
　　　　　商港の現在と計画
　　　　　工業にとっては…
　　　　　漁業にとっては…
　　　　　大企業と中小企業
　　　　　沖合と沿岸漁業
　　　　・市場はどうなっているか
　　　　　自港水揚げは…
　　　　　他港水揚げは…
　　　　　なぜ他港に水揚げされるのか
　　　　・イサバヤの昔と今
　　(6) 学習のまとめ（1時間）
　　第4次　レポート作成（1時間）
　　　　課題　久慈の漁業
　　　　　　レポートは、第1次の久慈漁港見学から、第3次の学習のまとめ全般にわたること。ただし、レポートのテーマは、じぶんにひきつけたものとすること。

　こうした学習計画に基づいて、授業は次のように行われている。

　久慈漁港見学は、教師の引率による一斉見学で行われている。見学では、漁港の施設や設備、働いている人々が観察されている。また、この見学は、子どもたちの「問題意識の形成」と「久慈の漁業の総体を分析的にとらえるための要素の発見」とを意図して行われている。

　一斉見学の終了後、まず調査グループの編成が行われる。グループは、子どもたちの動機を明確にさせて、次のように編成されている。

　　　・久慈のさかな（6名）・沿岸漁業と沖合漁業（4名）・久慈漁港（9名）・市場（4名）
　　　・日立港（10名＝2班）・日立の工業と久慈の漁業（8名）

続いて、編成されたグループに対して、「研究の進め方」を示唆している。例えば、「久慈のさかな」グループに対しては、次のような調査項目や調べ方を示唆している。

1　水揚げされる魚の種類と漁獲高
　　・図鑑で調べるだけでなく実物をたしかめる。
　　・標本をつくるのもよい。
　　・標本の作り方は（以下、判読不能）
　　・漁獲高は組合で調べられる。
2　魚のいるところ
　　・回遊魚と海流
　　・根魚と海底地形
　　・（判読不能）のおじさんにきくと教えてくれる。
3　魚の種類とそのとり方
　　・あみの種類
　　　漁具は実際にみせてもらうとよい
　　　写真・スケッチを忘れずに
　　　もらえるものはもらうとよい

　子どもたちは、こうしたことを踏まえて調査活動を実施している。調査活動は、放課後、もしくは土曜日などを使って行われている。また、週一回、鈴木による点検・相談日が設定されている。こうした調査活動の結果は、「中間報告」として発表されている。ここで出された子どもたちの疑問が、次の授業で話し合いのテーマとなるのである。

　子どもたちの調査結果を基に行われた授業は、「グループ調査の発表」ではなく、調査によって明らかにされた「労働、自然（資源）、生産用具（漁船）という3つの要素」を、「歴史的推移を柱にして総合」し、「子どもたちにとっては新しい久慈の漁業という総体と対面させる」ものとして位置付けられていた。

　その授業の一つ、「久慈の漁業は進歩しているか」を、鈴木は、次のように報告している。

　　　討論は、『久慈の漁業はおちぶれている』という菊池の主張を中心に展開し

た。菊池は自分たちの調査をもとに、産業別人口を昭和30年と昭和45年を比較し、工業人口1万9521から4万7268への増加と、漁業人口1360から636への減少から、自己の主張を展開した。これにたいしては、多くの反論が出された。西野は『漁業がつぶれていくというなら、もとの河口港からなぜいまの漁港にうつったのか』と反論し、小泉は『44年度の漁獲高2億3000万円が47年には2億7000万円と増加している。漁業人口が減っても漁船が大型化し、新しい技術をとりいれているのだからおちぶれているとはいえない』と主張した。また須藤は『工業の生産があまり大きくなりすぎたために漁業が小さく見えるだけ』とし、これらに代表される意見が続出した。菊池はこれにたいして『工業がおおきすぎるというなら、就業別人口の方だって、第一次産業が減るのではなくて、第三次産業の人口が工業にひきずられてふえていくのに、そんなことはなく、漁業の方、第一次産業が減っているではないか。生産高の方も、ぼくたちが調べたものでも、あがっているのはわかるが、3億やそこらにくらべて、日立の主要工場だけでも昭和30年に257億、32年には524億と約300億ぐらいふえているのに、漁業の方はたった4000万円しかふえていないではないか。だから結論としてはあがっているけど……』。須藤は『だからといって漁業がおちぶれているとはいえない。工業生産高が大きすぎるだけだ』とくいさがった。大方の見方は、工業の発展がめざましいために、漁業の発展がみえないというところにいき、菊池らは孤立していった。

この授業の終了後、ある子どもは、次のような感想を書いている。

　3月12日の社会科の授業は、菊池君の久慈の漁業はおちぶれている事から始まったが、私はおちぶれていないと思った。大正からくらべると、ずいぶん港の位置がちがってきているし、港の広さもちがってきているようだし、船の大きさも変わって大きくなったから、おちぶれていないと思った。でも勉強が進むにつれて、不安に思うことがあった。それは漁業で働いている人数をグラフで見ると、年々へっているという事だ。どうして港の広さや、船も機械化されているのに漁業で働く人がへってきているのか。だから始めに考えた久慈の漁業はおちぶれていないという事がほんとうかどうかちょっと不安になってきた。みんなの意見が出て、どんどん勉強が進んでいったが最後まで不安だったのが不安で終わってしまった。

この子どもが不安に思った「魚業は進歩しているのに漁業人口が減少して

いるのはなぜか」ということが、次時の授業のテーマとして設定されるのである。

　このテーマに対して、子どもたちは、「漁船の大型化・装備の機械化によって人手がいらなくなった」という機械化説、「収入の多い工業に移るのはあたりまえだ」、「景気が悪くなれば漁業にまたもどる」という収入・景気説、「みんなが工場に入るのに自分だけ漁船にのるのははずかしいという若い人の心理」説、「泣いたり喜んだりした仕事だ。どんなことがあってもはなれられないという老漁師の自負」説をそれぞれ主張している。この話し合いの途中で「機械化説」が取り下げられた後、日立港の存在が問題にされている。

　　T　よし、ともかくこんなふうに日立の工業は工業の側から言えば、人をみんな集めながら、工業生産をどんどんあげていったということが言えそうだな。
　　　そういうことが久慈にもまともにでっかく現れてきた。そこから漁業をもういっぺんみなおしてみたいんだけどな。何だと思う？
　　P　日立商港、商港だ、商港……。
　　T　そうだ。日立港だ。じゃ日立港は工業にとっては、どんな役割を果しているのかということを考えてみたいんだけどな。そうすれば、もっとはっきりしてくる。

そして、子どもたちは、日立港ができたために久慈の漁業が「おちぶれて」いったことに気付くのである。話し合いは、次のように行われている。

　　T　じゃあ、沿岸漁業グループの人たち。
　　須藤（女）　あの、わたしたちは漁業に対してなんですが、工業に対しては、商港は原料の輸入に便利なんですが……。
　　T　だから……。
　　P　ハイ、ハイ。
　　井上（女）　みんなで相談したんですが、市場というか魚があがるというか、材木をあげるというか、そういうこととわかれているんですが、その場合には、魚があがるということで考えた結果、商港では、材木とか輸出輸入ということで、こっちは魚はあがらないんじゃないかということで、同じ日立港ということだから、漁業の人たちが商港にひっぱられたという感じでやられたから……、あまり……。

佐藤（女）　井上さんの言うこと、ちがうような感じで、日立港は魚にはぜんぜん関係がなくて、おさかなは全々あがりません。そして、ここでいっちゃうんですけど、結局漁港とは、日立港は関係はないということではないんですが、少しはあるかもしれませんけど、大体工業と関係があるということなんです。それはこの前、第一回日立港調査にグループの第一班でいった時、聞いてきたんですけど、日立港では、外国との輸入輸出や、国内の移出移入をやっていて、いろいろな原料や製品の出し入れをやっていて、漁港では魚をとるしごとなので直接関係はないと思います。

井上（女）　私も久慈港と言ったつもりなんですが、あのいい方がまずかったんですが、市場のグループの方から考えてみると、直接関係がないと言ったんですけど……。

T　そうすると市場の方から考えると全く関係がないということですね。ほんとに関係がない。どうですか沿岸漁業の方では、魚グループの方では……。

星野（男）　この地図を見てもやっぱり、久慈港がこれだけで、商港はこんなに大きいんだからやっぱり、関係があると思います。

T　何に関係があるの？

P　ハイ、ハイ、ハイ。

T　星野が言うように漁港はこんなに小さいんですね。商港が完成すると、こんなにでっかくなっちゃうんですね。須藤さんのお父さん、いま、どんな所で漁をしているのかなぁ。

P　ハイ、ハイ、ハイ。

T　久慈の漁業と全く関係がないんですかね。

P　ハイ、ハイ。

T　五来さんのうちなんか、どこで漁をするの。調べたでしょう。ちょっと説明してくれない。

五来（女）　だいたい、この地図ではよくわからないと思うんですけど、ビンチョウマグロは赤道の方でとっているんですけど、マグロは月ごとに変っていって、8月中旬はこの辺、9月になるとこの辺（自作の図を示しながら）、1月—2月はこの辺になって、6月になるとこの辺。うちでは、ビンチョウマグロがいくところを追って漁をするので、ぐるっとまわっているので、それにそってやっています。カツオも同じで、4、6、9、10月とやっぱり、ビンチョウマグロのように魚がいくところをぐるっとま

わってき、さんまは、9、10、11月にとるんです。そうすると商港に一番関係があるのは、11月の初旬で、鹿島なだあたりで、10月—11月がどうも関係があるんじゃないかなと私は思うんです。

T　ハアー、須藤さんの家はどうかな。

須藤（女）　私しん家では、ああいうふうに地図に書けないような近い所でやっていて、もしそういうふうに、商港が大きくできちゃうと漁をする所が、なくなっちゃうのではないか。

宇佐美（男）　あと、それに対して、魚の問題もあると思います。商港に出入りする船が通って、魚が逃げてしまって、沖の方に行ったりする場合もあるし、船から出す油なんかで、魚が死んでしまう公害もあります。

T　そんなことあったの。

宇佐美（男）　そういうことが、これからあるんじゃないかと思う。

星野（男）　それにつけ加えて。

山県（男）　ぼくも宇佐美君のいうように、船の油で死んでしまうことがある。

星野（男）　今公害が出ると言ったんですけど、魚が卵をうんでいるところがうめたてられてしまうんだから、魚の住みかもなくなってしまうし、そうすると魚も移動して、ここらへんの魚がいなくなっちゃうんじゃないか。それに、こっちからの海流もかわって、前とはちがってしまい、住むばしょもちがってきて、へたすると、とれなくなってしまうという仮説もなりたつ。

T　なるほど仮説もなりたつ。むずかしい言葉だな。そういう予想もなりたつということだな。

T　そうすると、五来さんの家の魚のとり方と、須藤さんの家のとり方をくらべると、どちらに影響をおよぼすことになるのかな。

P　須藤さん。

T　そういうのを何漁業といったっけ。

P　沿岸漁業。

T　沿岸漁業だね。そう沿岸漁業に大分関係がでてくることになる。つまり、商港は工業とも関係がある。しかし漁業にもそういうことで関係がある。工業にとってはどういう関係があるかというと、工業をどんどん……。

P　発達させる。

T　発達させる役割をする。漁業にとっては……。

P　そんをする。魚をとれなくする。漁業をつぶす……。
T　そういう役割を漁業には、はたしているんじゃないかということができるんだね。
T　きょうは、漁業が発展しているのに漁業人口がなぜへっているのかということを、工業が生産をあげるために人手をすいとったのではないかということと、工業を発展させている商港が、じつは、漁業をつぶしているのではないかということからみてみたわけですね。
　　つぎの時間には、市場のようすからみて、久慈の漁業はどうなっているのかをみてみようと思います。そうすると、なぜ漁業人口がへっていったのかが、もっとはっきりすると思うんです。つぎの時間には、市場グループの人にガンバッテもらうことになるな。
　　じゃ、きょうは、ここまで

　本実践の終了後、鈴木は、この実践を支えた「原動力」について、次のように述べている。

　　第一は　地域の人々の支えがあったこと
　　第二は　子どもたちが問題を次々に提起し自分の力で解決していこうとしたこと
　　第三は　『久慈の漁業』を『うおをとる』の延長上におくことが次第に明らかになると同時に『うおをとる』の実践の意味が確かめられたこと

　したがって、この実践は、「子どもと親と教師で創り出された」ものであり、「子どもの社会認識を育てることと地域のとらえなおしとを結びつけることにある程度成功した」と振り返っている。

　鈴木の実践は、「平和と民主主義を担う主権者の育成」を図るために、授業内容は、生産労働、資源、生産用具という3つの視点から、久慈の漁業の変遷とその要因の理解を意図したものとなっている。そして、そのために、漁港の見学、一人ひとりの子どもの問題関心に基づく見学や観察、聞き取りといった調査、踏査結果や資料に基づく話し合いといった授業展開となっている。すなわち、本実践の歴史的意義は、第一に、地域に誇りや愛着を持ち、漁業労働によって地域社会を支える人々を通して、地域社会や産業の変遷、及び地域社会の課題と展望とを明らかにし、主権者意識の形成を図ったとこ

ろにある。第二に、調査活動を通した地域の人々との交流、話し合いを通した子ども同士の交流によって、子ども自身が社会的視野を広げ、社会に対する見方や考え方を深めたり、修正したりすることを可能としたところにある。

3 地域住民の生活改善行為を取り上げた授業実践―「生協"がくえん班"のおばさんたち」(小3)

本実践は、若狭蔵之助が、当時の生協運動や消費者運動を始めとする住民運動に見られた「新しい共同性をさぐる動き」を手がかりに、「新しい共同性を創り出す可能性を子どもたちとともに追求していかなければならない」と考え行ったものである[13]。若狭がこのように考えたのは、指導要領が「人びとの共同性の破壊と後退に対して、資本主義の矛盾にメスを入れることなく、もっぱら精神主義的な教化によって人びとの社会的適応をはかろうとしている」からである。そこで、「みんなまとまって消費者の主体性をまもり、地域生活を発展させようとしている」地域の「おばさんたち」を取り上げたのである。

そして、若狭は、「事実をよく見ること、事実に即してききとること、そうした事実を通して、おばさんたちの生活の論理に気づいていく」学習を構想している。なぜなら、「科学の基本は子どもが目で見、手でふれ、耳で聞きとったところから、また、子どもが異なったいくつかの事実を観察したり、継続的な観察や調査をしたりして得た経験資料をもとに考察したところから、あるいは自分の生活を意識し、自分の生活の論理を問い返すところからはじまる」と考えたからである。

こうした考え方に基づいて、次のような「学習のねらい」が設定され、「学習の計画」が構想されている。

　学習のねらい
　○町の人びとが「生活の向上を図るため」(指導要領)に協力しあっていることがわかる。
　○町の人びとのくらしを知って、自分の家のくらしとくらべることによって社会意識をひろげる。
　○身近な社会事象を観察したり、身近な人びとに問いかけたりして調べたこ

とをノートにまとめ、発表することができる。
〈学習の計画〉
(1) 町の人びとのくらしで、このごろよくなったと思うこと、もっとよくなってほしいと思うことを調べて話合う。
(2) おいしくて安い野菜や肉が買えるようにするにはどうしたらよいか話合う。
(3) 安全なたべものを作って食べる会、四つ葉牛乳の会、生協学園班などの活動を見学し調べたことをノートにまとめる。
(4) 安全なたべものを作って食べる会のスライドを見て、その活動についての事実を再確認し紙芝居をつくる。
(5) 紙芝居の説明文を書き、それをもとにしておばさんたちの活動について理解を深める。
(6) 地域のおばさんたちの活動を知って、それに対する自分の考えをまとめる。

授業は、次のように展開されている。

若狭は、まず「町の人々のくらしで、このごろよくなったと思うこと」を子どもたちに聞いている。子どもたちは、次のように答えている。

　　下水道工事が進んでいること（13人）
　　バス通りに店がたくさんできたこと（2人）
　　幼稚園のバスが来るようになったこと（1人）

次に、「もっとよくなってほしいこと」を子どもたちに尋ねている。子どもたちは、今度は次のように答えている。

　　家の近くに学校をつくってほしい。（6人）
　　校庭をもっと広くしてほしい。（7人）
　　草や木があって夏にはかぶと虫がとれたり、魚やざりがにがとれる遊び場がほしい。（4人）
　　家の前をバスが通るようにしてほしい。（1人）
　　肉や野菜を安くしてほしい。（5人）

続いて若狭は、「どうすれば肉や野菜が安く買えるだろうか」と尋ねている。子どもたちは、「お店でバーゲンをやればいい」、「農協で買えばいい」、「野菜づくり農家の加藤さんで買えばいい」などと答えている。こうした子どもた

ちの発表を受けて、若狭は、「今度いいものが安く買えるところに連れていってあげる」と次時の予告をしている。

次の時間、若狭は「安全なたべものを作って食べる会」に、子どもたちを連れていっている。その時の様子を、子どもは次のように書いている。

> ぼくは、はじめ農協に行くと思いました。そうしたら先生がまっすぐ行っちゃうからどこへ行くのかわからなくなりました。そして車庫みたいなところに行きました。ぼくは、はじめおばさんたちが何をしているのだろうと思いました。きいてみたら『野菜をわけているのよ』と言いました。

子どもたちは、野菜の絵を描いたり、おばさんたちに質問をしたり、メモを取ったりと「思いがけないほどの積極さ」で見学したそうである。

この見学の途中、「わざわざここまでこなくても、スーパーで買えばいいじゃん」という子どもの発言から、「スーパーで買った方がいい」か、「おばさんたちみたいに分け合った方がいい」か、話し合いが行われている。子どもたちは、次のような意見を発表している。

> スーパーなら、レジで計算していちいち自分で計算しなくてもいいからスーパーの方がいい（文彦）
> いちいち野さいなんか選ばなくてもいいからおばさんたちの方がいい
> 　　　　　　　　　　　　　　　　　　　　　　　　　　　　　　（紀子）
> スーパーのは虫なんかくっていないからスーパーの野さいの方がいい
> 　　　　　　　　　　　　　　　　　　　　　　　　　　　　　　（圭樹）
> くすりがついていると病気になるから、おばさんたちの方がいい。（紀子）
> スーパーだと、どれがいいかすぐくらべればすぐわかるから、スーパーがいい。（文彦）
> そんなこと言ったって、スーパーだと人がたくさん手でさわるから、きたなくなったり、さわったところが変になるからスーパーはいやだ。（正明）

若狭は、この子どもたちの話し合いを引き取って、「ここで、おばさんたちはどう考えているのかきいてみよう」と指示している。おばさんたちの話を聞いた子どもは、つぎのように書いている。

> おばさんたちの話をきいているうちに、だんだんおばさんたちの言っていることがわかってきました。なぜ野さいにしょうどくしない方がいいのかわか

りました。やさいにしょうどくすれば虫は死ぬかもしれません。でも、その
くすりが野さいについて、その野さいを人間が食べると人の体の中に入って
体がおかしくなってしまうということでした。わたしはやっぱり、おばさん
たちのように、野さいをどろのついたまま買って自分の目でくすりがかかっ
ていないとか、自然のままの作り方はどうかとか、ちゃんと見てから食べる。
その方が安心して食べられると思った。(亜也子)

次は、「四つ葉牛乳の会」に見学に行っている。そのときの様子を、子ども
は次のように書いている。

和田さんの家の門のところに、はっぽうスチロールの箱がおいてありまし
た。「何かな」と思ってのぞいてみたら、四つ葉牛乳と書いてありました。そ
れから門のところに紙がはってありました。そこには、牛乳200円、バター
いくら、チーズいくらと書いてありました。

次に、子どもたちが見学している中で出された、「わざわざ北海道からもっ
てこなくても、もうちょっと近いところから、ゆ入してもいいのに、どうし
てそんなに遠くから」という疑問に対して、会が始められた動機や経緯につ
いて予想が立てられる。その後、次のような会の方の説明を聞いている。

牛はたくさん草を食べるでしょう。牛が草を食べてしまったら、もう草が
なくなるから、今はくすりをまいて、また生えさせるのよ。おばさんたちは、
そういうくすりを使わない牧場の牛乳がほしいの。北海道の牧場は広いから
草がいっぱい生えているでしょう。そのいい草をいっぱい食べさせた牛の乳
だったらいいでしょう。だからよ。3.4というのは、牛乳の中にどれだけ脂
肪が入っているかということで、3.1とか3.2とかいうのもあるけど、数が小
さいほど脂肪が少ないわけ。四つ葉は3.4で多いのよ。それに四つ葉は搾っ
てすぐの、なま牛乳だからおいしいの。

続いて、生活協同組合の見学が行われる。そのときの様子を、子どもは次
のように書いている。

大力さんの家の前に自動車がとまっていました。自動車の中にははっぽう
スチロールの箱が積んであって、肉やたまご・ヨーグルト・たこなど数えき
れないほどいろいろなものが入っていました。それは生協の自動車でした。
大力さんの家では、おばさんたちがおろした荷物をわけていました。そこで

生協のおじさんに話をききました。

ここでも、子どもたちは様々なことを見学・観察し、聞き取っている。子どもたちが質問した主な内容は、次のとおりである。

「生協ではどんなものをもってきてくれるのですか」
「いつも大力さんの家でやっているのですか」
「どうして生協をやっているのですか」
「それじゃあ、トイレットペーパーやお米なんかどうして売っているのですか。くすりと関係ないけど」
「生協の会員て、何人ぐらいいるのですか」
「いつからやっているの」

この見学の終了後、子どもは次のように書いている。

わたしは、和田さんに会うまで、ずっとキャベツや野菜には、しょうどくをした方が体にいいと思っていました。まえ、うちでお母さんがキャベツを洗っていたとき、青虫が出てきたので、わたしはびっくりしました。やっぱりたくさんしょうどくした方がいいと思いました。でも今考えてみるとしょうどくをたくさんするよりしょうどくをしない方がいいと思います。もしも、野菜にくすりがしみこんでいて、それをわたしたちが食べたら体によくないでしょう。お母さんに社会科調べのことを話したら、お母さんもやっぱり、虫がいても消毒してない方がいいと言いました。お母さんは『えらいわねえ。PTAの会長さんなのに、そんなにいろいろやって』と言っていました。わたしもおとなになったら、和田さんのようになりたいと思います。

こうした子どもたちの変容について、若狭は、「子どもたちは従来ふれたことのないこれらの全く新しいやり方にぶつかって、反発したり、肯いたりし」、「地域の人々の論理にふれて、今まで家庭の中で育ってきた自分の論理を問い直しはじめた」と指摘している。

本実践をふり返って、若狭は、この実践で取り上げた「消費者たちが地域からおこすこの自主性回復の運動」は、「欠くことのできない教材」であると述べている。

若狭の実践は、「平和と民主主義を担う主権者の育成」を図るために、授業内容は地域の人々による「安全なたべものを作って食べる会」「四つ葉牛乳の

会」、生活協同組合といった消費生活改善行為を取り上げ、それらの行為の意味理解を意図したものとなっている。そして、そのために、見学や観察、インタビューといった授業が展開されている。すなわち、本実践の歴史的意義は、第一に、地域の消費生活改善の行為を取り上げ、主権者としての主体的改善的意識の形成を図ったところにある。第二に、見学、聞き取り、それらに基づく話し合いを通して、子どもたち自身が見方や考え方を修正し、発展させているところにある。

第3節　拡大期の「地域に根ざす社会科」実践の特色とその意義

　拡大期の「地域に根ざす社会科」実践は、授業実践の展開形式には違いが見られるが、「平和と民主主義を担う主権者の育成」という観点から、次の特色を指摘できる。第一に、教師自身の調査や掘り起こしによって、地域の人々の多様な行為を取り上げたり、行為と地域社会の事象とを関連付けて取り上げたりしていることが挙げられる。第二に、子どもたちの調査活動を明確なねらいのもとに設定し、地域の人々を教える側に立たせながら授業が展開されていることが挙げられる。

　拡大期の「地域に根ざす社会科」実践の歴史的意義は、「平和と民主主義を担う主権者の育成」を図るために、第一に、地域の産業とそこでの労働、地域に見られる改善的な生活行為を取り上げることによって、子どもたちを地域社会で主体的に生きる人々の姿に触れさせ、地域の捉え直しと主権者意識の形成を図ったところにある。第二に、「科学の基本は子どもが目で見、手でふれ、耳で聞きとったところから、また、子どもが異なったいくつかの事象を観察したり、継続的な観察や調査をしたりして得た経験資料をもとに考察したことから」始まると若狭が指摘したように、地域における見学や観察、聞き取りといった子どもたちの調査活動の意義を明らかにしたところにある[14]。第三に、「教育する者を教師に限定しない」と鈴木が指摘したように、子どもたちの知識の獲得、社会的な見方や考え方の形成を、地域の人々との協同作業としたところにある[15]。

同時期に論稿を発表した石井は、子どもの社会認識形成と結びつけて、地域を扱う意義を、「子どもの興味関心を集める」、「子どもの感覚をみがく」、「子どもが直接経験できる」、「子どもが直接観察、比較できる」、「子どもの共感を呼び起こす」、「子どもの主権者意識を育てる」とまとめている[16]。そして、「子どもの社会認識の発達と変革をはかるために、地域は有力な教材となっている」として、子どもの変容を次のように指摘している[17]。

　　①地域と自分の区別がつかない。②地域は自分の外にある（自分の意志とは無関係に）。③地域はだんだん変わっていく。④地域が変わるには、モメントがある。⑤そのモメントは、人々の願いや働きかけである。⑥地域は働きかければ変わっていくものなのだ。⑦自分も地域に働きかけることができる。⑧地域に働きかけることによって、自分自身が地域の主人公になることができる。

　また、この時期には、安井の「子どもが動く社会科」をめぐって、「歴教協としておそらく本格的にはじめてといえるような社会科授業論の基本構造づくりをめぐるさまざまなレベルの諸論議を象徴するような論争」が起きている[18]。安井は、自身の「地域に根ざす社会科」実践を振り返って「子どもが『ひとごと』でなく、いちばん切実に考えこむのは、地域に生きてきた人間の姿に対して」であったとし、「これを社会科の授業のあらゆる場面に取り入れていくべきではないだろうか」と主張している[19]。この論争は、「歴教協の授業論として『動く社会科』という考え方が『地域に根ざす教育』の運動・実践の中から形成され、その考え方を論争によって深めた」のである[20]。

　このように、子どもの社会認識の発達、興味や関心といった心理的側面を視野に入れながら、次の時期の新たな実践が展開されていくのである。

註

(1)　森垣修「祖父母・父母とともにつくる社会科」『歴史地理教育』No. 291、pp. 61-70、1979年5月。
　　なお、森垣修氏の兵庫県日高町立府中小学校（当時）における実践を分析し

た研究に、次の論文がある。
・拙稿「『地域に根ざす社会科』実践における授業理論―兵庫県日高町立府中小学校の場合―」全国社会科教育学会『社会科研究』第35号、pp. 73-81、昭和62年3月。
(2) 藤井和寿「埋もれた中世の町『草戸千軒』を教える」『歴史地理教育』No. 329、pp. 26-33、1981年12月。
(3) 山梨喜正「川すじを追って"地域"を広げる」『歴史地理教育』No. 305、pp. 84-85、1980年4月。
(4) 鈴木正気「久慈の漁業」『教育』No. 324、pp. 26-36、1975年12月。
(5) 秋山敏「お店やさん大作戦」『歴史地理教育』No. 262、pp. 10-21、1977年4月。
　浦沢朱美・小堀三枝子「おみせのしごと」『歴史地理教育』No. 253、pp. 74-75、1976年8月。
　山田隆幸「小牧基地と私たちのくらし」『生活教育』pp. 40-52、1977年5月。
(6) 若狭蔵之助「せいきょう"がくえん班"のおばさんたち」『生活教育』pp. 92-103、1979年4月。
　なお、本実践は、次の文献にも収録されている。
　若狭蔵之助『問いかけ学ぶ子どもたち』あゆみ出版、pp. 81-105、1984年。
(7) 庄司時二「かわと生活」『歴史地理教育』No. 272、pp. 72-73、1977年12月。
(8) 佐々木勝男「子どもと共につくる社会科―小三・見学学習と子どもたち」『歴史地理教育』No. 235、pp. 4-15、1975年3月。
　なお、本実践は、次の文献にも収録されている。
・佐々木勝男『子どもとつくる楽しい社会科授業』pp. 48-68、明治図書、1983年。
　また、佐々木氏からは、以下の資料をお借りした。
① 「小三　社会科の学習記録　学区の人々の仕事―町めぐりからとうふ屋さん見学まで―」ガリ版刷り冊子、1974年11月。
② 川崎市立田島小学校『わたしたちの田島』教育出版株式会社、昭和53年3月。
③ 川崎市立田島小学校『わたしたちの田島　3年社会科　教師用指導書』西桜印刷株式会社、1979年5月。
(9) 鈴木正気　前掲誌(4) No. 324。
　なお、本実践は、次の文献にも収録されている。
・鈴木正気『川口港から外港へ―小学校社会科教育の創造―』草土文化育、pp. 44-70、1978年。
　また、鈴木氏からは、次の資料をいただいた。
① 鈴木正気「久慈の漁業」1975年度　教育科学研究会全国大会「社会認識と教育」分科会報告書

② 帯刀治「『久慈の漁業』実践の意味」
　　　③ 座談会「久慈の漁業」その後
⑽　若狭蔵之助　前掲誌⑹、1979 年 4 月。
⑾　佐々木勝男　前掲誌⑻ No. 235。
⑿　鈴木正気　前掲誌⑷ No. 324。
⒀　若狭蔵之助　前掲誌⑹、1979 年 4 月。
⒁　若狭蔵之助　前掲誌⑹、1979 年 4 月。
⒂　鈴木正気　前掲誌⑷ No. 324。
⒃　石井重雄「何のために地域を扱うのか―子どもの社会認識と人格―」『歴史地理教育』No. 318、pp. 31-34、1981 年 3 月。
⒄　同上誌　p. 35。
⒅　臼井嘉一「安井・岩田論争」『歴史地理教育』No. 500、p. 62、1993 年 3 月増刊。
⒆　安井俊夫「子どもが動く社会科―3・1 独立運動の授業」『歴史地理教育』No. 315、p. 33、1980 年 12 月。
⒇　臼井嘉一　前掲誌⒅ No. 500。

第Ⅳ章

子どもの認識を視野に入れ、多様な授業が開発された継承・発展期(1982年—1990年)の「地域に根ざす社会科」実践の展開と事例分析

第1節　継承・発展期の「地域に根ざす社会科」実践の展開

　継承・発展期となる1982年から1990年は、社会的には教科書検定の歴史記述が発端となった外交問題、消費税の導入、イラクのクウェート侵攻などがあった時期である。教育をめぐっては、臨時教育審議会の設置と答申の発表、いじめ問題の深刻化、生活科の新設・高校社会科の解体をうたった新学習指導要領が告示された時期である。

　こうした中で、1982年から1990年までの9年間に発表された実践は、216事例ある。内訳は次のとおりである。第一に、発表された雑誌別に分類すると『歴史地理教育』誌に掲載された実践が195事例、『教育』誌に掲載された実践が4事例、『生活教育』誌に掲載された実践が17事例となっている。第二に、教科・領域別に分類すると社会科実践が210事例、生活科実践が6事例となっている。第三に、「平和と民主主義を担う主権者の育成」という観点から授業内容及び授業展開を視点に検討すると、次のことが指摘できる。

(1)　社会科実践210事例の中で、地域に見られる社会事象や人々の行為の理解を意図した実践は194事例、理解に基づき態度形成を意図した実践が16事例となっている。

(2) 理解を意図した社会科実践194事例の中で、地域に見られる社会事象を扱った実践は89事例、人々の行為を扱った実践は105事例となっている。
(3) 地域に見られる社会事象を扱った実践89事例の中で、地域の産業①②を扱った実践が25事例、地域の変化・歴史を扱った実践が35事例と多くなっている。地域の「産業」では、「和傘から『もの』と『人』とのかかわりを」のように地域調査に基づく授業実践が増加している[1]。「変化・歴史」では、「茜部荘600年のあゆみ」のように、地域の歴史の掘り起こしに基づく授業実践が増加している[2]。また、こうした歴史の掘り起こしとともに、「平城京への旅」のように、これまでとは異なる視点から授業内容が再構成された実践も見られる[3]。
(4) 地域の「産業③」を扱った実践では、「商店街の地図づくりを通して」のように小売業やサービス業の意味理解を図った実践も登場している[4]。
(5) 人々の行為を扱った実践が105事例と、引き続き増加している。その中で、生産労働行為を扱った実践が45事例、歴史体験を扱った実践が15事例、歴史的社会問題解決行為を扱った実践が22事例となっている。
(6) 行為を扱った実践事例でも、「田ではたらく人たち」、「近世農民の姿をどう教えたか」などのように、地域調査や地域の掘り起こしにより得られた成果に基づく授業実践が増加している[5]。
(7) 態度形成を意図した社会科実践16事例の中で、「表現」によって地域社会への関与を図った実践が14事例、「意見・提案」によって地域社会への関与を図った実践が1事例、「参加」によって地域社会への関与を図った実践が1事例となっている。「意見・提案」によって地域社会への関与を図った「長池の学習と地域に根ざす社会科」は、跡地利用に関する願いを、市長さんに提案する展開となっていた[6]。また、「参加」によって地域社会への関与を図った「平和の折鶴を仙台七夕に」は、学習と関連した地域のイベントで子どもたちが折った千羽鶴を配布する展開となっていた[7]。
(8) 生活科実践6事例は、いずれも地域に見られる事象並びに行為の理解を意図した実践となっている。内訳は、地域の自然・生活を扱った実践が1事例、生産・労働を扱った実践が4事例、地域の歴史を扱った実践が1事例となっている。いずれも、これまでの低学年における「地域に根ざす社

会科」実践を生かした授業展開となっている。
(9)　「石工さんから学ぶ地域の戦争と平和」というように、83年以降、平和の観点から、戦争や戦争体験を扱った実践が登場してくる[8]。
(10)　「地域の開発をどう教えたか」、「子どもと切り開いた地域学習の一年」というように、子どもの興味や関心、問題意識を生かして授業展開等を工夫した実践が増えている[9]。
(11)　「川と人間の調和的なあり方を追求する」という、その後の総合的学習の先駆けとなるような実践が発表されている[10]。

　以上のことから、継承・発展期の「地域に根ざす社会科」実践の時期的傾向を、次のように指摘できる。授業内容の視点からは、第一に、それまでの地道な地域の掘り起こしを反映して、地域の歴史事象、歴史体験、歴史的現代的問題解決行為を、その行為の背景にある社会事象と関連付けて取り上げた実践が増加している。第二に、平和の視点から戦争体験や戦時における出来事、地域に残る戦争の足跡の掘り起こしが進められ、授業実践に結びついている。授業展開の視点からは、第一に、地域社会の課題に対する意見表明といった形で、社会への関与を促す実践が登場してくる。第二に、子どもたちの問題意識を生かして、授業の展開方法が検討されるようになる。
　また、地域の生産労働や歴史を取り上げた生活科授業実践が登場してくる。

表 7 継承・発展期の「地域に根ざす社会科」実践分類表

継承・発展期の「地域に根ざす社会科」実践分類表 1

目標		理解										社会科 表現								態度形成 意見・提案					参加			行動	
		事象						行為				実態・特色	産業①	変化・歴史	公共・健康・安全	生産労働	歴史体験	社会問題解決	現代的社会問題解決	実態・特色	公共・健康・安全	社会問題	生産労働	歴史体験	現代的社会問題解決	社会問題	歴史体験	生産労働	歴史体験
		実態・特色	産業①②	産業③	変化・歴史	公共・健康・安全	社会問題	生活	生産労働	非生産労働	歴史体験	現代的社会問題解決	文化																
継承・発展期	1982		1	4		2			2		2	1			2															16
	1983	1	2	5					3	3	4	5																		23
	1984	1	3	7		2	1		5	2	2	6	1																	31
	1985	1	1	3			1		2	1	2	2	1						1											13
	1986		3	1		1	2		2	1	1	1	1			1														13
	1987		1	3		2			6	1	1	1			1												1			13
	1988	2	6	2	1	4			7	1	2	2	2		1		1													31
	1989	3	6	8		3			11	4	2	3	2						1											46
	1990	2	2	2		1	1		6	1	2	3	4			1	1		1											24

継承・発展期の「地域に根ざす社会科」実践分類表　2

目標	生活												総合的学習												
	理解			態度形成					理解							態度形成									
	事象・行為			表現			意	参	事象・行為							表現				意見・提案		参加		行動	
授業内容	自然・生活	生産・労働	文化・行事	施設・機関・建物	歴史・歴史体験	自然・生活	生産・労働	施設・機関・建物	歴史・歴史体験	公共施設・機関	文化	環境・生活	健康・福祉・人権	食	産業・労働	戦争・平和	国際理解	歴史・歴史体験	文化	環境	食	産業・労働	戦争・平和	歴史・歴史体験	環境	戦争・平和	食	文化	環境	食	産業・労働	健康・福祉	戦争・平和
1982																																	
1983																																	
1984																																	
1985																																	
1986																																	
1987																																	
1988					1																												
1989																																1	
1990	1	4																															5

継承・発展期

表 8 継承・発展期の「地域に根ざす社会科」実践（小学校）一覧表

No	年	誌名巻号	教科・領域	学年	実践者名	タイトル	目標	内容
195	82	歴・331	社	中	町田安子	開拓地 "新光" の学習	理解・行為	歴史的社会問題
196		歴・332	社	3	山梨喜正	館村の雨ごい	態度形成・表現	変化・歴史
197		歴・333	社	2	小菅敦子	「田植え」の授業	理解・行為	生産労働
198		歴・333	社	高	橋本哲	舟倉亜炭鉱から学ぶ	態度形成・表現	変化・歴史
199		歴・336	社	6	加藤忠史	釧路空襲	理解・行為	歴史体験
200		歴・337	社	4	岩崎敏芳	子どもとともに調べた津軽平野の新田開発	態度形成・表現	歴史的社会問題
201		歴・337	社	3	河崎かよ子	農具が語るむかしの磐手	理解・事象	変化・歴史
202		歴・337	社	4	宮沢れい子	"汚水の旅" を追ったぼくらの探検隊	理解・事象	公共・健康・安全
203		歴・339	社	3	山川功	厚岸むかしむかし	理解・事象	変化・歴史
204		歴・339	社	3	宮入盛男	長池の学習と地域に根ざす社会科	態度形成・意見・提案	現代的社会問題
205		歴・340	社	中	東正彦	「ごみのしまつ」の学習と子どもたち	理解・事象	公共・健康・安全
206		歴・341	社	6	浅田和成	祇園祭をどう教えたか	理解・事象	変化・歴史
207		歴・341	社	中	宮宗基行	地域のうつりかわり	理解・事象	変化・歴史
208		歴・344	社	2	佐藤静雄	自分たちで調べた寺田の農業	理解・事象	産業①
209		歴・345	社	3	紺野紀子	地域の「戦争」のあとを歩いて	理解・行為	歴史体験
210		教・411	社	3	白川千代	「釧路の漁業」の授業実践	理解・行為	生産労働
211	83	歴・349	社	高	森垣修	高学年で取り組む但馬めぐり	理解・事象	実態・特色
212		歴・350	社	6	加藤義一	鳥浜貝塚	理解・事象	変化・歴史
213		歴・350	社	2	小出隆司	からだで学ぶ「働く人たち」	理解・行為	生産労働
214		歴・351	社	6	吉田義彦	西蒲原の自由民権運動	理解・行為	歴史的社会問題
215		歴・352	社	4	石堂正彦	「二和をひらいた人々」の授業と子どもたち	理解・行為	歴史的社会問題
216		歴・352	社	6	武政章次郎	歴史学習で子どもに育てたい力	理解・事象	変化・歴史
217		歴・352	社	2	中路久光	働く人々をどう学習してきたか	理解・行為	非生産労働
218		歴・353	社	2	岡本淳一	おばあちゃん先生から学ぶ	理解・行為	非生産労働
219		歴・353	社	5	斎藤博	石工さんに学ぶ地域の戦争と平和	理解・行為	歴史体験
220		歴・356	社	2	佐藤昭治	稲を育てる仕事	理解・行為	生産労働
221		歴・356	社	4	千葉誠治	アイヌの人たちの生活	理解・事象	変化・歴史
222		歴・357	社	6	藤原千久子	韓国併合と平野川改修	理解・事象	変化・歴史
223		歴・357	社	5	中之所克己	下請け工場の実情を調べる	理解・事象	産業②
224		歴・358	社	中	紺野紀子	いのちと平和の尊さを学ぶ寒風沢島の子どもたち	理解・行為	歴史体験
225		歴・359	社	4	中川研治	地名からさぐる校区のむかし	理解・事象	変化・歴史
226		歴・359	社	5	庄野健	帯解の農業	理解・事象	産業①
227		歴・361	社	2	河村稔	地域と仲よくなる子どもを育てる2年生社会科	理解・行為	非生産労働
228		歴・361	社	3	早川寛司	地域の戦没者の石碑と教材化	理解・行為	歴史体験
229		歴・361	社	6	江口勝善	15年も続いた戦争の学習	理解・行為	歴史体験
230		歴・361	社	4	八巻清人	地域の開発をどう教えたか	理解・行為	歴史的社会問題
231		生・5月	社	4	石谷克人	地域教材で子どもたちのやる気をひきだす	理解・行為	歴史的社会問題

232		生・11月	社	小	末方鉄郎	生活課題にとりくむ学習をめざして	理解・行為	生産労働
233		生・11月	社	4	小林毅夫	川と人間の調和的なあり方を追求する―4年「関川ものがたり」の実践	理解・行為	歴史的社会問題
234	84	歴・362	社	3	山田清子	13万個の梨を落とす	理解・行為	生産労働
235		歴・362	社	4	稲葉潮美	お地蔵さんと災害	理解・事象	変化・歴史
236		歴・363	社	2	斎藤雄二	魚屋さんの授業	理解・行為	非生産労働
237		歴・364	社	6	杉浦茂	古城から学ぶ戦国時代	理解・事象	変化・歴史
238		歴・364	社	3	林薫	手づくりパッションジュースと工場見学	理解・行為	生産労働
239		歴・364	社	5	正慶光子	農業学習の典型を地域から	理解・事象	産業①
240		歴・366	社	5	間森誉司	見学までの手だてをたいせつに	理解・事象	産業②
241		歴・366	社	6	有馬昌己	国司をやめさせた農民たち	理解・事象	変化・歴史
242		歴・367	社	2	田中朋子	バスの運転手さんの仕事	理解・事象	非生産労働
243		歴・367	社	6	窪満広	人権学習をどう進めたか	理解・事象	現代的社会問題
244		歴・368	社	6	北舘賢	小○の旗はすすむ	理解・事象	歴史的社会問題
245		歴・368	社	6	前田一彦	自主教材「むら井戸」を使った部落問題学習	理解・事象	歴史的社会問題
246		歴・368	社	3	長谷川悦子	田鶴浜町の建具づくり	理解・事象	生産労働
247		歴・368	社	4	糸乗政治	地域教材を授業に生かす	理解・事象	変化・歴史
248		歴・369	社	6	小出隆司	地域の教材を生かした自由民権運動の授業	理解・事象	歴史的社会問題
249		歴・369	社	6	大坪庄吾	天草・島原の乱と武蔵下丸子村	理解・事象	変化・歴史
250		歴・370	社	6	和久田薫	平城京への旅	理解・事象	変化・歴史
251		歴・370	社	5	斎藤勝明	筑豊のくらしを教える	理解・事象	社会問題
252		歴・370	社	3	名雪清治	きびしい手仕事に目を向ける酪農学習	理解・事象	生産労働
253		歴・371	社	6	横山隆信	聞きとりと地域の資料でさぐった15年戦争	理解・行為	歴史体験
254		歴・371	社	4	斎藤博	平和の折鶴を仙台七夕に	態度形成・参加	歴史体験
255		歴・374	社	6	池沢泉	たちあがる水平社の人々と労働者	理解・行為	歴史的社会問題
256		歴・374	社	4	深田雅也	地図づくりとマンホール調べ	理解・事象	公共・健康・安全
257		歴・376	社	4	小林早智子	二郷半沼の開発	理解・事象	歴史的社会問題
258		歴・376	社	4	河村稔	それいけ！ ときわ平地域たんけん隊	理解・事象	実態・特色
259		歴・376	社	6	市川寛	子どもの心をたがやす地域教材	理解・事象	変化・歴史
260		歴・376	社	2	小出隆司	子どもの心をひらく低学年社会科	理解・行為	生産労働
261		歴・376	社	4	渡辺由美子	水害とたたかった延徳の人々	理解・事象	歴史的社会問題
262		教・443	社		小木曾真司	人間にとってゴミとは何か	理解・事象	公共・健康・安全
263		生・2月	社	5	吉松正秀	身近な農業に学ぶ	理解・事象	産業①
264		生・2月	社	6	藤田茂	子どもの歴史意識の形成と平和教育	理解・事象	歴史体験
265	85	歴・377	社	3	崎本友治	子どもたちが調べまとめた資料を生かして	理解・行為	非生産労働
266		歴・377	社	5	有馬純一	日本の農業をどう学んだか	理解・事象	産業①
267		歴・379	社	3	斉藤雄二	「梨づくり」見学学習のハイライト	理解・事象	生産労働
268		歴・380	社	6	土井三郎	近世農民の姿をどう教えたか	理解・事象	歴史的社会問題
269		歴・384	社	3	向山三樹	山梨の水晶研磨業	理解・行為	生産労働
270		歴・384	社	4	大川克人	7.18水害の掘りおこしと授業	理解・行為	現代的社会問題

271		歴・385	社	4	阿部勇一	学区の巨大埋め立て開発をどう教えたか	理解・事象	社会問題
272		歴・385	社	6	山近顕	主権者に育てる戦後史学習	理解・事象	変化・歴史
273		歴・390	社	6	中坊雅俊	地域資料で学ぶ民衆の国づくり	理解・事象	歴史的社会問題
274		歴・391	社	1	三輪芳子	わたしたちのあそびばとともだちのいえ	理解・事象	実態・特色
275		歴・391	社	3	赤羽とも子	大内のむかしむかし	理解・事象	変化・歴史
276		歴・391	社	6	和久田薫	宮津藩と農民	理解・事象	変化・歴史
277		教・449	社	小	斉藤三郎	地域に根ざす平和教育	態度形成・表現	歴史体験
278	86	歴・393	社	5	桜河内政明	世界最初の白島洋上石油備蓄基地	理解・事象	社会問題
279		歴・394	社	6	糸乗政治	"地域"のなかの15年戦争	理解・行為	歴史体験
280		歴・396	社	5	佐々木勝雄	地域の工場と働く人びと	理解・事象	産業②
281		歴・397	社	5	坂田義幸	沿岸漁業の町"由良"	理解・事象	産業①
282		歴・398	社	2	森豊一	「まぐろはえなわ」の教材化にとりくんで	理解・行為	生産労働
283		歴・399	社	3	物江郁雄	町のうつりかわり	理解・事象	変化・歴史
284		歴・400	社	6	樽見郁子	近世における百姓と町人	理解・行為	歴史的社会問題
285		歴・401	社	4	木村正男	生き方につなぐ公民館調べ	理解・事象	公共・健康・安全
286		歴・402	社	5	北岑順彦	校区の工場調べを中心にした工業学習	理解・事象	産業②
287		歴・404	社	5	前野勉	地域の公害を教材化	理解・事象	社会問題
288		生・1月	社	2	外山不可止	田ではたらく人たち	理解・行為	生産労働
289		生・3月	社	4	松村一也	砂丘を切り開く打木の人々	理解・事象	現代的社会問題
290		生・11月	社	3	斎藤勝明	子どもとつくる社会科	態度形成・表現	産業①
291	87	歴・409	社	1	寺川紀子	1年生の平和教育	理解・事象	変化・歴史
292		歴・411	社	6	川崎利夫	地域から歴史学習の教材を掘りおこす	理解・事象	変化・歴史
293		歴・412	社	4	中浜和夫	むらの水道づくりで何をつかませたいか	態度形成・表現	現代的社会問題
294		歴・412	社	2	亘一子	田ではたらく人たち	理解・行為	生産労働
295		歴・412	社	2	小出隆司	小学生の社会認識形成と「生活科」	理解・行為	生産労働
296		歴・413	社	6	木村敏美	楽しい歴史学習	理解・事象	変化・歴史
297		歴・414	社	3	吉村明	松田の野菜づくり	理解・行為	生産労働
298		歴・414	社	5	岡本利明	藤田から見た日本の工業	理解・事象	産業②
299		歴・415	社	1	谷田川和夫	子どもと切り開いた地域学習の1年	理解・行為	生産労働
300		歴・416	社	3	清水潔	3年生の戦争学習	理解・事象	歴史体験
301		歴・419	社	5	片桐重則	米づくりを通して	理解・事象	生産労働
302		歴・420	社	4	寺田肇	地域の歴史にどう目を向けさせたか	態度形成・表現	変化・歴史
303		生・8月	社	2	今井真一	働く人々を見つめさせる	理解・行為	生産労働
304	88	歴・422	社	3	川本治雄	工場の仕事	理解・事象	産業②
305		歴・423	社	6	岡崎和三	なぜ「ボシタ祭」とういうの?	理解・事象	変化・歴史
306		歴・423	社	2	植竹紀行	牛を飼う農家	理解・行為	生産労働
307		歴・423	社	2	植竹紀行	"牛"で子どもに迫る	理解・行為	生産労働
308		歴・426	社	3	山梨喜正	川はどこから?	理解・事象	実態・特色
309		歴・427	社	2	河村稔	魚政のおじさんの手	理解・行為	非生産労働
310		歴・427	社	3	山梨喜正	川を下って	理解・事象	実態・特色

第Ⅳ章　83

311		歴・428	社	3	佐藤静雄	牛乳パックで考える	理解・事象	産業②
312		歴・428	社	4	小原良成	安全な生活―火事をふせぐ	理解・事象	公共・健康・安全
313		歴・428	社	2	亘一子	稲を育てる	理解・行為	生産労働
314		歴・429	社	2	栗原戦三	私たちの畑と清水さんの畑	理解・行為	生産労働
315		歴・429	社	3	宮北昭子	工場見学でお母さんを見直す	理解・行為	生産労働
316		歴・429	社	4	小原良成	安全な生活―大水を防ぐ	理解・事象	公共・健康・安全
317		歴・430	社	6	岡崎和三	戦争体験を語る	理解・行為	歴史体験
318		歴・430	社	5	名雪清治	北海道の酪農をどう教えたか	理解・事象	産業①
319		歴・430	社	5	福崎誠次	日本の工業のしくみに地域から迫る	理解・事象	産業②
320		歴・430	社	2	小出隆司	ぼくたちは戦争をしないよ	態度形成・表現	変化・歴史
321		歴・432	社	2	亘一子	みのりの秋をむかえて	理解・行為	生産労働
322		歴・432	社	4	物江郁雄	蛇橋の伝説と地域の開発	理解・行為	歴史的社会問題
323		歴・432	社	5	加藤正伸	地域の工場から日本の工業へ②	理解・事象	産業②
324		歴・432	社	3	清水潔	商店街ザ・ダイヤモンド	理解・事象	産業③
325		歴・433	社	中	谷田川和夫	地域にはたらきかけ、学ぶ子どもたち	態度形成・表現	現代的社会問題
326		歴・434	社	小	大崎豊太郎	真間川の洪水と桜並木	理解・事象	公共・健康・安全
327		歴・434	社	6	篠原謙	平和への道	理解・事象	現代的社会問題
328		歴・435	社	5	窪満広	富田林の竹すだれ	理解・事象	産業②
329		歴・435	社	3	長沢秀比古	一枚の絵で考える扇町屋のむかし	理解・事象	変化・歴史
330		歴・435	社	2	亘一子	バス停たんけん	理解・事象	公共・健康・安全
331		歴・435	社	6	岡崎和三	阿蘇のアメリカ兵捕虜の話	理解・行為	歴史体験
332		生・5月	社	4	谷田川和夫	学級の中に憲法を	理解・事象	現代的社会問題
333		生・6月	社		高尾和伸	主体的・意欲的な学びの姿勢を創るために	態度形成・表現	生産労働
334		生・11月	社	2	松村一成	箱工場で働く人々の学習	理解・事象	生産労働
335	89	歴・437	社	3	清水ゆき子	川辺の花づくり	理解・事象	生産労働
336		歴・437/438	社	2	大石文子	手紙が届くなぞを解く①②	理解・事象	非生産労働
337		歴・437	社	4	金子真	新田開発と野火止用水	理解・事象	歴史的社会問題
338		歴・437	社	3	清水潔	投げ込み井戸	理解・事象	変化・歴史
339		歴・437	社	3 4 5	千葉誠治	小学校におけるアイヌ学習	理解・事象	変化・歴史
340		歴・438	社	3	早川寛司	われらタイムトラベルたんけんたい	理解・事象	変化・歴史
341		歴・439	社	4	谷田川和夫	玉川上水を調べて	理解・行為	歴史的社会問題
342		歴・440	社	2	石堂正彦	学校のうつりかわり	理解・事象	変化・歴史
343		歴・440	社	4	南雲昭三	変ってきた雪国のくらし	理解・事象	実態・特色
344		歴・440	社	2	中野照雄	稲を育てる	理解・事象	生産労働
345		歴・440	社	3	前野勉	校区探検	理解・事象	実態・特色
346		歴・440	社	3	佐藤寿雄	地域を歩いて探求心を育てる	理解・事象	実態・特色
347		歴・440	社	4	早川寛治	ごみを集める人たち	理解・事象	公共・健康・安全
348		歴・441	社	3	川本治雄	地域の生産と労働の学習を通して科学的認識を育てる	理解・行為	生産労働
349		歴・442	社	2	森垣薫	とれたものはだれのもの	理解・行為	生産労働
350		歴・443	社	2	山梨喜正	やおやさんの仕事	理解・行為	非生産労働

No.		分類			著者	タイトル	観点	内容
351		歴・443	社	4	吉村明	消防員のお父さんに聞く	理解・事象	公共・健康・安全
352		歴・443	社	3	木村敏美	田んぼってなあに？	理解・事象	産業①
353		歴・443	社	5	森垣薫	宮津ちくわから何が見えるか	理解・事象	産業②
354		歴・444	社	5	山田正恵	お母さんと工業	理解・事象	産業②
355		歴・444	社	6	小山修治郎	農民の知恵に学ぶ	理解・行為	歴史体験
356		歴・444	社	4	唐沢慶治	あばれ天竜	理解・事象	公共・健康・安全
357		歴・444	社	3	加藤誠一	地域の工場調べ	理解・事象	産業②
358		歴・444	社	2	高木敏彦	きゅうりをつくる後藤さん	理解・行為	生産労働
359		歴・446	社	3	馬場智子	じゃがいもほりを体験する	理解・行為	生産・労働
360		歴・446	社		中野照雄	ちびっこ広場づくりの運動	態度形成・表現	現代の社会問題
361		歴・446	社	5	坂田善幸	子どもが動く地域の工場調べ	理解・事象	産業②
362		歴・447	社	5	馬場裕子	和傘から「もの」と「人」とのかかわりを	理解・事象	産業②
363		歴・447	社	4	中川豊	砂丘地の開発	理解・行為	現代の社会問題
364		歴・447	社	2	清水功	アイヌの歴史	理解・事象	変化・歴史
365		歴・447	社	5	加藤正伸	生産過程を重視した白石和紙の学習	理解・行為	生産労働
366		歴・447	社	6	和久田薫	大江山鉱山の強制連行	理解・事象	変化・歴史
367		歴・447	社	3	榎本雅雄	売る工夫―セブンイレブン	理解・行為	非生産労働
368		歴・448	社	小	糸乗政治	科学認識を育てる社会科の授業	理解・行為	歴史体験
369		歴・449	社	6	星野康	東京大空襲と拓北農兵隊	理解・事象	変化・歴史
370		歴・449	社	4	阿部洋子	土師ダムに沈んだ村の人々	理解・行為	現代の社会問題
371		歴・449	社	3	児玉正教	4軒だけの商店街	理解・事象	産業③
372		歴・449	社	2	河内晴彦	真夜中のパンづくりをビデオに	理解・行為	生産労働
373		歴・450	社	2	岡田克己	ちかてつではたらく人	理解・行為	非生産労働
374		歴・451	社	6	和久田薫	「天橋義塾」と自由民権運動	理解・行為	歴史的社会問題
375		歴・450/452	社	5	那須郁夫	手づくり豆腐さん①②	理解・行為	生産労働
376		歴・450	社	3	山梨喜正	商店街の地図づくりを通して	理解・事象	産業③
377		歴・451	社	4	志村誠	吹田にも戦争があった	態度形成・表現	歴史体験
378		歴・451	社	6	伊藤一之	地域の出征者調べから学ぶ	理解・事象	変化・歴史
379		生・2月	社	5	伊藤邦夫	それでも米を作りつづける人々	理解・行為	生産労働
380		生・12月	生	1	小菅盛平	おじいちゃん、おばあちゃんが語った戦争の話	理解・事象・行為	歴史
381		生・12月	社	2	外山不可止	田ではたらく人たち	理解・行為	生産労働
382	90	歴・453	社	4	北舘恭子	沼橋の開田から宅地へ	理解・事象	歴史的社会問題
383		歴・453	社	6	浅井康男	障害者作業所をとりあげて	理解・事象	現代の社会問題
384		歴・453	社	小	佐藤昭治	米作農業の学習	理解・事象	生産労働
385		歴・453	社	3	吉村明	親や祖父母とのタイムトラベル	理解・事象	歴史体験
386		歴・454	社	3	出井寛	かわらづくりの町のむかしと今	理解・事象	変化・歴史
387		歴・454	生		亘一子	「労働」をじっくり見せる	理解・事象・行為	生産・労働
388		歴・454	生		寺川紀子・佐藤弘友	「米づくり」をどのような観点で教えたか	理解・事象・行為	生産・労働
389		歴・458	社	4	河崎かよ子	北日吉台小学校ができるまで	態度形成・表現	現代の社会問題
390		歴・458	社	5	鈴木秀明	Kさんのホウレン草づくり	理解・行為	生産労働
391		歴・458	社	3	石堂正彦	ニンジンづくりの見学	理解・行為	生産労働

392	歴・458	社	4	大坪庄吾	東京湾開発の授業	理解・行為	現代的社会問題
393	歴・459	社	4	石榑亨造	輪中のくらしと歴史	理解・行為	歴史的社会問題
394	歴・459	社	3	山川弘美	地域の工場を調べよう	理解・行為	生産労働
395	歴・459	社	4	早野雅子	長良川9・12水害	理解・事象	公共・健康・安全
396	歴・459	社	6	長縄幸弘	茜部荘600年のあゆみ	理解・事象	変化・歴史
397	歴・460	社	3	北舘賢	生産者と仲良しになろう	態度形成・表現	生産労働
398	歴・461	社	4	向山三樹	地方病とたたかう人々	理解・行為	現代的社会問題
399	歴・461	社	3	豊島ますみ	しいたけさいばいの見学	理解・行為	生産労働
400	歴・462	社	5	野崎智恵子	働く人の豊かな人間性に学び社会の見方を育てる自動車産業の学習	理解・事象	産業②
401	歴・462	社	6	水野豊	小池勇と自由民権運動	理解・行為	歴史的社会問題
402	歴・462	社	5	串田均	水島の公害	理解・事象	社会問題
403	歴・462	社	3	木村敏美	先生の梅ヶ枝餅は売れない餅だ	理解・行為	非生産労働
404	歴・463	社	6	林雅広	ぼく生まれてきてよかったよ	理解・行為	歴史体験
405	歴・464	社	3	佐藤昭彦	かまぼこ工場で働く人	理解・行為	生産労働
406	歴・464	社	4	中路久光	なぜ、堤防はできない	理解・行為	現代的社会問題
407	歴・464	社	5	西川満	手づくりのおけ屋を取材して	理解・事象	産業②
408	教・522	生	2	小川修一	田んぼのしごと	理解・事象・行為	生産・労働
409	生・12月	生	2	山田隆幸	およげる川がほしい	理解・事象・行為	自然・生活
410	生・12月	生	2	花井嵯智子	店ではたらく人びと	理解・事象・行為	生産・労働

第2節　継承・発展期の「地域に根ざす社会科」実践事例の分析

　ここでは、継承・発展期の授業実践を取り上げ、「平和と民主主義を担う主権者」を育成する授業内容と授業展開を検討し、授業構成上の特徴を把握する。継承・発展期の典型的な実践としては、次のものがある。

1　子どもの社会参加を促した授業実践―「長池の学習と地域に根ざす社会科」（小3）[11]
2　地域の歴史体験者の記録に基づき、戦争の悲惨さと平和の尊さを考えさせた授業実践―「地域に根ざす平和教育―『被爆者の手記』を教材化して―」（小6）[12]
3　自主編成の学習書により生産労働理解を図った授業実践―「お茶づくり」（小3）[13]

　この3つの実践を典型としたのは、次のような継承・発展期の実践動向を反映しているからである。第一に、地道に続けられた地域の掘り起こしの成果を授業実践に結実させていることである。第二に、拡大期に蓄積された経

験をもとに子どもの興味・関心や問題意識を視野に入れて、授業展開を工夫していることである。

1　子どもの社会参加を促した授業実践―「長池の学習と地域に根ざす社会科」（小3）

実践した宮入盛男は、「社会科的なものの見方考え方をどう育てていくのか、地域に主体的にかかわろうとする人間を育成する社会科はどうあらねばならないのか」といった問題意識のもとに、実践を展開している[14]。宮入がこのように考えたのは、「『とりあげた地域の何を、子どもたちに生きる力として学ばせるのか』という目標論が明確でない」実践や「教科としての社会科の願いが何であるのか見えてこない実践」が多いように思えたからである。

そこで、宮入は、「地域にある素材（さまざまな社会事象）」が「教材として価値あるものか」を検討する視点として、次の2つのことを提案している。

① その素材は社会科のねらいを達成する内容をもっているかどうか。この地域に生きる子どもたちにとって、地域をより知るとともに、地域の主体者として生きる力を育てる内容が素材の中にあるのかどうか。
② この子どもたちに、自分の、学習課題が設定でき、内容がわかりながら発展させられるものかどうか。

そして、「長池」の教材としての価値を、「長池の跡地利用をめぐる問題は、学級全体の問題になりやすく、さまざまな事象に気づき、課題をもって連続的に追求できる」、「地域の農業の課題と関連がある」、「地域に育つ主体者として、三年生なりに地域を変える活動に参加できるのではないか」と指摘している。

このような考え方に基づいて、目標が次のように設定されている。

1．長池がつぶされる理由を知ることを通して、農地が宅地化され水田面積が減少していることに気づかせる。
2．長池は地域の人々にとって、大切な池であったことと、いろいろな思い出があることを知る。
3．人々の生き方や願いにふれることにより、地域の主体者として地域にかかわりをもつ。

また、宮入は、「小学校の社会科は、社会生活の体験を土台に、疑問やおどろきなどの社会事象への気づきを大切にしながら、学習を通して、社会科的なものの見方・考え方を身につけていくいとなみであり、このいとなみを、子ども自身の活動を通して身につけていくことが、社会科で願う人間形成へとせまっていくことにもなる」として、次のような授業過程を構想している。

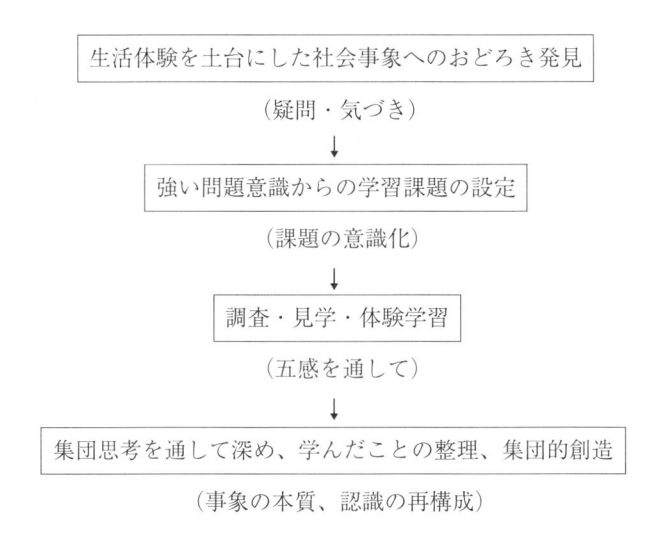

```
┌─────────────────────────────────┐
│ 生活体験を土台にした社会事象へのおどろき発見 │
└─────────────────────────────────┘
              （疑問・気づき）
                  ↓
      ┌─────────────────────┐
      │ 強い問題意識からの学習課題の設定 │
      └─────────────────────┘
              （課題の意識化）
                  ↓
          ┌──────────────┐
          │ 調査・見学・体験学習 │
          └──────────────┘
              （五感を通して）
                  ↓
┌──────────────────────────────────┐
│ 集団思考を通して深め、学んだことの整理、集団的創造 │
└──────────────────────────────────┘
          （事象の本質、認識の再構成）
```

　こうした考え方に基づいた指導計画（9時間扱い）は、次のとおりである。

　　1　新聞記事から学習問題を設定する（1時間）
　　2　まず自分の目と足で長池を観察する（2時間）
　　3　航空写真も使って地域の変貌を確かめる（1時間）
　　4　新しい学習問題の設定（1時間）
　　5　共感できた世界（1時間）
　　6　跡地利用の願いを市長さんに（2時間）
　　7　3年生全員で市長さんを迎える（1時間）

　「新聞記事から学習問題を設定する」（1時間）では、まず、『信濃毎日新聞』の「どうする跡地利用」（1980年8月14日付）の記事を子どもたちに提示している。子どもたちは、「知ってる。知ってる」「○○さんから聞いた」と話し、身をのり出して記事を見に来たのである。

「まず自分の目と足で長池を観察する」(2時間)では、「学校近くの一枚の田の水の取り入れ口から、堰にそったあぜ道を、子どもたちといっしょに上流へ上流へと」たどり、「途中の住宅地では足を止め、住宅の土止めと水田の境」を観察している。長池では「水門のところへ」行ったり、「土手から下の住宅地をじっと見つめ」たり、「友だちと何やら話しあってメモ」をしたり、「通りがかったおばさんに質問し」たりと、子どもたちに自由に観察をさせている。

「航空写真も使って地域の変貌を確かめる」(1時間)は、「住宅や工場が多くなり、田んぼが少なくなってきたから長池をつぶす」という調査活動後の子どもたちの考えを、土地利用図や航空写真、水田面積の変化などの資料を使って検証している。

「新しい学習問題の設定」(1時間)では、長池の二つをつぶす理由を頭の中ではわかっても、心にわだかまりが残る子どもたちに、「長池の二つをつぶすことについて農家や地域の人たちはどう思っているのだろうか」という新しい学習問題を投げかけ、聞き取り調査を通して、長池のつぶされる理由と地域の人たちの気持ちを理解させている。

「跡地利用の願いを市長さんへ」(2時間)では、まず、「跡地にどのようなものを作ってもらいたいか」を話し合わせ、自分の願いを絵にかかせている。最後に、これまで勉強してきたことと跡地利用に関する願いを手紙に書いて、市長に渡している。

「3年生全員で市長さんを迎える」(1時間)では、学校を訪れた市長と跡地利用について話し合っている。

宮入は、この実践を振り返って次のように述べている。

> 地域学習で子どもが本当に『わかる』ためには、地域に主体的にかかわろうとする問題意識を子どもがもたなくてはならない。その問題意識にもとづいて学習課題を見つけ、地域に入って、そこに生活する人々の様子が見えてきたとき、本当に『わかった』といえるのではないだろうか。

また、「地域に主体的にかかわろうとする人間」の育成について、次のように述べている。

自分たちの学習したことが、社会のしくみや生産過程を理解するだけでなく、『地域の人々の願いと結びついているんだ』という実感をもつことが大切だと思う。そして、『自分たちも、何かをすることができるんだ』ということに気づいて学習をし、動くことが、子どもたちの生活に根ざした『わかる楽しい学習』をつくりあげ、主権者意識の育成という社会科教育がねらう人格形成に近づいていくのではないだろうか。

　宮入の実践は、「平和と民主主義を担う主権者の育成」を図るために、授業内容は長池の埋め立てとその背景、跡地利用に関する人々の思いや願いの理解を意図したものとなっている。そして、そのために水路を伝った踏査、写真や統計資料の読み取り、地域の人々への聞き取り、跡地利用についての絵と手紙による願いや意見の表現、市長との話し合いといった授業展開となっている。すなわち、本実践の歴史的意義は、第一に地域社会の現代的な問題とその背景を取り上げ、子どもの問題意識を考慮して内容構成を工夫したところにある。第二に、地域社会の現代的な問題とその背景の理解に止まらず、地域社会の課題解決への関与を図ったところにある。

2　地域の歴史体験者の記録に基づき、戦争の悲惨さと平和の尊さを考えさせた授業実践─「地域に根ざす平和教育─『被爆者の手記』を教材化して─」（小6）

　本実践は、斎藤三郎が平和教育を「父母とともにつくりあげたい」と考え、父母参観日に行ったものである[15]。斎藤が、このように考えたのは、次のような「平和教育にたいする地域の課題」を意識していたからである。

① 　戦時中の飢餓、疎開、引き揚げ、悲惨な衣食住生活をくり返した体験を忘れずに実践の原点としていく。
② 　戦争を知らない世代（教師）へどう語りつぎ、どのように風化の歩みを阻止していくのか。
③ 　学校のなかだけでなく、広く地域・父母のなかに平和の『とりで』を築こう。
④ 　戦争体験の掘りおこしは明確な目的意識をもって掘りおこし、その成果を地域の財産とする。

⑤　戦争のきびしさ・残虐性・被害と同時に加害の事実や生命の尊さ、抵抗、そして人間を愛するやさしい心を育てていく。

そして、これらの課題を解決するために、「地域の人々・父母を『民衆が生きた民衆の歴史の証言』者として、地域の戦争体験の発掘記録、学習」に取り組んだのである。

また、斎藤は教科書を分析し、「広島・長崎については1頁、しかも8行しか」記述されていないことを指摘している。そこで、斎藤は、「広島・長崎だけでなく、東北の岩手にも戦後38年間、被爆者として現に生きぬいてきた人がおり、その人生がどんなに苦悩と残酷な人生であったのか」を、「子どもたちと同時に父母に教えていかなければならない」と考え授業を行っている。

こうした考えのもとに、次のような目標が設定されている。

(1)　広島の原爆犠牲者の実態を体験化させる。
(2)　地域と結びつけ、被爆者との連帯感をもてる子どもに育てる。
(3)　父母とともに考え行動できる子どもを育てる。

この目標に基づき、「指導内容」と「学習活動」が、次のように構想されている。

〔指導内容〕
(1)　「原爆の本」を参考に劇をする。
(2)　「被爆者の手記」を紙芝居化する。
(3)　被爆者へ具体的に連帯行動を示す。
(4)　"死"に対する認識を深める。

〔学習活動〕
(1)　広島・長崎への連帯をあらわす。（黙とう）
(2)　死にたいしての認識を深める。（新聞紙で自分の体をきりとりそれを着る。1分間倒れている）
(3)　班ごとに劇をする。
(4)　「被爆者の手記」をもとに紙芝居を発表する。
(5)　「原爆ゆるすまじ」の歌を歌う。
(6)　父母とともに千羽鶴を折る。（父母も家で練習）
(7)　被爆者（一関在住）に激励の手紙を書く。

また、次の資料が準備されている。

　(1)　原爆の写真集・原爆の子の本
　(2)　被爆者の手記

　授業に先立って、授業で使う「死体づくり」、「白木の箱（実物大3個）」、空き箱で作った広島の原爆ドーム、広島に落とされた実物大の原子爆弾が、学級活動、昼休み、放課後などの時間を使って準備されている。「死体づくり」とは、「新聞紙の上に一人ひとり自分の体を寝かせて友だちとお互いにからだを合わせて切りぬいていく」作業のことである。作業の様子を、斎藤は、次のように報告している。

　　　手がきれたり、足がもげたり、そのたびに子どもたちは『ウワー、いたそう』などと言いながら、戦争の犠牲者のように生々しい体験をしていた。

　授業は、まず、「広島・長崎に向かって黙とう1分間」で始められる。次に、体育館に展示された原爆写真が紹介され、当時のカメラマンの姿が説明されている。続いて、1945年8月6日8時15分に落とされた「ピカドン」の説明がなされ、子どもたちが1分間体育館の床の上に倒れ、その後新聞紙の服をまとい起き上がっている。

　続いて、班ごとの劇が発表される。劇の内容は、次のとおりである。

　　1班＝太平洋戦争当時、出兵していく時の様子と帰ってきて白木の箱となってくるところ。
　　2班＝原爆投下後、水を求めて川にぞろぞろ歩いていくところ。
　　3班＝原爆投下後、工場で働いて柱の下じきになった人たちを助ける。そして、病院へ行くところ。
　　4班＝自ら被爆しながらも献身的に働く医師と看護婦。
　　5班＝被爆後、炎天下で必死に焼いもを売りながら生きていく姿を演じる。
　　6班＝被爆したが傷をなおす病院を捜すのに苦労しているところを演技する。

　次に、被爆者の手記をもとにした「私は生きている」の紙芝居が発表されている。紙芝居の主な内容は、次のとおりである。（数字は、コマ順である。筆者注）

3　昭和20年、兵隊として広島へ。
　4　広島市横川町で爆心地より1.5キロで被爆した。
　6　黒い雨、死体とうめき声でこの世の地獄でした。
　7　私は生きのびて、8月末、岩手一関に帰った。
　9　それから1年「うつぶせ」のままの生活でした。
　11　母はどじょうをケロイドにぬってくれた。
　12　21年11月、結婚しました。妻はあとで私の被爆を知りました。
　14　ケロイドと闘いながら郵便配達をした。
　16　24年、長女が誕生した。
　20　34年、14年ぶりに広島へ行き、「原爆反対世界大会」へ参加。
　21　しだいに勇気がわいてきた。見るものすべて感動的であった。
　22　あらためて生きているすばらしさを感じ、「原爆反対」を叫んだ。

　この手記に対し、子どもは、「Oさんはただ苦痛だけに耐えていたのではなく広島原水爆禁止大会に参加し、自分が生きてきたことのすばらしさを知り、少しでも長生きしようとしてきたことに感動した」と述べている。

　続いて、「原爆ゆるすまじ」が全員で合唱されている。最後に、子どもと父母全員で千羽鶴が折られている。この千羽鶴は、後日子どもの代表によって、「激励の色紙」と一緒に被爆者に届けられている。

　この授業の終了後、ある母親は、「『あのような勉強はとてもいいね』『どうして？』『算数、国語の勉強も大事だけれど、あのような勉強は良い生き方をするためのものだし、生きていくために人の命を大切に思う心がなかったら勉強したって何にもならないものね』などと話し合った」と感想を寄せている。

　斎藤は、この授業を振り返って、「地域でのとりくみこそ、子どもたち・父母たちの心にいつまでも『平和』への願いを強く印象づけるもの」であり、「子どもたちに少しでも体験的にとらえさせ、いつまでも心に残っていくように教材をつくりあげる」ために、「"地域の掘り起こし"は重要な意味をもって」いると指摘している。

　斎藤の実践は、「平和と民主主義を担う主権者の育成」を図るために、授業

内容は、「被爆者の手記」を通して、原爆の被害の悲惨さや命の尊さ、人々の平和に対する願いの理解を意図したものとなっている。そして、そのために、ダイ・インや「死体づくり」といった擬似的体験、紙芝居の制作や発表という追体験、合唱や折鶴作りという授業の展開になっている。すなわち、本実践の歴史的意義は、第一に、地域の掘り起こしを通して得られた「被爆者の手記」を取り上げたところにある。しかも、その手記が、当時の悲惨な状況だけでなく、その後の被爆者の人生も視野に入れて構成されているところにある。第二に、擬似的体験や追体験の手法を取り入れ、子どもの共感的理解を促進するとともに、社会への関与を視野に入れているところにある。

3　自主編成の学習書により、地域の生産労働理解を図った授業実践―「お茶づくり」（小3）

　ここでは、自主編成の学習書により地域の生産労働理解を図った授業実践、「お茶づくり」（小3）を取り上げる。本実践は、「地域の茶業は、農業ばかりではなく、工業や商業も含んでいて、文字どおり主要な生産活動」であり、「小笠地域の3年生にとっては最適」であるという観点から行われたものである[16]。

　お茶づくりの教材化にあたって、鈴木達朗ら小笠社会科サークルのメンバーは、「子どもたちにつかませ」たいことを、次のように考えている。

　① お茶は日本人にとってはなくてはならない飲みものであることを知る。
　② 小笠地域では、お茶の産業がさかんであることを理解する。
　③ 茶づくり農家の人の働く生の姿にふれ、その人たちの苦労・努力・願いを知る。
　④ 自分たちで手もみのお茶をつくることにより、製茶の工程を具体的に知ったり、茶の葉に価値がつくことを理解したりする。
　⑤ 製茶工場で働く人々の苦労・努力・願いを知る。手もみ製茶と比べて機械製茶の利点を知る。
　⑥ 茶問屋や茶刈機工場を調べることにより、茶や機械製品の流通を理解したり、小笠地域と他地域とのつながりについて知ったりする。
　⑦ 茶業の学習を通じて、地域の現実認識にせまる。

また、鈴木らは、「学習の喜びを授業中で体得する子にしたい」、「自分から進んで地域のことを追究していく子にしたい」と考え、「教材づくりのために一年にわたって調査」を行い、準備している。そして、次のような考え方に立って、「学習書」と名づけた教材を編成している。

① お茶に興味をもたせるために——導入部では、お茶を飲んだり、お茶の葉を教室に持ってきて観察し、ノートに貼ったり、茶畑の土に触れたりする。
② ある事象に対して、実感的に把握させるために——お茶工場の数だけノートに点を打つなどの作業を多くとり入れる。
③ 地域と結びつき、地域に出ていって学習するために——農家を訪ねたり、お年よりに話を聞いたり、手もみなどを実際に教えてもらったりする。
④ 父母と結びつくために——子どもが家で聞いて調べることを多く組み入れる。

表9　「お茶づくり」指導計画

	項目	主たる学習活動・本時のねらい
一次（四時間）	「お茶を知ろう」 　お茶のあらましを知る。	・お茶を飲む。 ・お茶の値段を知る。 ・なぜお茶を飲むのか考える。 ・お茶の効用を知る。 ・お茶の枝や葉を調べる。 ・お茶の木の話。 ・お茶は世界の飲み物であることを知る。
二次（三時間）	「さかんなお茶づくり」 　私たちの地域ではお茶の生産活動がさかんである様子を理解する。	・お茶づくりがさかんな様子を知る。 ・静岡県もお茶づくりがさかんなことを知る。
三次（四時間）	「お茶づくりがさかんなわけ」 　自然や歴史の面から理解する。	・お茶畑を見学調査する。 ・お茶畑を地図でさがす。 ・茶畑は水はけが良い土質であることを理解する。 ・お茶づくりがさかんになったわけを読む。
四次（五時間）	「お茶づくり農家をたずねる」 　農家の様子を知り、生産労働の実態を理解する。	・農家の見学計画をたてる。 ・見学する。 ・農作業の様子を知る。

特設	実習・「お茶をつくってのもう」	・お茶を手もみ製法でつくる。
五次（六時間）	「お茶工場をたずねる」 　お茶の製造工程を知る。	・工場見学をする。 ・見学のまとめをする。
六次（四時間）	「お茶問屋さんの仕事」 　お茶の流通と問屋の仕事を知る。	・静岡茶の販路を作業をとおして知る。 ・お茶の流通の図を完成する。 ・お茶問屋の仕事の話を読む。
七次（四時間）	「茶刈機工場をたずねる」 　茶刈機工場の様子を知る。	・お茶の機械のいろいろ。 ・工場見学 　製造工程 　働く人の様子 　原材料・製品の流通を知る。
八次（一時間）	「お茶づくりの課題・問題・将来」 　学習のしめくくり。 　茶業の課題に関心を持つ。	・これまでの学習をふりかえる。 ・茶業の問題や課題を知って自分なりに考える。

　このような考えのもとに作られた指導計画（31時間扱い）は、次のとおりである。

　この計画に基づいて、次のように授業が展開されている。

　「お茶を知ろう」では、家庭科室でお湯を沸かし、「良質（100グラム当たり500円以上）なお茶」を、「お茶の色・におい・味などに注意」させて飲ませている。続いて、お茶の木、葉を観察させ、「生葉と製茶された葉との実物をノートにはらせ、比較」させている。

　「さかんなお茶づくり」では、茶畑を見学するとともに、茶畑や茶畑の土をスケッチしたり、水はけ実験をしたりしている。

　「特設　実習・お茶をつくってのもう」では、「実際にお茶をつみ、その生葉を手もみで製茶」している。この実習は、子どもたちの次のような理解を意図して、茶づくり農家や茶工場の見学の前に行われている。

・生葉が人によって加工（製茶）されてこそ商品としての価値が出るのだということ
・加工するには、さまざまな工程・方法・工夫があるということ
・生産労働には、苦労と喜びがあるということ

「子どもたちは、手のひらを茶しぶで緑色に染めながら、時間がたつのを忘れて」作業したこと、「子どもたちは、まるで宝物を見るような目をして感激しながら」お茶を飲んだことを、鈴木らは報告している。

「お茶づくり農家をたずねる」では、子どもたちが体験したことをもとにして見学、聞き取り調査が行われている。子どもたちは、「お茶の種類にはどんなものがあるか」、「お茶の世話をするのはだれか」、「いそがしい時期はいつか」、「お茶づくりで気をつかうことは何か」、「お茶畑の面積はどのくらいか」、「どんな機械を使っているか」、「一日につむ生葉の量はどれぐらいか」、「何回ぐらい布肥や消毒をするか」、「一番茶と二番茶はどこがちがうか」、「凍霜害を受けた葉はどうするか」、「お茶畑の土づくりはどうするか」、「なえ木は何年ぐらいで育つか」などと質問している。

「お茶工場をたずねる」でも、子どもたちは、「15項目ほどの質問事項をもって工場長さんにアタック」し、「説明の中にはむずかしい機械の名前やしくみのことが出てきたのに、子どもたちは、手もみの体験が功を奏して、何の抵抗もなく理解して」いたので、「何ともたのもしく思えた」と鈴木らは報告している。

「お茶問屋さんの仕事」では、お茶問屋さんの仕事をお話を読んで理解させている。また、「静岡県でつくられたお茶が、どこへ売られていくのか」を知るために、「紙に書いた茶筒100個を色ぬりした後、1こずつばらばらに切り取り、それを日本の白地図に地方別に貼っていく作業」をさせている。

鈴木らは、この学習をふり返って、次のように述べている。

　　教師がよい教材を精選し、それをよく練ってから子どもたちの学習へおろしていくと、子どもたちは、ほんとうに意欲的に学習する。ノートに貼られた学習書の書き込みを見るにつけ、子どもの思考や創造性はすばらしいものである。教師自身も、子どもとともに学習をすすめていくものだということを、身をもって知ることになる。子どもが真剣に学ぶ姿を見て、父母や地域

の人たちは、学校での授業を見直すようになる。父母や地域の人の協力が、子どもたちの学習をより深く、より質の高いものにしていくことになる。こうした意味からも、お茶づくりの学習は、子どもたちの主権者意識・社会認識を形成させることができる。

　鈴木らの実践は、「平和と民主主義を担う主権者の育成」を図るために、授業内容は、地域の産業の中核となっている茶業を取り入れ、お茶の栽培・加工・販売の様子とそれに関わる人々の心情の理解を意図したものとなっている。そして、そのために、お茶の試飲体験、お茶の栽培・加工・販売の各段階に対する見学や観察、調査や聞き取りといった授業が展開されている。すなわち、本実践の歴史的意義は、第一に、社会を創造する人間の具体的な姿として、地域の中核的な産業とそこでの生産労働を取り上げたところにある。第二に、子どもの理解を意図して、他教科・他領域の指導方法の活用、指導時間の活用を図ったところにある。また、本実践は、「学習書」という形式で、教育実践の社会的共有を視野に入れているところにも歴史的意義がある。

第3節　継承・発展期の「地域に根ざす社会科」実践の特色とその意義

　継承・発展期の「地域に根ざす社会科」実践は、授業実践の展開形式には違いが見られるが、「平和と民主主義を担う主権者の育成」という観点から、次の特色を指摘できる。第一に、地道な地域の掘り起こしや長い時間をかけた教材づくりによって、地域の人々の行為と地域社会の事象とを関連付けて取り上げていることが挙げられる。第二に、子どもの理解の過程や社会認識の形成を視野に入れ、授業の内容を再構成したり、授業展開を工夫したり、多様な授業技術を導入したりしていることが挙げられる。

　継承・発展期の「地域に根ざす社会科」実践の歴史的意義は、「平和と民主主義を担う主権者の育成」を図るために、第一に、地域の社会事象や人々の行為の理解に止まらず、表現、意見・提案、参加など地域社会への積極的な関与が図られるようになったところにある。第二に、子どもたちの主体的な社会認識形成や知識の獲得を促すために、授業内容の再構成、授業展開の工

夫、多様な授業技術の導入が図られるようになったところにある。

「長池の学習と地域に根ざす社会科」を実践した宮入は、「わかるとは『子どもにわからせる』だけでなく、子ども自身の活動、主体的な活動を通して自分の力でわかっていくことである」と指摘している[17]。宮入の指摘した「子ども自身の活動、主体的な活動を通して自分の力で分かっていく」社会科授業の構成は、次の時期の実践の課題となっていくのである。

註

(1) 馬場裕子「和傘から『もの』と『人』とのかかわりを」『歴史地理教育』No. 447、pp. 26-33、1989年10月。
(2) 長縄幸弘「茜部荘600年のあゆみ」『歴史地理教育』No. 459、pp. 28-35、1990年7月。
(3) 和久田薫「平城京への旅」『歴史地理教育』No. 370、pp. 52-61、1984年8月。
(4) 山梨喜正「商店街の地図づくりを通して」『歴史地理教育』No. 450、pp. 12-13、1989年12月。
(5) 亘一子「田ではたらく人たち―米づくりの体験学習を通して―」『歴史地理教育』No. 412、pp. 60-65、1987年5月。
　　土井三郎「近世農民の姿をどう教えたか―小学校の日本史学習―」『歴史地理教育』No. 380、pp. 64-77、1985年3月臨増。
(6) 宮入盛男「長池の学習と地域に根ざす社会科」『歴史地理教育』No. 339、pp. 56-69、1982年8月。
(7) 斎藤博「平和の折鶴を仙台七夕に」『歴史地理教育』No. 371、pp. 86-87、1984年9月。
(8) 斎藤博「石工さんに学ぶ地域の戦争と平和」『歴史地理教育』No. 353、pp. 8-15、1983年7月。
(9) 八巻清人「地域の開発をどう教えたか―大日向開田用水を扱って―」『歴史地理教育』No. 361、pp. 114-121、1983年12月。
　　谷田川和夫「子どもと切り開いた地域学習の一年―『酒屋がスーパーになった』―」『歴史地理教育』No. 415、pp. 10-25、1987年8月。
(10) 小林毅夫「川と人間の調和的なあり方を追求する　4年『関川ものがたり』の実践」『生活教育』pp. 30-37、1983年、11月。
(11) 宮入盛男　前掲誌(6) No. 339。
　　なお、宮入氏からは、次の資料を提供していただいた。

・宮入盛男『地域に根ざす社会科教育を求めて』スズキ総合印刷、1990年12月。
⑿　斎藤三郎「地域に根ざす平和教育―『被爆者の手記』を教材化して―」『教育』No. 449、国土社、pp. 74-86、1985年2月。
⒀　鈴木達郎・松本方之・大森孝「地域に広めた自主編成の学習書―小学校三年「お茶づくり」学習書―」若狭蔵之助編著『社会科の発展第2巻―地域をさぐる―』あゆみ出版、pp. 121-147、1985年。

　なお、本実践は、次の文献にも収録されている。
・静岡県小笠社会科サークル『からだを通して地域で学ぶ―産業学習の進め方』日本書籍、pp. 31-57、1985年。

　また、鈴木氏からは、次の資料を提供していただいた。
①　「お茶づくり」の授業書の全体の単元構成表、小単元「お茶を知ろう」、その小単元の手引き・解説のコピー。
②　「掛川の葛布」の学習書の全体の指導計画表、小単元「1、葛布を知ろう」「2、葛布づくりの町・掛川を知ろう」「3、葛を観察しよう」の学習書、それらの小単元の手引き・解説のコピー。

⒁　宮入盛男　前掲誌⑹ No. 339。
⒂　斎藤三郎　前掲誌⑿ No. 449。
⒃　鈴木達郎・松本方之・大森孝　前掲書⒀。
⒄　宮入盛男　前掲誌⑹ No. 339。

第Ⅴ章

現代社会の課題を視野に入れ、地域の課題を捉え直した転換期（1991年―1999年）の「地域に根ざす社会科」実践の展開と事例分析

第1節　転換期の「地域に根ざす社会科」実践の展開

　転換期となる1991年から1999年は、社会的には湾岸戦争、阪神・淡路大震災、地下鉄サリン事件などがあった時期である。教育をめぐっては、環境教育用指導資料の作成、新学力観をうたった新学習指導要領の完全実施、中教審第一次答申「21世紀を展望した我が国の教育のあり方について」の発表などがあった時期である。

　こうした中で、1991年から1999年までの9年間に発表された実践は、314事例ある。内訳は次のとおりである。第一に、発表された雑誌別に分類すると『歴史地理教育』誌に掲載された実践が272事例、『教育』誌に掲載された実践が11事例、『生活教育』誌に掲載された実践が31事例となっている。第二に、教科・領域別に分類すると社会科実践が267事例、生活科実践が34事例、総合的学習実践が8事例となっている。第三に、「平和と民主主義を担う主権者の育成」という観点から授業内容及び授業展開を視点に検討すると、次のようになる。

(1)　社会科実践267事例の中で、地域に見られる社会事象や人々の行為の理解を意図した実践は238事例、理解に基づき態度形成を意図した実践が29

事例となっている。
(2) 理解を意図した社会科実践238事例の中で、地域に見られる社会事象を扱った実践は130事例、人々の行為を扱った実践は108事例となっている。
(3) 事象を扱った社会科実践の中で、「公共・健康・安全」に関わる内容を扱った実践が20事例、地域の「社会問題」を扱った実践が21事例と増加している。
(4) 「公共・健康・安全」に関わる内容では、「そびえ立つ『ゴミの山』」「水と人々のくらし」というように環境問題の視点から再構成された実践が登場している[1]。また、「社会問題」に関わる内容では、「顔とくらしの見える産直」「非核都市宣言から見えるもの」など、食や平和といった現代社会の課題を取り上げた実践が登場している[2]。
(5) 行為を扱った社会科実践の中で、「『せんそうむかしはくぶつかん』を開いて」といった「歴史体験」を扱った実践が24事例、「地域に学び 地域を識る─銅谷堤と用水路─」といった「歴史的社会問題解決行為」を扱った実践が26事例と増加している[3]。
(6) 態度形成を意図した社会科実践29事例の中で、「表現」によって地域社会への関与を図った実践が15事例、「意見・提案」によって地域社会への関与を図った実践が8事例、「参加」によって地域社会への関与を図った実践が2事例、「行動」によって地域社会への関与を図った実践が4事例と、態度形成を意図した実践が増加している。また、初めて登場した「行動」によって地域社会への関与を図った実践は、平和を祈念する碑の設置を地域に働きかけ資金を集めたり、販売行為を体験したりする実践の展開となっている[4]。
(7) 生活科実践34事例は、地域に見られる事象並びに行為の理解を意図した実践事例となっている。その中でも、「とびだせ生活科」「米・コメたんけんたい」のように栽培・加工を展開の柱に、生産や労働、自然や生活の事象や行為を関連づけた実践が登場している[5]。
(8) 先行的な総合的学習実践8事例の中で、地域に見られる事象並びに行為の理解を意図した実践は7事例となっている。理解に基づき態度形成を意図した実践は、1事例となっている。この1事例「どうする雑木林」は、意

見・提案によって地域社会への関与を図った実践となっている[6]。

　以上のことから、転換期の「地域に根ざす社会科」実践の時期的傾向を、次のように指摘できる。授業内容の視点からは、第一に、地域の上下水道やごみ処理に関する実践が、環境問題の視点から再構成され実践数が増加している。第二に、環境、食、平和といった現代社会の課題を取り上げた授業実践の登場が挙げられる。授業展開の視点からは、第一に、表現、意見・提案、参加、行動といった態度形成を意図した多様な授業実践が増えていることが挙げられる。第二に、他教科他領域の指導との関連を図った実践の登場が挙げられる。

表10 転換期の「地域に根ざす社会科」実践分類表

転換期の「地域に根ざす社会科」実践分類表　1

			社会科																													
目標			理解													表現								態度形成							
	事象							行為																意見・提案					参加		行動
	実態・特色	産業①②	産業③	変化・歴史	公共・健康・安全	社会問題	生活	生産労働	非生産労働	歴史体験	歴史的社会問題解決	現代的社会問題解決	文化	実態・特色	産業①	変化・歴史	公共・健康・安全	生産労働	歴史体験	社会問題	歴史的社会問題解決	現代的社会問題解決	公共・健康・安全	社会問題	生産労働	歴史体験	現代的社会問題解決	実態・特色	社会問題	歴史体験	現代的社会問題解決	生産労働	歴史体験	計
1991	1	2	1	3	3	5		3		3		2	1					1	1		1												33
1992	3	2	2	3	2	2		3		4	1	3																						25
1993	2	5	1	5	2	1		5			2																							23
1994		6		7	2	3	1	6		2	2			1		1	1																	33
1995	1	3		8	2	1		6		6	4			1					2			1			1					1				39
1996		2	1	5	4	1	2	6		2	3	4				1				1	1	1		1								1	1	35
1997	2	2		8	4	2		6		3	3	2							1	1	1			1					1		1			35
1998	2			2	3	3		2		4	3					1				1		1				1								22
1999	3	1	1	4		1		1		2	5	1																						22

転換期

転換期の「地域に根ざす社会科」実践分類表 2

目標	生活												総合的学習															
	理解				態度形成								理解・行為								態度形成								
	事象・行為				表現			意	参				事象・行為								表現			意見・提案			参加			行動
	自然・生活	生産・労働	施設・機関・建物	文化・行事	歴史・歴史体験	自然・生活	生産・労働	施設・機関・建物	歴史・歴史体験	公共施設・機関	文化	環境	地域・生活	健康・福祉・人権	食	産業・労働	戦争・平和	国際理解	歴史・歴史体験	文化	環境	食	産業・労働	戦争・平和	歴史・歴史体験	文化	環境	戦争・平和	食	産業・労働	健康・福祉	戦争・平和
授業内容 1991		4																														4
1992	1																															1
1993	1	1																														2
1994		2																														2
1995	1	1																														3
1996	1													1																		4
1997	3					1	1		1			3	1													1						9
1998	2	4							1			1																				8
1999	5	4	1										1																			11

表11　転換期の「地域に根ざす社会科」実践（小学校）一覧表

No	年	誌名巻号	教科・領域	学年	実践者名	タイトル	目標	内容
411	91	歴・467	社	2	塚本優子	かまち子ども郵便局開設	理解・事象	公共・健康・安全
412		歴・467	社	3	山中智子	御室校のルーツをさがそう	理解・事象	変化・歴史
413		歴・468	社	6	岡田信行	みんなが使える駅に	理解・行為	現代的問題解決
414		歴・468	社	3	清水潔	おばあちゃんが逃げた防空ごう	理解・行為	歴史体験
415		歴・468	社	3	半沢光夫	「青い目の人形」を掘りおこし授業に	理解・行為	歴史体験
416		歴・468	社	4	木村剛	アイヌの世界のアイヌの人たちの生活	理解・行為	文化
417		歴・469	社	6	田所恭介	平和な世界を	理解・事象	社会問題
418		歴・469	社	3	山田宇多子	学校と町のうつりかわり	理解・事象	変化・歴史
419		歴・471	社	4	土産田真喜男	ゴミを追って	理解・事象	公共・健康・安全
420		歴・471	社	6	桂木恵	戦死者の墓碑調査から15年戦争を	理解・事象	変化・歴史
421		歴・472	社	4	物江賢司	人間と水	理解・行為	生活
422		歴・473	社	3	栗原戦三	牛舎を見学する	理解・事象	実態・特色
423		歴・473	社	4	山本杉生	消防署を見学して	理解・事象	公共・健康・安全
424		歴・473	社	5	加藤正伸	顔とくらしの見える産直	理解・行為	生産労働
425		歴・474	社	3	寺田肇	土と生きる黒石の人たち	理解・行為	生産労働
426		歴・475	社	6	村瀬紀生	創作劇「ぼくらの町にも戦争があった」	態度形成・表現	歴史体験
427		歴・476	生		石川順子	とびだせ生活科	理解・事象・行為	生産・労働
428		歴・476	社	4	吉久正見	ため池づくりに挑戦	態度形成・表現	歴史的問題解決
429		歴・476	社	3	河戸憲次郎	奈良漬けづくりのその秘密	理解・行為	生産労働
430		歴・477	社	6	大石勝枝	所沢の自由民権運動	理解・行為	歴史的問題解決
431		歴・477	社	5	須田尚	水俣病から浦安の公害へ	理解・事象	社会問題
432		歴・477	社	4	外山不可止	ため池と地域のくらし	理解・事象	歴史的問題解決
433		歴・477	社	3	志村誠	校区のくらしと商店街	理解・行為	生活
434		歴・479	社	4	山口勇	野火止用水を歩く	理解・事象	歴史的問題解決
435		歴・479	社	3	白尾裕志	スーパーと小売店をくらべる	理解・事象	産業③
436		歴・479	社	5	中川豊	金沢の和菓子	理解・事象	産業②
437		歴・480	社	3	吉村明	坂本川はなぜきたないの？	理解・事象	社会問題
438		歴・480	社	5	水野豊	東濃のタイル産業	理解・事象	産業②
439		歴・480	社	6	和久田薫	ぼくらの町の太平洋戦争	理解・行為	歴史体験
440		歴・481	社	小	小林和子他	学習しながら高めあう	態度形成・表現	生産労働
441		歴・481	社	6	中村太貴生	1945年6月9日に戦争は椙山にも	態度形成・表現	歴史体験
442		歴・481	社	5	倉持祐二	山のなかに「ゴミの山」	理解・事象	社会問題
443		歴・481	社	4	吉村明	住民の願いに学ぶ地域地域開発の授業	理解・行為	現代的問題解決
444		教・542	社	5	倉持祐二	そびえ立つ「ゴミの山」	理解・事象	社会問題
445		生・2月	生		北川茂	もとや製パン工場	理解・事象・行為	生産・労働
446		生・3月	生		間宮由美	くもの巣もどんぐりもダンスする工場	理解・事象・行為	生産・労働

第Ⅴ章 107

447		生・6月生		長谷川竜子	おじいちゃんは、イカつり名人	理解・事象・行為	生産・労働
448	92	歴・482	社	3	山本典人	むかしのもので地域の移り変わりを	理解・事象	変化・歴史
449		歴・482/483	社	5	葉狩宅也	赤田川の水はきれいか（上・下）	理解・事象	社会問題
450		歴・483	社	3	志村誠	竹やぶがつぶされる	理解・事象	変化・歴史
451		歴・484	社	3	布施敏英	地域のむかしを絵本に	理解・事象	変化・歴史
452		歴・486	社	6	山口勇	縄文土器をつくる	理解・行為	歴史体験
453		歴・487	社	4	山中久司	黒糖づくりの教材化	理解・行為	生産労働
454		歴・487/488	生		松田明	田ではたらく人（上・下）	理解・事象・行為	生産・労働
455		歴・487	社	3	北舘賢	地形・土地利用に目を向けさせる	理解・事象	実態・特色
456		歴・488	社	5	窪満広	地域のなす農家から学ぶ	理解・事象	産業①
457		歴・488	社	3	川村実	町めぐり　地域調べ　絵地図づくり	理解・事象	実態・特色
458		歴・489	社	3	物江郁雄	あら川の水はどこから？	理解・事象	実態・特色
459		歴・489	社	3	斎藤民部	奈美がつづった「おばあちゃんのわかいころ」	理解・行為	歴史体験
460		歴・489	社	4	有馬正己	地域の川と下水のしまつ	理解・事象	公共・健康・安全
461		歴・490	社	4	山本杉生	「メルヘンの里」の特別村民制度	理解・行為	現代的社会問題
462		歴・491	社	4	神谷容一	ダムで水没する村の人々とふれ合う水道学習	理解・行為	公共・健康・安全
463		歴・491	社	3	近江菓子	店長になって考える商店の学習	理解・事象	産業③
464		歴・491	社	4	土井三郎	ニュータウンの授業づくり	理解・事象	現代的社会問題
465		歴・492	社	4	北舘恭子	用水の開発で何を教えるか	理解・行為	歴史的社会問題
466		歴・492	社	3	佐藤健	地域に生きる小売店を調べる	理解・事象	産業③
467		歴・494	社	4	物江郁雄	平和なくらしを求めて	理解・行為	現代的社会問題
468		歴・494	社	3	西明	養鶏場をたずねて	理解・行為	生産労働
469		歴・494	社	5	児玉幸枝	手づくりの伝統工業京友禅	理解・事象	産業②
470		歴・495	社	5	松浦敏郎	高槻の公害を調べる	理解・事象	社会問題
471		歴・495	社	3	千葉誠治	乳しぼりの仕事はたいへんだ	理解・行為	生産労働
472		歴・496	社	6	加藤正伸	15年戦争をどう教えたか	理解・行為	歴史体験
473		歴・496	社	6	早川幸生	地域学習で出あった平和教材	理解・行為	歴史体験
474	93	歴・498	社	6	衣山武秀	旅館の看板と憲法	理解・事象	変化・歴史
475		歴・498	社	5	河崎かよ子	日本の農業を考える	理解・事象	生産労働
476		歴・498	社	5	荒木雄之	米づくりの農家の実態に迫る	理解・事象	産業①
477		歴・499	社	6	白尾祐志	地域の老人問題を考える	理解・事象	社会問題
478		歴・501/502	社	5	大宮英俊	中川の米づくり（上・下）	理解・事象	産業①
479		歴・501	社	3	北舘賢	わたしたちの村めぐり	理解・事象	実態・特色
480		歴・502	生		伊藤いづみ	おじいちゃんと育てるミニトマト	理解・事象・行為	生産・労働
481		歴・503	社	3	清水功	アイヌモシリのころの札幌	理解・事象	変化・歴史
482		歴・503	社	3	北舘賢	わたしたちの村―りんご園へ	理解・行為	生産労働
483		歴・504/505	社	4	西村美智子	水と人々のくらし（上・下）	理解・事象	公共・健康・安全
484		歴・504	社	3	茶田敏明	旅館とホテルで働く人々の仕事	理解・事象	産業③
485		歴・506	社	6	山本杉生	フィールドワークで学んだ地域の歴史	理解・事象	変化・歴史
486		歴・507	社	5	那須郁夫	コースター工場を探せ	理解・事象	産業②

487		歴・508	社	5	河崎かよ子	道路はコンベア	理解・事象	産業②
488		歴・510	社	6	水野豊	東濃地方の米騒動	理解・行為	歴史的社会問題
489		歴・510	社	4	手代木章雄	くぐり穴用水路を学ぶ	理解・行為	歴史的社会問題
490		歴・510	社	5	山口勇	伝統産業羽子板づくり	理解・事象	産業②
491		歴・510	社	3	間森誉司	なぜ「鶏舎見学お断り」	理解・行為	生産労働
492		歴・511	社	3	伊賀基之	ピオーネのおいしいひみつ	理解・行為	生産労働
493		教・563	社	4	木村剛	アイヌ民族の生活・文化の授業づくり	理解・事象	変化・歴史
494		生・1月	生		小林弘美	おばあさん先生・おじいさん先生の出番	理解・事象 行為	自然・生活
495		生・1月	社	3	岸康裕	工場・お店たんけんで地域を知ろう	理解・事象	実態・特色
496		生・6月	社	3	能岡寛	私の生活教育がめざすもの	理解・行為	生産労働
497		生・8月	社	4	外山不可止	「水」を追って地域とくらしを学ぶ	理解・事象	公共・健康・安全
498		生・10月	社	高	石谷克人	地域に根ざす教育を新たに構想する―江戸時代の農民・農村を子どもたちはどう学んだか	理解・事象	変化・歴史
499	94	歴・513	社	4	満川尚美	ごみとリサイクル	態度形成・表現	公共・健康・安全
500		歴・513	社	3	斎藤秀行	中川地区のくらしのうつりかわり	理解・事象	変化・歴史
501		歴・513	社	6	牧野泰浩	町の福祉センターを学ぶ	理解・事象	公共・健康・安全
502		歴・514	社	3	大崎洋子	習志野原の開拓を劇化して	態度形成・表現	変化・歴史
503		歴・515	社	4	林薫	八丈島の飢饉と米づくり	理解・行為	歴史的社会問題
504		歴・515	社	3	長沢秀比古	地図で見つけた地域のうつりかわり	理解・事象	変化・歴史
505		歴・516	社	4	桜本豊己	大和高原の茶づくり	理解・行為	生産労働
506		歴・516	社	3	西野護	なるほど・ザ・金閣	理解・事象	実態・特色
507		歴・516	社	4	河崎かよ子	ポンポン山がたいへん	態度形成・表現	現代の社会問題
508		歴・517	社	5	西川満	まず地域を知ることから	理解・事象	産業②
509		歴・518/519	社	4	堀恵子	大丸用水（上・下）	理解・行為	歴史的社会問題
510		歴・518	社	6	佐藤昭彦	エミシと多賀城	理解・事象	変化・歴史
511		歴・518	社	5	物江賢司	米づくりの体験と日本農業	理解・行為	生産労働
512		歴・519	社	5	志村誠	米づくり……地域から	理解・事象	産業①
513		歴・519	社	6	窪満広	富田林寺内町	理解・事象	変化・歴史
514		歴・520	社	3	真久絢子	地域に学ぶ社会科学習	理解・行為	生産労働
515		歴・520	社	4	満川尚美	へんな井戸があるよ	理解・事象	公共・健康・安全
516		歴・520	社	3	青木万利子	生駒市のうつりかわり	理解・事象	変化・歴史
517		歴・521	社	3	茶田敏明	あずき・まんじゅう工場調べ	理解・事象	産業②
518		歴・522	社	6	木下伸一	地域で学ぶ近世農村	理解・事象	変化・歴史
519		歴・522	社	5	田宮正彦	地域の工場調べ	理解・事象	産業②
520		歴・522	社	4	小栗山敬子	現代の開発「外環道路」	理解・事象	社会問題
521		歴・522/523	社	3	春名浩子	草加せんべいっておもしろい（上・下）	理解・行為	生産労働
522		歴・523	社	5	牧野泰浩	地域の2つの工場	理解・事象	産業②
523		歴・523/525	社	4	河崎かよ子	川と地域のくらし（上・下）	理解・事象	社会問題
524		歴・523	社	6	浦沢朱実	学童疎開	理解・行為	歴史体験

525		歴・525	社	6	渡部豊彦	飢饉供養碑から米問題の学習へ	態度形成・意見・提案	社会問題
526		歴・525/526	社	3	湯口節子	地域から学ぶ子どもたち	理解・事象	変化・歴史
527		歴・525	社	6	矢野秀之	身近なところから探った15年戦争	理解・行為	歴史体験
528		歴・526	社	5	保岡久美子	地域の発展と生活公害	理解・事象	社会問題
529		歴・527	社	3	桜本豊己	生産と労働の中にみえる人間の知恵を―「奈良漬け工場」の実践を手がかりに	理解・行為	生産労働
530		歴・527	社	5	北舘賢	りんごを育てることで何を学んだか	理解・行為	生産労働
531		歴・527	生		河内晴彦	ワタを育てて	理解・事象・行為	生産・労働
532		歴・527	生		小林桂子	社会認識の土台づくりをめざす生活科―もみからおにぎりまで	理解・事象・行為	生産・労働
533		教・580	社	3	松房正浩	子どもがつくる地域学習	理解・事象	産業②
534	95	歴・528	社	6	西浦弘望	父母・祖父母に学ぶ	理解・行為	歴史体験
535		歴・529	社	3	桜本豊己	戦争中のくらし	理解・行為	歴史体験
536		歴・530	社	6	高桑美智子	非核都市宣言から見えてくるもの	理解・行為	現代的社会問題
537		歴・530	社	3	山川弘美	馬頭観音、雷神様って何？	理解・事象	変化・歴史
538		歴・530	社	4	佐々木勝男	ぼくたちの町からも戦争に行った	態度形成・表現	歴史体験
539		歴・532	社	4	宮下美保子	ごみとくらしを見なおす	態度形成・意見・提案	公共・健康・安全
540		歴・532	社	5	藤原恵正	地域で農業をどう学ぶか	理解・事象	産業①
541		歴・533	社	3	大石光代	西小学区大好き	態度形成・表現	実態・特色
542		歴・533	社	5	飯田彰	「米不足」のなかでの米授業	理解・事象	産業①
543		歴・533	社	4	近江葉子	水を追う	理解・事象	公共・健康・安全
544		歴・534	社	3	中川研治	校区の川と環境問題	理解・事象	社会問題
545		歴・534	社	3	田宮正彦	いちごづくり農家Sさん	理解・行為	生産労働
546		歴・534	社	3	佐藤昭彦	公民館へ行こう	理解・事象	公共・健康・安全
547		歴・535	社	3	滝沢孝子	わたしたちのくらしと商店街	理解・行為	生活
548		歴・535	社	6	中嶋千絵	太閤検地と農民	理解・事象	変化・歴史
549		歴・535	生		茶田敏明	体の不自由な人たちのくらしから学ぼう	理解・事象・行為	自然・生活
550		歴・535	社	5	山川功	釧路の漁業	理解・行為	生産労働
551		歴・536	社	6	土井三郎	アジア太平洋戦争学習で何を	理解・行為	歴史体験
552		歴・536	社	3	清水功	タコ部屋労働をお話教材で	理解・事象	変化・歴史
553		歴・536	社	4	村上敬之介	地域の開発「府中村の鹿篭新開物語」	理解・事象	歴史的社会問題
554		歴・537	社	6	間森誉司	1枚の「城下絵図」から	理解・事象	変化・歴史
555		歴・537	生		大﨑洋子	おばあちゃんおじいちゃんとなかよくなろう	理解・事象・行為	文化・行事
556		歴・537	社	3	佐藤則次	とうふづくりと「とうふ屋さん」のしごと	理解・行為	生産労働
557		歴・537	社		糸乗政治	子どもが育つ歴史学習	理解・事象	変化・歴史
558		歴・537	社	6	満川尚美	未来を見つめる社会科授業	態度形成・表現	歴史体験
559		歴・538	社	4	河内晴彦	水路をたずねて	理解・事象	歴史的社会問題
560		歴・538	社	3	斎藤三郎	おばあさんの醤油づくりすごいな	理解・行為	生産労働
561		歴・540	社	3	山川弘美	校区にある工場調べ	理解・事象	産業②
562		歴・540	社	5	道井真二郎	毛糸で久留米絣をつくる	理解・行為	生産労働

563		歴・540	社	4	中畑和彦	美波羅川と生きる	理解・行為	歴史的社会問題
564		歴・540	社	6	竹腰宏見	お墓調べから探る15年戦争	理解・事象	変化・歴史
565		歴・541	社	4	大村浩二	波切不動を追って	理解・行為	歴史的社会問題
566		歴・542	社	小	斎藤勝明	折り鶴よオランダへ	態度形成・参加	歴史体験
567		歴・542	社	小	金城明美	母の沖縄戦を絵本「つるちゃん」で	理解・行為	歴史体験
568		歴・542	社	4	中川研治	門司の港から戦争に行った馬たち	理解・事象	変化・歴史
569		歴・542	社	6	布施敏英	調べ学習と地域の資料でさぐったアジア太平洋戦争	理解・事象	変化・歴史
570		歴・542	社	6	羽生和夫	地域の聞き取り活動を軸にした「戦後改革」の授業	理解・行為	歴史体験
571		教・587	社	4	河崎かよ子	ポンポン山がたいへん	態度形成・表現	現代の社会問題
572		生・7月	社	3	松村一成	自ら問いかけ学ぶ学習をどう作るか　町探検「働く人の学習」	理解・行為	生産労働
573		生・8月	社	小	外山不可止	子どもとともに学ぶということ	理解・行為	生産労働
574		生・9月	生		岸康裕	表現や交流を豊にする教育技術―駅たんけんの実践	理解・事象・行為	施設・機関・建物
575		生・10月	社	6	金森俊朗	生活主体としての問いが生まれるまで	理解・行為	歴史体験
576	96	歴・543	社	4	小出隆司	低地のくらし	理解・行為	生活
577		歴・545	社	3	鏡和也	小山田新聞で地域を知る	態度形成・表現	実態・特色
578		歴・544	社	3	小松清生	昔のくらし	理解・事象	変化・歴史
579		歴・544	社	6	新山了一	宝暦一揆	態度形成・表現	歴史的社会問題
580		歴・545	社	5	山口勇	本多の森を守る	理解・事象	社会問題
581		歴・545	社	3	大石光代	紙芝居「バイスケ歴史物語」	態度形成・表現	変化・歴史
582		歴・547	社	5	西川満	属性優先型の稲作学習	理解・行為	生産労働
583		歴・547	社	6	西浦弘望	弥生の米づくり	理解・事象	変化・歴史
584		歴・547	社	3	佐藤則次	総合児童センターたんけん	理解・事象	公共・健康・安全
585		歴・548	生		中嶋千絵	大豆からきなこへ	理解・事象・行為	生産・労働
586		歴・548	社	6	大槻知行	地域の古墳から学ぶ	理解・事象	変化・歴史
587		歴・548	社	4	中島浩明	水道をひく	理解・事象	公共・健康・安全
588		歴・548	社	5	山田孝二	飢人地蔵から農業学習	理解・事象	産業①
589		歴・549	社	4	荒井保子	地域を学び地域を識る	理解・行為	歴史的社会問題
590		歴・549	社	4	茶田敏明	「丹那トンネル」を追い求める	理解・行為	現代の社会問題
591		歴・549	社	5	西田弘	五郎島のさつまいもづくり	理解・行為	生産労働
592		歴・549	社	4	田中正則	くらしをささえる水	理解・事象	公共・健康・安全
593		歴・549	総	4	中妻雅彦	多摩川で学ぶ	理解・事象・行為	地域・生活
594		歴・550	社	3	土井三郎	くらしと商店	理解・行為	生活
595		歴・552	社	6	牧野泰浩	たたかう農民―元禄一揆		歴史的社会問題
596		歴・552	社	3	吉浜孝子	商店街とマチグヮー	理解・事象	産業③
597		歴・552	社	4	中井和夫	質美の水道	理解・行為	現代の社会問題
598		歴・553	社	6	新木伸子	明治の長浜探検	理解・事象	変化・歴史
599		歴・553	社	4	安田康夫	二の谷ダムつくり	理解・行為	歴史的社会問題
600		歴・553	社	3	志和格子	キャベツをつくるしごと	理解・行為	生産労働
601		歴・553	社	5	中島浩明	地域の製糸工場と協力工場	理解・事象	産業②

602		歴・555	社	3	辻槙子	農家の仕事「なす調べ」	理解・行為	生産労働
603		歴・555	生		坪井多愛子	環境教育「木の学習」	理解・事象・行為	自然・生活
604		歴・555	社	4	山本杉生	出雲街道新庄宿	理解・事象	変化・歴史
605		歴・555	総	6	満川尚美	くらしのなかに憲法をさぐる	理解・事象・行為	健康・福祉・人権
606		歴・556	社	3	山川弘美	3年1組とうふ工場	態度形成・行動	生産労働
607		歴・556	社	6	加藤忠史	祖父母戦争体験集を使って	理解・行為	歴史体験
608		歴・556	社	4	森豊一	境川のはんらん	理解・行為	現代的社会問題
609		歴・556	社	5	田宮正彦	西淀川公害	理解・行為	現代的社会問題
610		歴・557	社	6	草分京子	「谷中平和の碑」は私たちの新しい第一歩	態度形成・行動	歴史体験
611		教・600/601	社	小	小林勝行	海に生きる小砂子の人々（上・下）	理解・行為	生産労働
612		教・604	社	3	山崎智	みんなでつくるまち	理解・事象	公共・健康・安全
613		生・8月	社	小	崎濱陽子	壕をさがし壕を掘り平和を語りつぐ	理解・行為	歴史体験
614		生・8月	社	6	笠肇	田んぼから作った米づくり	理解・行為	生産労働
615	97	歴・558	社	3	鏡和也	「マンボの劇」を通して	態度形成・表現	歴史的社会問題
616		歴・558	社	4	遠藤美樹	どうしてこんなお腹に	理解・事象	社会問題
617		歴・558	社	6	松房正浩	小倉で学ぶ高度経済成長期	理解・事象	変化・歴史
618		歴・559	社	3	小幡雅子	市場通りにお店が多いのはなぜ？	理解・事象	変化・歴史
619		歴・559	生		中窪寿弥	パン工場へ行ってみよう	理解・事象・行為	生産・労働
620		歴・560	社	3	飯田彰	「せんそうむかしはくぶつかん」を開いて	態度形成・表現	歴史体験
621		歴・560	社	6	西浦弘望	校区の環境調査	理解・事象	社会問題
622		歴・560	社	5	篠原謙	地域から自然保護を考える	態度形成・参加	社会問題
623		歴・562	社	4	志村誠	増えてきたごみをどうする	理解・事象	公共・健康・安全
624		歴・562	社	3	芝沼充	子どもにどんな力を育てるか	理解・行為	生産労働
625		歴・563	社	6	大坪庄悟	地域の古墳で学ぶ古墳時代	理解・事象	変化・歴史
626		歴・563	社	5	中窪寿弥	仲西さんの米づくり	理解・事象	生産労働
627		歴・563	社	6	中川研治	奈良の大仏と山口・福岡	理解・事象	変化・歴史
628		歴563	社	4	浦沢朱実	くらしと水	理解・事象	公共・健康・安全
629		歴・564	社	4	西田和弘	郷土で水を見つめる	理解・事象	公共・健康・安全
630		歴・565	社	3	山本杉生	ふれあいセンターに行ってみよう	理解・事象	公共・健康・安全
631		歴・565	社	4	佐藤明彦	小4「わたしたちのくらしと水」の実践へ	理解・行為	現代的社会問題
632		歴・565	生		斎藤俊子	たんぽはみんなの学校だ	態度形成・表現	生産・労働
633		歴・566	社	4	井上隆生	わたしたちの昆陽池	理解・事象	歴史的社会問題
634		歴・566	社	6	手代木彰雄	戦争学習をどう学習したか	理解・事象	歴史体験
635		歴・567	社	6	阪井勝	地域に見る寺子屋	理解・事象	変化・歴史
636		歴・567	社	小	坪井多愛子	地域教材、今日の教材、調査学習	理解・事象	歴史体験
637		歴・567	社	6	小松清生	よみがえれ大和川	理解・事象	歴史的社会問題
638		歴・567	社	3	武田宏子	にんじんを育てる仕事	理解・事象	生産労働
639		歴・568	社	6	千島真	秩父事件	理解・事象	変化・歴史
640		歴・568	社	3	安達寿子	学区の苺作りと久能の苺作り	理解・行為	生産労働

641		歴・568	社	5	松房正浩	地域から学ぶ日本の工業	理解・事象	産業②
642		歴・568	社	4	井上ゆき子	こんな小寺池になったらいいな	態度形成・意見・提案	歴史的社会問題
643		歴・570	社	3	松浦敏郎	地域のうどん工場見学	理解・行為	生産労働
644		歴・570	社	4	杉森至	武具池と八丁田んぼ	理解・行為	歴史的社会問題
645		歴・570	社	5	土井三郎	西淀川公害裁判	理解・行為	現代的社会問題
646		歴・570	社	6	熊谷鉄治	仙台米騒動	理解・事象	変化・歴史
647		歴・571	社	5	伊海正尚	箱根寄木細工の秘密をさぐる	理解・事象	産業②
648		歴・571	社	4	向山三樹	くらしを高める願い釜無川を学ぶ	態度形成・意見・提案	社会問題
649		歴・571	社	3	熊谷賀世子	おじさん、おばさんにおそわったかまぼこ作り	理解・行為	生産労働
650		歴・571	社	6	中川研治	地域から考えるアジア・太平洋戦争	理解・事象	変化・歴史
651		教・619	生		小野寺勝徳	いねを育てて	理解・事象・行為	生産・労働
652		生・2月	生		中河原良子	豆腐づくりから学ぶ	理解・事象・行為	生産・労働
653		生・4月	総	4	北山ひと美	活動し学びあう子どもたち	理解・事象・行為	環境
654		生・5月	総	4	下鳥孝	自然と人をつなげる学びの世界「多摩川」	理解・事象・行為	環境
655		生・6月	総	6	渡辺恵津子	どうする？雑木林	態度形成・意見・提案	環境
656		生・6月	生		亀田里味	地域を生かした授業づくり	態度形成・表現	自然・生活
657		生・9月	総	4	栗原伸	総合学習「多摩川」にとりくんで	理解・事象・行為	環境
658		生・9月	社	6	石谷克人	子どもが創る社会科の実践	理解・行為	歴史体験
659	98	歴・573	社	3	中橋章子	祖父母の力を借りた昔調べ	理解・事象	歴史体験
660		歴・574	社	5	三好卓	人口の増えている地域と減っている地域	理解・事象	社会問題
661		歴・574	生		小林晶子	ともだちのうちたんけん町のたんけん	理解・事象・行為	施設・機関・建物
662		歴・574	社	3	木村誠	むかしのくらしの発表会	理解・事象	変化・歴史
663		歴・574	社	4	草分京子	ふるさとの山と川が好きだから	態度形成・意見・提案	公共・健康・安全
664		歴・574	社	6	渡部豊彦	夢の実現へお母さんたちが立ち上がった―15年戦争の学習から「笠木透コンサート」へ	態度形成・表現	歴史体験
665		歴・575	社	3	北舘恭子	羽場にも戦争があった	理解・行為	歴史体験
666		歴・577	社	4	中畑和彦	わたしたちの水道	理解・事象	公共・健康・安全
667		歴・577	生		浦沢朱実	トマトづくりの三ツ木さん、こんにちは	理解・事象・行為	生産・労働
668		歴・578	社	4	芝沼充	「ごみ」の学習をどう進めたか	理解・事象	公共・健康・安全
669		歴・578	社	5	福留修一	5年生の社会科学習プラン	理解・事象	社会問題
670		歴・579	生		中島浩明	米づくりと子どもたち	理解・事象・行為	生産・労働
671		歴・579	社	3	尾形友道	地域とともに取り組んだわかめの養殖学習	理解・行為	生産労働
672		歴・580	生		浦沢朱実	あきとあそぼう	理解・事象・行為	自然・生活
673		歴・582	社	3	能登暢子	羊を飼う仕事	理解・行為	生産労働
674		歴・582	社	6	寺川紀子	寛政9年百姓一揆の掘りおこし	理解・事象	歴史的社会問題
675		歴・583	社	3	物江郁雄	地域学習と運動会―「三吾小物語―120周年おめでとう」	態度形成・表現	変化・歴史

第Ⅴ章 113

676		歴・584	社	6	佐藤実	自由民権と子どもたち	理解・行為	歴史的社会問題
677		歴・584	生		草分京子	田中さんといっしょに作ったお豆腐	理解・事象・行為	生産・労働
678		歴・586	生		高橋清子	手紙のたび	理解・事象・行為	生産・労働
679		歴・586	社	4	釜ヶ澤勝	鹿妻用水をどう指導したか	理解・事象	歴史的社会問題
680		歴・587	社		加藤正伸	疎開から反戦・厭戦そして日本国憲法へ	理解・行為	歴史体験
681		歴・587	社	3	斎藤勉	楽しく学べる地域学習をめざして	理解・事象	実態・特色
682		歴・588	社	3	椿敬子	マーシィヒル（老人ホーム）で働く人	理解・事象	社会問題
683		歴・588	社	6	山川弘美	地域から見る日本の近代史	理解・事象	変化・歴史
684		教・622	社	6	木村辰冨美	子どもと老人とでつくりだしたもの	態度形成・意見・提案	歴史体験
685		教・634	生		岡田みつよ	木を植えたこどもたち	態度形成・表現	歴史
686		生・1月	社	6	長谷川京子	6年生の歴史学習	理解・行為	歴史体験
687		生・6月	総		松本美津枝	私たちの総合学習〈足尾鉱毒事件〉	理解・事象・行為	環境
688		生・12月	社	3	洲山喜久江	子どもの力を借りて学びをつくる	理解・事象	実態・特色
689	99	歴・589	生		藤田真	ちびっこだるま市をひらこう	理解・事象・行為	文化・行事
690		歴・589	社	6	松房正浩	地域で学ぶ戦後の民主化	理解・事象	変化・歴史
691		歴・590	生		馬場雅	「町の探検」から見える子どもの発達	理解・事象・行為	施設・機関・建物
692		歴・591	生		蔦保収	認識を大切にする生活科を	理解・事象・行為	生産・労働
693		歴・591	社	5	岡本茂	西淀川公害と住民のたたかい	理解・事象	社会問題
694		歴・593	社	3	茶田敏明	地域をどう教材にするか	理解・事象	実態・特色
695		歴・593	社	4	北舘恭子	くらしと水	理解・事象	公共・健康・安全
696		歴・594	社	3	谷岡典子	スーパーマーケットを調べる子どもたち	理解・事象	産業③
697		歴・594	生		草分京子	「春の地域探検」で2年生の生活科がスタート	理解・事象・行為	施設・機関・建物
698		歴・594	社	5	斎藤聡	米づくりがさかんな庄内平野	理解・事象	産業①
699		歴・595	社	4	小島さつき	ゴミ捨て場じゃないんだ、水路っ	理解・事象	公共・健康・安全
700		歴・595	社	中	大坪圭吾	太田区の副読本づくりと授業	理解・事象	歴史的社会問題
701		歴・595	社	中	里井洋一	竹富島社会科副読本づくりの意味—地域の課題「結びあう島じま」	理解・事象	実態・特色
702		歴・595	社	3	千葉誠治	地名をアイヌ民族を知る糸口に	理解・事象	変化・歴史
703		歴・596	社	3	小幡雅子	地域の人とつながる3年生	理解・事象	実態・特色
704		歴・597	総	4	飯田彰	大井川のはたらきと人々のくらし	理解・事象・行為	環境
705		歴・598	社		岩脇彰	ため池を調べる	理解・事象	歴史的社会問題
706		歴・598	生		草分京子	稲の実り	理解・事象・行為	生産・労働
707		歴・599	社	4	藤原恵正	村の戦後開拓ぶ子どもたち	理解・事象	歴史的社会問題
708		歴・599	生		中野照雄	地域と結ぶ保護者参加の授業	理解・事象・行為	生産・労働
709		歴・601	社	4	森豊	子どもたちと取り組んだ境川のはんらんの授業	理解・事象	現代的社会問題
710		歴・602	生		中畑和彦	バスに乗って	理解・事象・行為	施設・機関・建物
711		歴・602	社	6	平山正之	戦争に反対した人々	理解・行為	歴史体験

712	歴・602	社	3	満川尚美	ひばりがないていた谷原の昔	理解・事象	変化・歴史
713	歴・603	社	6	斎藤俊子	戦前・戦中・戦後を通してみた青い目の人形	理解・行為	歴史体験
714	教・638	社	4	小松清生	よみがえれ大和川!	理解・行為	歴史的社会問題
715	生・1月	社	5	金森俊朗	「自分らしく働き、生きる人」との出会い	理解・事象	生産労働
716	生・2月	生	3	中河原良子	綿の学習	理解・事象・行為	生産・労働
717	生・6月	生		榎本和義	「まちたんけん」にどう取り組むだか	理解・事象・行為	施設・機関・建物
718	生・6月	生		小林桂子	米・コメたんけん	理解・事象・行為	生産・労働
719	生・8月	社	6	岸康裕	主体的な学びを組織したい	理解・事象	歴史的社会問題
720	生・10月	社	4	濱田嵯智子	ゴミから環境へ	理解・事象	公共・健康・安全
721	生・10月	社	6	比嘉智子	自分の問いを追求する楽しさ─琉球の大交易時代を通して	理解・事象	変化・歴史

第2節　転換期の「地域に根ざす社会科」実践事例の分析

転換期の典型的な実践としては、次のものがある。

1　地域の人々と平和を考えた授業実践─「『谷中平和の碑』は私たちの新しい第一歩」(小6)[7]
2　開発問題をとおして住民自治を考えた授業実践─「ポンポン山がたいへん」(小4)[8]
3　創造的な生産労働行為を取り上げた授業実践─「日本のコメづくり」(小5)[9]

この3つの実践を典型としたのは、次のような転換期の実践動向を反映しているからである。第一に、平和・環境・食といった現代社会の課題とその解決に関わる人々の行為を、地域社会の課題や人々の生活と関連付けて取り上げていることである。第二に、子ども自身の知的な問いを生かして内容構成を工夫したり、他教科他領域の指導との関連を図ったりしていることである。

1　地域の人々と平和を考えた授業実践─「『谷中平和の碑』は私たちの新しい第一歩」(小6)

本実践は、図1にあるように8カ月にわたって展開されたものである。実践した草分京子は、「それまでの地域学習で、地域の人たちから学び調べることの楽しさ、ただ知識を受け取るだけでなく、人々の思いや生きざまにふれ

第Ⅴ章

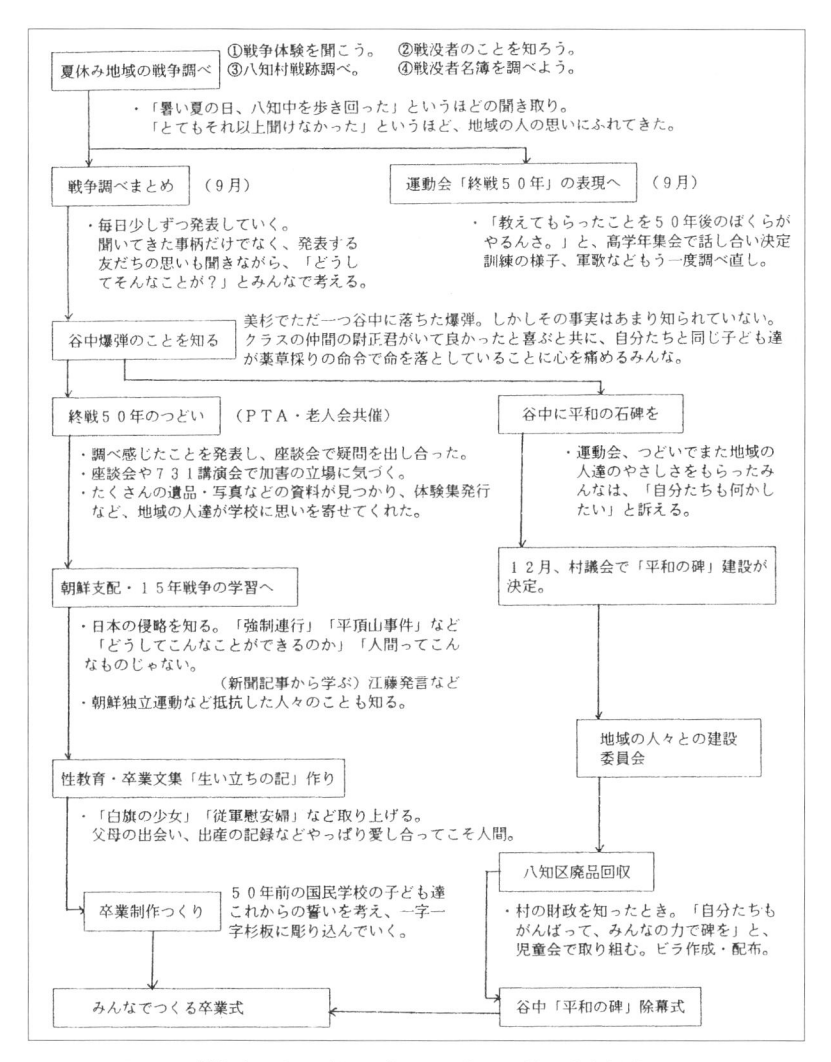

```
┌──────────────┐  ①戦争体験を聞こう。  ②戦没者のことを知ろう。
│夏休み地域の戦争調べ│  ③八知村戦跡調べ。   ④戦没者名簿を調べよう。
└──────┬───────┘
       │ ・「暑い夏の日、八知中を歩き回った」というほどの聞き取り。
       │  「とてもそれ以上聞けなかった」というほど、地域の人の思いにふれてきた。
       ▼
┌──────────┐                      ┌──────────────────┐
│戦争調べまとめ (9月)│                      │運動会「終戦50年」の表現へ (9月)│
└─────┬────┘                      └─────────┬────────┘
      │・毎日少しずつ発表していく。              │・「教えてもらったことを50年後のぼくらが
      │ 聞いてきた事柄だけでなく、発表する        │ やるんさ。」と、高学年集会で話し合い決定
      │ 友だちの思いも聞きながら、「どうし        │ 訓練の様子、軍歌などもう一度調べ直し。
      │ てそんなことが？」とみんなで考える。
      ▼
┌──────────┐ 美杉でただ一つ谷中に落ちた爆弾。しかしその事実はあまり知られていない。
│谷中爆弾のことを知る│ クラスの仲間の尉正君がいて良かったと喜ぶと共に、自分たちと同じ子ども達
└─────┬────┘ が薬草採りの命令で命を落としていることに心を痛めるみんな。
      ▼
┌─────────────┐            ┌──────────────┐
│終戦50年のつどい (PTA・老人会共催)│            │谷中に平和の石碑を    │
└──────┬──────┘            └──────┬───────┘
       │・調べ感じたことを発表し、座談会で疑問を出し合った。│・運動会、つどいでまた地域の
       │・座談会や731講演会で加害の立場に気づく。      │ 人達のやさしさをもらったみ
       │・たくさんの遺品・写真などの資料が見つかり、体験集発行│ んなは、「自分たちも何かし
       │ など、地域の人達が学校に思いを寄せてくれた。     │ たい」と訴える。
       ▼                                      ▼
┌──────────────┐                  ┌──────────────┐
│朝鮮支配・15年戦争の学習へ │                  │12月、村議会で「平和の碑」│
└──────┬───────┘                  │建設が決定。         │
       │・日本の侵略を知る。「強制連行」「平頂山事件」など └──────┬───────┘
       │ 「どうしてこんなことができるのか」「人間ってこん        │
       │ なものじゃない。 (新聞記事から学ぶ) 江藤発言など        │
       │・朝鮮独立運動など抵抗した人々のことも知る。           │
       ▼                                      ▼
┌──────────────────┐              ┌──────────────┐
│性教育・卒業文集「生い立ちの記」作り│              │地域の人々との建設    │
└──────────┬───────┘              │委員会          │
           │・「白旗の少女」「従軍慰安婦」など取り上げる。   └──────┬───────┘
           │ 父母の出会い、出産の記録などやっぱり愛し合ってこそ人間。       │
           ▼                                      ▼
┌──────────┐ 50年前の国民学校の子ども達        ┌──────────────┐
│卒業制作つくり   │ これからの誓いを考え、一字一       │八知区廃品回収      │
└─────┬────┘ 字杉板に彫り込んでいく。          └──────┬───────┘
      │                                      │・村の財政を知ったとき。「自分たちも
      │                                      │ がんばって、みんなの力で碑を」と、
      │                                      │ 児童会で取り組む。ビラ作成・配布。
      ▼                                      ▼
┌──────────┐                      ┌──────────────┐
│みんなでつくる卒業式 │◄─────────────────│谷中「平和の碑」除幕式 │
└──────────┘                      └──────────────┘
```

図1 「『谷中平和の碑』は私たちの新しい第一歩」授業展開図

考えさせられる学習の楽しさを知っていた」子どもたちに、「この年はあのいやな戦争のことを伝えていかなくては」という地域の人々の思いが寄せられて展開できたと指摘している(10)。また、草分は、「子ども達にとっても、自分の足で歩き調べ、語ってくれる方の語気や思い・生きざまにまでふれられる

『生きた学び方』が何よりも必要である」と指摘し、次のように実践を展開している。

「夏休み地域の戦争調べ」では、次のことが課題として指示されている。

① 戦争体験を聞こう
　男の人・女の人・子どものころ戦争のあった人など、なるべくたくさんの立場の人から話を聞いてくる。

② 戦没者のことを知ろう
　戦争体験をみんなに語ることもなく、亡くなった人たちがいる。八知でどこのどんな人がどこで戦死しているのだろう？　その人が戦争に行くときのこと・戦死したときの様子・残った家族のことなど、聞いて来よう。たくさんの人が戦争のために犠牲になっていることを知ろう。

③ 50年前の八知村の様子を知ろう
　戦争の関する事で、どこにどんなものがあったか、それがどんなものだったか、はっきりした戦跡でなくてもよい。供出するための草や木をとっていた所・戦争に行く人たちを見送った所など、その場所に関する説明をつけて地図を作ろう。

④ 戦没者の場所と年代を調べよう
　八知村の戦没者は180名。戦没者名簿に、亡くなった場所・生年月日と死亡年月日が書いてあるので、世界地図に亡くなった場所と、その時何歳だったか書いてみる。八知から遠く、どこでどんな歳で亡くなっているか調べてみよう。一人10人ずつ分担。

この課題に対する子どもたちの取り組みの様子を、草分は次のように報告している。

　みんなは「『八知を歩き回った』と言う。「『おじいさんやおばあさんが必死に話してくれた』『泣きそうな顔をして話してくれたことが忘れられない』『太陽ギラギラ、暑くてしんどかった。でも、次の人の所へも行ってみたくなる。おかげで走り回っていた。』と言う子達。実際に爆弾が落ちた所や、亡くなった人のお墓を見て回ったりした子。訪ねた家で『代用食』を作って食べさせてもらったり、遺品の軍刀や軍服を出してもらったり、アルバムを見ながら説明してもらったと言う。どの子も一回行くと、2.3時間。『半日仕事』だったようで、お昼をごちそうになっていた子が多い。

例えば、子どもたちは、聞き取ってきたことを次のように書いている。

聞き取りをしたかずさんは、一度銃で撃たれそうになったそうです。疎開してきた子がおなかをすかせていたので、あんずを食べさせたいと、かさ神さんの下にあるあんずを、秘密で採りにいったそうです。その時まだ空襲警報は解除されていませんでした。すると田へダダダッと弾がささりました。驚いたかずさんは、いそいで疎開してきた子を穴へ入れたそうです。すると自分のはいる場所がなくて、あんずの木に背を向けてへばりつきました。今度は、かずさんの目の前をダダダッと弾が通ったのです。その時、かずさんは本当に死んだと思ったそうです。帰ると、お父さんにめちゃくちゃ怒られたそうです。その時、かずさんは『ああ私は大和撫子になれないなあ』と思ったそうです。それは、撃たれそうになった時、『天皇陛下ばんざい』と言えなかったからだそうです。子どもだったらおなかもすくし、死ぬときに『天皇陛下バンザイ』と言えなくて当たり前なのに、かずさんは、そのことで長い間自分を責めたそうです。

　「戦争調べまとめ」では、夏休みの聞き取り調査を、2学期になって「あまりまとまった時間は取れなかった」が、「毎日少しづつ発表したりグループごとに地図に表したり」している。発表は、「地域の人から聞き取ってきたことだけではなく、その話を聞いてきた友だちの思いにもふれながら、またみんなで話し合う。『苦しかったやろうな』『そんなんおかしい』と、思いを共感しながら、『戦争って何だったんだろう？』と考え」合う場になったと草分は報告している。子どもたちが聞き取ってきたことは、図2のように地図化されている。

　こうした夏休みの聞き取り調査の発表が続いている中、「例年行っている高学年種目の組み体操をどんなものにしていくか、という話し合い」が行われ、「終戦50年」の表現に取り組むことが決まるのである。

　「運動会『終戦50年』の表現へ」では、下記のような構成で、「訓練からいよいよ戦争へ、そして平和になる様子」を表現しようとしている。

① 日頃の訓練の様子
② 出征兵士の見送りの様子
③ 空襲の様子
④ 焼け野から立ち上がる様子
　　草花の芽生え、建物が立ち並ぶ等

■50年前の八知村の様子を、みんなでまとめ地図化したもの・その一部■

50年前の八知村の様子④　（新堂・箱根付近）

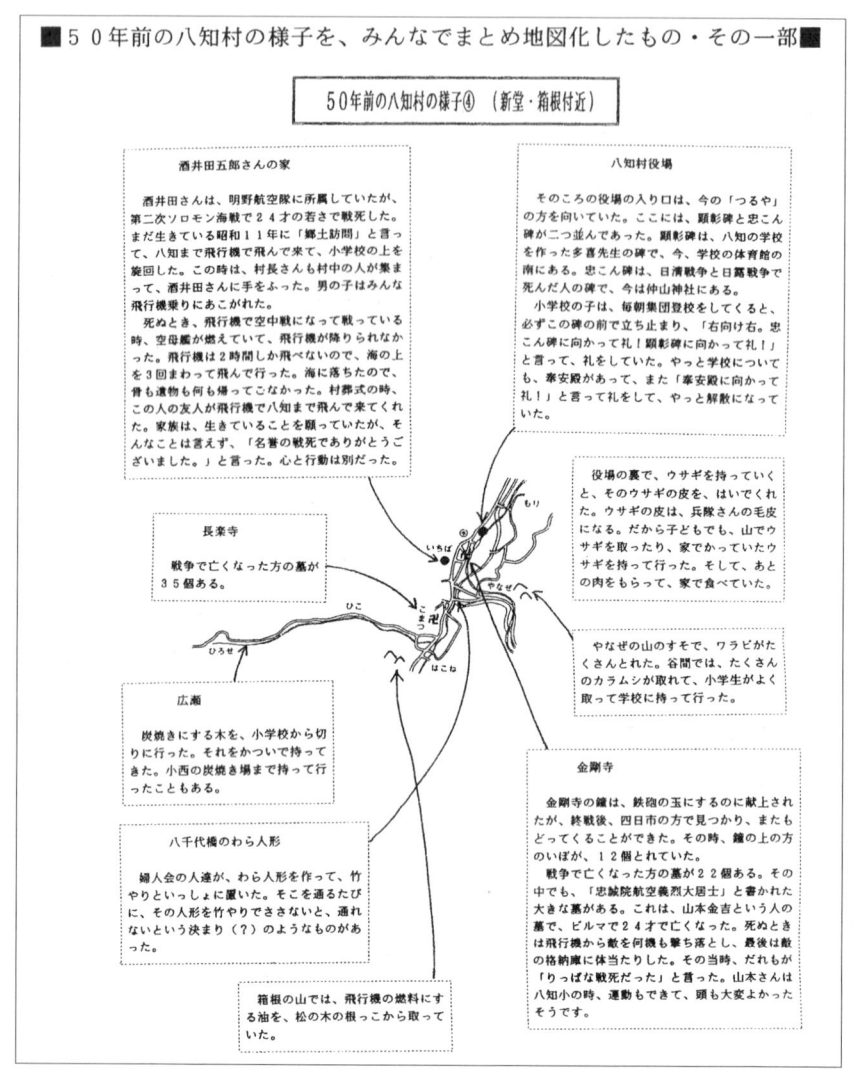

酒井田五郎さんの家
酒井田さんは、明野航空隊に所属していたが、第二次ソロモン海戦で24才の若さで戦死した。まだ生きている昭和11年に「郷土訪問」と言って、八知まで飛行機で飛んで来て、小学校の上を旋回した。この時は、村長さんも村中の人が集まって、酒井さんに手をふった。男の子はみんな飛行機乗りにあこがれた。
死ぬとき、飛行機で空中戦になって戦っている時、空母艦が燃えていて、飛行機が降りられなかった。飛行機は2時間しか飛べないので、海の上を3回まわって飛んで行った。海に落ちたので、骨も遺物も何も帰ってこなかった。村葬式の時、この人の友人が飛行機で八知まで飛んで来てくれた。家族は、生きていることを願っていたが、そんなことは言えず、「名誉の戦死でありがとうございました。」と言った。心と行動は別だった。

八知村役場
そのころの役場の入り口は、今の「つるや」の方を向いていた。ここには、顕彰碑と忠こん碑が二つ並んであった。顕彰碑は、八知の学校を作った多喜先生の碑で、今、学校の体育館の南にある。忠こん碑は、日清戦争と日露戦争で死んだ人の碑で、今は仲山神社にある。
小学校の子は、毎朝集団登校をしてくると、必ずこの碑の前で立ち止まり、「右向け右。忠こん碑に向かって礼！顕彰碑に向かって礼！」と言って、礼をしていた。やっと学校についても、奉安殿があって、また「奉安殿に向かって礼！」と言って礼をして、やっと解散になっていた。

長楽寺
戦争で亡くなった方の墓が35個ある。

役場の裏で、ウサギを持っていくと、そのウサギの皮を、はいでくれた。ウサギの皮は、兵隊さんの毛皮になる。だから子どもでも、山でウサギを取ったり、家でかっていたウサギを持って行った。そして、あとの肉をもらって、家で食べていた。

やなぜの山のすそで、ワラビがたくさんとれた。谷間では、たくさんのカラムシが取れて、小学生がよく取って学校に持って行った。

広瀬
炭焼きにする木を、小学校から切りに行った。それをかついで持ってきた。小西の炭焼き場まで持って行ったこともある。

金剛寺
金剛寺の鐘は、鉄砲の玉にするのに献上されたが、終戦後、四日市の方で見つかり、またもどってくることができた。その時、鐘の上の方のいぼが、12個とれていた。
戦争で亡くなった方の墓が22個ある。その中でも、「忠誠院空義烈大居士」と書かれた大きな墓がある。これは、山本金吉という人の墓で、ビルマで24才で亡くなった。死ぬときは飛行機から敵を何機も撃ち落とし、最後は敵の格納庫に体当たりした。その当時、だれもが「りっぱな戦死だった」と言った。山本さんは八知小の時、運動もできて、頭も大変よかったそうです。

八千代橋のわら人形
婦人会の人達が、わら人形を作って、竹やりといっしょに置いた。そこを通るたびに、その人形を竹やりでさされたり、通れないという決まり（？）のようなものがあった。

箱根の山では、飛行機の燃料にする油を、松の木の根っこから取っていた。

図2　50年前の八知村の様子

⑤　平和の子ども祭り

　この組み体操の練習では、「小学校の子達が、丸い大きな輪に手足でつかまって回っていたという車輪のようなものを表そうと、またここでも調べ直

し」たり、「空襲の時ののぼり旗はアルバムや写真から作り、軍歌も選んだ」りしている。

「終戦50年のつどい」は、「過去2年間は、子ども達が学んだ村の林業・水の問題・過疎の問題など地域の課題をもとに、学校と地域・行政ともいっしょに話し合う『ふるさと懇談会』が行われていた」のを、「この年は、親子三世代で共に戦争のことを考えようとした取り組み」である。

この取り組みの意義を、草分は次のようにまとめている。

① 各学年のこれまでの平和教育の取り組みをまとめ、発表し、話し合う機会とする。
② 当時の食事を食べたり、パネルなどの展示物でその頃の様子を見たりして戦争中の暮らしが少しでも実感できる機会とする。
③ 地域の戦争体験だけでなく、加害の立場からの体験を聞き、親子三代で戦争を学ぶ機会とする。

「つどい」の内容は、次のとおりである。

1. 全体会　9：30～10：30
　毎年、学校では平和教育に取り組んでいます。特に今年は、1学期・夏休みに、地域の戦争調べを行い、地域から「平和」を学んできました。子ども達が、調べ学んできたことを発表します。
　4年生…戦争中のくらしについて（服装・食べ物・仕事など）
　5年生…50年前の八知国民学校の様子
　6年生…50年前の八知村の様子
　1～3年　合唱「ぞうれっしゃよ、はしれ」
　　　　　長い戦争を生き延びた象たち、象を守り抜いた人達への喜びの歌
2. 分散会　10：40～12：00
　★低学年分散会（体育館）
　① 戦争中のくらしについて話し合います
　② 映画「おこりじぞう」
　★中学年分散会（視聴覚室）
　① 当時の子どもの遊び・勉強・学校について話し合います
　② 料理作り「代用食」
　★高学年分散会（図書室）
　① 戦争に関する座談会

　　　　子ども達から戦争に関する質問を出し、話し合います
　　3．昼食　12：00～13：00
　　　　麦ごはん・すいとん・かぼちゃの煮つけ
　　　　当時の味付けに近いものです。味わってください。
　　4．特別講演　1：00～2：30
　　　　陰地茂一さん

　高学年の分散会で、子どもたちは、次のような質問を地域の方にしている。

　・戦争中、かぼちゃばっかり食べていたと聞いたけど、うちのおじいちゃんは、かぼちゃが大きらいなのにそんな人はどうしていたのか？
　・出征する人にだって家族もあったし、死にたくなかったと思うのに、どうして戦争にみんな出征していったのか？
　・私達は、家族が殺されたとか悲しいことばかり今までたくさん聞かせてもらったけど、自分たちだって人を殺したんじゃないのか？

　こうした子どもたちの質問に対して、地域の方は、「かぼちゃはごちそう。ヘビでも木の根っこでも何でも食べた。一番まずかったのはカラスかな」「戦争というのはそんなものだと思ってた」「そのころは喜んで天皇のために死のうと思っていた。どうしてかと聞かれても、それが戦争だったから」「初年兵の時、たった一人の中国兵を、木にしばりつけて、何人もの兵隊で突き殺させられた。命令だったから。ずっと眠れない夜が続いた」などと答えてくださっている。

　「谷中爆弾のことを知る」では、まず、この出来事を知るきっかけについて、草分は次のように報告している。

　　夏休みの聞き取りで、谷中に落ちた爆弾のことを聞いてきたのは数人。終戦後、集団で地区を離れた谷中は、今はもうだれも住んでおらず、美杉でただ一つ落ちたこの爆弾のことは『美杉村史』にものっていない。だからみんなの聞き取りはバラバラで、まとめようとしても、いつのことだったのか、亡くなった人が何人なのか、みんなの話は食い違う。『本当にこんな爆弾落ちたのか？』…私自身もこんな気持ちで、体験を話してくれる人を捜した。

　この結果、「運動会後の9月26日。当時谷中にいて、この爆弾に遭遇したOさんにお願いし、6年の教室に来ていただいた」のである。

谷中に1トン級の爆弾が落ちたのは昭和20年7月24日。終戦まであと一ヶ月もなかった。学校の命令で山に薬草を採りにいっていた小学生と中学生の子が4人即死。川で遊んでいた就学前の小さい子2人は、爆弾のかけらを吸い込んでか、病院で苦しみながら死んだという。若いお母さんも一人死亡。山奥の谷中なら安全だろうと津から疎開していた子は片腕をなくした。

　この話をきっかけに、「何とかこの出来事をもっとみんなに知らせたい、死んだ子どもたちのことを忘れないでもらいたい」という子どもたちの願いが、「谷中に石碑を建てよう。建ててください」という運動になっていった。この後、子どもたちのこの願いは村を動かし、3月の石碑除幕式へと続いていくのである。また、子どもたちは、この中で、「谷中に石碑を作ろうとみんなで廃品を持ち寄って、少しでもお金を貯めよう」と廃品回収も行っている。

　一方、「戦争の学習」も「朝鮮支配・15年戦争」と進められている。朝鮮支配の学習は、次のように進められている。

　授業の流れ
　① 日清戦争にいたるまで
　　・明治政府が、朝鮮と不平等条約を結んでまで朝鮮を征伐しようと考えていたこと
　② 日清戦争の様子
　　・地図を見て考える。(日本と清との戦争であるのに戦場は朝鮮)
　　・独立国である朝鮮を貿易その他の面で有利に支配するための戦争であったこと
　　・下関条約後、日本はさらに『富国強兵』路線を進んだこと
　③ 日露戦争の様子
　　・日清、日露戦争とも戦争を開始した国ではない第三国の領土が戦場となる。「植民地をめぐる争い」としておきた戦争であることを理解する。
　④ 韓国併合
　　・朝鮮、台湾への日本人の移民の数から、日本の農民のための農地を確保するためでもあったことを知る。
　　・機械化した工場で大量生産された製品をもとに、貿易上の有利な条件を確保するための植民地政策であったことを知る。
　⑤ 朝鮮独立運動
　　・日本の支配に対して戦った人々のこと

「15年戦争」は、次のように授業が行われている。

　授業の流れ
　① 戦争の起こり
　　満洲に対する新たな侵略を繰り広げたことが15年戦争の始まりであった事。
　② 沖縄・長崎・広島のこと
　　これは班学習にして、グループ発表。
　③ 戦争の拡大「どこまで続くぬかるみぞ」
　　「終戦50年のつどい」に合わせて作っておいた戦死者の資料により、日本軍がどれだけ侵攻していったか、年代別にどれだけのことがあったか考えた。
　④ 平頂山事件のこと
　⑤ 性教育の一貫として（命こそ宝・従軍慰安婦）

　この「戦争の拡大」では、「八知の戦死者・亡くなった場所」の地図と「八知の戦死者・年代別」のグラフが使われている。また、「平頂山事件のこと」では、撫順の小学校と手紙の交流をしている。

　草分がこうした授業を展開したのは、子どもたちは、「『15年戦争』で、侵略戦争だった、こんなひどい戦争だったとおさえても理解できない」から、「こんなふうに朝鮮への支配を固めていった、こんなふうに『侵略』への足がかりとしていったという事実がわかるようにしなければいけない」という考えがあったからである。そして、社会科の学習だけでは『知識の押しつけ』になってしまいそうな気がして、『君死にたまふことなかれ』『こきょうとひきはなされて』などの詩や物語でもその時代背景をつかんでいくようにした」のである。

　本実践を振り返って、草分は、今の子どもたちとは、「かけ離れた『戦争』というものを考える場合、週3時間の教科時間としての社会科だけでは充分なものになりえない」と述べ、「自分の足で調べること、表現すること、代用食を食べること、座談会で話し合うこと、村長室へも行って訴えること、これからのことを卒業式で表すこと」などの必要性を指摘している。なぜなら、子どもたちが「行動すればするほど、『もっと知りたい』『どうしてこんな戦

争が起こったのか、戦争って何なのか、体の奥底から知りたい』という要求が出て」きたからである。そして、本実践は、「みんなが学び行動することで、地域が学校に思いを寄せ」、「子ども達を新しい語り部にすることに、学校と地域が手を取り合えた」とその意義を指摘している。

草分の実践は、「平和と民主主義を担う主権者の育成」を図るために、授業内容としては、地域の人々の戦争体験と思い、日清戦争から15年戦争における地域やアジアの出来事、生命の尊重や平和への願いというように、歴史的事実の理解から普遍的価値の理解へと、子どもたちの歴史的社会的視野を拡張するものとなっている。そして、そのために、地域の人々への聞き取り調査、当時の村の様子、戦没場所や戦没年齢の図表化、運動会での表現活動や当時の食事の試食による追体験、自分史の作成、「平和の碑」建設の請願と建設に向けた取り組みという授業展開となっている。

本実践の歴史的意義は、第一に、戦争における地域やアジアの出来事の理解にとどまらず、平和という普遍的価値の実現と関連付けて内容の再構成が図られ、多様な取り組みが展開されたところにある。第二に、子どもたちが表現、意見表明、行動と多様な形で地域社会に働きかけ、地域の人々の合意形成を促し、平和への願いを石碑の建設として結実させたところにある。

2 開発問題を通して住民自治を考えさせた授業実践──「ポンポン山がたいへん」（小4）

実践した河崎は、主権者を育てるという社会科の目標にとって、住民自治の精神は大切な柱であるとして、ポンポン山の開発問題を取り上げている[11]。そして、子どもたちがポンポン山について、自分自身の願いは何かを考え、自分の願いをポンポン山の今後に実現させていく中で、主権者を実践する場にもなるのではないかとも述べている。

河崎がこのように考えたのは、現在日本の各地で進められている開発は、「地域の活性化という名のもとにすすめられながら、それはいつも自然や地域の人々のくらしとの矛盾を含んでいる」からである。したがって、河崎は「開発が自分たちにとってどうなのかを考え、選択していく」力をつけることを「開発単元のねらい」と考えたのである。そのうえで、「地域の開発の視点」

として次のことを指摘している。

① それが地域の人々の願いに沿ったものであるか
② 地域のみんなの幸せにつながるものであるか
③ 地球環境にとってどうなのか

こうした考えのもとで、次のような目標が設定されている。

① 地域の自然に出会い、興味、関心を持つ。
② ポンポン山は、地域の人々の願いと運動によってゴルフ場から守られたことを知る。
③ 地域の開発は、地域の人々の願いによってすすめられることが大切であることがわかる。
④ 自然や地域についての自分自身の願いに気づき、要求を出していくことの大切さに気づく。

また、河崎は、授業を構想するにあたって、「ポンポン山をいかに子どもたちに引きよせるか」、「資料をどう提示するか」を検討している。というのは、「ポンポン山ゴルフ場問題のように自然や環境について考えるときには、授業以前の問題として、土台となる自然認識（というか、自然を愛する心）がなければ、授業はおよそ意味をなさない」からである。そこで、「子どもたちの心にどのように自然を位置づけるか、どのようにして自然へ関心をもたせるか、そして遠いポンポン山をいかに子どもたちに引きよせるかが第一の課題であった」と指摘している。第二の課題として、「住民運動の経過というものは、文字化すれば味もそっけもないもので、しかもむずかしい」ので、「その資料をどのように子どもたちに提示して興味関心をそそり、わからせるか」を検討している。その解決策として、「資料を劇化」することを取り入れている。河崎は、劇化の利点を、「劇にすると、人と人の関係が見やすくなり、自分も参加するので興味がもてる」こと、「友だちの演じる劇に子どもたちの目は集中する」ことを挙げている。

このような考えに立った指導計画（21時間）は、次のとおりである。

1次　導入（9時間）
・ポンポン山ゴルフ場予定地の野草の花を絵にかく。（図工科として）

2次　ポンポン山と高槻（4時間）
　　1時　（導入）ポンポン山は高槻市民にとってどんな山か
　　　　（秋の遠足・ポンポン山の肩のあたりにある本山寺へ）
　　2時　ポンポン山はどんな山？
　　3時　ポンポン山と水
　　4時　ポンポン山の自然
3次　ポンポン山がたいへん（5時間）
　　1時　ポンポン山がゴルフ場になる？
　　2時　みんなで劇をしよう
　　3時　「ポンポン山がたいへん」①
　　4時　「ポンポン山がたいへん」②
　　5時　どんなポンポン山を残したいか
4次　まとめ（3時間）
　　1時　ふえていくゴルフ場
　　2時　構成劇をつくる
　　3時　構成劇を父母に観てもらう

　導入（9時間）では、図工として、「ポンポン山に出かけて、花をひとかかえ採って」きて、「一つずつ楽しい話をしながらていねいに見せ」絵に描かせている。

　「ポンポン山と高槻」（4時間）では、第1時「ポンポン山は高槻市民にとってどんな山か」で、ポンポン山で拾ってきた栗を見せながら、ポンポン山について思うことを話し合わせている。そして、高槻市民とポンポン山の関わりを調べるために、「ポンポン山に登ったことのある人（大人）を5人見つけよう」という課題を出している。調査の結果は、朝の時間に報告させている。秋の遠足では、ポンポン山にある本山寺に出かけている。第2時「ポンポン山はどんな山？」では、遠足での経験をもとに「ポンポン山は〇〇〇の山」遊びをしている。第3時「ポンポン山と水」では、ポンポン山から流れる水が、淀川に流れこむまでにどんな働きをしているかを考えさせている。第4時「ポンポン山の自然」では、「ポンポン山に50回以上登った」方から、「ポンポン山の自然の楽しさ」について話を聞いている。

　「ポンポン山がたいへん」（5時間）では、「運動の流れを劇化して子どもた

ちにやらせ、節々で考えさせ討論させて」いる。劇「ポンポン山がたいへん」の構成は、次のようになっている。

　　1場　ポンポン山がゴルフ場になる？
　　2場　ポンポン山ゴルフ場に反対する会ができる
　　3場　ポンポン山をまもるためにどうしたらいいか
　　4場　ポンポン山ゴルフ場に反対する会がんばる
　　5場　京都ポンポン山ゴルフ場に反対する会ができる
　　6場　ポンポン山は助かった！

　劇の具体的な内容（3場）は、資料1のとおりである。
　第5時には、「いろんな意見を出してもらって聞かせてほしい」という反対する会の代表の方の願いを受けて、「ポンポン山ゴルフ場予定地をどのように残したいかについて自分自身の意見を発表し、他の人たちの意見にも耳を傾けながら考えを深める授業」が行われている。
　「まとめ」（3時間）では、「みんなで構成劇をつくって」保護者に発表している。
　河崎は、この実践を振り返って、環境や開発の問題を扱う時に注意しなければならないことは、子どもの実態であろうと述べている。なぜなら、「子どもの認識のなかに自然というものがなければ、それは理解することができない」からである。したがって、「社会認識の土台となるところに自然認識があり、いまとくにそのことに留意する必要がある」と指摘している。
　河崎の実践は、「平和と民主主義を担う主権者の育成」を図るために、授業内容としては、ポンポン山の自然、並びに開発に対する人々の主張や行為の意味理解を意図したものとなっている。そして、そのために、花のスケッチ、ポンポン山への遠足、住民運動の劇化と話し合い、構成劇の上演という授業展開となっている。本実践の歴史的意義は、第一に、地球的規模の現代社会の課題と地域の課題とを関連付けて内容の再構成が図られ、自然保護や持続的な成長といった人類に共通する普遍的な価値の実現と民主主義とを関連付けているところにある。第二に、目標とする社会認識の形成、授業内容にそって他教科他領域の指導との関連を図ったところにある。

資料1　劇「ポンポン山がたいへん」

<u>3の場面</u>　ポンポン山を守るためにはどうしたらいいか　（1990.6）

司会者　今からポンポン山ゴルフ場に反対する会の相談を始めます。ゴルフ場を作らせないために、どうしたらいいと思いますか。
立石　わたしは、高槻の人たちの反対の気持ちを、京都の市長に伝えるといいと思います。
D　どうして、高槻のことなのに、京都の市長に伝えたいのですか。
B　高槻の市長に伝えた方が、いいのではありませんか。
立石　予定地は、高槻の方が近いけど、本当は京都の土地だからです。
A・B・C・D　へえ？　それで？
立石　だから、いくら高槻の市長がゴルフ場に反対しても、京都の市長がいいと言ったら、ゴルフ場はできてしまうのです。
D　ふうん。京都のことは、京都市長が決めるんだね。
C　それなら京都の市長が許可しなかったら、ゴルフ場はできないだ。
A　だから京都市長に、わたしたちの気持ちを伝えないと、いけないのですね。
B　それなら、京都市長にたのむのは、だれがいいのかな。
C　高槻市長にたのんでもらったらいいと思います。
A　でも、高槻市長がゴルフ場に反対かどうかわからないよ。
司　それなら高槻市長はゴルフ場に反対かどうか、質問しましょう。
立石　では、ぼくが手紙を書いて、質問することにします。
司・A・B・C・D　お願いします。
　　　　（それから数日後）
立石　質問への返事がきましたよ。
B　どんな答えかな。
司　立石さん、読んで下さい。
立石　「ゴルフ場については、高槻市としても重大な関心を持っていますが、京都市に聞いても、まだどんな計画なのかわからないといっています。もし計画がはっきりしてきたら、適切な対応をしていきたいと思います。」
司・A・B・C・D　ふうん。
C　なんだかよくわからないわ
A　まだ、計画もわからないって？
B　これではどうなるかわからないね。
D　もしも急に計画が決まってしまったら、大変だね。
立石　ポンポン山ゴルフ場のことをもっとたくさんの人に知らせて、仲間をふやしていこう。
A・B・C・D　賛成！
A　でも、わたしたちの気持ちを、たくさんの人に知ってもらうためには、どうしたらいいのでしょう。
C　それに、京都のことだから、高槻だけで反対してもだめだと思うよ。
B　わたしもそう思う。やっぱり、京都の人たちにも仲間になってもらわないとね。
立石　そうですね。高槻でも仲間をふやし、京都でも仲間をふやさないと、いけないね。
A　うーん。むずかしいね。
D　仲間をふやすためには、どうしたらいいかなあ。
C　京都にまで、仲間をふやすためには、
A・B・C・D　どうしたらいいかなあ。
司　ポンポン山ゴルフ場に反対の気持ちを、たくさんの人に知ってもらい、京都にまで仲間をふやすためには、どうしたらいいと思いますか。

「ポンポン山は花ざかり」（田原）

資料1　劇台本「ポンポン山がたいへん」（3場）

3 創造的な生産労働行為を取り上げた授業実践―「日本のコメづくり」（小5）

実践した外山不可止は、「こだわりの米づくりをされる松原さんからコメづくりを学ばせたい」と考え、5年生の農業学習で米づくりを取り上げている[12]。外山が「こだわりの米づくり」に注目したのは、「米は日本の農業問題を集中的に抱え込んでいる」ため、「先行きが暗く、展望が見えにくい」から、「『いま、なぜこだわりの米づくりか』を学ぶことにより、米づくりが抱える問題点とそれを乗り越えていくこれからの方向性が子どもたちに見える」と考えたからである。また、「こだわりの米づくり農家と関わることにより、米を生産する人の努力や願いに触れさせたい」、「消費者としてどんな米を食べるのか、食べたい米を選択する力を育てたい」と考えたからでもある。

そこで、外山は、「わかるということは、子どもたちが自分の生活現実から出発して、問いや疑問を持ち、事実や情報を集め、追求し‥『ああ、そうか』とわかったり、これまでと違った面が見えてきたりすること」だという子どものわかり方に対する理解のもとに、次のように授業を構想している。

① 自分たちの生活を話させ、個々の具体的な現実を多様に出させること
② 子どもが自分でぶつかった事実や捜し出した資料で、多様に情報が集められるように調べる学習を組織すること
③ 個々が調べて持ち寄った情報を互いに知らせ合い、学習を発展させていくこと
④ 自分が学んだことをどう表現すればよく伝えられるか、伝え方の工夫を考えさせること

このような考え方に立った本実践は、1年間にわたって展開されている。

1. お米のことでお母さんと話してみよう
2. 心をひきつけた松原さんの授業
3. 安全でおいしいお米づくりについて
4. テーマを決めて絵本を作ろう
5. ビデオ学習『冷害・東北稲作地帯からの報告』（9月）
6. コメ新聞を発行して、勉強したことを全校に知らせたい（10月）
7. 新聞記事を使っての授業―本当におコメが足りないのか（10月）

8．「ビデオで学習」（11月）
   9．水田稲作のすばらしさを国語で学ぶ（11月）
  10．輸入米はやはり危険だ（12月）
  11．おコメの食べ比べ会（1月）
  12．コメについての新聞記事を集めよう（2月）

「お米のことでお母さんと話してみよう」では、「家で食べているお米のこと、お母さんがお米について思っていること」を子どもたちが聞き取り、発表している。発表では、次のことが出された。

   1．減反のこと―米が高い、もっと自由に作らせるとよい。
   2．減農薬の米を食べていていいが、手間だし、機械代は高いし、修理代も高いし、やめたくなっている。
   3．秋田小町の米を食べている。わけは、父さんがこれでないとダメだから。自動販売機は24時間いつでも買えていい。
   4．いろんな品種がある。コシヒカリ・秋田小町・ヤマホウシとか。
   5．コメの自由化が今問題になっている。

こうした発表をきっかけに、子どもたちの生活経験が交流され、興味や関心が広げられている。例えば、「自動販売機は24時間いつでも買えていい」という発表に対して、「ぼくなら絶対買わない。いつ米を入れたかわからないし、ゴキブリなんかいるかもしれない。古い米が入っているかもしれん」と反論が出される。また、「秋田小町が一番おいしいとお父さんは思っている」という発表に対して、「おばあちゃんちでもらう米はおいしい」「新米はおいしいんよ」と経験が発表される。そして、「おいしいおコメ」の話題をきっかけに「田おこししないでコメをうえると、おいしくてたくさんコメができるってTVでやっていたよ」という情報が紹介され、栽培方法に対する関心も高まっている。外山は、「コメについての子どもたちの生活経験を交流する」ことを通して、「おいしいコメ、農薬、化学肥料、自動販売機、不耕起栽培などに子どもたちは関心を高めていた」と報告している。

「心をひきつけた松原さんの授業」では、子どもたちが4年生の時に、「ため池学習で話をしていただいた松原さん」に話を聞いている。松原さんの話は2時間に及び、前半は「松原さんが安全性を中心に話され」、「後半の1時

間は子どもたちから質問が次々と出、松原さんがそれに答える形で進んだので、あっという間に2時間が過ぎた」と外山は報告している。後半、子どもたちから出された質問は、次のとおりである。

① 松原さんはどうやっておコメを作っているんですか。
② 松原さんは非耕機農法（ママ、「不耕起農法」のこと―筆者註）を知っていますか。
③ 不耕起農法をはじめた人の名を、なぜ知っているのですか。
④ 不耕起農法をしている中村和夫さんという方を知っていますか。
⑤ 長野県がコメづくりに一番…なんて言ったんですか。
⑥ もし（「秋田小町を」―筆者註）山口小町に名前を変えたら、山口で作ったらおいしいんですか。
⑦ 山口県で適しているコメというのは、何という品種ですか。
⑧ 農家の人のコメで農薬を使っていても、スーパーのコメよりおいしいのはなぜですか。
⑨ 松原さんは、おコメづくりを何年ぐらいやっていますか。愛情をこめてやっていますか。
⑩ 松原さんのおコメは、どんな名前で売っていますか。
⑪ おばあちゃんちのおコメの方がスーパーよりおいしいといったけど、なぜですか。

この「松原さんの授業」について、外山は、「子どもたちは、松原さんのコメづくりプロとしての豊富な知識に驚き、『コメは、混ぜられる』『コシヒカリは危ない』など、これまで思ってもみなかったコメの秘密に触れ、知的関心を高めていった。そして、松原さんが強調したコメの安全性がこれ以後の子どもたちのコメ学習の視点となった」と報告している。

「安全でおいしいおコメづくりについて」では、「それまでの発表で興味を持ったことなどを調べるため」に作っていたグループで、「松原さんが話したことを事実や資料で確かめる探究活動」に取り組んでいる。子どもたちのグループは、次のとおりである。

① 不耕起農法の中村和夫さんのコメづくり
② 長野佐久平の無農薬米づくり
③ 自動販売機のこと

④　コメの自由化問題
　⑤　T君、K君の家のコメづくり
　⑥　給食で食べるコメについて
　⑦　山村さんのコメづくり

　例えば、「不耕起農法の中村和夫さんのコメづくり」では、手紙による質問と回答のやり取り、中村さんの送ってくれたVTRによる不耕起農法の視聴によって、探究活動が展開されている。一回目の子どもたちの質問は、次のとおりである。

　①コメの品種は　②不耕起栽培とは　③ため池はありますか　④川はありますか　⑤どこから水を取りますか　⑥牛は何頭いますか　⑦農薬を使っていますか　⑧化学肥料は使っていますか　⑨コンバインを使っていますか　⑩田植えはいつしますか　⑪害虫はいますか

　これらの質問に対して、中村さんが回答と不耕起栽培のVTRを送ってくださっている。子どもたちは質問に対する回答を聞き、VTRを視聴している。そして、このVTRの視聴から再びお願いと質問を中村さんに送るというように、やり取りが続けられていくのである。

　また、外山は、こうした子どもたちの発表を聞き、「稲作問題の悩みなど農業問題について少しまとめて学習する必要を感じ」、「今、農家が困っていることはどんなことだと思いますか」と子どもたちに尋ねている。子どもたちは、次のようなことを発表している。

　①コメづくりの費用がとても高い。機械の値段が高い　②除草作業　③生産調整　④後つぎがいない　⑤コメの自由化　⑥兼業農家は好きな品種が作りにくい（苗づくりを頼むので決められがち）

　外山は、子どもたちのこれらの考えの中から、「コメ作りの費用が高い」「コメの自由化」を取り上げ、3時間の「一斉授業」をしている。

　「テーマを決めて絵本を作ろう」では、「コメの勉強をしてきて、心に残ったことを子どもたちに書かせ」、「自分が一番読み手に伝えたいテーマは何かを考えさせ」ている。

　子どもたちが考えた絵本のテーマは、次のとおりである。

- 安全ということを知っていますか
- 安全な米が食べたい
- 安全な米と危険な米、あなたはどちらをえらびますか
- 特別栽培米はなぜ良いか
- 長野県の特別栽培米（安全なお米）＆山口大学のアイガモ農法
- みんな米は安全なのを食べよう
- 安全な米はいまどこに
- 中村和夫さんの不耕起農法を私達が語る
- お米に関することを知っていますか
- いろいろなお米の作り方、不耕起農法・アイガモ農法
- 山口大学のアイガモ農法

　以下、9月以降の実践は、社会科の他の単元の指導と関連づけたり、他教科の指導との関連を図ったりしながら授業が展開されている。

　「ビデオ学習『冷害・東北稲作地帯からの報告』」では、東北地方の深刻な実態を知らせたNHKの番組が視聴されている。視聴後、子どもたちは、「同じ東北地方である福島の中村さんの稲（不耕起栽培米）、どうなっているだろうか」「松原さんの稲はどうだろうか」と話し合い、中村さん、松原さん、井原さんに手紙を書いている。

　「コメ新聞を発行して、勉強したことを全校に知らせたい」では、「全校向けのコメ新聞を発行して、私たちが勉強したことをみんなに知らせたらどうだろうか」という子どもの提案をきっかけに、『米新聞』が作られている。『米新聞』は、第1号（10月16日発行）から第4号（12月10日発行）まで発行されている。

　「新聞記事を使っての授業―本当におコメが足りないのか」では、「緊急輸入は必要なし」という見出しのついた朝日新聞（1993年10月11日付「ナウ★やまぐち　聞いてみました」）の記事を使って授業が行われている。また、この時、「92年のおもな輸入野菜と依存度」という新聞記事（『毎日新聞』1993年10月10日付）を子どもが持ってきたので、この記事も使われている。

　「ビデオで学習」では、「農家の置かれた困難な状況を知らせたかった」として、2つのビデオを子どもたちに視聴させている。一つ目は、「それでも大地に生きる―揺れる村からの往復書簡」（NHK。1993年10月29日放映）で

ある。二つ目は、「米凶作―いま産地で何が起きているか―」（NHK。1993年11月7日放映）である。

「水田稲作のすばらしさを国語で学ぶ」では、『いのちのふるさと　水田稲作』という本を使って、国語の授業が行われている。この本を使って、「日本の水田が単に米を生産するだけでなく、自然環境を守るうえで、さまざまな役割をはたしていることをつかませたい」と考えたのである。「子どもたちは砂漠化や酸性雨が降るしくみなど環境破壊の実態に驚き、関心を高め」、「水田稲作のすばらしさをとく後半部分は、とくに子どもの心をひきつけた」と外山は報告している。

「輸入米はやはり危険だ」では、「輸入米と国産　混ぜて販売」（『朝日新聞』1993年11月10日付）、「不安定、危険な輸入米」（『新婦人新聞』）の二つの記事を使って授業が行われている。

「おコメの食べくらべ会」では、松原さんの提案で、松原さんが栽培された「葵の風」(A)「ヤマホウシ」(B)と佐久平で栽培されている有機無農薬米「コシヒカリ」(C)、中村さんの不耕起米「コシヒカリ」(D)とを食べ比べている。松原さんは、「少しずつ食べ比べて、どれが一番いいのか、味の違いがはっきりわかるものなのかどうか食べくらべてください」と子どもたちに話し、「おコメの食べくらべ」を提案したのである。

「コメについての新聞記事を集めよう」では、「おコメのことがよく新聞に出ているので、おコメについての記事をどんどん集めてみよう。集めた記事を使って、こんど新聞記事について勉強しよう」と「情報の学習」に関連づけて授業が行われている。

この授業では、「細川首相は外米を食べている？」ということが話題になり、米の輸入問題について、細川首相（当時）に手紙を書いている。子どもたちが書いた手紙の一部は、次のとおりである。

> 私たち山口市立大内南小学校5年3組は、コメの勉強を通して、たくさんのことを学びました。2学期からコメの勉強の内容のほとんどが自由化でしたが、自由化が決まりそうになり、それからのコメの勉強の内容は、輸入米の安全性や味についてに変わりました。調べていくと、外国では安全性はあまり関係ないと思っているようです。外米ではたりない部分をまかなってく

れるのはいいのですが、安全性には不安があると私は思いましたが、細川総理大臣様はどう思われますか。私達が手紙を出した人（福島県の中村和夫さん・山口県の松原進さん・兵庫県の井原豊さん）からの返事は、『外米に負けず、がんばります』などが書いてあります。でも、外国さんの輸入米が入ってきて一番いたでをうけているのは、コメを作っている農家の人々だと思います。私の家は、ほんの少し前まで国産米を食べていましたが、もう国産米がないので、やっとの思いでブレンド米を買いました。失礼かもしれませんが、細川総理大臣様が食べておられるコメはどんなコメなのでしょうか。よかったら、お手紙くださいますよう、おねがいいたします。

本実践を振り返って、外山は、「当初、1年間もコメの学習をするとは思ってもいませんでした」と述べている。本実践は、「子どもたちの活動が農家の人などとの出会いと交流を生み、この年の大凶作とそれに続くコメをとりまく状況の急激な変化の中で、子どもたちの学習課題が次々と発展し、結果として1年間続いた」のである。

外山の実践は、「平和と民主主義を担う主権者の育成」を図るために、授業内容としては、地域に見られる「こだわりの米づくり」という創造的な生産労働行為とその意味、それに取り組む人々の心情の理解から、他地域でも取り組まれている創造的な生産労働行為とその行為に取り組む人々の心情の理解へ、そしてそこに共通する食の安全や自給率といった食をめぐる現代的課題とその解決方向へと子どもたちの社会的視野を拡張するものとなっている。授業展開としては、児童の興味や関心に基づく調査や発表、「こだわりの米づくり農家」との直接的、間接的な交流が行われている。

本実践の歴史的意義は、第一に、稲作における創造的な生産労働行為を取り上げ、食の安全や環境問題を始めとする地球的規模の課題とを関連づけて内容の再構成が図られていることにある。第二に、日本の農業、並びに農業政策のあるべき姿を生産者とともに考え、主権者（消費者）として関与させているところにある。

第3節　転換期の「地域に根ざす社会科」授業実践の特色と課題

　転換期の「地域に根ざす社会科」実践は、授業実践の展開形式には違いが見られるが、「平和と民主主義を担う主権者の育成」という観点から、次の特色を指摘できる。第一に、環境や食、平和といった現代社会の課題と地域の課題とを関連づけて取り上げていることが挙げられる。第二に、子どもたちの興味や関心、社会認識形成を視野に入れて、他教科他領域の指導との関連を図っていることが挙げられる。

　転換期の「地域に根ざす社会科」実践の歴史的意義は、第一に、現代社会の課題という、より広い社会的視野から地域社会の課題を捉え直し、その解決を図ろうとする人々の行為を通して主権者意識の形成を図ったところにある。第二に、子どもたちの知識の獲得、社会的な見方や考え方の形成をこうした人々との協同作業とし、地域社会への多様な関与を図ったところにある。

　同時期に「未来を見つめる社会科の授業」を実践発表した満川尚美は、「子どもが一人一人主権者として主体的にわかるリズムを保障することは、授業の中で子どもたちが体験する民主主義として非常に重要」であると指摘している[13]。河崎の指摘した、子どもの社会認識形成に基づく社会科と他教科他領域との関連は、満川の指摘する「主体的にわかるリズム」の保障と相まって、次の時期の課題となっていくのである。

註

(1) 倉持祐二「そびえ立つゴミの山―『環境問題』を授業する・小学校―」『教育』No. 542、pp. 58-63、1991年11月増。
　　なお、本実践は下記の文献にも発表されている。
　　・倉持祐二「山の中にゴミの山」『歴史地理教育』No. 481、pp. 24-31、1991年12月。
　　・西村美智子「水と人々のくらし（上・下）」『歴史地理教育』No. 504・506、pp. 52-53、pp. 50-51、1993年7月・8月。
(2) 加藤正伸「顔とくらしの見える産直」『歴史地理教育』No. 473、pp. 52-53、

1991年6月。
　　・高桑美智子「非核都市宣言から見えてくるもの」『歴史地理教育』No. 530、pp. 44-45、1995年3月。
(3)　飯田彰「『せんそうむかしはくぶつかん』を開いて」『歴史地理教育』No. 560、pp. 40-41、1997年3月。
　　・荒井保子「地域に学び　地域を識る—銅谷堤と用水路—」『歴史地理教育』No. 549、pp. 16-23、1996年6月。
(4)　山川弘美「3年1組とうふ工場—つくって売ろう—」『歴史地理教育』No. 556、pp. 40-41、1996年12月。
　　・草分京子「『谷中平和の碑』は私たちの新しい第一歩」『歴史地理教育』No. 557、pp. 3-45、1996年12月。
(5)　石川順子「とびだせ生活科—人のつながりを追って—」『歴史地理教育』No. 476、pp. 34-41、1991年9月。
　　・小林桂子「米・コメたんけんたい」『生活教育』pp. 44-57、1999年6月。
(6)　渡辺恵津子「どうする？　雑木林」『生活教育』pp. 34-41、1997年6月。
(7)　草分京子　前掲誌(4) No. 557。
　　なお、本実践は、1997年度の三重教育文化賞を個人研究部門で受賞し、次の文献にも収録されている。
　　・三重県教育文化研究所『25　教育みえ』伊勢出版、pp. 63-96、1997年。
　　また、草分氏からは、次の資料を提供していただいた。
　　①　上記冊子『25　教育みえ』
　　②　『谷中を忘れない』1997年2月。
　　③　子どもの学習記録『八知の戦争調べ』
　　④　草分京子「歴教協静岡大会　第16分科会『小6』『谷中平和の碑』は私たちの新しい第一歩」1996年8月。
(8)　河崎かよ子「ポンポン山がたいへん—ゴルフ場建設問題を取り上げて—」『歴史地理教育』No. 516、pp. 34-41、1994年3月。
　　なお、本実践は、次の文献にも収録されている。
　　・河崎かよ子「ポンポン山がたいへん（小学4年）—現代の開発・ゴルフ場建設問題をとりあげて—」『教育』No. 587、pp. 27-37、1995年5月。
　　また、河崎氏からは、次の資料を提供していただいたり、貸していただいたりした。
　　①　河崎かよ子「ポンポン山がたいへん」ガリ版刷り冊子。
　　②　学習発表会VTR
　　③　授業風景の写真
(9)　外山不可止『子どもと学ぶ日本のコメづくり　がんばれ！　安全こだわり農法』地歴社、1994年。
　　なお、本実践は、次の文献にも収録されている。

- 「子どもと学ぶ日本のコメづくり」外山英昭・田所恭介・満川尚美『【教え】から【学び】への授業づくり　社会科』大月書店、1997 年 1 月。
  また、外山氏からは、次の資料を貸していただいた。
  ① 　外山不可止「安全な米・危ない米―あなたはどちらを選びますか―」日本生活教育連盟夏期全国集会レポート、1993 年 8 月。
  ② 　外山不可止「安全な米危ない米あなたはどちらを選びますか（第 2 部）」1994 年 1 月。
  ③ 　『生活教育』No. 561、1995 年 8 月。
  ④ 　『生活教育』No. 565、1995 年 12 月。
  ⑤ 　松原氏、中村氏、井原氏らとの交流の手紙
  ⑥ 　実践を紹介する新聞記事など
⑽ 　草分京子　前掲誌⑺ No. 557。
⑾ 　河崎かよ子　前掲誌⑻ No. 516。
⑿ 　外山不可止　前掲書⑼
⒀ 　満川尚美「未来を見つめる社会科の授業」『歴史地理教育』No. 537、pp. 8-21、1995 年 9 月。

第Ⅵ章

地域の再生・創造に関与する創造期（2000年―2005年）の「地域に根ざす社会科」実践の展開と事例分析

第1節　創造期の「地域に根ざす社会科」実践の展開

　創造期となる2000年から2005年は、社会的にはアメリカ同時多発テロ、イラク戦争、国旗国歌法の成立、小泉首相の靖国神社参拝が外交問題に発展した時期である。教育をめぐっては、学校週5日制、総合的学習の創設などを柱とする現行学習指導要領が完全実施となった時期である。

　こうした中で、2000年から2005年までの6年間に発表された実践は、191事例ある。内訳は次のとおりである。第一に、発表された雑誌別に分類すると『歴史地理教育』誌に掲載された実践が138事例、『教育』誌に掲載された実践が2事例、『生活教育』誌に掲載された実践が51事例となっている。第二に、教科・領域別に分類すると社会科実践が84事例、生活科実践が24事例、総合的学習実践が83事例となっている。第三に、「平和と民主主義を担う主権者の育成」という観点から授業内容及授業展開を視点に検討すると、次のようになる。

(1)　社会科実践84事例の中で、地域に見られる社会事象や人々の行為の理解を意図した実践は76事例、理解に基づき態度形成を意図した実践が8事例となっている。

(2) 理解を意図した社会科実践76事例の中で、地域に見られる社会事象を扱った実践は51事例、人々の行為を扱った実践は25事例となっている。

(3) 地域に見られる社会事象を扱った実践51事例の中で、地域の「変化・歴史」を扱った実践が23事例と多くなっている。この中には、「どんぐり拾いのなぞを追う」「沖縄の良さを見つけ、沖縄から日本・世界を見つめる子どもに―勝連グスクと阿麻和利から日本の歴史にせまる」などのように、地域の歴史を掘り起こして授業開発がなされているものが見られる[1]。

(4) 人々の行為を扱った実践25事例の中で、「生産労働行為」を扱った実践が9事例、「歴史的社会問題解決行為」を扱った実践が10事例となっている。「生産労働行為」を扱った実践では、「人と出会い、学びの世界が広がる―天然酵母のパン屋さんとのふれあい」「和佐の農業」などのように、これまでの生産労働行為とは異なった改善的創造的な生産労働行為に注目した実践が見られる[2]。

(5) 態度形成を意図した社会科実践8事例の中で、「表現」によって地域社会への関与を図った実践が4事例、「参加」によって地域社会への関与を図った実践が2事例、「行動」によって地域社会への関与を図った実践が2事例となっている。

(6) 「参加」によって地域社会への関与を図った実践は、地域のお祭りや学習と関連したイベントに子どもたちが参加する展開となっていた[3]。「行動」によって地域社会への関与を図った実践は、生産労働行為並びに販売行為を追体験する展開となっている。

(7) 社会科実践事例の中には、「村田町丸かじり」「町を見つめる町の人とつながる社会科学習」といった子どもの問いや思考を生かして主体的な学びを意図した実践が見られる[4]。

(8) 生活科実践24事例は、地域に見られる事象並びに行為の理解を意図した実践が19事例、理解に基づき態度形成を意図した実践が5事例となっている。

(9) 態度形成を意図した生活科実践5事例の中で、「表現」によって地域社会への関与を図った実践が3事例、「意見・提案」によって地域社会への関与を図った実践が1事例、「参加」によって地域社会への関与を図った実践が

1事例となっている。「意見・提案」によって地域社会の課題解決への関与を意図した「バリアフリーの公園」は、車椅子で生活する友だちの視点から地域探険を行い、公園のバリアフリー化を提案する展開となっている[5]。

また、「参加」によって地域社会への関与を図った「わたしたちのまちかど博物館」は、地域の文化活動に子どもたちが参加する展開となっている[6]。

⑽　総合的学習実践83事例の中で、地域に見られる事象並びに行為の理解を意図した実践は46事例となっている。理解に基づき態度形成を意図した実践は、37事例となっている。

⑾　態度形成を意図した総合的学習実践37事例の中で、表現によって地域社会への関与を図った実践が17事例、意見・提案によって地域社会への関与を図った実践が6事例、参加によって地域社会への関与を図った実践が6事例、行動によって地域社会への関与を図った実践が8事例となっている。

⑿　「参加」によって地域社会への関与を図った実践の中には、「復活『海老根和紙』」といった地域の伝統的文化や技術の継承に取り組んだものが見られる[7]。

⒀　「行動」によって地域社会への関与を図った実践の中には、「わたしの町にも戦争があった」のように、戦時下の他国の子どもたちを助けるためにバザーに取り組んだものも見られる[8]。

以上のことから、創造期の「地域に根ざす社会科」実践の時期的傾向を、次のように指摘できる。授業内容の視点からは、第一に、歴史や過去のできごとの発掘だけでなく、掘り起こした歴史や出来事を現代の課題と結びつけて授業内容が構成されている実践が見られる。第二に、地域の歴史や産業、文化などにおける地域の再生や創造に関わる人々の行為が取り上げられている。授業展開の視点からは、第一に、子どもたちの知的な問いに基づいた授業展開が見られるようになる。第二に、総合的学習の創設をうたった現行学習指導要領の実施にともない社会科と総合的学習等との指導の関連が図られている。第三に、社会科や社会科と関連した総合的学習の実践のみならず、

生活科実践においても地域社会の課題解決への関与を意図した実践が生まれている。

表12　創造期の「地域に根ざす社会科」実践分類表

創造期の「地域に根ざす社会科」実践分類表　1

		社会科																							
目標		理解											態度形成												
		事象					行為					文化	事象			表現				意見・提案				参加	行動
		実態・特色	産業①②	産業①③	変化・歴史	公共・健康・安全	社会問題	生活	生産労働	非生産労働	歴史体験	歴史的社会問題解決	現代的社会問題解決	実態・特色	産業①	変化・歴史	公共・健康・安全	生産労働	歴史体験	社会問題	現代的社会問題解決	公共・健康・安全	社会問題	歴史体験	現代的社会問題解決	生産労働	歴史体験
創造期	2000	3	5		4	2			3		2	2				1											22
	2001	1	3		3	1	1				1	2														1	13
	2002	2	2	1	2						1			1													10
	2003				4				3			1	1						1		1					1	10
	2004	2	2		6	2			2											1							15
	2005	2	2		4	1			1		4		1												1		14

第Ⅵ章　143

創造期の「地域に根ざす社会科」実践分類表 2

		生活									総合的学習														
目標		理解			態度形成						理解							態度形成							
		事象・行為			表現		意	参			事象			行為				表現		意見・提案		参加		行動	
授業内容	自然・生活	生産・労働	施設・機関・建物	文化・行事	歴史・歴史体験	自然・生活	生産・労働	施設・機関・建物	歴史・歴史体験	公共施設・機関	文化	環境	地域・生活	健康・福祉・人権	食	産業・労働	戦争・平和	国際理解	歴史・歴史体験	文化	環境	食	産業・労働	戦争・平和	歴史・歴史体験	環境	食	文化	戦争・平和	環境	食	産業・労働	健康・福祉	戦争・平和	
2000	1	1	1										3	2	3						2		1												18
2001	2	2				1	1						3	2	1	2	1		1					1		1				1	1			2	20
2002	1	1		1											2	1				1	2		1		1		1		1						14
2003	1	1	2	1				1					5			1	1	1	1			1	1	1		1	1						1	1	21
2004	2	2			1	1			1				1	1	3	3	1		1	1	2	1	1	1		1			1					1	22
2005	1	1								1	1	1	1	1	2	1				1		1	1				1	1							12

創造期

表13 創造期の「地域に根ざす社会科」実践（小学校）一覧表

No	年	誌名巻号	教科・領域	学年	実践者名	タイトル	目標	内容
722	00	歴・604	生		安達寿子	校歌から平和教育へ	理解・事象・行為	歴史・歴史体験
723		歴・604	社	3	志和格子	「昔紙しばい」を作って	態度形成・表現	変化・歴史
724		歴・605	総	6	茶田敏明	泉の川とのつきあい方を考えよう	理解・事象・行為	環境
725		歴・606	社		村松邦崇	「グループまちたんけん」から見えてくるもの	理解・事象	実態・特色
726		歴・606	総	6	木村誠	朝鮮通信使の学習から子どもたちの日韓交流へ	理解・事象・行為	歴史
727		歴・606	総	5	草分京子	四日市に学ぶ・宮野に学ぶ	理解・事象・行為	環境
728		歴・607	社	3	秋山敏	私たちの町でこれを調べたい	理解・事象	実態・特色
729		歴・608	生		小林桂子	小麦物語	理解・事象・行為	生産・労働
730		歴・608	社	4	田宮正彦	ごみ学習	理解・事象	公共・健康・安全
731		歴・608	社	5	松房正浩	和佐の農業	理解・事象・行為	産業①
732		歴・608	社	3	山口勇	どんぐり拾いの謎を追う	理解・事象	変化・歴史
733		歴・610	社	4	小原良成	水の学習からごみの学習へ	理解・事象	公共・健康・安全
734		歴・611	社	5	高橋清子	子どもと創る苫小牧の漁業の学習	理解・事象	産業①
735		歴・611	生		渡辺明	大好き　大和田！	態度形成・表現	施設・機関・建物
736		歴・611	社	3	山本杉生	進さんに学んだ蒜山大根	理解・事象・行為	生産労働
737		歴・612	総	高	庄司時二	生命を育む食文化をさぐろう「牛乳はどこから」	態度形成・表現	食
738		歴・613	社	3	佐藤理恵	わくわくどきどき　りんごづくり	理解・行為	生産労働
739		歴・613	生		春名浩子	楽しかった町探検！	理解・事象・行為	施設・機関・建物
740		歴・613	社	小	長谷川明寿	日豪平和友好の歩みと直江津捕虜収容所	理解・行為	歴史体験
741		歴・613	社	5	田中正則	子どもと学ぶ自動車をつくる工業	理解・事象	産業②
742		歴・614	社	6	羽田純一	地域教材と具体物にこだわった歴史学習	理解・事象	変化・歴史
743		歴・614	社		西浦弘望	西池の授業	理解・行為	歴史的問題解決
744		歴・616	社	3	山川功	白糠の漁業	理解・事象	生産労働
745		歴・616	社	3	住寄善志	ぼくの・わたしの町探検パートⅡ	理解・事象	産業②
746		歴・616	社	6	相模律	戦時下の学校　鵜木国民学校と「決戦生活訓」	理解・事象	歴史体験
747		歴・616	総	5	熊谷鉄治	5年生が考える農業・食糧問題	理解・事象・行為	食
748		歴・617	社	6	高木元治	15年戦争と満蒙開拓	理解・事象	変化・歴史
749		歴・617	社	3	小松清生	まちとくらしのあゆみを学ぶ	理解・事象	変化・歴史
750		歴・618	生		前田佳子 前田賢司	学年全体で取り組んだ「小麦物語」	態度形成・表現	生産・労働
751		歴・618	総		草分京子	渡辺さんありがとう、ミミズさんありがとう	態度形成・表現	環境
752		歴・618	社	3	石田裕子	村田町まるかじり	態度形成・意見・提案	実態・特色
753		歴・618	総	4	小原良成	地域を学び、自ら動きだした子どもたち	理解・事象・行為	地域・生活

754		生・1月	総	3	和田仁	タヌキのいる小学校	理解・事象・行為	環境
755		生・4月	総	3	上野善弘	黒川発○○をおえ！	理解・事象・行為	食
756		生・5月	総	5	和田仁	どっこい生きているぼくらが見つけた鶴見川	態度形成・表現	環境
757		生・7月	総	3	迫田実	わたしたちのまち大発見	理解・事象・行為	地域・生活
758		生・8月	社	4	辻美彦	居場所の確立をめざす地域学習	理解・行為	歴史の問題解決
759		生・8月	総	4	宮城アケミ	総合「大好きな与那原湾 山原船が来た海辺の町」	態度形成・意見・提案	歴史・歴史体験
760		生・8月	社	3	山田直明	人と出会い、学びの世界が広がる―天然酵母のパン屋さんとのふれあい	理解・行為	生産労働
761		生・10月	総	3	山田隆幸	「土・水・火・生き物、そして仲間」は、子どもたちのライフ・ライン(1)	態度形成・表現	産業・労働
762	01	歴・619	総	5	新山了一	子どもがおこなう身近な地域の環境調べ	態度形成・表現	環境
763		歴・619	社	3	遠藤茂	親子で巡る3年生の昔さがし	理解・事象	変化・歴史
764		歴・619	生		櫻本豊己	乳牛を育てる植村さん	理解・事象・行為	生産・労働
765		歴・620	生		塚本優子	自分の思いを持って、見て、聞いて、やってみる	理解・事象・行為	自然・生活
766		歴・621	社	6	小島さつき	いまどきの小学校の歴史学習―校区の小作争議の聞き取りから	理解・行為	歴史的社会問題
767		歴・621	社	4	江崎広章	B29と平和友好	理解・行為	歴史体験
768		歴・621	社	6	升川繁敏	地域の視点で子どもたちと創る歴史学習	理解・事象	変化・歴史
769		歴・621	社	5	佐藤昭彦	「海老七五三縄づくり」をどう教えたか	理解・事象	産業②
770		歴・623	総	3	樋口俊子	地域たんけんをしよう	理解・事象・行為	地域・生活
771		歴・623	総	5	中妻雅彦	社会科と子どもの生活から総合学習を創る	理解・事象・行為	産業・労働
772		歴・623	総	6	北村静	クラスの井戸をカンボジアへ贈ろう	態度形成・行動	戦争・平和
773		歴・625	社	4	上猶覚	「くらしを支える水」と「総合的な学習の時間」	理解・事象	公共・健康・安全
774		歴・625	社	5	小野寺順子	磐清水のりんごづくり	理解・事象	産業①
775		歴・625	生		山下悦子	発見 小用の町	理解・事象・行為	自然・生活
776		歴・626/627	総	3	手代木彰雄	わたしたちのくらしとものを作る仕事～食べ物づくりを通して（上・下）	態度形成・行動	食
777		歴・628	総	4	倉持祐二	おいしいおもちが食べたい	態度形成・表現	食
778		歴・628/629	生		斎藤俊子	自然・人につつまれくらしを見つめて育つ子ら（上・下）	理解・事象・行為	生産・労働
779		歴・631	総	4	中妻雅彦	社会科の学習内容を生かした総合学習を	理解・事象	環境
780		歴・631	社	3	見田和子	炭鉱のある町釧路から	理解・事象	産業②
781		歴・631	社	5	土井三郎	工業生産とリサイクル	理解・事象	社会問題
782		歴・631	社	4	小松清生	奈良と大阪の小学生に贈る『わたしたちの大和川』	理解・行為	歴史的社会問題
783		歴・632	社	6	小川一詩	枚方・交野の戦争遺跡を調べて	理解・事象	変化・歴史
784		教・661	総	3	岸本清明	学ぶ喜びを味わい、自分や地域を変える総合学習―「ホタルいっぱいの東条川に」	態度形成・行動	環境

785		教・667	総	高	北村静香	クラスの井戸をカンボジアへ贈ろう	態度形成・行動	戦争・平和
786		生・1月	社	3	鎌倉博	町を見つめる町の人とつながる社会科学習	態度形成・参加	実態・特色
787		生・3月	総	6	板垣賢二	「戦争」を知ろうとした子どもたち	態度形成・表現	戦争・平和
788		生・8月	総	4	迫田実	対馬丸を通して命の尊さを学ぶ	理解・事象・行為	戦争・平和
789		生・8月	総	4	与儀やよい	地域の良さを発見する学びをつくる—「さとうきびからふるさとをウォッチング」を通して	理解・事象・行為	産業・労働
790		生・8月	総	5	崎濱陽子	米を追い、学びを深める子どもたち	態度形成・参加	産業・労働
791		生・8月	総	3	宮城アケミ	与那原発　わしった島沖縄（うちなー）	態度形成・表現	歴史
792		生・8月	総	3	植田正法	子どもとつくる「総合学習安里川」	理解・事象・行為	環境
793		生・11月	社	4	中村源哉	子どもとともにはじめた東京学習	理解・事象	実態・特色
794		生・11月	総	3	和田仁	里山の谷戸・井戸・炭	理解・事象・行為	地域・生活
795	02	歴・634	社	3	中野照雄	港たんけん	理解・事象	実態・特色
796		歴・635	総	5	長縄幸弘	わらを使ってかざりをつくろう	理解・事象・行為	文化
797		歴・638	生		倉持祐二	給食のカレーをつくろう	理解・事象・行為	自然・生活
798		歴・638	社	中	河内晴彦	地域学習事始	理解・事象	実態・特色
799		歴・641	社	5	佐藤昭彦	フカヒレの秘密をさぐる	理解・事象	産業②
800		歴・642	総	6	日野正生・日置暁美	地域の人たちとつくるミュージカル「泉姫の贈り物」	態度形成・表現	歴史
801		歴・643	社	6	小野賢一	鎖国と朝鮮通信使	理解・事象	変化・歴史
802		歴・644	社	3	向山三樹	町の人たちの買い物　昔と今の商店街	理解・事象	産業③
803		歴・645	社	6	草facebook京子	地域に学び、子どもとともに学んで	態度形成・行動	歴史体験
804		歴・646	社	6	飯田彰	第5福竜丸と平和学習	理解・行為	歴史体験
805		歴・646	総	5	荒井保子	米から食を考える	理解・事象・行為	食
806		歴・646	総	3	入倉光春	総合学習「牛・馬」	態度形成・表現	文化
807		歴・647	社	5	小林正	ねぎ工場のヒミツ—特命inねぎ工場—	理解・事象	産業②
808		歴・647	社	3	遠藤茂	行田の昔調べ	理解・事象	変化・歴史
809		歴・648	総	4	満川尚美	総合学習　練馬大根	理解・事象・行為	食
810		歴・648	総	4	土井三郎	淀川の教材化と総合学習の試み	理解・事象・行為	歴史
811		歴・648	総	6	坪井多愛子	平和学習で育った「平和の感性」と「平和へのこだわり」	態度形成・意見・提案	戦争・平和
812		歴・648	総	3	滝川隆雄	総合学習米からわらへ	理解・事象・行為	産業・労働
813		歴・648	総	4	宮澤れい子	三番瀬で子どもの「問い心」を育てる	態度形成・表現	環境
814		生・2月	総	高	渋谷隆行	赤石川は生きている	態度形成・参加	環境
815		生・3月	総	5	徳水博志	森・川・海と人をつなぐ環境教育	態度形成・表現	環境
816		生・7月	総	4	菱川稔	大原川	態度形成・意見・提案	環境

817		生・8月	社	4	濱田嵯智子	大和川に学ぶ	態度形成・表現	歴史的社会問題
818		生・11月	総	6	矢賀都恵	地域にあった戦争から平和活動へ	態度形成・表現	戦争・平和
819	03	歴・649	総	6	中野真知子	わたしのまちにも戦争があった	態度形成・行動	戦争・平和
820		歴・649	総	3	藤田真	南湖の里山の自然	理解・事象・行為	環境
821		歴・649	総	中	阪井勝	川原の炭焼き	態度形成・表現	産業・労働
822		歴・650	社	3	佐藤昭彦	くらしのうつりかわり	理解・事象	変化・歴史
823		歴・650	生		鏡和也	バリアフリーの公園	態度形成・意見・提案	施設・機関・建物
824		歴・651	総	6	間森誉司	7カ国13人の外国人ゲストティーチャーに出会う国際理解教育	理解・事象・行為	国際理解
825		歴・653	社	3	北島佳寿子	総合に負けない社会科の年間計画	理解・事象	変化・歴史
826		歴・655	総		高橋智恵子	復活「海老根和紙」	態度形成・参加	文化
827		歴・656	社	3	岡野正丸	乳牛をかう仕事	理解・行為	生産労働
828		歴・656	生		山本杉生	フルーツクラブで育てよう	理解・事象・行為	生産労働
829		歴・657	社	6	中島浩明	江戸幕府の政治と人々のくらし	理解・行為	歴史的社会問題
830		歴・658	総	3	佐藤広也	あれも豆これも豆、三角山さんさんいっぱい大豆探偵団が行く	態度形成・表現	食
831		歴・658	生		向山三樹	秋の食べ物からおまつりランドへ	理解・事象・行為	自然・生活
832		歴・659	社	3	住寄善志	学区の工場調べ	理解・行為	生産労働
833		歴・662	社	3	林綾	地域にある〈あられ工場〉の学習を通して	理解・行為	生産労働
834		歴・662	社	6	石田裕子	地域から世界へ スゴドラっ子の戦争学習	理解・事象	変化・歴史
835		歴・662	社	6	滝川隆雄	縄文は生きている	理解・事象	変化・歴史
836		歴・663	総	5	森敦子	総合的な学習「戦争と平和を考えよう」	理解・事象・行為	戦争・平和
837		教・695	総	小	中山晴生	森・川・海・ふたたび森へ—5年間のひきつづきの学びの物語—	理解・事象・行為	環境
838		生・2月	総	4	和田仁	自然を学ぶ中で広がる総合学習「鶴見川」	理解・事象・行為	環境
839		生・4月	総	3	島田雅美	カイコを飼うことで開いた自然界のとびら	態度形成・行動	産業・労働
840		生・4月	社		洲山喜久江	自然を守る活動をしている人から学ぶ	理解・行為	現代的社会問題
841		生・5月	社	3	崎濱陽子	「やさいを育てる仕事」から地域の良さを知る	態度形成・行動	生産労働
842		生・6月	生		岸康裕	90歳のおばあちゃんとわらべ唄を楽しむ	理解・事象・行為	文化・行事
843		生・7月	総	4	徳水博志	水から広がる森の学習	理解・事象・行為	環境
844		生・9月	生		竹腰宏見	豊郷小・地域からの生活科	理解・事象・行為	歴史・歴史体験
845		生・9月	総	4	鎌倉博	「多摩川の水は自然の命だよ」ととらえた子どもたちとその学習	理解・事象・行為	環境
846		生・11月	総	5	山本ケイ子	りんご染め	理解・事象・行為	産業・労働
847		生・12月	総	6	矢賀睦都恵	尾鷲にあった戦争から平和活動へ2	態度形成・表現	戦争・平和
848		生・12月	総	4	藤井景	音の出る信号機を付けたい	態度形成・行動	健康・福祉

849		生・12月	総	4	玉寄美津枝	とびだせ漫湖たんけん隊	態度形成・行動	環境
850	04	歴・664	総	3	満川尚美	高松よいとこさがし	理解・事象・行為	地域・生活
851		歴・664/665	生		坪井多愛子	花鳥草木すべてがともだち①・②	理解・事象・行為	自然・生活
852		歴・666	総	5	小島さつき	出会い、感動に押されて	理解・事象・行為	産業・労働
853		歴・666	社	4	小松清生	伝統産業・石津のさらし	理解・事象	産業②
854		歴・666	総	6	金刺貴彦	「岩科起て」はたからもの	理解・事象・行為	歴史・歴史体験
855		歴・668	生		岡野正丸	馬と馬をかうしごと	理解・事象・行為	生産労働
856		歴・668	生		渡辺明	地域ではたらく人々とのふれあい	理解・事象・行為	施設・機関・建物
857		歴・668	社	5	倉持祐二	米づくり農家34人に聞きました	理解・事象	産業①
858		歴・669	総	5	白尾裕志	和牛少年隊	理解・事象・行為	食
859		歴・670	社	6	間森誉司	見学・体験・もの・史料で育てる子どもの関心・興味	理解・事象	変化・歴史
860		歴・670	社	6	松房正浩	江戸時代の農業の発達を生き生きと学ぶ	理解・事象	変化・歴史
861		歴・670	社	4	小野木真由美	ごみはどこへ	理解・事象	公共・健康・安全
862		歴・671	社	6	中妻雅彦	子どもたちの思考を広げる近現代史学習に	理解・事象	変化・歴史
863		歴・671	社	高	寺田肇	子どもたちと用水堰を歩いて水を考える	理解・行為	歴史的社会問題
864		歴・671	社	5	瀧口智見美	私たちの生活と情報	理解・事象	社会問題
865		歴・671	社	6	棚橋正明	「青い目の人形」で学ぶアジア太平洋戦争	理解・事象	変化・歴史
866		歴・671	総	3	髙木道子	大豆のはなし	理解・事象	食
867		歴・673	社	4	加藤正伸	学校の歴史調べから「青い目の人形」調べへ	理解・事象	変化・歴史
868		歴・673	総	3	高橋哲夫	魚がすむ川がほしい	理解・事象・行為	環境
869		歴・673	社	5	上田正文	畑の先生の授業	理解・行為	生産労働
870		歴・674/675	総	4	草分京子	三雲の海苔養殖（上・下）	理解・事象	産業・労働
871		歴・675	総	3	滝川隆雄	総合学習「木とくらし」	理解・事象	産業・労働
872		歴・676	社	3	佐藤理恵	いきいきわくわくわかめ作り	理解・行為	生産労働
873		歴・677	総	6	飯田彰	命の尊さと平和の大切さを学ぶ	態度形成・意見・提案	戦争・平和
874		歴・678	総	6	寺田肇	農民の生活が見えてくる地域の掘りおこしを	態度形成・表現	歴史・歴史体験
875		歴・678	総	5	大河原美恵子	お米の販売大作戦	態度形成・参加	食
876		歴・678	総	5	澤井文彦	角田の食と農	理解・事象・行為	食
877		教・703	社	6	上野浩昭	小学校区（地域）から考えた戦争と平和	態度形成・表現	歴史体験
878		生・2月	社	4	杉見朝香	水・ゴミを学んで	理解・事象	公共・健康・安全
879		生・3月	総		武本正明他	命・平和・バリアフリー、世界の子どもと手をつなぐ平和の日	態度形成・参加	戦争・平和
880		生・4月	生		村越含博	大豆を題材に、自分たちで学びを進めた子どもたち	態度形成・表現	生産労働
881		生・4月	生		本郷佳代子	竹の子掘りから竹の学習へ	理解・事象・行為	自然・生活

882		生・5月	総	5	吉川ひろ子	育ててさぐろうお米の世界	態度形成・表現	食
883		生・8月	生		佐々木優子	めざせ！ つるぴかうどん	理解・事象・行為	生産労働
884		生・11月	総		中山晴生	「あの枯葉はどこへいったのか事件」をおって	態度形成・表現	環境
885		生・12月	社		岩佐宜始	地域の誇り「青谷梅林」に学ぶ	理解・事象	変化・歴史
886		生・12月	総	5	斎藤博孝	沖縄の都市河川「屋部川」を見つめた子どもたち	態度形成・表現	環境
887	05	歴・679	社	4	千葉誠治	アイヌの人たちの生活	理解・行為	文化
888		歴・680	社	4	斎藤勝明	緑の松原と白い砂浜を永遠に	理解・行為	歴史的社会問題
889		歴・680	総	3	荒井保子	とことん蕃山	理解・事象・行為	地域・生活
890		歴・681	社	4	秋山敏	ひとりひとりの考えを大切に―ごみのゆくえの実践から―	理解・事象	公共・健康・安全
891		歴・681	社	3	草分京子	そはらのいしや（曽原の石屋）	理解・事象	生産労働
892		歴・681	生		薄久仁子	土からそだつもの	理解・事象	生産労働
893		歴・683	総	中	坪井多愛子	平和の願いを語りつぐ「青い目の人形の日」	態度形成・表現	戦争・平和
894		歴・684	社	5	森豊一	マグロはえ縄漁の授業	理解・事象	産業①
895		歴・685	総	4	神谷容一	緑のダムからわが町の水環境を考える	理解・事象・行為	環境
896		歴・685	社	5	松房正浩	日本の工業―小倉の工場から日本・アジアが見える	理解・事象	産業②
897		歴・687	社	3	渡辺明	「お墓調べ」から入る戦争学習	理解・事象	変化・歴史
898		歴・688	社	6	早川寛司	地租改正―きから自由民権運動へ(1)「地租を下げろ！」	理解・事象	歴史的社会問題
899		歴・689	社	3	遠藤茂	昔を生き生きと想像するための地域学習	理解・事象	変化・歴史
900		歴・689	社	6	早川寛司	地租改正―きから自由民権運動へ(2)「内閣総理大臣伊藤博文殿！」	理解・事象	歴史的社会問題
901		歴・690	社	6	早川寛司	地租改正―きから自由民権運動へ(3)「地租を減らせ、今度は国会だ」	理解・事象	歴史的社会問題
902		歴・690	総	3	佐藤則次	和光のむかしを知ろう！―今に伝わる「白子ばやし」	態度形成・参加	文化
903		歴・691/693	社	4	小松清生	よみがえれ大和川（上・下）	態度形成・参加	現代的社会問題
904		歴・693	総	5	清水真人	地域へ発信！ 5年生の米作り	理解・事象・行為	食
905		生・2月	生		中河原良子	自然と遊ぶ子どもたち	理解・事象・行為	自然・生活
906		生・3月	総	3	栗原伸	「大蔵大根」と3年生の総合学習	理解・事象・行為	食
907		生・4月	生		矢賀睦都恵	わたしたちのまちかど博物館	態度形成・参加	文化
908		生・5月	総	5	村越含博	水田作りからの総合学習	理解・事象・行為	産業・労働
909		生・8月	社	中	吉川ひろ子	地域に萌える学び合い	理解・行為	文化
910		生・8月	総		大森亨	墨田公園に関わる子どもたち	態度形成・意見・提案	環境
911		生・11月	社	6	崎濱陽子	沖縄の良さを見つけ、沖縄から日本・世界を見つめる子どもに―勝連グスクと阿麻和利から日本の歴史にせまる	理解・事象	変化・歴史
912		生・12月	総	5	矢賀睦都恵	人々の願いを感じて―尾鷲の山、ヒノキ、熊野古道	態度形成・表現	産業・労働

第2節　創造期の「地域に根ざす社会科」実践事例の分析

　ここでは、創造期の授業実践を取り上げ、「平和と民主主義を担う主権者」を育成する授業内容と授業展開を検討し、授業構成上の特徴を把握する。創造期の典型的な実践としては、次のものがある。

1　地域の伝統文化とそれを守り育ててきた人々を取り上げた授業実践―「和光のむかしを知ろう！―今に伝わる『白子囃子』」（小3）[9]
2　産業振興による新しい地域づくりを取り上げた授業実践―「三王山のゆずから見える世界」（小3）[10]
3　地域の歴史に誇りを持ち、地域の再生を図る人々を取り上げた授業実践―「総合『大好きな与那原湾　山原船が来た海辺の町』」（小4）[11]

　この3つの実践を典型としたのは、次のような創造期の実践動向を反映しているからである。第一に、地域の再生や創造に関わる人々の行為を取り上げるとともに、子どもの知的な問いに基づき内容構成を図ったり、工夫したりしていることである。第二に、社会科と総合的学習等との指導の関連を図りながら、子どもの社会認識形成を図ろうとしていることである。

1　地域の伝統文化とそれを守り育ててきた人々を取り上げた授業実践―「和光のむかしを知ろう！―今に伝わる『白子囃子』」（小3）

　実践した佐藤則次は、「社会科学習を大きく発展させるなかで具体的な活動を重視し、子ども一人ひとりの学習課題をはっきりさせて、調べ学習に取り組み、多様な表現活動を創造」したいと考え、この実践に取り組んでいる[12]。佐藤がこのように考えたのは、新倉小学校で音楽の授業の一つとして実施している「白子囃子」の演奏を聞く中で、「締め太鼓、鉦、篠笛などの和楽器や獅子頭等に興味を示し、保存会の方々に質問をしたり、楽器に触らせてもらったりする子どもが多く見られ」たからである。そこで、「『生』の演奏を聴くだけでなく、実際に太鼓をたたいて演奏する体験をさせる機会」を設定すれば、「『自分でも白子囃子の太鼓がたたける！』という意欲を児童に持たせることができ、また、地域に伝わる伝統文化・伝統芸能を身近に感じさせることができる」と考えたのである。そして、「自分が住む地域に誇りを持ち、こ

れらの伝統文化を大切に守っていこうという気持ちを強め」たいとも考えたのである。

実際に、「白子囃子の演奏を聴き、リズムを教わり自分でもたたけるようになり始める中で、白子囃子についてもっと知りたいという気持ち」が子どもたちに生まれ、「古タイヤをたたくだけの練習から、締太鼓を直接たたく練習になるとたたいた時の音やバチに伝わる感触にも敏感になり、もっと上手にたたきたいという気持ちが見えてきた」のである。

そこで、佐藤は、次のような目標を設定し、19時間にわたって授業を展開している。

　　○社会科の『むかしさがし』や『むかし調べ』を通して、地域の人々の生活が移り変わってきたことを学習する中で、古くから地域に伝わる伝統芸能や伝統文化があることを知る。
　　○白子囃子の演奏を体験する中で、優れた文化を身近なものとして感じ、大切にしていきたいと思う気持ちを育てる。

指導計画は、次のとおりである。

　　① 白子ばやしについて知る（1時間）
　　② 調べ学習の課題を立てる（1時間）
　　③ 調べ学習にとりくむ（5時間）
　　④ お囃子演奏の体験活動（7時間）
　　⑤ 学習したことを発表する（5時間）

「白子ばやしについて知る」では、副読本の記述や写真を見たり、神社での奉納演奏のビデオを視聴したり、保存会の生演奏を聴いて、締め太鼓のリズムを覚えたりする学習活動が展開されている。

「調べ学習の課題を立てる」では、「『白子ばやしイメージマップ』を作り」「課題を絞り込み、課題別学習グループを編成」している。「白子ばやしイメージマップ」には、「一人一人が思いついた知りたいこと、見たいこと、やってみたいこと、質問したいこと、しらべてみたいことなど」を書かせている。そして、「白子ばやしイメージマップ」に書かれた内容を、「学年全体で集約」し、「共通している内容を四点に絞り込み」学習課題としている。そして、「子

どもの希望により四つの調べ学習グループに分かれ」調べ学習が展開されている。なお、学習課題は、次のとおりである。

> 課題1　『おはやし』ってどういうこと？（白子ばやしって言うけど、そもそものお囃子の意味を知りたい）
> 課題2　白子ばやしはいつごろ、なぜ始められたのか
> 課題3　おはやしに合わせて、おどりがおどられているのはどうして？　また、どんなおどりがあるの？（『おかめ』や『ひょっとこ』のおどりがおどられているのはどうしてなのか知りたい）
> 課題4　現在の白子ばやしは、どんなことをしているの？（保存会のみなさんは、どんな楽器を使ってどんなところで演奏をしているのか知りたい）

「調べ学習に取り組む」では、「保存会の方々からの聞き取り」や「インターネット資料」、『白子囃子調査報告書』『和光市史』等の資料による調べ学習が展開されている。

「お囃子演奏の体験活動」では、「『みんば』『なげあい』の締め太鼓と鉦のリズム」を、「保存会の方々と合同で演奏ができるように」練習している。

「学習したことを発表する」では、「発表の方法を考え、準備」が行われ、白子囃子保存会の方も参加した中で、「調べ学習」の発表と「白子囃子の演奏」が行われている。発表会は、学級内の学習発表会と学年全体の学習発表会が実施されている。

発表会の様子は、次のとおりである。

> ○白子囃子について調べたことを発表する
> 　・"お囃子"の意味について
> 　・白子囃子の始まりについて
> 　・白子囃子といっしょに踊るおどりについて
> 　・今の白子囃子の活動について
> ○白子囃子の演奏をする
> 　・"みんば"
> 　・"なげあい"
> ○保存会の方の話を聞く

発表の方法は、次のような「表現方法」が選択されている。

・紙芝居や劇にする
・ペープサートを使って説明する
・絵を描いて説明する
・壁新聞を作って読んでもらう
・お囃子に合わせて踊ってみせる

佐藤は、実践を振り返って、「子どもたちは、何度も教えに来てくれた保存会のみなさんとすっかり顔なじみになり、祭囃子のリズムにも慣れ親しみ、ちょっといい気分になりこの学習を終え」たと報告している。

佐藤の実践は、「平和と民主主義を担う主権者の育成」を図るために、授業内容は、地域の歴史や文化を守り育ててきた人々の自発的な行為に注目し、地域の伝統文化や伝統芸能に対する理解を意図したものとなっている。そして、そのために、白子囃子の練習、聞き取りや調査、講義や説明、演奏並びに学習の発表といった授業が展開されている。すなわち、本実践の歴史的意義は、第一に、維持・適応的行為や問題解決的行為ではなく、地域の歴史や文化を守り育てるという人々の自発的な行為に注目し取り上げているところにある。第二に、子どもたちの知的な問いに基づき内容構成が図られ、問いの解決を時間的内容的に保障するために他教科他領域の指導との関連が図られているところにある。

2 産業振興による新しい地域づくりを取り上げた授業実践—「三王山のゆずから見える世界」(小3)

実践した綿引直子は、「地域の一員である子どもたちが、自分たちの地域を見つめ、これからの『村づくり』を考える上で、三王山のゆずづくりを教材として取り上げることは非常に意味のあること」と考え、この実践に取り組んでいる[13]。綿引がこのように考えたのは、「地域づくりとのかかわりを深める教材化」という御前山村立長倉小学校（当時）の「研究の視点」があったからである。同校では、「地域づくりとのかかわりを深める教材化」が「2つの視点」から選択されている。「今日の地域づくりに影響をもたらした歴

史的事象」と「新しい地域づくりとして価値を見いだせる社会事象」である。

「今日の地域づくりに影響をもたらした歴史的事象」とは、「地域に残る歴史的遺産」「地域で起こった歴史的な出来事」「地域に伝わる伝統的な行事や風習」である。

「新しい地域づくりとして価値を見いだせる社会事象」とは、「新住民の動き」「『村づくり』につながる動き」「新しく人をつなぐ活動」である。

同校がこのように考えたのは、「今この地域では、緑と水の豊かな自然、それを生かした観光資源、農産品の特産品化、新住民である陶芸家による御前山焼き、野田の和太鼓、祭り等をはじめとする伝統的な文化の継承や村づくりの推進委員会の位置づけなど新しい動き」があるからである。そのため、「今までの価値観を見直し、新しい人の動き、村の中から生まれてくる力、高齢者たちの知恵が結びつき、地域社会が新しく変わろうとしていることに着目」し、教材化の対象としたのである。

このように「子ども自身の生活舞台を教材化する」ことで、「今まで以上に地域理解が深まり、社会的な見方や考え方が育てられ」、「地域づくりにかかわる教材を通して地域を見つめることで地域への感動やあこがれを抱き、村づくりへの主体者として育つ姿になる」と考えられているのである。

こうした考えに基づいて、次のような目標が設定されている。

○三王山でゆずの生産をする人々の仕事に関心を持ち、生産の仕事と自分たちの生活とのかかわりやゆず生産に携わる人の思いや願いを意欲的に調べようとする。(社会的な事象への関心・意欲・態度)
○ゆずの生産が、三王山で行われている理由やゆず生産を支えている人々や組織と自分たちの生活とのかかわりについて考えることができる。(社会的な思考・判断)
○三王山のゆず農家や役場、加工所、販売先等の見学や地域に住む人たちの話から、御前山村におけるゆずの生産の特徴をとらえることができる。(観察・資料活用の技能・表現)
○ゆずの生産の方法や生産者の工夫や努力、ゆずの加工や販売、御前山村としてのゆず生産における取り組み等について理解することができる。(社会的事象についての知識・理解)

また、指導計画は、「単元のながれ」という同校の展開方法に基づいて構想されている。「単元のながれ」は、図3のようになっている。また、各段階は次のように説明されている。
　「教材との出会い」は、「学習対象への関心や意欲を喚起する段階」である。「事実追究」は、「社会の事実を受け止める段階」である。「意味追究」は、「事実の背後のある社会の仕組み等まわりが分かる段階」である。
　なお、「意味追究」については、「関連を広げ意味を深めていく」こと、「事物の背後にある社会の仕組み等まわりが分かる」こと、「ものごととものごとのつながりを広げていくこと」と説明されている。そして、「意味追究」を行うことによって、「たとえ小さな気づきであっても、社会的な見方が見直され、自分の今まで持っている世界が変えられ、自分も主体的に参画してみようという意欲につながる」とされているのである。また、「意味追究」における「話し合い活動」は、「それぞれの子どものかかわり合いのある練り上げの場」という性格を持ち、「自分の考えをぶつけあうことで、自分の考えがゆさぶられたり、友だちの意見から気づいたことをだしながら（ママ―著者註）、事象の意味が深められ共有化」をはかるという役割が期待されているのである。したがって、この活動は、「子ども一人一人の考えをふまえた上で教師によって意図的に組織されていくもの」とされているのである。
　同校の「単元のながれ」（図3）は、「子どもたちの社会的な見方・考え方を育てていく」ために、「事実追究にとどまることなく意味追究への橋渡しをさせる」ことが意図されている。それは、「資料を見つけたり、見学したり、グループで発表したりする活動が好き」で、「豊かな体験活動」もしているが、「事象の背後にある社会的な意味を追究することは弱い」という、社会科学習における同校の子どもたちの実態があるからである。そこで、「話し合い活動を学習過程にきちんと位置づけ、体験活動から生まれる課題をその話し合い活動によって共有し、それをもとに追究しようとする意識を高め」ようと考えたのである。
　同校では、このような「子どもたちが社会事象に向かって追究をする中で、地域の事実を認識することだけでなく、話し合い活動を取り入れ、関連を広げ意味を深めていく（意味追究）」単元構成によって、「『感動やあこがれ』を

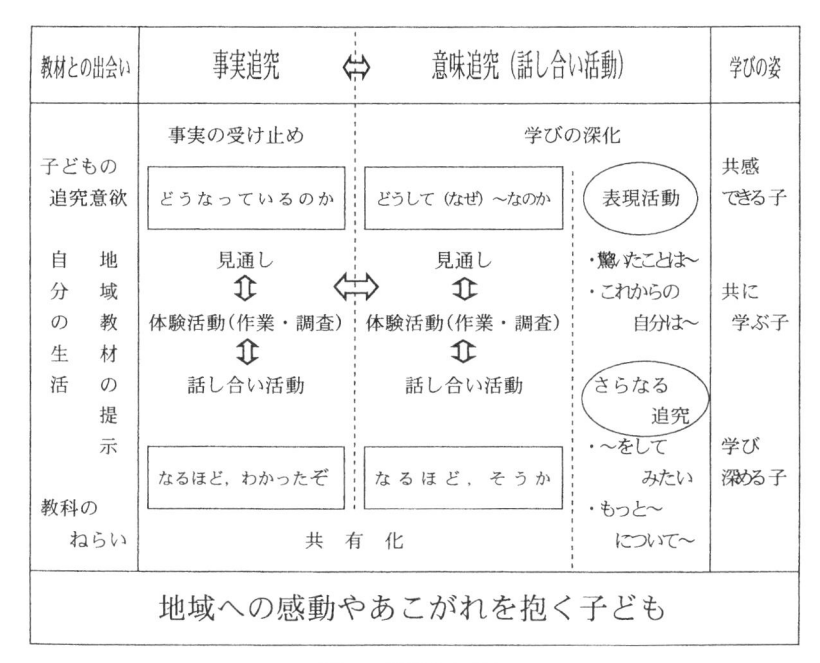

教材との出会い	事実追究 ⇔ 意味追究 (話し合い活動)	学びの姿
子どもの 追究意欲 自　地 分　域 の　教 生　材 活　の 　　提 　　示 教科の ねらい	事実の受け止め　　　　　　　　学びの深化 どうなっているのか｜どうして(なぜ)〜なのか｜表現活動 見通し　⇔　見通し　　　　　・驚いたことは〜 　⇕　　　　　⇕　　　　　　・これからの 体験活動(作業・調査)｜体験活動(作業・調査)　自分は〜 　⇕　　　　　⇕ 話し合い活動　｜　話し合い活動　　　　さらなる 　　　　　　　　　　　　　　　　　　追究 なるほど,わかったぞ｜なるほど,そうか　・〜をして 　　　　　　　　　　　　　　　　　　　　みたい 　　　　　　　共　有　化　　　　　　・もっと〜 　　　　　　　　　　　　　　　　　　　　について〜	共感 できる子 共に 学ぶ子 学び 深める子
地域への感動やあこがれを抱く子ども		

図3　単元のながれ

抱きつつ確かな追究を重ねていく子どもが育っていく」と考えられているのである。

　こうした「単元のながれ」に基づいて構想された指導計画（18時間扱い）は、次のとおりである。

　第一次「自分たちとゆずとの接点を見つけ、ゆずについて調べる」では、まず、「8種類」の「ゆず製品の味見の体験」を行っている。そして、「味見する製品の中に、共通して入っている物は何か」を子どもたちに考えさせている。この体験で、子どもたちは「最初は恐る恐るであった」が、「笑顔とともに次第に『ゆず』との確信」を持ち、「ゆずが形を変えていろいろな製品に生まれ変わっていることに驚き」次のような感想を示している。

　　「ゆずは、いろいろ変身して、ゆずジュース・ゆずヨーグルトがすごくおい
　　しかった。（みんなが）健康と言っていたのでうれしくてたまらなかった」

表14「三王山のゆずから見える世界」指導計画

	学習内容	時間
第一次	自分たちとゆずとの接点を見つけ、ゆずにいついて調べる。 ・ゆず製品の味見 ・ゆずの利用方法 ・三王山のゆずづくりのようす ・ゆずジュースづくり	4
第二次	見学や聞き取り調査を通して、三王山のゆずづくりについて調べていく。 ・ゆず部会の人たちへの聞き取り ・役場への聞き取り ・ゆず製品を生産・販売している人への聞き取り	8
第三次	三王山のゆずづくりについてしらべたいことをもとに話し合う。 ・ゆずづくりに携わる人々の思い（意味追究） ・三王山のゆずと自分たちとのかかわり	6

「ゆずはいろいろな物と混ぜて食べられるのですごい果物だと思った」

また、「御前山村の果物なんだよね」「名物だよ」「ゆず風呂に入ったことがあるよ」といったゆずに関する生活経験も発表されている。その後、子どもたちは、「家庭におけるゆずの利用方法やゆずの木の特徴などを家の人に聞いたり、本やインターネットで調べたりする一人調べ」を進めている。この中で、「祖父母がゆずを栽培している」子どもの話から、ゆず部会の会長さんの家に見学に行くことになるのである。見学後、子どもたちは、会長さんに「積極的に」質問している。質問の一部は次のとおりである。

「ゆずはいつ頃から育てているのか」
「ゆずの木は何本あるのか」
「ゆずはどうやって育てているのか」

第二次「見学や聞き取り調査を通して、三王山のゆずづくりについて調べていく」では、「ゆずジュースを販売している温泉保養施設『四季彩館』」、「ゆずの里の看板を管理しているであろう村役場」「他のゆずとは違う種類のゆずを栽培しているらしいことが分かった精神薄弱者再生施設『慈雍厚生園』」「ゆずを育てている祖父母の家」等を子どもたちが調べている。

「四季彩館」では、「①四季彩館では、なぜゆず製品を取り扱っているのか②どのような組織（原料の調達・製造場所・販売ルート）で製造されているのか③四季彩館の職員のゆず製品に寄せる思い④ゆず製品の評判」等について、聞き取り調査が行われている。

村役場では、「①三王山でゆずが作られるようになった経緯②三王山でのゆずづくりについて（栽培している人数・ゆずの木の本数）③どうして御前山村の木がゆずなのか④今の村長さんは、（御前山村としては）、ゆずのことをどう思っているのか」等について、聞き取り調査が行われている。

こうした聞き取り調査によって、「御前山村には、11名で構成しているゆず部会」があること、村役場並びに「四季彩館」が、「ゆず製品を販売して御前山のゆずを宣伝したいと強く願っている」こと、「ゆず製品について四季彩館と相談して決めている」こと、「『慈雍厚生園』から原料のゆずを仕入れ、栃木県足利市や那珂町・美野里町等でゆず製品が製造されている」ことなどが明らかになるのである。

「慈雍厚生園」では、「ゆず畑の見学と収穫の体験」「ゆずから果汁を絞り出す工場の見学とその体験」を行っている。この活動を通して、「厚生園では、他のゆず農家とは違い、村が植栽を勧めている『多田錦』という品種のゆずを栽培」し、「加工しやすい品種のゆずを栽培し、ゆず製品の製造につなげていこうとする動き」を知ることになるのである。

「ゆずを育てている祖父母の家」では、「兼業農家」であるため、「ゆず栽培に係わる時間は短いが、休みの日を利用してゆずの出来具合を調べたり、害虫駆除」をしていること、「大雨などの次の日には、必ずゆず畑を点検に行く等ゆずを大切に育てている」ことなどを知るのである。

第三次「三王山のゆずづくりについて調べたことをもとに話し合う」では、「これまで学習してきた事実を振り返りながら」話し合いが行われている。

話し合いは、「高齢にもかかわらずゆずを作り続けている人々」に思いを寄せている、次のような子どもの発言をきっかけに行われている。

> 私は、10月10日に小林さんの家に行って、お年寄りなのに夕方遅くまで仕事をしているのかなと思いました。家族の人は、小林さんをどう思っているのかなと思ってアンケートをとってみました。小林さんは、自分が年を

とって働けなくなったら息子さんにゆずを育ててもらうと言っていたし、竜男君のお父さんも自分がやると言っていました。おばあさんも竜男君のお母さんも竜男君も夕奈ちゃんも手伝うと言っていました。みんなゆずのことや小林さんのことを考えていました。ゆずを育てる人がいなくなっちゃったらどうしようと思っていたけど、よかったです。

こうした発言に対し、他の子どもたちも「自分の同居している祖父の姿と重ね合わせて」考えたり、これまで話を聞いてきた「ゆず部会のほとんどの方々は、高齢の夫婦の二人暮らしであったり、独り暮らしのお年寄りであったりした」ことを思い出しながら、話し合いに参加している。その後、「三王山のゆずを守るために、自分たちでできることはないか、村役場やゆず部会の方々への相談や提案をしてみよう」ということになり、話し合いが終了している。

一方、ゆずヨーグルトを製造している美野里ふるさと食品公社の見学では、工場長の説明で「御前山の『ゆずヨーグルト』が自分たちが思っていたよりもはるかに広い範囲で販売されている」ことを知り、「自分たちの目の届かないネットワーク」の存在と、「御前山のゆずが他地域にまで広まりつつある」ことを「実感」するのである。

こうした経験をもとに、子どもたちは、「御前山のゆずをもっと宣伝し、守っていこう」と、村長との懇談を行っている。懇談では、「これまで自分たちが学習してきたことを発表」し、次のようなことを村長に「申し入れ」ている。

　①ゆず農家を増やしてほしいこと②御前山オリジナルのゆず製品をもっと作ってほしいこと③ゆずの木を守るために空気や水を汚さないように呼びかけるポスターを作りたいこと④他の地域から御前山に来た人に三王山のゆずのよさを知ってもらうためのパンフレットを作りたいこと

その後、できあがった看板は、産業振興課の方と共に、「見やすい場所に子どもたちが設置」している。パンフレットも「村内の施設や商店12ヵ所」に置くことができたのである。

実践を振り返って、綿引は次のように述べている。

　　ゆずの学習を通して、ゆずづくりを地道に続けているゆず農家の人々の思

いやゆずを村の特産品にしようとすすめている村の動きを知り、ゆずの製品開発に尽力している人々の存在に気づいた子どもたちがとった行動は、自分たちのできる範囲でのゆずづくりに主体的にかかわる姿勢であった。

綿引の実践は、「平和と民主主義を担う主権者の育成」を図るために、授業内容は、特産品の振興により地域社会の再生を図ろうとする人々の行為に注目し、地域の産業とそれをより発展させようとする人々の努力や心情に対する理解を意図したものとなっている。そして、そのために、特産品の栽培・加工・販売に関わる人々への調査や聞き取り、特産品の栽培・加工・販売に関わる人々への共感に基づく話し合いと行動といった授業展開となっている。すなわち、本実践の歴史的意義は、第一に、産業振興により自ら地域社会の再生を図ろうとする人々の行為に注目し、取り上げているところにある。第二に、子どもたちの社会的な見方・考え方を育てていくために話し合い活動を取り入れ、「関連を広げ意味を深めていく（意味追究）」ことが意図されているところにある。

3　地域の歴史に誇りを持ち、地域の再生を図る人々を取り上げた授業実践──「総合『大好きな与那原湾　山原船が来た海辺の町』」（小4）

実践した宮城アケミは、「山原船によって広がる世界を教材化したい」と考え、この実践に取り組んでいる[14]。宮城は、「目の前にあるこの与那原湾は交通・経済・文化に重要な役割を担ってきた歴史を持ち、現在もマリン・タウン・プロジェクトによる『新しい・魅力ある海辺の町作り』を展開している」ので、「その与那原湾を総合的学習の時間の活動として教材化すると、子供たちは、地域に歴史や伝統・文化に誇りを持ち心の支えとするようになるだろうし、さらに地域の充実や向上に自ら参加し、自分の生き方を探っていく逞しさが育つ」と考えたのである。

また、4年生の社会科では、「地域の人々の生活に必要な飲料水の確保」で、「山原が水源地として自分たちの生活と深く関わっていること」を学習する。そこで、「昔は『生活に必要な薪の確保』として山原船によってなされていた事」など、「山原と与那原の強い結びつきという視点」から山原船に注目し、

「山原船で賑やかだった頃の与那原湾・与那原・島尻・沖縄へと視野を広げた学習へと発展させていきたい」と考えたのである。

このような考えに基づいて、目標が次のように設定されている。

○与那原湾に山原船が行き来していたころの私たちの町与那原は、物資の中継地・交通の要地として経済的にも文化的にも栄えていたことを知り、自分たちの町の良さを見つめ直そうとする。

○山原船を与那原町のアピールやイベントなど今に生かせないかアイディアを出し未来の与那原の町づくりの夢を持つ。

また、宮城は、「生活体験の中からの自分の問いや気付きや願いを課題とした場合、子供は内から湧き出る意欲につき動かされ様々な問題解決学習を展開する」ので、「子供が発見した問いを大事に取り上げ、その問いにこだわることのできる時間を保障することである」という考え方に基づいて、次のような指導計画（30時間）を構想している。

表15「大好きな与那原湾　山原船が来た海辺の町」

過程	時	学習内容
ふれる・であう	1	○生活に欠かせない物で今は、「飲料水」が昔は、「薪」が山原から与那原に運ばれて来たことについて話し合う。また、山原船の模型を見ながら薪の他にどんな物を運んだか予想する。
	2	○与那原の海岸を探検しながら遊び、山原船が来た頃のイメージを描く。
	3	○山原船に乗っていた頃の話を喜舎場さんに聞く。
	4	○国頭村安田の古堅さんから、山原船に積まれていた品物など山原側の話を聞く。（ビデオ）
つかむ・見通す	5	○与那原湾に山原船が来た頃のことで、自分が調べたい課題を決める。その後、同じ課題や近い課題の者同士でグループを作る。
	6	○それぞれの探検隊で、課題解決に向けて学習計画を立てる。
	7	○電話やインタビュー等による情報の集め方や取材の仕方を学び練習する。

調べる・確かめる	8〜12	○それぞれの探検隊の課題解決に向けて活動する。 ①地域のお年寄りや詳しい人にインタビューする。 ②公共施設の担当の方にインタビューする。 ③資料や本から調べる。 ④観察・見学・調査活動をする。
	13〜17	○中間報告会に向けての準備として、これまでに調べてきたことを簡単にまとめる。 ○中間報告会の発表の役割を分担し、発表の練習をする。 ○それぞれの探検隊が中間報告をする。発表を聞いて、すばらしいと思った活動をこれから取り入れるための話し合いをする。
	18〜22	○まだ調べていなかったことを解決するための活動を続ける。 ○中間報告会の時に得た新しい情報を生かして「作る活動」「交流する活動」など個性的でダイナミックな活動にする。
まとめ・発表	23〜26	○まとめ方を考える。(本・巻物新聞・地図・ポスター・パンフレット・ビデオ・録音・写真集・インタビュー劇・クイズ・紙芝居・ペープサートなど) ○レイアウトして内容を分担し、作業に使う材料や用具をそろえる。 ○作業する場を確保し、自分の特技を生かしながら協力して楽しくまとめる。
	27〜30	○発表のめあてを確認し、発表に使うものを揃えそれを使って練習する。 ○発表会をする。(発表する時は、はっきりとみんなに聞こえる声でやる。) ○「大好き与那原湾―山原船が来た海辺の町」の学習を振り返ってまとめをする。

「ふれる　であう」では、「教室から海岸までわずか3分ほど」という地の利を生かして、「海岸ウォッチング」が行われている。子どもたちは、「海辺の生き物を見つけ、貝や海草を採り、心地よい潮風を感じながら夢中になって」遊んでいる。

続いて、山原船の乗組員であった喜舎場さんを訪ねて、喜舎場さんが作った山原船を見せてもらい、インタビューしている。喜舎場さんが作った山原船は、「長さ三メートル程の正確」な模型である。「感動した子どもたち」は、次のような質問をしている。

　　　山原船の色・山原船を作ったときの苦労について・山原船で運んだもの・
　　　山原船の行った所・山原船は台風の時どうするか・山原船は何人乗りか・な

ぜ、やんばる船という名前がついたのか

「つかむ　見通す」では、「ウエービイングといわれている方法」で、「山原船から思いつく言葉や調べたいこと」を発表させている。そして、「一人がいった言葉をヒントに次つぎと知りたいことが発表」され、「発表したことが蜘蛛の巣のように繋がり」あった中から、「近い問い同士でグルーピング」し、「探検隊」を作らせている。そして、「情報の集め方やインタビューの仕方」を「役割演技」で練習している。なお、結成された「探検隊」は、次のとおりである。

① 昔を調べる探検隊―山原船はどんな船なのだろう。
② 山原船探検隊―山原船はなぜ、大かつやくしたのだろうか。
③ ゆかいな探検隊―なんでわざわざ山原から船で、まきとかをはこんできたのだろうか。
④ わんぱく探検隊―軽便鉄道は、どんなふうに使われたのか。
⑤ 馬車スンチャー探検隊―馬車スンチャーって何だろう、どこを通ったのかな。
⑥ やんばる探検隊―やんばる船が来たらなぜ与那原町がにぎやかになったのかな。
⑦ れきし探検隊―やんばる船を沖縄の船としてよみがえらせよう。
⑧ 与那原湾探検隊―山原船を知らせて、与那原町を昔のようなにぎやかな町にするにはどうしたらいいか。

「調べる　確かめる」では、「子どもたちは自分たちの問いに答えてくれそうな人をさがして、電話で日時を約束しインタビュー」に出かけている。子どもたちは、山原船の船主だった方、与那原町史編纂室の方、「祖父が船主で山原船が来てにぎやかだった頃の材木屋や町の様子・軽便鉄道に乗った体験談を話してくださった」方、「山原船・進貢船の模型を作り与那原の歴史に詳しく、また停泊している山原船で遊んだ体験を語った」方など、「20余人の方々」と出会い、課題を追究している。各「探検隊」の活動は、「中間報告会」をはさんで5ヶ月続けられている。また、この活動の中で、山原船の復元、復元した山原船のマリン・タウンでの活用などが、マリン・タウン・プロジェクトへの提案としてなされている。

「まとめ　発表」では、「インタビューに答えてくれた人やお世話になった人たち」も参加した中で、発表が行われている。発表は、「紙芝居」「大きな絵」「山原船お菓子」「新聞」「山原船パン」「山原船ソング」「レポート」といった方法で行われている。最後に、学習をふり返って作文が書かれている。

宮城は、この実践を通して、「『21世紀のきれいで楽しい町、子どもからお年寄りまですべての人の心が豊かに結べる生き生きとした海辺の町づくりに参加したい』という新たな気持ちを育て」たと述べている。

宮城の実践は、「平和と民主主義を担う主権者の育成」を図るために、授業内容は、地域の歴史に誇りを持ち、地域社会を再生しようとする人々の行為に注目し、山原船という歴史的輸送手段の変遷を手がかりとした地域の歴史理解、並びに地域の現代的な課題の理解、課題を克服しようとする人々の心情の理解を意図したものとなっている。そして、そのために、歴史的輸送手段や体験者に対する調査や聞き取り、発表と交流、創作的活動といった授業展開となっている。すなわち、本実践の歴史的意義は、第一に、山原船という歴史的輸送手段を地域の現代的課題と結びつけて、授業内容を再構成したところにある。そして、その際、地域の歴史に誇りと愛着を持ち、地域社会の再生を願う人々の行為に注目し取り上げているところにある。第二に、子どもの知的な問いに基づき内容構成を工夫し、問いの解決を時間的に保障するために総合的学習の指導との関連を図ったところにある。

第3節　創造期の「地域に根ざす社会科」実践の特色とその意義

創造期の「地域に根ざす社会科」実践は、授業実践の展開形式には違いが見られるが、「平和と民主主義を担う主権者の育成」という観点から、次の特色を指摘できる。第一に、地域の再生や形成を意図した人々の行為を取り上げ、こうした人々との知の協同的構成を図りながら、地域社会への関与を促そうとしていることが挙げられる。第二に、子どもの問いに基づく主体的な探究活動、地域の方との知の協同的構成を時間的に保障するために、総合的学習を始めとする他教科他領域の指導との関連が図られていることが挙げられる。

創造期の「地域に根ざす社会科」実践の歴史的意義は、「平和と民主主義を担う主権者の育成」を図るために、維持・適応的行為や問題解決的行為ではなく、地域の再生や創造といった人々の自発的創造的な行為に注目し取り上げているところにある。第二に、子どもの知的な問いに基づき内容構成を図り、子どもを主体とした展開を内容的にも時間的にも保障するために他教科他領域の指導との関連を図っているところにある。

　同時期に「町を見つめ町の人とつながる社会科学習」を実践した鎌倉博は、「『主権者を育てる』ことと『主体的に学ぶ』ことを統一して社会科をとらえる」と、「必然的に、社会科が総合学習としての意味合いを多分に含む可能性と必要性が生まれてくる」と指摘している[15]。こうした創造期の「地域に根ざす社会科」実践の動向は、生活科、社会科、総合的学習それぞれの独自性と関連性の再検討を求めている。

註

(1) 山口勇「どんぐり拾いの謎を追う」『歴史地理教育』No. 608、pp. 58-63、2000年、5月。
　・崎濱陽子「沖縄の良さを見つけ、沖縄から日本・世界を見つめる子どもに──勝連グスクと阿麻和利から日本の歴史にせまる──」『生活教育』pp. 76-86、2005年11月。
(2) 山田直明「人と出会い、学びの世界が広がる──天然酵母のパン屋さんとのふれあい──」『生活教育』pp. 28-32、2000年8月。
　・松房正浩「和佐の農業」『歴史地理教育』No. 608、pp. 44-47、2000年、5月。
(3) 「参加」によって地域社会への関与を図った実践には、次のものがある。
　① 鎌倉博　前掲誌 (102) 2001年1月。本実践では、地域の人々の要請を受けて、子どもたちが地域のお祭りに参加している。
　② 小松清生「よみがえれ大和川（上・下）」『歴史地理教育』No. 691・693、pp. 40-43・pp. 40-43、2005年、12月。本実践では、大和川の学習と関連して、関連のイベントに子どもたちが参加している。
　　「行動」によって地域社会への関与を図った実践には、次のものがある。
　① 草分京子「地域に学び、子どもとともに学んで」『歴史地理教育』No. 645、pp. 22-30、2002年、12月。Ⅴ章で取り上げた「『谷中平和の碑』は私たちの

第Ⅵ章　167

　　　新しい第一歩」(『歴史地理教育』(No. 557))の「平和の碑」を作るための子どもたちの取り組みが報告されている。
　　② 　崎濱陽子「『やさいを育てる仕事』から地域の良さを知る」『生活教育』pp. 72-79、2003年5月。本実践では、「畑たんけん」の活動後、自分たちで野菜を栽培し、販売している。
⑷　石田裕子「村田町まるかじり」『歴史地理教育』No. 618、pp. 22-30、2000年、12月。
　・鎌倉博「町をみつめ町の人とつながる社会科学習─3年生の一つの『総合学習』」『生活教育』pp. 44-56、2001年1月。
⑸　鏡和也「バリアフリーの公園─Aちゃんと──一緒に遊べる公園にしたい─」『歴史地理教育』No. 650、pp. 36-39、2003年、2月。
⑹　矢賀睦都恵「わたしたちのまちかど博物館」『生活教育』2005年4月号、pp. 76-85。
⑺　高橋智恵子「復活『海老根和紙』─地域と小学校の協力─」『歴史地理教育』No. 655、pp. 36-39、2003年、6月。
⑻　中野真知子「わたしたちの町にも戦争があった─地域に残る戦争の足跡をさぐる─」『歴史地理教育』No. 649、pp. 48-51、2003年1月。
⑼　佐藤則次「和光のむかしを知ろう！─今に伝わる『白子囃子』」『歴史地理教育』No. 690、pp. 42-45、2005年10月。
　　なお、本実践は次の文献にも収録されている。
　・『平成16年度　研究紀要　和光市教育員会委嘱　身近な地域の自然的・社会的事象や事物に関心を持ち自然や郷土を愛する態度を育てるための研究』和光市立新倉小学校、pp. 17-22、平成17年。
　　また、佐藤氏から、次の資料をいただいた。
　① 　上記研究紀要
　② 　佐藤則次「歴教協広島大会　第13分科会（小学校3年）和光のむかしを知ろう！〜今に伝わる『白子ばやし』〜」2005年8月。
　③ 　『平成17年度　研究紀要　和光市教育員会委嘱　身近な地域の自然的・社会的事象や事物に関心を持ち自然や郷土を愛する態度を育てるための研究』和光市立新倉小学校、平成18年。
　④ 　『平成18年度　研究紀要　和光市教育員会委嘱　身近な地域の自然的・社会的事象や事物に関心を持ち自然や郷土を愛する態度を育てるための研究』和光市立新倉小学校、平成19年。
　⑤ 　埼玉県歴史教育者協議会『埼玉の歴史教育』第31号、2007年。
⑽　綿引直子「三王山のゆずから見える世界」大木勝司・鈴木正氣・藤井千春『地域をともにつくる子どもたち』ルック、pp. 98-105、2005年。
　　なお、綿引氏からは、次の資料を貸していただいた。
　① 　御前山村立長倉小学校『東茨城郡教育研究会指定（平成14─15年度）研究

の歩み』
　② 指導案、板書記録、子どもの感想など、実践に関わる資料
　また、御前山村立長倉小学校研究主任（当時）粕谷孝明氏からは、次の資料をいただいた。
・大木勝司・粕谷孝明「地域への感動やあこがれを抱く子どもを目指して」第43回教科研全国大会（福岡大会）「社会認識と教育」分科会資料、2004年8月。
⑾　宮城アケミ「総合『大好きな与那原湾　山原船が来た海辺の町』」『生活教育』2000年8月号、pp. 20-27、2000年。
　なお、本実践は次の文献にも収録されている。
・宮城アケミ『地域と関わる　沖縄発総合学習　大好き与那原湾　山原船が来た海辺の町』民衆社、2001年7月。
　また、宮城氏からは、次の資料を貸していただいた。
　① 宮城アケミ『平成11年度　研究報告書』島尻教育研究所
　② 与那原東小学校『文集　大好き与那原湾　山原船が来た海辺の町』1999年11月。
　③ 子どもの学習記録
⑿　佐藤則次　前掲誌⑼ No. 690。
⒀　綿引直子　前掲書⑽
⒁　宮城アケミ　前掲誌⑾　2000年8月。
⒂　鎌倉博　前掲誌⑷　2001年1月。

第Ⅶ章

地域社会の再生・創造に取り組む人々と協同する総合的社会科授業の開発

第1節 地域社会の再生・創造に取り組む人々と協同する総合的社会科授業開発の視点

　「地域に根ざす社会科」実践の到達点に基づく授業開発の視点は、次のとおりである。
　第一に、授業内容は、現代社会の課題を視野に入れて地域の再生、形成を図る人々の行為を取り上げる。「地域に根ざす社会科」実践に見られる授業内容は、平和や人権、生産や生活の向上という普遍的価値にかなう人々の行為とその背後にある社会事象へと歴史的に変遷していた。そして、授業内容として焦点化される人々の行為は、地域社会の維持適応的行為から地域形成的行為へと変遷していた。そこで、本研究における授業開発においても現代社会の課題を視野に入れて地域の課題をとらえなおし、地域の再生、形成を図ろうとする人々の行為を取り上げたいと考える。
　第二に、授業展開では、こうした地域の方々、子どもたち相互の交流を通して、知の社会的構成を図る活動や体験を設定したい。「地域に根ざす社会科」実践では、見学や聞き取りなどの具体的活動、歩く、味わうなどの体験

が多様に展開されていた。授業展開の歴史的展開を見ると、「地域に根ざす社会科」実践における、こうした具体的な活動や体験は、子どもの授業への主体的な関与を促すものから、子どもの主体的な学びを促すものへと位置づけが変化していた。この背景には、地域の方々との交流を通して内容知の獲得を図ろうとする学習指導に関する考え方の転換がある。そこで、本研究における授業開発においても、子どもたちの主体的な学びに基づき内容知の獲得が図られるよう、多様な活動や体験、表現活動を設定し、展開したいと考える。

第三に、「総合的性格をもった社会科」授業を構成するために、総合的な学習の時間や他教科他領域の指導との関連を図る。「地域に根ざす社会科」実践の歴史的展開は、「平和と民主主義を担う主権者」の育成という人間形成の陶冶に基づき、社会科学や人文科学、自然科学の知識内容を再構成するという社会科の総合的性格を回復する必要性を示唆していた。そこで、本研究における授業開発においても、総合的性格を有する社会科授業の開発を行いたいと考え、他教科他領域における指導との関連を検討したい。

第2節　地域社会の再生・創造に取り組む人々と協同する総合的社会科授業開発の事例

1. 単元名
「辻っ子　お米たんけん隊」

2. 目標
【総合目標】
　米と日本人との関係に興味を持ち、稲の栽培、米の調理・加工に見られる人々の知恵や願いに共感を示すとともに、安全な米や農作物、またその生産に関わる人々を支持する態度を養う。

【関心・意欲・態度】
○稲の生長や変化に関心を持つ。

○米の調理や加工に興味を持つ。
○稲作と日本人の生活、風習、文化などとの関わりに関心を示す。
○安全な農作物、またその生産に関わる人々に共感を示し、支持しようとする。
○関心を持った事柄を進んで調べようとする。
○協力して活動できる。

【思考・判断】
○自分の課題を設定し、解決することができる。
○稲作の楽しさや難しさ、収穫の喜びを味わうことができる。
○米づくりのさかんな地域に見られる様々な組織と米づくりの農家との関係を、関連づけて考えることができる。
○品質や安全性をもとに食品や食材を選ぼうとする。
○各地の食文化が地域の自然、農作物や海産物と結びついていると考えることができる。
○これからの日本の食料生産について、自分なりの考えをもつことができる。

【技能・表現】
○活動や体験を通して、米づくり農家の工夫を調べることができる。
○地図やグラフを活用し、課題にそった内容を調べることができる。
○体験したことや発見したことを効果的に表現できる。
○調べる過程でわかったことや考えたことを新聞や本にまとめることができる。

【知識・理解】
○稲の生長や変化に気づく。
○稲作に見られる農家の人々の知恵や工夫がわかる。
○米づくりのさかんな地域では、地域が協力して米づくりを進めていることがわかる。
○農作物の安全性や品質（鮮度）から、地場産の良さがわかる。
○日本の農業の抱えている問題がわかる。

○地域の農家の方の取り組みに、日本の農業の抱えている問題を解決する手がかりがあることを知る。
○米の加工・調理に見られる人々の知恵や工夫を知る。
○日本人の生活や風習、文化に見られる稲作との関連に気づく。
○稲作と関連する伝統行事に見られる人々の願いを知る。
○日本各地に地域に根ざした食文化のあることを知る。

3. 指導計画

表16　開発事例「辻っ子　お米たんけん隊」指導計画

単元名	主な学習活動と内容	留意点※　評価［　］
ごはんパーティーをしよう（6時間）	① 家で食べているお米の品種や産地などを交流しながら、持ち寄ったご飯を食べ比べる。 ② 味、調理方法、産地、品種、輸送手段や方法など、疑問に思ったことを発表する。 ③疑問に思ったことを調べ、発表する。	※児童が疑問や課題としたものを解決させる。 ※児童が調査した内容は、順次授業に反映させる。 ※課題の設定方法、調査方法、まとめ方を児童と相談し、助言する。 ［関］関心を持った事柄を進んで調べようとしたか。 ［思］自分の課題を設定し、解決することができたか。 ［表］体験したことや発見したことを効果的に表現できたか。
稲を育てよう（30時間）	「稲を育てよう」（26） ① 米づくりの一年を見学や観察、聞き取り、体験を通して理解する。 ② 米づくりに対応して、活動や体験を以下のように設定する。 ［見学・観察する］ 　田おこし、田に水を入れる、しろかき、稲の生長の観察 ［教わる］ 　籾消毒、種まき、育苗、水の管理、稲の管理、精米 ［体験する］ 　田植え、草取り、刈り取り、脱穀 「米づくりのさかんな庄内平野」（4） ① 他地域の米の生産事例として、庄内平野の土地の様子、気候の条件を資料を使って調べる。 ② 大きな水田、機械化、カントリーエレベーターなど、効率の良い米づくりのために地域の農家の方々が協力していること、輸送の働きなどを知る。 ③ 農業試験場では庄内の気候に合った米の品種改良をしたり、米づくりの指導をしたりしていることを知る。	※農薬の使用を減らし、土づくりに力を入れる肥留間さんの営農姿勢を知らせる。 ※見学・観察は、定期的かつタイミングを計って実施する。 ※体験は、地域の方に指導や支援を受けながら設定・実施する。 ［関］稲の生長や変化に関心を持てたか。 ［関］協力して活動できたか。 ［思］稲作の楽しさや難しさ、収穫の喜びを味わうことができたか。 ［思］米づくりのさかんな地域に見られる様々な組織と米づくりの農家との関係を、関連づけて考えることができたか。 ［技］活動や体験を通して、米づくり農家の工夫を調べることができたか。 ［技］地図やグラフを活用し、課題にそった内容を調べることができたか。 ［知］稲の生長や変化に気づいたか。 ［知］稲作に見られる農家の人々の知恵や工夫を知ることができたか。 ［知］米づくりのさかんな地域では、地域が協力して米づくりを進めていることがわかったか。

「これからの食料生産とわたしたち」(6時間)	① 「農家の方々は、どうして農産物直売所を作ったのか」「地域の方々は、なぜ直売所で農作物を買うのか」という販売者と購買者双方の動機を理解することにより、環境にやさしい食料生産や食料の自給率など食料生産をめぐる問題を知る。 ② 農家の方や消費者の方が指摘する地場産農作物の良さを観察、試食などの活動や体験を通して体感するとともに、科学的検査も加えて知的理解を図る。また、こうした理解に基づき、地場産農作物を進んで購入しようとする態度を育てる。 ③ 耕地面積の変化、農業就業者数の変化などのグラフから日本の農業に起きている問題を知る。また、これらの問題が自然環境や世界の食料不足に与える社会的な意味を考える。 ④ 肥留間さんの営農姿勢を通して、環境と消費者を大切にしていくこれからの食料生産の在り方、消費者が購買行動を通して環境にやさしい食料生産を支持していくことの重要性を理解する。 ⑤ 環境と消費者を大切にしようとする地域の農家の方々の取り組みを知らせるポスターやパンフレットなどを作る。	※本や新聞記事、インターネットを活用する。 ※これまでの体験や経験、調査活動で得た知識に基づき、これからの農業や食生活をどのようにしていけばいいのか考える。 ※どのような方法で発表すれば、みんなに伝わるかを考え、発表方法を検討する。 ※保護者、地域の方などに発信できるようにする。 ［関］安全な農作物、またその生産に関わる人々に共感を示し、支持しようとしたか。 ［思］稲作と自分たちの生活との関連を考え、自分なりの考えを持つことができたか。 ［知］農作物の安全性や品質（鮮度）から、地場産農作物の良さがわかったか。 ［知］日本の農業の抱えている問題がわかったか。 ［知］地域の農家の方の取り組みに、日本の農業の抱えている問題を解決する手がかりがあることを知ることができたか。
収穫祭をしよう（10時間）	「辻の収穫を祝う行事を調べよう」(2) ① 地域でも行われていた収穫を祝う行事を、地域の方に聞いて調べるという課題を持つ。 ② 調べたことを発表する。 「刈り上げぼたもちを食べよう」(4) ① 地域で行われていた「刈り上げ」という収穫儀礼の意味を、郷土資料館の方に聞く。 ② 今も「お日待ち」にお餅をついて配る理由を、肥留間さんに聞く。また、米づくりに対する肥留間さんの思いや願いを聞く。 ③ あんこを煮て、ぼたもちを作る。 ④ 肥留間さんを招き、「刈り上げ」を行い、ぼたもちを食べる。 「ぼくらの収穫祭をしよう」(5) ① お米から作られる食品を調べる。 ② 興味を持った食品について、なぜそのような食べ方がされるのかを調べ、発表する。 ③ 調べたレシピに基づき、その食品を作る。 ④ 加工・調理したものを食べ比べる。	※指導や支援をしていただいた方にも参加していただく。 ※自分たちにできないことはどう解決したらよいか、道具はどうするのかなど、児童自身が考え、問題解決を図るように促す。 ※保護者や地域の方をゲストティチャーとして招く。 ※家庭科の調理、栄養と関連付ける。 ［関］米の調理や加工に興味を持つことができたか。 ［関］稲作と日本人の生活、風習、文化などとの関わりに関心を示したか。 ［関］安全な農作物、またその生産に関わる人々に共感を示し、支持しようとしたか。 ［関］関心を持った事柄を進んで調べようとしたか。 ［関］協力して活動できたか。 ［思］稲作の大変さや収穫の喜びを感じることができたか。 ［思］各地の食文化が地域の自然や農作物と結びついていると考えることができたか。 ［表］体験したことや発見したことを効果的に表現できたか。

収穫祭をしよう (10時間)	「お雑煮パーティーをしよう」(7) ① 各家庭のお雑煮について、由来、お餅の形や味付け、使われている材料などを調べて発表する。 ② お雑煮に入れるおもちをつく。 ③ お雑煮を作って持ち寄り、食べ比べる。	〔知〕稲作と関連する伝統行事に見られる人々の願いを知ることができたか。 〔知〕米の加工・調理に見られる人々の知恵や工夫を知ることができたか。 〔知〕日本各地に地域に根ざした食文化のあることを知ることができたか。
たんけん隊のアルバムを作ろう (8時間)	① お米たんけん隊の一年間のできごとを振り返る。 ② 一人一場面ずつ分担し、その場面に合った絵と文を作る。 ③ 絵をもとに版木を作り、刷り上げる。 ④ 印刷し、製本する。	※お米研究所にある学習の足跡を手がかりに振り返らせる。 〔関〕協力して活動できたか。 〔表〕体験したことや発見したことを効果的に表現できたか。

4. 授業の概要

　第一単元「ごはんパーティーをしよう」は、子どもの興味関心を触発し、本学習への動機づけを図る単元として位置づけた。この単元では、子どもたちが家庭で食べているごはんを持ち寄り、食べ比べる体験をする。この体験を通して、ごはんの味、調理方法、産地、品種、輸送手段や方法など多様な問いを子どもたちに育てたいと考える。そして、子どもたちの問いは文献による調査、インタビュー、アンケートなどの調べ活動を通して解決させ、米の生産・流通に関する理解を図りたいと考える。

　本開発事例で米を取り上げたのは、5年生の社会科では、産業学習の一つとして日本の食料生産が扱われ、日本人の主食である米の生産が必修の学習内容となっているからである[1]。米を主食とする日本人にとって、稲は最も身近で大切な植物であった。日本人は、稲の生産を拡大するために品種の改良や技術の革新を行い、自然条件の克服、対応を図ってきた。しかし、戦後の食生活の変化の中で日本人の米の消費量も減り、稲や稲作、米に対する知識や関心も低下している現状がある。子どもたちも家庭や給食で米を食しながら、稲作についての知識や関心は低い。こうした中で、本学習を通して、子どもたちが稲を栽培し、米を調理・加工することは、日本人の主食である稲の生育過程、米の生産に関わる人々の苦労や工夫、食料生産や米の生産の重要性、日本人の生活と稲との関わりなど、稲に関連する多様な事象や人々の行為を追求するきっかけになると考える。また、最近、食の安全性や食糧自給率といった食の問題、水田の環境保全機能といった現代的な視点から稲

作が見直されてきている。したがって、稲の栽培、米の調理・加工を通して生まれる子どもたちの知的な問いを解決することによって、子どもたちの社会的視野の拡大も図ることができると考える。加えて、活動や体験は感情や感動を伴う。活動や体験による感情や感動は、知識の獲得、社会的視野の拡大と結びついて、子どもたちの実践的態度を形成していくものと考える。

　第二単元「稲を育てよう」は、稲の栽培を体験、見学、聞き取り、稲作に見られる農家の人々の知恵と工夫、苦労を知る単元として位置づけた。この単元では、地域の水田を学習の場として田おこし、代かきなどを見学・観察し、もみの消毒、育苗などについて話を聞き、田植えや刈り取りを体験する。これらの活動や体験を通して、食料生産に従事している人々の工夫や努力の一端を理解させたいと考える。学習に当たっては、鳩ケ谷市で水稲耕作を続けている肥留間さんに参加していただき、営農姿勢などを含めて、栽培に関する指導をお願いする。肥留間さんにお願いしたのは、低農薬や有機肥料などによる安心安全な農作物の生産と直売、学校給食との連携といった生活密着型農業を展開し、生産者と消費者、公共機関とのネットワークを作り、地域の再生を図ろうとする地域の農家の方々の一人だからである。すなわち、肥留間さんという人物への焦点化を図り、こうした取り組みに対する共感的理解を促したいと考えたのである。また、肥留間さんは、お父さんの後を継いで農業を始めたものの、その引き継ぎが急なものであったので、農業大学で勉強したり、篤農家を訪ねて話を聞いたりしながらご自分の営農姿勢や農法を作り上げようとされている。こうした生き方も、子どもたちに良い影響を与えるものと思われる。

　また、本単元では、社会科における指導との関連を図り、鳩ケ谷市とは異なる山形県庄内地方の米づくりの様子を、教科書を通して学習する。稲作に特化した地域の生産の工夫、協力、品種改良、他産業とのネットワークなどを学習させたい。

　第三単元「これからの日本の食料生産とわたしたち」では、社会科、家庭科における指導との関連を図り、地域にある農産物直売所を通して、食料生

産における食の安全や安心、自給率といった現代社会の課題の一つを考える。そして、地域の農家の方々が進める取り組みの中に解決の手がかりがあることを知るとともに、消費者としての関わり方を考える。単元では、まず、農産物直売所で農作物を販売する農家の方々、その農作物を購入する地域の方々双方の動機を理解することによって直売所の意義を知る。次に、地場産農作物の良さを体感し、栄養学的視点からも理解する。そして、こうした農家の方々の取り組みを「知らせる、紹介する」「積極的に買う」という支持、応援を通して、子どもの関与を図りたいと考える[2]。

こうした地域における生活密着型農業を取り上げたのは、この取り組みが、日本の農業、並びに食料生産の現状を打開する一つの方向を指し示しているからである[3]。現在、日本の農業は、これまでのアメリカの食料戦略の影響と経済成長優先の政策のもとで、農家数や耕地面積の減少、農業就業者の高齢化、後継者の不足など様々な問題を抱えている。また、90年代後半から始まったグローバリゼーションにより、我が国の食料自給率の低下も深刻な状況となっている。このグローバリゼーションによる自由貿易の拡大と投資の自由化は、飢餓や貧困の拡大、環境破壊といった世界的危機をももたらしている。こうした中で、「それぞれの国の、それぞれの地域にあった、地域で循環できる『小さな農業』」を通して、「生産者、消費者がともに願う方向に向かって、地域でともに運動していく」必要性が指摘されている[4]。そこで、現代社会の課題を視野に入れた創造的な生産活動を通して地域社会の再生を図ろうとする地域の農家の方々と、その取り組みを取り上げたのである。

第四単元「収穫祭をしよう」は、収穫の喜びをみんなで分かち合う方法を調べ、実施する。まず、地域に残る、あるいはかつてあった収穫儀礼を調べ、その意味を理解するとともに、背景にある時代を超えた人々の願いを知る。そして、肥留間さんとともに、収穫を祝う。

また、家庭科における指導との関連を図り、まず、米を加工、調理して持ち寄り、子どもの思いや願いにそった収穫祭も実施する。次に、各地に残る食文化を体験・体感することを意図して、「お雑煮パーティー」を実施する。そのために、必要となるお餅をつき、各家庭のお雑煮に合った形に成形する。

また、お餅の形、お餅を焼いて入れるのか焼かないで入れるのか、味付け、具といったことを視点に、各家庭の雑煮を調べ、発表・交流する。

　第五単元「たんけん隊のアルバムをつくろう」は、図工科における指導との関連を図り、版画制作を通して、学習のまとめを行いたい。子どもたち一人ひとりがお米たんけん隊の一場面を絵と文で振り返ることによって、これまでの学習がその時々の感情と一緒に思い起こされ、強化されることが期待できる。

　なお、こうした授業展開と関連して、空き教室を利用し、学習情報の集積と共有を図りたい。このスペースを使って、学習に関する情報を集め、掲示し、学習の可視化を図りたいと考える。

註

(1) 例えば、『小学校指導要領解説』では、次のように指示されている。
　　「国民の主食を確保する上で重要な役割を果たしている稲作については必ず取り上げる」文部科学省『小学校学習指導要領解説　社会編』東洋館出版社、平成20年3月、p. 60。
(2) 家庭科では、「身近な消費生活と環境」が内容として取り上げられている。また、子どもの関与の仕方については、下記の文献を参考にした。
　① 文部科学省『小学校学習指導要領』東京書籍、平成20年7月、p. 89。
　② ロジャー・ハート著、木下勇・田中治彦・南博文監修 IPA 日本支部訳『子どもの参画　コミュニティづくりと身近な環境ケアへの参画のための理論と実際』萌文社、2000年、p. 42。
(3) 生活密着型農業とは、「生活に密着し、地域の風土に根ざした食文化を大切にしていこうとする」取り組みのことである。こうした生活密着型農業は、「政府が農業近代化政策として国をあげて推進してきた産業型農業が深刻な行き詰まり」にある中で、「自然と共にあって、いのちを育む営みとしての農業を復権させようとする取り組みと位置付けられる」とされている。
　・中島紀一編著『地域に広がる有機農業　いのちと農の論理』コモンズ、2006年、pp. 26-27。
　　また、大野和興氏は、日本の農業の未来展望について、次のようなキーワー

ドを挙げている。
　「①循環と多様性②風土と共生③地域性④総合力⑤おすそわけと棲み分け⑥平和」
・大野和興『日本の農業を考える』岩波ジュニア新書、岩波書店、2009 年、p. 146。
(4) 浅野奈緒子「Q＆A　どうする『グローバリゼーション』下の食料・農業問題」歴史教育者協議会『歴史地理教育』No. 646、2002 年 11 月、p. 15。
　こうした主張は、1990 年代から見られる。
・農文協論説委員会「21 世紀は『小さい農業』の時代　世界が日本農業の生産革命に期待する」農山漁村文化協会『現代農業』1994 年 1 月号、pp. 40-45。
なお、農業、食糧問題に関しては、下記の文献を参考にした。
① NHK「地球データマップ」制作班『NHK　地球データマップ　世界の"今"から"未来"を考える』日本放送出版協会、2008 年。
② 中田哲也『フード・マイレージ　あなたの食が地球を変える』日本評論社、2007 年。
③ 日本消費者連盟編『食料主権』緑風出版、2005 年。
④ 藤岡幹恭　小泉貞彦『よくわかる「いま」と「これから」　農業と食料のしくみ』日本実業出版社、2007 年。
⑤ 本間義人『地域再生の条件』岩波新書、岩波書店、2007 年。
⑥ 真嶋良孝『いまこそ、日本でも食料主権の確立を！　このままでは食べ物がなくなる？　ウソのようでホントの話　改訂版』本の泉社、2009 年。
⑦ 宮本憲一『環境経済学　新版』岩波書店、2007 年。
⑧ 本山美彦　三浦展　山下惣一　古田睦美　佐久間智子『儲かれば、それでいいのか』コモンズ、2006 年。
⑨ 矢口芳生＋尾関周二『共生社会システム学序説　持続可能な社会へのビジョン』青木書店、2007 年。
⑩ 山崎農業研究所【編】『緊急提言　食料主権　暮らしの安全と安心のために』農山漁村文化協会、2000 年。
⑪ 山下惣一、大野和興『増補　百姓が時代を創る』七つ森書館、2008 年。
⑫ 山下惣一・鈴木宣弘・中田哲也編『食べ方で地球が変わる〜フードマイレージと食・農・環境〜』株式会社創森社、2007 年。
⑬ 鷲谷いづみ『自然再生　持続可能な生態系のために』中公新書、中央公論社、2007 年。

終　章

本研究の意義と今後の課題

第1節　本研究の意義

　本研究では、「平和で民主的な国家・社会の形成者」の育成を授業実践を通してどのように図るのかという社会科教育の基本的課題を解決するために、民間教育研究団体が取り組んできた小学校における「地域に根ざす社会科」実践を取り上げ、「平和と民主主義を担う主権者」を育成するために、「地域に根ざす社会科」実践ではどのような取り組みが行われたのか、なぜそのような取り組みとなったのか、それらの取り組みにはどのような歴史的意義があるのかを解明してきた。

　この研究目標の達成を図るために、本研究で設定した研究対象と研究方法は、次のとおりである。

(1)　「地域に根ざす社会科」授業実践記録、並びに「地域に根ざす社会科」授業実践に関する先行研究を収集した。授業実践は、1970年以降の『歴史地理教育』『教育』『生活教育』誌に掲載されている授業実践記録の中から、地域を対象とした授業実践を全て収集した。参考として、『社会科教育』誌、それぞれの団体、もしくは所属する会員の出版物も対象とした。また、授業実践に関連する先行研究は、上記4誌、及び出版されている書籍、教育

関係の学会誌を対象に収集した。
(2) 収集した授業実践記録、並びに授業実践に関する論稿を年表に整理し、取り組みの事実を確定するとともに実践の動向を把握した。
(3) 収集した小学校の授業実践を、子どもたちがどのような内容をどのような方法で理解し、思考しているのかを明らかにする必要から、「平和と民主主義を担う主権者」を育成する授業内容と授業展開の視点から検討し、授業構成上の特徴を把握した。
(4) 第二並びに第三の検討結果を指標として、小学校における「地域に根ざす社会科」実践の時期区分を行い、それぞれの時期の特色と課題を明らかにした。また、典型的な実践を取り上げ、それらの実践の歴史的意義を明らかにした。

こうした本研究の研究方法、並びに分析視点には、次のような意義と特質がある。

第一に、先行研究が著名な「地域に根ざす社会科」実践、並びに研究者の問題関心による「地域に根ざす社会科」実践を取り上げる個別的な研究にとどまっていたのに対し、本研究では、民間教育研究団体における地域を対象とした実践を全て収集し、分析・検討したことである。また、「地域に根ざす社会科」実践の発展として展開されている生活科、総合的学習実践も視野に入れて収集、分析・検討し、「地域に根ざす社会科」実践における歴史的展開の全体像を明らかにしたことである。

第二に、先行研究は、多様な「地域に根ざす社会科」実践を検討することなく、年代的な時期区分にとどまっていたのに対し、本研究では、個々の授業実践を、授業内容と授業展開の視点から検討し、「平和と民主主義を担う主権者」を育成する授業内容及び授業展開の変遷を明らかにするとともに、授業内容と授業展開を視点とした実践史研究の方法論を示したことである。

このことを各章では、次のように指摘している。

第Ⅰ章では、「地域に根ざす社会科」実践の成立と展開の概要を考察し、解明した。

「地域に根ざす社会科」実践は、1970年、歴教協第22回大会を契機に、民間教育研究団体の大きな流れとなった。歴教協は、この大会で「研究の重点」

として、「地域に根ざし人民のたたかいをささえる歴史教育」を設定し、活動方針の一つに「地域に根ざし人民のたたかいをささえる歴史教育の理論的・実践的、推進」を掲げた。すなわち、歴教協における「"地域に根ざす"という考え方の基礎は"民衆こそが歴史の担い手である"という歴史観・教育観」であり、「父母大衆・地域の民衆に学び、その教育要求をふまえ、地域にふさわしい歴史教育の内容・形式・方法を創造していくことである」と考えられていたのである。

　日生連は、1972年、夏季全国研究集会において、研究主題「子どもの発達を保証する教育の創造」、副題「地域・生活に根ざして」を設定したのである。「地域・生活に根ざす」という副題を設定したのは、当時の社会や教育をめぐる基本動向に対する抵抗であり、「子どもたちに現実を抽象化せずにレアルにみつめさせ、彼等を科学や芸術を生み出した基盤に立たせ、現実を変革する主体として形成しようとする教育」を創造的に発展させたいと考えたからである。

　教科研は、1975年に、「教育を地域に根づかせるために」という「主張」を掲げる。教科研は、地域に根ざす教育を、「1960年代以降、全国いたるところに地域破壊、教育破壊をもたらした大企業本位の『地域開発政策』とこれに従属した能力主義の教育政策とを鋭く批判し、一方、教育の自主性を地域から回復しようとする」取り組みとしてとらえた。そして、この取り組みの課題として、「家庭・地域・学校における子どもの生活の総点検をするなかで、子どもの発達の全体像とかかわって学校教育のあり方を再吟味していくこと」、「今日の課題に応えうる新しい人間像をめざして地域の教育力を再編成し、創造していくこと」、「学校教育の内容・方法を地域に根づかせていくこと」、「以上にあげてきた学校教育をはじめとする教育事業の全体を、地域住民の自治のもとにおくこと」を指摘している。

　つまり、「地域に根ざす社会科」は、こうした時代背景のもと、「父母大衆・地域の民衆」の教育要求、「地域住民の民主的なちから」、「地域住民の自治」との関連を図りながら、「平和と民主主義を担う主権者」を育成しようとしたのである。

　こうした「地域に根ざす社会科」実践を、授業内容と授業展開を視点に検

討すると、次のような時期的傾向が見られたのである。
　第一に、1970年から74年の時期である。この時期は、「平和と民主主義を担う主権者の育成」において、「地域とは何か」「地域に根ざすとはどういうことなのか」といったことを各実践者が検討しながら、「民族の課題が地域社会の中に貫徹している」歴史的社会的事象とそこでの人々の行為や体験を取り上げて実践が展開される時期である。そこで、この時期を地域の現実や民族的課題に目を向けた「地域に根ざす社会科」実践の模索期とした。
　第二に、1975年から81年の時期である。この時期は、「平和と民主主義を担う主権者」を育成しようとする多様な実践が、各地で数多く生み出された時期である。この7年間に発表された「地域に根ざす社会科」実践は、模索期の3倍を越える130事例となっている。また、この時期は、地域の人々の生産労働行為をとおして主権者を育成しようとする授業実践が増加し、学習したことを表現するなどの態度形成を図った実践も登場している。そこで、この時期を地域における人々の行為と社会事象とを関連付けた「地域に根ざす社会科」実践の拡大期とした。
　第三に、1982年から90年までの時期である。この時期は、模索期から取り組まれた、地域の掘り起こしにより得られた歴史的社会的事象と、そこでの人々の行為や体験の理解を通して「平和と民主主義を担う主権者の育成」を図ろうとした時期である。また、拡大期に指摘され始めた子どもたちの問題意識や認識形成を視野に入れ、主体的な学習活動を通して主権者を育成しようと授業内容を再構成したり、授業展開を工夫したりする時期でもある。さらに、「意見・提案」といった形で子どもたちの社会参加を促す実践が登場してくる時期でもある。生活科実践も登場し、「地域に根ざす生活科」の先駆けとなる時期でもある。そこで、この時期を、子どもの認識を視野に入れ多様な授業が開発された「地域に根ざす社会科」実践の継承・発展期とした。
　第四に、1991年から99年の時期である。この時期は、地域の課題を現代社会の新たな問題視点から取り上げ、より広い視野から「平和と民主主義を担う主権者の育成」を図ろうとした時期である。特に、地域の上下水道やごみ処理、地域の開発に関わる授業内容を、環境の視点から新たに再構成した実践が登場してくる時期である。また、他教科他領域の学習指導と関連付け

た実践が展開されたりする時期であり、「参加」「行動」など地域社会への多様な関与を意図した実践が増加する時期でもある。そこで、この時期を、現代社会の課題を視野に入れ地域の課題を捉え直した「地域に根ざす社会科」実践の転換期とした。

　第五に、2000年から05年までの時期である。この時期は、過去の歴史や出来事の発掘だけでなく、それを現代の地域形成や地域創造につなげていく問題設定を行い「平和と民主主義を担う主権者の育成」を図ろうとした時期である。そこで、この時期を、地域の再生・創造に関与する「地域に根ざす社会科」実践の創造期とした。また、この創造期は、生活科や総合的学習等の指導との関連をはかる授業実践が展開される時期でもある。

　そこで、Ⅱ章からⅥ章にかけて、各時期の特色と意義を考察し、解明した。

　第Ⅱ章では、地域の現実や民族的課題に目を向けた模索期（1970年―1974年）の「地域に根ざす社会科」実践の時期的傾向を考察し、次のように解明している。模索期の授業内容を検討すると、次のような傾向を指摘できる。第一に、「村の中に安保も帝国主義もある」「子どもたちが地域・生活の現実に目を向ける」という言葉に象徴される農業問題や公害、基地の問題など地域の社会事象が取り上げられている。第二に、地域の歴史の掘り起こし、特に戦争に関する出来事や体験の掘り起こしが進められ、授業実践に結実している。授業展開を検討すると、次のような傾向を指摘できる。第一に、見学や観察、インタビュー、踏査など、学習対象への主体的な関与を図る学習活動が展開されている。第二に、墓石など地域の歴史的な遺物、働いている人や生活している人など地域の人々、お祭りなど地域の伝統的な行事に注目して実践が展開されている。

　また、次の2つの典型的授業実践事例の分析・検討によって、模索期の特色と歴史的意義を下記のように指摘している。
① 　墓石調査を通して戦争の影響と平和への願いを考えさせた授業実践―「戦争をどう教えたか」（小3）
② 　子どもの生活実感や共感性に結びつけて、工業の発達と平和や民主主義の問題を考えさせた授業実践―「工業の発達」（小5）

「平和と民主主義を担う主権者の育成」という観点から見た模索期の特色は、第一に、戦後日本の「民族の課題」や「地域・生活の現実」として戦争の足跡、高度経済成長による第一次産業の衰退や公害などのひずみを取り上げていることが挙げられる。第二に、子どもたちの授業への主体的な関与を意図して、地域のフィールドワーク、見学・観察・聞き取りといった調査活動の設定、「生活実感や共感性」を視野に入れた教材の選択などが挙げられる。

歴史的意義としては、「平和と民主主義を担う主権者の育成」を図るために、第一に、地域に残る戦争の足跡、急激な社会変化による地域社会への影響、地域社会を支える生産労働などに注目し、地域社会の歴史的現実的問題を取り上げたところにある。第二に、地域のフィールドワーク、見学・観察・聞き取りといった調査活動など、その後の「地域に根ざす社会科」実践で展開される学習活動が取り入れられ、共有化されていったところにある。

第Ⅲ章では、地域における人々の行為と社会事象とを関連付けた拡大期（1975年—1981年）の「地域に根ざす社会科」実践の時期的傾向を考察し、次のように解明している。拡大期の授業内容を検討すると、次のような傾向を指摘できる。第一に、生活行為や歴史体験など、地域の人々の多様な行為を学習対象として取り上げ、その行為の背景にある社会事象と関連付けた実践が増加している。第二に、地域社会の維持や適応を図る人々の行為だけでなく、改善的行為を取り上げた実践が登場してくる。授業展開を検討すると、次のような傾向を指摘できる。第一に、「子ども」というタイトルに象徴されるような子どもの関心や考え方を視野に入れた授業展開が見られるようになる。第二に、学習の成果を保護者や地域の方など周囲の人々に表現し発表する実践が登場してくる。第三に、地域の人々、子ども同士の社会的交流を通して知識の獲得や社会認識の形成を図ろうとする考え方に基づいて授業が展開される実践が登場してくる。

また、次の3つの典型的授業実践事例の分析・検討によって、拡大期の特色と歴史的意義を下記のように指摘している。

① 地域の人々の働く姿を取り上げた授業実践—「子どもと共につくる社会科—小3・見学学習と子どもたち」

②　地域産業の変容を保護者・住民と共に学んだ授業実践―「久慈の漁業」（小5）
③　地域住民の生活改善行為を取り上げた授業実践―「生協"がくえん班"のおばさんたち」（小3）

　「平和と民主主義を担う主権者の育成」という観点から見た拡大期の特色は、第一に、教師自身の調査や掘り起こしによって、地域の人々の多様な行為を取り上げたり、行為と地域社会の事象とを関連づけて取り上げたりしていることが挙げられる。第二に、子どもたちの調査活動を明確なねらいのもとに設定し、地域の人々を教える側に立たせながら授業が展開されていることが挙げられる。

　歴史的意義としては、「平和と民主主義を担う主権者の育成」を図るために、第一に、地域の産業とそこでの労働、地域に見られる改善的な生活行為を取り上げることによって、子どもたちに地域社会で主体的に生きる人々の姿に触れさせ、地域の捉え直しと主権者意識の形成を図ったところにある。第二に、地域における見学や観察、聞き取りといった子どもたちの調査活動の意義を明らかにしたところにある。第三に、子どもたちの知識の獲得、社会的な見方や考え方の形成を、地域の人々との協同作業としたところにある。

　第Ⅳ章では、子どもの認識を視野に入れ、多様な授業が開発された継承・発展期（1982年―1990年）の「地域に根ざす社会科」実践の時期的傾向を考察し、次のように解明している。継承・発展期の授業内容を検討すると、次のような傾向を指摘できる。第一に、それまでの地道な地域の掘り起こしを反映して、地域の歴史事象、歴史体験、歴史的現代的問題解決行為を、その行為の背景にある社会事象と関連付けて取り上げた実践が増加している。第二に、地域の生産労働や歴史を取り上げた生活科授業実践が登場してくる。授業展開を検討すると、次のような傾向を指摘できる。第一に、地域社会の課題に対する意見表明といった形で、社会への関与を促す実践が登場してくる。第二に、子どもたちの問題意識を生かして、授業の展開方法が検討されるようになる。

　また、次の3つの典型的授業実践事例の分析・検討によって、継承・発展

期の特色と歴史的意義を下記のように指摘している。
① 子どもの社会参加を促した授業実践—「長池の学習と地域に根ざす社会科」(小3)
② 地域の歴史体験者の記録に基づき、戦争の悲惨さと平和の尊さを考えさせた授業実践—「地域に根ざす平和教育—『被爆者の手記』を教材化して—」(小6)
③ 自主編成の学習書により地域の生産労働理解を図った授業実践—「お茶づくり」(小3)

「平和と民主主義を担う主権者の育成」という観点から見た継承・発展期の特色は、第一に、地道な地域の掘り起こしや長い時間をかけた教材づくりによって、地域の人々の行為と地域社会の事象とを関連付けて取り上げていることが挙げられる。第二に、子どものわかり方や社会認識の形成を視野に入れ、授業の内容を再構成したり、授業展開を工夫したり、多様な授業技術を導入したりしていることが挙げられる。

歴史的意義としては、「平和と民主主義を担う主権者の育成」を図るために、第一に、地域の社会事象や人々の行為の理解に止まらず、表現、意見・提案、参加など地域社会への積極的な関与が図られるようになったところにある。第二に、子どもたち主体的な社会認識形成や知識の獲得を促すために、授業内容の再構成、授業展開の工夫、多様な授業技術の導入が図られるようになったところにある。

第V章では、現代社会の課題を視野に入れ、地域の課題を捉え直した転換期(1991年—1999年)の「地域に根ざす社会科」実践の時期的傾向を考察し、次のように解明している。転換期の授業内容を検討すると、次のような傾向を指摘できる。第一に、地域の水やごみに関する実践が環境問題の視点から再構成され、実践数が増加している。第二に、環境、食、平和といった現代社会の課題を取り上げた総合的学習実践が登場してくる。授業展開を検討すると、次のような傾向を指摘できる。第一に、表現、意見・提案、参加、行動といった態度形成を意図した多様な授業実践が増えている。第二に、他教科他領域の指導との関連を図った実践が登場してくる。

また、次の3つの典型的授業実践事例の分析・検討によって、転換期の特色と歴史的意義を下記のように指摘している。
① 　地域の人々と平和を考えた授業実践─「『谷中平和の碑』は私たちの新しい第一歩」（小6）
② 　開発問題をとおして住民自治を考えた授業実践─「ポンポン山がたいへん」（小4）
③ 　創造的な生産労働行為を取り上げた授業実践─「日本のコメづくり」（小5）
　「平和と民主主義を担う主権者の育成」という観点から見た転換期の特色は、第一に、環境や食、平和といった現代社会の課題と地域の課題とを関連付けて取り上げていることが挙げられる。第二に、子どもたちの興味や関心、社会認識形成を視野に入れて、他教科他領域の指導との関連を図っていることが挙げられる。歴史的意義としては、第一に、現代社会の課題という、より広い社会的視野から地域社会の課題を捉え直し、その解決を図ろうとする人々の行為を通して主権者意識の形成を図ったところにある。第二に、子どもたちの知識の獲得、社会的な見方や考え方の形成をこうした人々との協同作業とし、地域社会への多様な関与を図ったところにある。

　第Ⅵ章では、地域の再生・創造に関与する創造期（2000年─2005年）の「地域に根ざす社会科」実践の時期的傾向を考察し、次のように解明している。創造期の授業内容を検討すると、次のような傾向を指摘できる。第一に、歴史や過去の出来事の発掘だけでなく、掘り起こした歴史や出来事を現代の課題と結びつけて授業内容が構成されている実践が見られる。第二に、地域の歴史や産業、文化などにおける新たな地域の再生や創造に関わる人々の行為が授業内容として取り上げられている実践が見られる。授業展開を検討すると、次のような傾向を指摘できる。第一に、総合的学習の創設をうたった現行学習指導要領の実施に伴い、社会科と関連した総合的学習実践が拡大・増加している。第二に、社会科や社会科と関連した総合的学習の実践のみならず、生活科実践においても地域社会の課題解決への関与を意図した実践が生まれている。

また、次の3つの典型的授業実践事例の分析・検討によって、創造期の特色と歴史的意義を下記のように指摘している。
① 「地域の伝統文化とそれを守り育ててきた人々を取り上げた授業実践—「和光のむかしを知ろう！―今に伝わる『白子囃子』」（小3）
② 産業振興による新しい地域づくりを取り上げた授業実践—「三王山のゆずから見える世界」（小3）
③ 地域の歴史に誇りを持ち、地域の再生を図る人々を取り上げた授業実践—「総合『大好きな与那原湾　山原船が来た海辺の町』」（小4）

　「平和と民主主義を担う主権者の育成」という観点から見た、創造期の「地域に根ざす社会科」実践の特色は、第一に、地域の再生や形成を意図した人々の行為を取り上げ、こうした人々との知の協同的構成を図りながら、地域社会への関与を促そうとしていることが挙げられる。第二に、児童の問いに基づく主体的な探究活動、地域の方との知の協同的構成を時間的に保障するために、総合的学習を始めとする他教科他領域の指導との関連が図られていることが挙げられる。

　歴史的意義としては、「平和と民主主義を担う主権者の育成」を図るために、第一に、維持・適応的行為や問題解決的行為ではなく、地域の再生や創造といった人々の自発的創造的な行為に注目し取り上げているところにある。第二に、子どもたちの知的な問いに基づき内容構成を図り、子どもたちを主体とした展開を内容的にも時間的にも保障するために他教科他領域の指導との関連を図っているところにある。

　すなわち、「地域に根ざす社会科」実践の授業内容は、「民族の課題が地域社会に貫徹している」歴史的社会的事象とそのもとでの人々の行為・体験から、平和や人権、生産や生活の向上という普遍的価値に適う人々の行為とその背後にある社会事象へと変遷していた。また、授業内容として焦点化される人々の行為は、地域社会の維持・適応的行為から問題解決的改善的行為へ、地域形成的行為へと変遷していた。授業展開に対する考え方は、子どもたちの知識内容の獲得を、地域の人々や子どもたち相互の社会的交流を通して協同的に図ろうとする考え方へ変遷していた。そして、これに伴って、「地域に

根ざす社会科」実践で見られる具体的な活動や体験が、子どもたちの授業への主体的な関与を促すものから、子どもたち自身の「主体的な学び」を保障するものへと位置づけが変化していた。すなわち、「平和と民主主義を担う主権者」を育成するために、歴史や社会を創造する人間の具体的な姿として地域の人々の社会的な行為とそれに関連する事象を取り上げ、子どもたちの主体的な学びを通して理解と態度形成を図るものとなっている。

最近の授業動向は、地域再生や地域形成を意図した人々の行為を取り上げ、これらの人々との知の協同的構成を図りながら、地域社会への関与を促し「平和と民主主義を担う主権者の育成」を図るものとなっている。

こうした「地域に根ざす社会科」実践の歴史的展開過程の成果は、平和と民主主義を担う主権者の育成という人間形成の陶冶に基づき、社会科学や人文科学、自然科学の知識内容を再構成するという社会科の総合的性格を回復する必要性を示唆していると言える。

第Ⅶ章では、「地域に根ざす社会科」実践の歴史的到達点に立って、地域社会の再生・創造に取り組む人々と協同する総合的社会科授業を開発している。地域社会の再生・創造に取り組む人々と協同する総合的社会科授業の開発は、次の3つの開発視点に基づいて行われている。

第一に、授業内容は、現代社会の課題を視野に入れて地域の再生、形成を図る人々の行為を取り上げる。「地域に根ざす社会科」実践に見られる授業内容は、平和や人権、生産や生活の向上という普遍的価値にかなう人々の行為とその背後にある社会事象へと歴史的に変遷していた。そして、授業内容として焦点化される人々の行為は、地域社会の維持適応的行為から地域形成的行為へと変遷していた。そこで、本研究における授業開発においても現代社会の課題を視野に入れて地域の課題をとらえなおし、地域の再生、形成を図ろうとする人々の行為を取り上げたいと考える。

第二に、授業展開では、こうした地域の方々、子どもたち相互の交流を通して、知の社会的構成を図る活動や体験を設定したい。「地域に根ざす社会科」実践では、見学や聞き取りなどの具体的活動、歩く、味わうなどの体験が多様に展開されていた。授業展開の歴史的展開を見ると、「地域に根ざす

社会科」実践における、こうした具体的な活動や体験は、子どもの授業への主体的な関与を促すものから、子どもの主体的な学びを促すものへと位置づけが変化していた。この背景には、地域の方々との交流を通して内容知の獲得を図ろうとする学習指導に関する考え方の転換がある。そこで、本研究における授業開発においても、児童の主体的な学びに基づき内容知の獲得が図られるよう、多様な活動や体験、表現活動を設定し、展開したいと考える。

　第三に、「総合的性格をもった社会科」授業を構成するために、総合的な学習の時間や他教科他領域の指導との関連を図る。「地域に根ざす社会科」実践の歴史的展開は、「平和と民主主義を担う主権者」の育成という人間形成の陶冶に基づき、社会科学や人文科学、自然科学の知識内容を再構成するという社会科の総合的性格を回復する必要性を示唆していた。そこで、本研究における授業開発においても、総合的性格を有する社会科授業の開発を行いたいと考え、他教科他領域における指導との関連を検討する。

　具体的には、地域再生や地域形成を意図した人々の行為として、鳩ケ谷市立辻小学校の周辺地域で展開されている低農薬や有機肥料などによる安心安全な農作物の生産と直売、学校給食との連携といった生活密着型農業の取り組みとそこに参加している農家の方々を取り上げた。そして、これら農家の方々の取り組みの様子を見学する、聞き取る、農作業を一緒に行うといった活動や体験を通して、日本の農業や食料生産の現状と課題、展望を学び、考えるといった知の協同的構成を図る展開となっている。

第2節　今後の課題

　本研究の発展を図る今後の課題としては、次のことが指摘できる。

　第一に、各時期の多様な「地域に根ざす社会科」実践を引き続き検討し、歴史的展開過程をより実証的に解明するとともに、多様な形で知見を引き出すことである。912事例の小学校における「地域に根ざす社会科」実践には実に多様な授業内容、多様な授業展開が見られる。同じような授業内容であっても、取り上げる視点や具体的な学習対象が異なるなど、子どもの興味や関心、社会認識の形成過程といった心理的要素に寄り添った様々な工夫も

見られる。したがって、これらの実践を引き続き検討し、豊かな知見を引き出すとともに、歴史的展開過程をより実証的に解明したいと考える。

　第二に、「地域に根ざす社会科」実践の地域的な展開の様相を明らかにすることである。「地域に根ざす社会科」実践は、日本各地で、それぞれの地域に根ざした実践が展開されてきた。各地の「地域に根ざす社会科」実践は、他の地域の先進的な実践を主体的に受け止めながら、それぞれの地域に根ざして実践が展開されてきた。そのため、それらの実践には、時期的に共通する傾向と各地域の独自性とが見られるのである。したがって、「地域に根ざす社会科」実践の歴史的展開とともに、地域的展開の様相を明らかにすることによって、全体像に迫ることができると考える。

　第三に、「平和と民主主義を担う主権者の育成」を意図して、子どもの生活経験や認識発達の筋道を視野に入れて開発した、地域社会の再生・創造に取り組む人々と協同する総合的社会科授業を実施し、吟味することである。こうした授業の開発と蓄積が、「平和で民主的な国家・社会の形成者」の育成を授業実践を通してどのように図るのかという、社会科教育の抱える基本的課題の解決につながるものと考える。

図表・資料目次

図1　「『谷中平和の碑』は私たちの新しい第一歩」授業展開図　　115
図2　50年前の八知村の様子　　118
図3　単元のながれ　　157

表1　「地域に根ざす社会科」実践記録及び研究年表　　19
表2　「地域に根ざす社会科」実践分類表　　23
表3　模索期の「地域に根ざす社会科」実践分類表　　31
表4　模索期の「地域に根ざす社会科」実践（小学校）一覧表　　32
表5　拡大期の「地域に根ざす社会科」実践分類表　　48
表6　拡大期の「地域に根ざす社会科」実践（小学校）一覧表　　49
表7　継承・発展期の「地域に根ざす社会科」実践分類表　　78
表8　継承・発展期の「地域に根ざす社会科」実践（小学校）一覧表　　80
表9　「お茶づくり」指導計画　　94
表10　転換期の「地域に根ざす社会科」実践分類表　　104
表11　転換期の「地域に根ざす社会科」実践（小学校）一覧表　　106
表12　創造期の「地域に根ざす社会科」実践分類表　　143
表13　創造期の「地域に根ざす社会科」実践（小学校）一覧表　　145
表14　「三王山のゆずから見える世界」指導計画　　158
表15　「大好きな与那原湾　山原船が来た海辺の町」　　162
表16　開発事例「辻っ子　お米たんけん隊」指導計画　　172

資料1　劇台本「ポンポン山がたいへん」（3場）　　127

資料・及び参考文献

1. 資料

(1) 『歴史地理教育』誌関係

- 斉藤秋男「歴史教育者にとって〈生活〉とはなにか――歴史教育運動総括へのひとつの試み」No. 164、1970 年。
- 関兼義［中歴］「百姓一揆・打ちこわしをどう教えたか」No. 171、1970 年。
- 鶴田文史［高日］「幕藩から明治への人民の闘い」No. 171、1970 年。
- 関谷哲郎［中歴］「江戸時代のくらしをどう教えたか」No. 171、1970 年。
- 辻由朗［小 3］「『山のくらし』の学習について」No. 172、1970 年。
- 松村吉郎「『米』についての学習」No. 172、1970 年。
- 星野朗［高地］「都市問題」No. 172、1970 年。
- 小野辰興［高地］「変貌する農業・農村をどう教えるか」No. 172、1970 年。
- 平良宗潤［高］「現代日本の中で"沖縄"をどう教えるか」No. 172、1970 年。
- 皿井信［小 3］「わたしたちの町＝豊橋」No. 172、1970 年。
- 西江真［高地］「地域の実態をどう教えるか」No. 172、1970 年。
- 庄司時二［小］「花岡事件を調査して」No. 176、1971 年。
- 小池喜孝［中歴］「近現代史の中で井上伝蔵をどう扱ったか」No. 176、1971 年。
- 佐々木皓一「地域社会史の観点」No. 177、1971 年。
- 道津継雄［中歴］「日清戦争を教えて」No. 177、1971 年。
- 久田昭和［中歴］「『米騒動』から八幡製鉄所争議へ」No. 177、1971 年。
- 市川幸恵［小 4］「県庁のはたらきを教えて」No. 177、1971 年。
- 棚橋潤一［小 5］「日本の農業をどう教えるか」No. 177、1971 年。
- 大坪庄吾［小 6］「地域の歴史を取り入れた歴史教育」No. 177、1971 年。
- 斉藤秋男「歴史教育者にとって〈生活〉とは何か」No. 178、1971 年。
- 三沢康彦［中地］「公害をどう教えたか」No. 181・182・185、1971 年。
- 星野朗［高地］「東京をどう教えるか」No. 188、1971 年。
- 小野寺恒男［小 5］「小 5 で『日本の農業』をどう教えたか」No. 188、1971 年。
- 森晧［中地］「基地をどう教えたか」No. 189、1971 年。
- 宮入盛男［小 5］「諏訪湖の公害を授業でどのように扱ったか」No. 189、1971 年。
- 溝口宣隆［小 5］「郷土の農業」No. 189、1971 年。
- 山下国幸・江刺誠一［小・中］「炭鉱閉山をどう教えたか」No. 192、1972 年。
- 飯塚利弘［中公］「3・1 ビキニと日本の平和運動」No. 192、1972 年。

- 大川武美［中歴］「月形村小作争議の掘りおこし」No. 193、1972 年。
- 安井俊夫［中歴］「松戸農民の歴史」No. 193、1972 年。
- 清水清一［中歴］「地域資料『首なし地蔵』の学習」No. 193、1972 年。
- 江東社会科サークル［小 3］「東京大空襲をどう教えたか」No. 193、1972 年。
- 根本弘［中歴］「1960 年代の歴史学習の試み」No. 193、1972 年。
- 小出隆司［小］「大都市近郊農業の学習（計画案）」No. 193、1972 年。
- 平田れい子［小 4］「地域の開発をどう教えたか」No. 193、1972 年。
- 海老沼一子［小 5］「『国土と産業』をどう教えたか」No. 193、1972 年。
- 安井俊夫［中歴］「なぜ地域の歴史をほり起こし実践するのか」No. 195、1972 年。
- 渡辺由美子［小 6］「秩父事件と子どもたち―退助と博文はなぜお札になっているのか」No. 196、1972 年。
- 若狭蔵之助［小 6］「川越氏の館」No. 197、1972 年。
- 大江一道「世界史構成の一視角―地域を根拠地ととらえて」No. 198、1972 年。
- 西島友子［中歴］「地域で掘りおこす労働者・農民・解放運動の史実」No. 200、1972 年。
- 清水潔［小 3］「子どもとともに地域の遺物を」No. 200、1972 年。
- 川崎利夫「地域を原点として―安井報告をよんで」No. 201、1972 年。
- 日笠俊男「安井報告をよんで」No. 201、1972 年。
- 山本典人［小］「親が子に語り伝える学校の歴史」No. 201、1972 年。
- 大江一道「世界史構成の一視角(2)」No. 201、1972 年。
- 斉藤秋男「歴史教育者にとって〈生活〉とは何か」No. 201、1972 年。
- 小松良郎「民族の課題―地域に根ざす歴史教育」No. 203、1972 年。
- 山梨県西八代支部「低学年社会科の実践」No. 203、1972 年。
- 吉田光子［小 2］「"働くこと"を正しくとらえさせるために」No. 203、1972 年。
- 米本勝弘［小 4］「中学年社会科の実践」No. 203、1972 年。
- 真鍋恒雄［小 4］「小学校 4 年生社会科の実践」No. 203、1972 年。
- 長沢正機［小 6］「江戸時代の農民生活をどう教えたか」No. 203、1972 年。
- 小沼光義［小 4］「『交通の昔と今』をどのように教えたか」No. 203、1972 年。
- 海老沼一子［小 5］「農業のあゆみをどう教えたか」No. 203、1972 年。
- 松崎徹［高歴］「ヒロシマを原点とした高校『世界史』の試み」No. 204、1972 年。
- 鶴田文史［高歴］「地域史教育の方法と実践」No. 205、1972 年。
- 久田照和［中歴］「戦前の労働者・農民・水平社のたたかいをどう教えたか」No. 205、1972 年。
- 成瀬実［小 3］「3・1 ビキニと第五福竜丸」No. 205、1972 年。
- 高根清子［小 3］「『東電闘争』をどう教えたか」No. 205、1972 年。
- 日高信一［中地］「公害問題にとりくんで」No. 205、1972 年。

- 三好敏朗［中地］「『新全総』と第三期北海道総合開発計画」No. 205、1972年。
- 源河朝良［中公］「自衛隊の沖縄配備について」No. 205、1972年。
- 鈴木亮［高世］「弱者の世界史1-5」No. 211-216、1973年。
- 安井俊夫［中歴］「原始古代史の実践」No. 211、1973年。
- 小木曾郁夫［小3］"わたしたちの遊び場"調べ」No. 212、1973年。
- 清水潔［小4］「公害教育」No. 212、1973年。
- 近代史文庫中予研究会「近代史文庫と地域社会史論」No. 213、1973年。
- 宮原武夫「地域の歴史の掘りおこしのために」No. 214、1973年。
- 山口徹［高倫社政経］「足尾鉱毒事件と田中正造」No. 215、1973年。
- 森靖子［小中］「小学校中学年の地域学習のあゆみ」No. 217、1973年。
- 小松良郎「民族の課題―地域に根ざす歴史教育」No. 218、1973年。
- 渡辺明［小3］「戦争をどう教えたか」No. 219、1973年。
- 小田莫［高］「15年戦争をどう教えるか」No. 219、1973年。
- 栗野美紀子・大根田敦子・長沢秀比古・森靖子・大野君子・長谷川絢子・山崎泰子「小学校低学年・中学年の社会科のすすめ方」No. 222、1974年。
- 大住元節夫［中公］「『公民』の授業の中で"地方自治と住民"をどう教えたか」No. 222、1974年。
- 森本享［小4］「『よごれるびわ湖』を教えて」No. 223、1974年。
- 大野一夫［中公］「公害をどう教えたか」No. 223、1974年。
- 槐一男「地域史を書く運動」No. 223、1974年。
- 石井重雄・小池喜孝・鈴木義治・中沢市朗・本多公栄「民権運動と地域の掘りおこし」No. 223、1974年。
- 安井俊夫「フィールドワーク―私たちは地域とどうかかわるか」No. 224、1974年。
- 尾河直太郎［中歴］「『室町時代の文化』を地域史から構成する」No. 224、1974年。
- 奥西一夫「現場に出かけて何を見るのか」No. 224、1974年。
- 瀬戸孝［小3］「学区域の人々の仕事をどう教えるか」No. 224、1974年。
- 森垣修［小］「農村破壊と教育実践」No. 226、1974年。
- 松尾卓次［中］「長崎・原爆をどう教えているか」No. 227、1974年。
- 梅津通郎［中クラブ］「生徒と共に皇居周辺に歴史をさぐる」No. 228、1974年。
- 丸山豊［小1］「おかあさんのしごとをどう教えたか」No. 228、1974年。
- 豊田薫［高地］「東京下町の零細工業地域の中で」No. 228、1974年。
- 伊田稔［中］「生徒の地域調査」No. 228、1974年。
- 工藤尭［中公］「むつ湾漁民とホタテの養殖」No. 228、1974年。
- 半谷弘男［小3］「小学校3年社会科の実践」No. 230、1974年。
- 谷田川和夫［小6］「母と子とともに学ぶ『戦後史』」No. 232、1974年。
- 石井重雄［小3］「地域で戦争をどうほりおこしたか」No. 232、1974年。

・安井俊夫［中歴］「奈良・平安時代と子ども」No. 233、1975 年。
・佐々木勝男［小 3］「子どもと共につくる社会科」No. 235、1975 年。
・菊池浄［小 3］「楽しい授業をめざして」No. 235、1975 年。
・辻重利「子どもの"生活"を重視する歴史教育に―生活綴り方教育から学ぼう」No. 235、1975 年。
・岩本光子［小 1］「生活を通して子どもを育てる 1 年生の社会科」No. 235、1975 年。
・飯塚利弘［中］「第五福竜丸と焼津の中学生」No. 235、1975 年。
・島崎忠志［小 4］「くみかえた 4 年生教材と子どもたち」No. 236、1975 年。
・石井重雄・小川護・海野達兄・源啓明［小 3］「小 3 社会科副読本『わたしたちの松伏町』をどうつくり、どう使ったか」No. 236・237、1975 年。
・伊田稔［中］「伊佐沢村の娘身売りの実態」No. 237、1975 年。
・萩森繁樹［小中］「川上にも矛盾がゴロゴロしている」No. 237、1975 年。
・渋谷清［中］「地域をゆたかにする教育」No. 237、1975 年。
・白鳥晃司［小 6］「父母祖父母の『戦争体験』を聞き綴った『戦争』学習」No. 240、1975 年。
・斉藤秋男・臼井嘉一・佐々木勝男「社会科学習方法の研究―これまで・これから」No. 242、1975 年。
・栗原誠三・山梨喜正［小 2］「小学校低学年で農業をどう教えたか」No. 242、1975 年。
・本間昇［小 4］「『横浜』の学習をとおして」No. 242、1975 年。
・鈴木義治［高歴］「秩父事件をどう教えたか」No. 242、1975 年。
・兵庫県歴教協「地域に根ざす社会科教育と部落問題」No. 242、1975 年。
・定信夫［中地］「『身近な地域』をこう扱ってみた」No. 242、1975 年。
・臼井嘉一「戦後歴史教育における内容編成の理論と実践(6)(7)」No. 242・243、1975 年。
・佐々木勝男［小 3］「わかる学習をめざして―社会科づくりと支部活動」No. 244、1975 年。
・根本弘［中歴］「地域の太平洋戦争をどう教えたか」No. 244、1975 年。
・鈴木理［小 3・4］「九一色の昔の旅・今の旅」No. 246、1976 年。
・清水潔［小 6］「15 年戦争の時代」No. 246、1976 年。
・浅見敏夫［小 4］「善蔵新田の掘り起こし教材化」No. 246、1976 年。
・秋田県北秋田支部［中歴］「安藤昌益の大館資料の掘りおこしと教材化」No. 247、1976 年。
・梶並典生［小 3］「きょう土のくらしのうつりかわり」No. 247、1976 年。
・松影訓子・島崎忠彦［小 6］「自由民権運動をどう教えたか」No. 247、1976 年。
・石渡延男「全国教研にみる『地域』」No. 249、1976 年。
・吉野文夫［小 3］「ゴミって何だろう」No. 249、1976 年。

- 川崎利夫［小6］「地域の資料を使って原始・古代をどう教えるか」No. 249、1976年。
- 金子金造［高］「『民衆文化の歴史』授業の一経験」No. 250、1976年。
- 物江賢司［小3］「漁業の町から工場の町へ」No. 251、1976年。
- 安井俊夫［中歴］「戦争体験から学ぶもの（上・下）—15年戦争の授業」No. 253・254、1976年。
- 浦沢朱実・小堀三枝子［小2］「おみせのしごと」No. 253、1976年。
- 葛西嗣明［小4］「開発教材」No. 253、1976年。
- 鳥山千里［中地］「近郊農業」No. 253、1976年。
- 柴田敏希［中地］「中小企業」No. 254、1976年。
- 川口知子［小3］「地域の農業（酪農）」No. 255、1976年。
- 小川碧［小5］「日本の工業」No. 255、1976年。
- 長島保［高地］「多摩川の水害と堤防をつくる運動」No. 257、1976年。
- 小島一仁［高歴］「江戸時代の農民のたたかいをどう教えたか」No. 257、1976年。
- 松本良一［小6］「6年生に戦争をどう教えたか」No. 257、1976年。
- 山村俊子［小1］「低学年社会科と到達度評価」No. 257、1976年。
- 富吉勇嗣［小4］「地域の掘りおこしと教材化—寺ケ池の実践をとおして」No. 257、1976年。
- 本田学［小5］「日本の農業—みかん産業のうつりかわり」No. 257、1976年。
- 宮良孫立「郷土を教材化した副読本の編さん」No. 257、1976年。
- 三木昌［小5］「人間のくらしと権利を大切にする社会科の授業」No. 258、1976年。
- 大坪庄吾［小4］「玉川上水を教材化して」No. 261、1977年。
- 秋山敏［小3］「お店屋さん大作戦」No. 262、1977年。
- 小沢圭介［高］「民衆の目で見る幕末・維新」No. 262、1977年。
- 竹花静夫［中歴］「三閉伊二大一揆の概略」No. 263、1977年。
- 一戸富士雄「地域と授業"わかる授業と主体的な地域認識"」No. 263、1977年。
- 笹沼正巳［小］「教材は地域にごろごろしているのだが」No. 263、1977年。
- 佐々木勝男［小4］「子どものひとり歩きをうながす社会科」No. 264、1977年。
- 原山茂夫［中地］「7地方区分を脱却して新しい地理学習を」No. 264、1977年。
- 松橋日郎［小中］「大太鼓・綴子用水の学習」No. 266、1977年。
- 古谷直康「『地域の掘りおこし』はどこまでできているか」No. 266、1977年。
- 斉藤秋男「歴史教育者にとって〈生活〉とは何か(4)」No. 266、1977年。
- 林初太郎［小3］「父母に学ぶ」No. 266、1977年。
- 池田錬二［高］「地域教材とかかわらせて朝鮮をどう教えたか」No. 266、1977年。
- 武藤清一「会津寛延一揆の取りあげ方」No. 266、1977年。

・池田錬二［高］「地域教材とかかわらせて朝鮮をどう教えたか」No. 268、1977年。
・松永育男［中］「焼津—第五福竜丸・3・1ビキニからの目」
・佐々木勝男「〈3年〉同心円的拡大主義の破産」No. 269、1977年。
・佐々木勝男「〈4年〉人々の願いや苦心を切り捨てた地域学習」No. 269、1977年。
・佐々木勝男「私たちの社会科教育課程」No. 269、1977年。
・桜井利市［小高］「聞き取り調査で子どもが動く社会科学習を」No. 270、1977年。
・深沢久［高倫社］「農村の変化と資本主義社会」No. 270、1977年。
・一戸富士男［高］「東北の地域史を通して日本全史を再検討する視点」No. 271、1977年。
・布施純一［小2］「工場ではたらく人」No. 271、1977年。
・金釜武治［小5］「秋田の林業」No. 271、1977年。
・小山宥一［高地］「地域に学ぶ日本の農業」No. 272、1977年。
・庄司時二［小中総］「かわと生活」No. 272、1977年。
・小野寺英太郎［中］「出稼ぎと農民」No. 273、1978年。
・中路久光［小4］「地域教材と子どもの認識形成」No. 274、1978年。
・吉野文夫［小3］「労働をどう教えるか」No. 274、1978年。
・笠井良純［小4］「地域にある工場」No. 274、1978年。
・榎本満喜子［小3］「昔の人々のくらし」No. 274、1978年。
・清水潔［小5］「都市の子どもにふさわしい農業学習をめざして」No. 274、1978年。
・田口忠宜［高地］「雪と生活の調査から」No. 274、1978年。
・大橋宗昭［中］「北上山地の出かせぎと過疎」No. 274、1978年。
・八谷正巳［小2］「コンクリート工場の学習で」No. 275、1978年。
・佐原佐登司［小4］「小4で農業をどうあつかったか」No. 275、1978年。
・矢崎康彦［小］「はたらく人々『紙芝居づくり』」No. 276、1978年。
・今井省三［中歴］「古墳と6人衆の墓」No. 276、1978年。
・石川辰男［小4］「干潟八万石の開発」No. 276、1978年。
・北館賢［小5］「地域の現実をふまえた日本農業の指導計画」No. 276、1978年。
・中内圭子［中地］「子どもと地域をみつめて」No. 276、1978年。
・樋渡利枝子［小3］「商店のはたらき」No. 277、1978年。
・小出隆司［小2］「ゆうびんきょくで働く人」No. 279、1978年。
・村松邦嵩［小中］「学区のお地蔵様を教材に」No. 279、1978年。
・中野照雄［小高］「子どもたちにトラペンを作らせて」No. 279、1978年。
・定本美雪［小6］「戦争学習の実践」No. 280、1978年。
・木村敏美［小6］「貧富の差の発生をどう教えたか」No. 280、1978年。

- 小林正弘［中歴］「15年戦争―満蒙開拓青少年義勇軍（1・2）」No. 280・281、1978年。
- 滝沢孝子［小2］「地域に結びついた教材―田や畑で働く人」No. 281、1978年。
- 佐藤知行［小6］「エミシの抵抗」No. 281、1978年。
- 磯貝正雄［中地］「わかりやすい社会科学習を求めて―地域に根ざす地理学習の試み」No. 281、1978年。
- 斉藤雄二［小3］「実感づくりの社会科―地域に根ざした農業単元プラン」No. 281、1978年。
- 川北秀樹［小2］「『みせではたらく人びと』をどう教えたか」No. 282、1978年。
- 西山義則［小中］「子どもとともに取り組んだ中学年社会科」No. 282、1978年。
- 臼井嘉一「歴教協30年と社会科教育」No. 282、1978年。
- 市川真一「子どもの歴史認識と私の授業」No. 282、1978年。
- 豊田薫「地域認識をどう育てるか」No. 283、1978年。
- 一宮秦［小4］「郡内機業をお話教材に」No. 284、1978年。
- 大槻恭子［小2］「のりもので働く人たち」No. 284、1978年。
- 長島二三子［高日］「熊谷空襲を教材化して」No. 284、1978年。
- 赤城弘［高歴］「喜多方の自由民権運動を教えて」No. 284、1978年。
- 川本治雄［小中］「『水道のひみつ』と『下水のゆくえ』」No. 286、1978年。
- 高谷二郎［小6］「天下の台所」No. 286、1978年。
- 弦間耕一［中歴］「太桝事件をこう学習した」No. 286、1978年。
- 山川宗秀［高歴］「日本史学習における沖縄（史）の位置づけとその視点」No. 287、1979年。
- 中路久光［小3］「144人の子どもと作る社会科」No. 287、1979年。
- 福石幸紀・垣堺福男［養］「秩父事件を学ぶ子どもたち」No. 288、1979年。
- 小田原章江［小3］「七郷堀用水で地域を教える」No. 289、1979年。
- 及川敏男［中地］「身近な地域の学習」No. 289、1979年。
- 大阪・高槻支部［小6］「集団でつくる地域に根ざす年間計画」No. 289、1979年。
- 大槻恭子［小2］「低学年社会科での到達度評価の実践」No. 289、1979年。
- 志摩陽伍「子どもの発達と教材・地域」No. 290、1979年。
- 吉田順「歴教協における授業方法の整理（小学校）」No. 290、1979年。
- 笠井摂子［小2］「いねを育てる人のしごと」No. 290、1979年。
- 石井建夫［中地］「子どもとつくる中学社会」No. 290、1979年。
- 田中日出夫［小4］「田んぼと水」No. 291、1979年。
- 森垣修［小6］「祖父母・父母とともにつくる社会科」No. 291、1979年。
- 高梨和子［小中］「学校のうつり変わり」No. 292、1979年。
- 今井幸枝［小4］「見学体験学習と社会認識の深まり」No. 292、1979年。
- 鈴木早代子［中歴］「地域と結びつく社会科学習」No. 292、1979年。

・多田真敏［中］「土と体にしみこむ権利学習」No. 292、1979年。
・磯部正博・山川弘美［小中］「荒川のフィールドワークと教材化」No. 294、1979年。
・浅海清美［小2］「ごっこ学習」No. 294、1979年。
・市川寛［小6］「子どもがつくった歴史物語」No. 295、1979年。
・大坪荘吾・物江賢司［小6］「江戸時代の農民生活をどうおしえたか」No. 296、1979年。
・本多公栄「社会科の学力と地域」No. 296、1979年。
・小林早智子［小3］「地域の教育力とは」No. 296、1979年。
・橋本清貴［小5］「調査からはじめた工業学習」No. 296、1979年。
・長嶋保［高日］「ほたるの上納」No. 296、1979年。
・河原和之［中歴］「子どもに視点をすえた近世の授業」No. 296、1979年。
・石渡延男「地域に根ざし国民のねがいにこたえる歴史教育」No. 297、1979年。
・芦田良子［小2］「『田や畑で働く人たち』に取りくんで」No. 298、1979年。
・坂本祥子［小6］「平群の古墳」No. 298、1979年。
・石井重雄「子どもの社会認識の発達をめぐって」No. 299、1979年。
・中津里子［小3］「地域を歩いて──しなものを売る店」No. 299、1979年。
・北館賢［小5］「地域の課題を生かした社会科学習──日本の農・林業・水産業」No. 299、1979年。
・秋山敏［小1］「遊びを通して育てる低学年の社会認識」No. 299、1979年。
・市川寛［小6］「子どもとともに取り組んだ開校まつり」No. 299、1979年。
・小松良郎「地域の掘りおこしと歴史教育」No. 301、1980年。
・大野一夫「子どもがわかる授業と地域の掘りおこし」No. 301、1980年。
・清水功［小1］「『働く人』をどう学習したか」No. 301、1980年。
・岡本史郎［小3］「市役所の仕事と私たちのくらし」No. 301、1980年。
・古城正勝［小6］「自然と生産のもつ教育力に目を注ごう」No. 302、1980年。
・三木民夫［高歴］「主権者を育てる歴史教育への道」No. 302、1980年。
・田広寿千［小5］「地域の資料と農業学習」No. 302、1980年。
・大金辰二［中歴］「授業の中で戦争認識はどう変わったか」No. 302、1980年。
・田中武雄「小学校社会科はどこまできたか──歴教協30年の実践に学ぶ」No. 304、1980年。
・谷田川和夫「地域に根ざした学習を──3年」No. 304、1980年。
・谷田川和夫「地域学習で主権者意識を──4年」No. 304、1980年。
・宮入盛男［小2］「子どもが気づき求める授業を」No. 304、1980年。
・滝沢孝子［小3］「子どもの考えを組みこんで」No. 304、1980年。
・長畑博［小4］「郷土の歴史をこの目この耳で」No. 304、1980年。
・北村文夫［小5］「意欲的な子どもを育てるために」No. 304、1980年。
・山田宇多子［小6］「子どもの考えをよりどころにした歴史学習を」No. 304、

1980 年。
- 授業ルポルタージュ［小 2］「カネゴンと子どもたち」No. 304、1980 年。
- 三田裕子［小 1］「子どもの姿が生き生きとみえる学習を」No. 304、1980 年。
- 山梨喜正［小 3］「川すじを追って"地域"を広げる」No. 305、1980 年。
- 高橋由利子［小 3］「馬頭観音からみた地域のうつりかわりの学習」No. 305、1980 年。
- 一戸富士雄「地域への目を育てながら」No. 305、1980 年。
- 安井俊夫「『子どもが動く社会科』が提起しているもの（上・下）」No. 305・306、1980 年。
- 道律継雄［中歴］「涌井藤四郎をどう教えたか」No. 306、1980 年。
- 北館賢［小 6］「高野長英どう教えたか」No. 306、1980 年。
- 松本成美［中歴］「秩父事件・飯塚森蔵を教えて」No. 306、1980 年。
- 初鳥ゆりこ［小 3］「みんなでやった工場調べ」No. 307、1980 年。
- 佐々木浩［中歴］「碑が語る民衆の生活」No. 308、1980 年。
- 高橋勝［小 4］「これからの神奈川県・くらしと基地」No. 308、1980 年。
- 平島正司［小 6］「小学校六年の戦争学習」No. 309、1980 年。
- 佐藤弘友［高歴］「父母の戦争体験の継承」No. 309、1980 年。
- 飛鳥馬健次［中歴］「よみがえった平和地蔵尊」No. 309、1980 年。
- 小川碧［小 3］「酒だるをつないだ百間樋用水」No. 310、1980 年。
- 三好敏朗［中地］「苫東開発をどう教えたか」No. 310、1980 年。
- 宮原武夫「地域に根ざし国民のねがいにこたえる歴史教育」No. 312、1980 年。
- 古江健祐［中歴］「日中戦争前夜の福岡」No. 313、1980 年。
- 桜本豊己［小 3］「ろくやおん台地の農業」No. 313、1980 年。
- 永井学［中歴］「歴史新聞と授業」No. 313、1980 年。
- 上田信子［小中］「くらしと水」No. 313、1980 年。
- 浅田和成［小 6］「小学校歴史学習における到達度評価のとりくみ―原始・古代」No. 314、1980 年。
- 千葉・松戸支部「地域に根ざした教育実践と自作テスト」No. 314、1980 年。
- 川上敬二［小 5］「『日本の林業』をどう教えたか」No. 314、1980 年。
- 古城正勝［小］「地域住民のねがいをつかむテスト」No. 314、1980 年。
- 石井重雄「子どもが動く社会科をめぐって―社会科授業論形成をめざして」No. 315、1980 年。
- 安井俊夫「子どもが動く社会科―3・1 独立運動の授業」No. 315、1980 年。
- 南雲昭三［小 1］「『学校で働く人・用務員』をどう教えたか」No. 315、1980 年。
- 稲田昭［小 3］「子どもの動きから知識をみちびく―小 3 歴史単元の指導」No. 315、1980 年。
- 栗城順一［中地］「ミスター X はだれだ」No. 315、1980 年。
- 河原和之［中歴］「子どもに視点をすえた近現代の授業」No. 315、1980 年。

- 斎藤博［小5］「稲井石材にどう取り組みどう教えたか」No. 316、1981年。
- 土井三郎［小5］「大阪の公害をどう教えたか」No. 316、1981年。
- 満川尚美［小4］「みんなで調べた小平の昔」No. 317、1981年。
- 木村敏美［小6］「『ゆとり』で地域の歴史劇に取り組む」No. 317、1981年。
- 杉原敏［中歴］「対馬島民と秀吉の朝鮮侵略」No. 317、1981年。
- 渡辺明［小3］「梨づくりの仕事」No. 318、1981年。
- 石井重雄「何のために地域を扱うのか―子どもの社会認識と人格」No. 318、1981年。
- 松田国雄［中地］「『ぼくらの村』を考える」No. 319、1981年。
- 梅津通郎［中歴］「長野安曇の掘りおこし―スライド『松沢求作』を使って」No. 319、1981年。
- 稲岡尚［小3］「酪農の村で酪農を教える」No. 320、1981年。
- 上川義昭［小5］「地域の都市化に目をむける」No. 320、1981年。
- 山口謙次［中歴］「四民平等」No. 320、1981年。
- 佐藤静雄［小2］「小学校2年生の工業学習」No. 321、1981年。
- 佐々木浩［中歴］「ききん供養碑から学ぶ農民のたたかい」No. 321、1981年。
- 鈴木健三［小4］「皿亀潜穴用水をつくった先人の努力と知恵」No. 321、1981年。
- 村松邦嵩［小1］「1年生の地域・地図学習」No. 321、1981年。
- 青木昭司［小5］「労働体験を通しての農業学習」No. 321、1981年。
- 佐藤明彦「『体験学習』と歴教協の実践」No. 321、1981年。
- 鈴木正気「体験学習と社会認識の形成」No. 321、1981年。
- 井上司「地域・民族と愛国の教育」No. 322、1981年。
- 館忠良［小6］「日本のあゆみとアイヌ史」No. 322、1981年。
- 八谷正巳［小4］「農業学習」No. 322、1981年。
- 里井洋一［中歴］「"鉄血勤皇隊に入れ"といわれたらどうするか」No. 322、1981年。
- 飯塚利弘［中］「3・1ビキニと太平洋諸島」No. 322、1981年。
- 渋谷清［中］「村に学ぶ」No. 325、1981年。
- 中浜和夫［小］「『冷害と凶作』の特別授業」No. 325、1981年。
- 森垣修［小4］「土地改良・米づくりの授業」No. 325、1981年。
- 横浜小学校支部［小5］「都市での農業学習」No. 325、1981年。
- 名雪清治［小5］「苫小牧東部開発をどう教えたか」No. 325、1981年。
- 佐藤喜久雄［中歴］「松沢求策と自由民権運動」No. 325、1981年。
- 北館賢［小5］「岩手のりんごづくりを教えて」No. 325、1981年。
- 中西望介［中歴］「戦国大名を地域教材で」No. 326、1981年。
- 千葉誠治［小高］「白糖の飯塚森蔵と自由民権運動」No. 326、1981年。
- 平山元夫［中歴］「子どもと学ぶ香取の自由民権運動」No. 326、1981年。

・志村毅一「地域に根ざし、国民のねがいにこたえる歴史教育」No. 327、1981年。
・阿部勇一［小3］「漁家の仕事」No. 328、1981年。
・中尾慶治郎［小6］「新見庄の教材化」No. 329、1981年。
・藤井和寿［小6］「埋もれた中世の町『草戸千軒』を教える」No. 329、1981年。
・市川真一・弦巻宏史・古谷直康・保坂和雄・鬼頭明成「地域の掘りおこしと歴史教育—松本レポートをめぐって」No. 330、1981年。
・稲岡尚［小3］「酪農学習『牛乳がしぼられるまで』」No. 330、1981年。
・小原良成［小4］「『伊佐沼の干拓』の学習」No. 330、1981年。
・森垣薫［小5］「地域の伝統工業『丹後ちりめん』の授業」No. 330、1981年。
・滝沢正［高歴］「北海道で学ぶ日本史」No. 330、1981年。
・斉藤博［小6］「地域から掘りおこした戦争学習」No. 330、1981年。
・町田安子［小中］「開拓地"新光"の学習」No. 331、1982年。
・佐々木勝男「社会認識の困難性と授業づくり」No. 331、1982年。
・山梨喜正［小3］「館村の雨ごい」No. 333、1982年。
・小菅敦子［小2］「『田植え』の授業」No. 333、1982年。
・橋本哲［小高］「舟倉亜炭鉱から学ぶ」No. 333、1982年。
・柴田敏希［中歴］「人物を通して歴史を学ぶ」No. 333、1982年。
・澄田恭一［高歴］「治安維持法と教育—1936年天神小学校事件」No. 334、1982年。
・前田陽一・梅野正信［高世］「長崎へせまる（絶対主義）の授業」No. 334、1982年。
・枝村三郎［高日］「現代史授業の中での平和教育」No. 334、1982年。
・川島孝郎［中］「学級に話し合いを生む授業づくり」No. 335、1982年。
・加藤忠史［小6］「釧路空襲」No. 336、1982年。
・岩崎繁芳［小4］「子どもとともに調べた津軽平野の新田開発」No. 337、1982年。
・河崎かよ子［小3］「農具が語るむかしの磐手」No. 337、1982年。
・宮沢れい子［小4］「"汚水の旅"を追ったぼくらの探検隊」No. 337、1982年。
・亀井功［中歴］「西蒲原の新田開発と村方騒動」No. 337、1982年。
・安川富春［中歴］「百姓一揆の高まり」No. 338、1982年。
・三木民夫［高日］「地域の資料でみる戦時体制の確立」No. 338、1982年。
・小松豊［中歴］「加害の面を中心にすえた15年戦争の学習」No. 339、1982年。
・山川功［小3］「厚岸むかしむかし」No. 339、1982年。
・宮入盛男［小3］「長池の学習と地域に根ざす社会科」No. 339、1982年。
・東正彦［小中］「『ごみのしまつ』の学習と子どもたち」No. 340、1982年。(340)
・浅田和成［小6］「祇園祭をどう教えたか」No. 341、1982年。

- 宮宗基行［小中］「地域のうつりかわり」No. 341、1982 年。
- 田中武雄「官制社会科の文化学習に欠けているもの」No. 341、1982 年。
- 森田俊男「地域に根ざす平和と愛国の歴史教育」No. 342、1982 年。
- 佐藤静雄［小 2］「自分たちで調べた寺田の農業」No. 344、1982 年。
- 紺野紀子［小 3］「地域の『戦争』のあとを歩いて」No. 345、1982 年。
- 梅野正信［高］「全生徒で調べた長崎原爆碑」No. 345、1982 年。
- 吉浜忍・山川宗秀［高］「生き方にかかわる沖縄戦学習を」No. 345、1982 年。
- 布川了［中］「田中正造・鉱毒事件の授業」No. 346、1983 年。
- 三好淳二［中歴］「河内キリシタンを教材化して」No. 346、1983 年。
- 一戸富士雄「地域に根ざす平和のための歴史教育」No. 348、1983 年。
- 高野永篤［中地］「東北地方の果樹生産—地域の果樹生産と対比して」No. 348、1983 年。
- 関谷哲郎［中歴］「幕末松代の農民騒動」No. 348、1983 年。
- 中村政則「科学的歴史認識が深まるとは」No. 348、1983 年。
- 森垣修［小高］「高学年で取り組む但馬めぐり」No. 349、1983 年。
- 加藤義一［小 6］「鳥浜貝塚」No. 350、1983 年。
- 長谷川正也［中ク］「彦五郎さんをさがそう」No. 350、1983 年。
- 小出隆司［小 2］「からだで学ぶ『働く人たち』」No. 350、1983 年。
- 吉田義彦［小 6］「西蒲原の自由民権運動」No. 351、1983 年。
- 田牧久五郎［中歴］「『蝦夷』を学ぶ」No. 351、1983 年。
- 石堂正彦［小 4］「『二和をひらいた人々』の授業と子どもたち」No. 352、1983 年。
- 武政章次郎［小 6］「歴史学習で子どもに育てたい力」No. 352、1983 年。
- 中路久光［小 2］「働く人々をどう学習してきたか」No. 352、1983 年。
- 寺田英夫［高世］「夏休みの宿題で 15 年戦争の実相に迫る」No. 353、1983 年。
- 我那覇生吉［高現］「共同教材づくり／核戦争の危機と沖縄」No. 353、1983 年。
- 吉村徳蔵「地域に根ざしいのちを尊び平和をつくる歴史教育」No. 353、1983 年。
- 岡本淳一［小 2］「おばちゃん先生から学ぶ」No. 353、1983 年。
- 枝村三郎［高日］「幕末の変動期をどう教えるか」No. 353、1983 年。
- 斉藤博［小 5］「石工さんに学ぶ地域の戦争と平和」No. 353、1983 年。
- 山田貞夫［高歴］「戦地に散った魂よ北見の土に帰れ」No. 355、1983 年。
- 佐藤昭治［小 2］「稲を育てる仕事」No. 356、1983 年。
- 千葉誠治［小 4］「アイヌの人たちの生活」No. 356、1983 年。
- 藤原千久子［小 6］「韓国併合と平野川改修」No. 357、1983 年。
- 大貫政明［中ク］「わがまち北区と足尾鉱毒事件」No. 357、1983 年。
- 中之所克己［小 5］「下請け工場の実情を調べる」No. 357、1983 年。
- 紺野紀子［小中］「いのちと平和の尊さを学ぶ寒風沢島の子どもたち」No. 358、

1983 年。
- 中川研治［小 4］「地名からさぐる校区のむかし」No. 359、1983 年。
- 庄野健［小 5］「帯解の農業」No. 359、1983 年。
- 梅野正信［高現社］「立体的とりくみで一年中平和を語りつづける」No. 361、1983 年。
- 石井雅臣［高現社］「現代社会で地域学習『水俣』に取り組む」No. 361、1983 年。
- 松本成美［中地］「アイヌ語地名と教育実践」No. 361、1983 年。
- 本庄豊［中］「地域史の学習をどう展開したか」No. 361、1983 年。
- 河村稔［小 2］「地域と仲よくなる子どもを育てる 2 年生社会科」No. 361、1983 年。
- 早川寛司［小 3］「地域の戦没者の石碑と教材化」No. 361、1983 年。
- 江口勝善［小 6］「15 年も続いた戦争の学習」No. 361、1983 年。
- 八巻清人［小 4］「地域の開発をどう教えたか」No. 361、1983 年。
- 山田清子［小 3］「13 万個の梨を落とす」No. 362、1984 年。
- 稲葉潮美［小 4］「お地蔵さんと災害」No. 362、1984 年。
- 斎藤雄二［小 2］「魚屋さんの授業」No. 363、1984 年。
- 一戸富士雄「東北の大地をふまえて―われわれの地域教育論」No. 364、1984 年。
- 篠崎勝「"私の地域社会"をつかむ住民の地域社会史学運動」No. 364、1984 年。
- 田牧久五郎［中歴］「通史の中に『地域』資料を」No. 364、1984 年。
- 杉浦茂［小 6］「古城から学ぶ戦国時代」No. 364、1984 年。
- 林薫［小 3］「手づくりパッションジュースと工場見学」No. 364、1984 年。
- 正慶光子［小 5］「農業学習の典型を地域から」No. 364、1984 年。
- 間森誉司［小 5］「見学までの手だてをたいせつに」No. 366、1984 年。
- 有馬正己［小 6］「国司をやめさせた農民たち」No. 366、1984 年。
- 田中朋子［小 2］「バスの運転手さんのしごと」No. 367、1984 年。
- 窪満広［小 6］「人権学習をどう進めたか」No. 367、1984 年。
- 北館賢［小 6］「小〇の旗はすすむ」No. 368、1984 年。
- 前田一彦［小 6］「自主教材『むら井戸』を使った部落問題学習」No. 368、1984 年。
- 長谷川悦子［小 3］「田鶴浜町の建具づくり」No. 368、1984 年。
- 糸乗政治［小 6］「地域教材を授業に生かす」No. 368、1984 年。
- 柳功「子ども・地域のねがいにこたえる授業づくりを」No. 369、1984 年。
- 小出隆司［小 6］「地域の教材を生かした自由民権運動の授業」No. 369、1984 年。
- 大坪庄吾［小 6］「天草・島原の乱と武蔵下丸子村」No. 369、1984 年。
- 小沢誠［高歴］「追体験で学ぶ喜多方事件」No. 369、1984 年。

- 和久田薫［小6］「平城京への旅」No. 370、1984 年。
- 斉藤勝明［小5］「筑豊のくらしを教える」No. 370、1984 年。
- 佐々木友孝［中地］「『過疎』はひとごとか」No. 370、1984 年。
- 名雪清治［小3］「きびしい手仕事に目を向ける酪農学習」No. 370、1984 年。
- 西谷章［中］「過疎地域の課題をふまえた平和教育」No. 370、1984 年。
- 横山隆信［小6］「聞きとりと地域の資料でさぐった15年戦争」No. 371、1984 年。
- 斎藤博［小4］「平和の折鶴を仙台七夕に」No. 371、1984 年。
- 三木民夫［高歴］「生徒の生活と地域に根ざした日本史の授業」No. 373、1984 年。
- 池沢泉［小6］「たちあがる水平社の人々と労働者」No. 374、1984 年。
- 深田雅也［小4］「地図づくりとマンホール調べ」No. 374、1984 年。
- 坂田正博［中地］「学年いっせいに行った野外調査」No. 374、1984 年。
- 山崎泉［中歴］「"野良に叫ぶ" 農民の闘いを学ぶ」No. 374、1984 年。
- 小林早智子［小4］「二郷半沼の開発」No. 375、1984 年。
- 河村稔［小4］「それいけ！　ときわ平地域たんけん隊」No. 376、1984 年。
- 市川寛［小6］「子どもの心をたがやす地域教材」No. 376、1984 年。
- 古谷直康［高］「"発見する日本史" の授業」No. 376、1984 年。
- 小出隆司［小2］「子どもの心をひらく低学年社会科」No. 376、1984 年。
- 渡辺由美子［小4］「水害とたたかった延徳の人々」No. 376、1984 年。
- 山本節子［高歴］「茨木からみた近世大阪の経済」No. 376、1984 年。
- 崎本友治［小3］「子どもたちが調べまとめた資料を生かして」No. 377、1985 年。
- 有馬純一［小5］「日本の農業をどう学んだか」No. 377、1985 年。
- 中西望介［中ク］「お寺や神社は歴史の宝庫」No. 378、1985 年。
- 小松豊・田中稔［中歴］「北海道史から日本史を見なおす」No. 378、1985 年。
- 谷口弘一［中地］「龍神村の学習」No. 379、1985 年。
- 斉藤雄二［小3］「『梨づくり』見学学習のハイライト」No. 379、1985 年。
- 土井三郎［小6］「近世農民の姿をどう教えたか」No. 380、1985 年。
- 本宮武憲［小2］「駅ではたらくおじさんの一日」No. 381、1985 年。
- 磯貝正雄［中歴］「武州世直し一揆」No. 382、1985 年。
- 杉原敏［中歴］「倭寇の島・対島」No. 383、1985 年。
- 向山三樹［小3］「山梨の水晶研磨業」No. 383、1985 年。
- 大川克人［小4］「7・18水害の掘りおこしと授業」No. 384、1985 年。
- 山近頴［小6］「主権者に育てる戦後史学習」No. 385、1985 年。
- 阿部勇一［小4］「学区の巨大埋め立て開発をどう教えたか」No. 385、1985 年。
- 吉浜忍［高］「沖縄戦から40年」No. 385、1985 年。
- 沢野重男［高］「ヒロシマの父母の歴史と私たち」No. 385、1985 年。

- 37回大会全体討議のまとめ「地域認識と世界認識を結ぶ実践・研究を求めて」No. 389、1985年。
- 中島佑介［中］「炭焼きを通した総合学習」No. 389、1985年。
- 中坊雅俊［小6］「地域資料で学ぶ民衆の国づくり」No. 390、1985年。
- 三輪芳子［小1］「わたしたちのあそびばとともだちのいえ」No. 391、1985年。
- 赤羽とも子［小3］「大内のむかしむかし」No. 391、1985年。
- 和久田薫［小6］「宮津藩と農民」No. 391、1985年。
- 加藤公明［高日］「班田農民の生活と律令体制」No. 391、1985年。
- 教育課程検討委員会「社会認識の形成と教育課程」No. 391、1985年。
- 藤崎多恵子［中］「学校ぐるみの平和学習」No. 393、1986年。
- 桜河内正明［小5］「世界最初の白島洋上石油備蓄基地」No. 393、1986年。
- 岩倉哲夫［高日］「地域の資料に基づく荘園の授業」No. 393、1986年。
- 伊田稔「歴教協の研究・実践のあゆみのなかの"地域"」No. 394、1986年。
- 半沢光夫「小学校の授業で使う地域資料づくり」No. 394、1986年。
- 糸乗政治［小6］「"地域"のなかの15年戦争」No. 394、1986年。
- 歴教協研究委員会「現代の課題と地域」No. 396、1986年。
- 佐々木勝男［小5］「地域の工場と働く人びと」No. 396、1986年。
- 坂田善幸［小5］「沿岸漁業の町"由良"」No. 397、1986年。
- 野村昭也［中公］「子どもの地域を見る目と奄美の歴史」No. 397、1986年。
- 森豊一［小2］「『まぐろはえなわ』の教材化にとりくんで」No. 398、1986年。
- 物江郁雄［小3］「町のうつりかわり」No. 399、1986年。
- 木全清博「自分史と地域史」No. 400、1986年。
- 永溝晋介［中公］「『水俣』から自らの生き方を問う」No. 400、1986年。
- 樽見郁子［小6］「近世における百姓と町人」No. 400、1986年。
- 木全清博「地域史と民衆生活史」No. 401、1986年。
- 岩田健［高日］「大阪からみた産業革命」No. 401、1986年。
- 染井佳夫・満田和弘・三木伸一［高日］「石川製糸の掘りおこしと教材化」No. 401、1986年。
- 木村正男［小4］「生き方につなぐ公民館調べ」No. 401、1986年。
- 木全清博「地域史と自国史(1)」No. 402、1986年。
- 北岑順彦［小5］「校区の工場調べを中心にした工業学習」No. 402、1986年。
- 前野勉［小5］「地域の公害を教材化」No. 404、1986年。
- 原英章［中地］「阿南町はいま」No. 404、1986年。
- 江刺誠一［中地］「『ホタテ養殖』をどう教えたか」No. 405、1986年。
- 里井洋一［中］「嘉手納町にみる基地」No. 408、1987年。
- 寺川紀子［小1］「1年生の平和教育」No. 409、1987年。
- 教育課程検討委員会「社会認識の形成と低学年社会科」No. 409・411、1987年。
- 半沢光夫「地域の堀りおこしと歴史学習1-12」No. 411-424、1987年。

・川崎利夫［小6］「地域から歴史学習の教材を掘りおこす」No. 411、1987 年。
・中浜和夫［小4］「むらの水道づくりで何をつかませたいか」No. 412、1987 年。
・長野良一［高世］「大垣の朝鮮やま」No. 412、1987 年。
・亘一子［小2］「田ではたらく人たち」No. 412、1987 年。
・小出隆司［小2］「小学生の社会認識形成と『生活科』」No. 412、1987 年。
・勝山元照［中高歴］「『南京事件と奈良 38 連隊』の授業」No. 412、1987 年。
・木村敏美［小6］「楽しい歴史学習」No. 413、1987 年。
・光真志［中公］「消費者問題」No. 413、1987 年。
・吉村明［小3］「松田の野菜づくり」No. 414、1987 年。
・岡本利明［小5］「藤田からみた日本の工業」No. 414、1987 年。
・谷田川和夫［小1］「子どもと切り開いた地域学習の 1 年」No. 415、1987 年。
・飯島春光［中歴］「『松代大本営』をどう教えたか」No. 415、1987 年。
・染井佳夫［中歴］「教育の普及と化政文化」No. 416、1987 年。
・清水潔［小3］「3 年生の戦争学習」No. 416、1987 年。
・大金辰三［中歴］「村の戦死者を追って」No. 419、1987 年。
・片桐重則［小5］「米づくりを通して」No. 419、1987 年。
・磯部作［高地］「『地域開発』と地域の変貌、住民の生活」No. 419、1987 年。
・寺田肇［小4］「地域の歴史にどう目を向けさせたか」No. 420、1987 年。
・奥田晴樹「歴史の研究・教育における地域の今日的位相」No. 421、1987 年。
・川本治雄［小3］「工場の仕事」No. 422、1988 年。
・岡崎和三［小6］「なぜ『ボシタ祭』というの？」No. 423、1988 年。
・植竹紀行［小2］「牛を飼う農家」No. 423、1988 年。
・植竹紀行［小2］「"牛"で子どもに迫る」No. 426、1988 年。
・山梨喜正［小3］「川はどこから？」No. 426、1988 年。
・河村稔［小2］「魚政のおじさんの手」No. 427、1988 年。
・山梨喜正［小3］「川を下って」No. 427、1988 年。
・福島達夫「地域の学習と社会科教育」No. 427、1988 年。
・佐藤静雄［小3］「牛乳パックで考える」No. 428、1988 年。
・小原良成［小4］「安全な生活—火事をふせぐ」No. 428、1988 年。
・亘一子［小2］「稲を育てる」No. 428、1988 年。
・冨沢鎮男［中歴］「中学生の掘りおこした東京大空襲」No. 429、1988 年。
・栗原戦三［小2］「私たちの畑と清水さんの畑」No. 429、1988 年。
・宮北昭子［小3］「工場見学でお母さんを見直す」No. 429、1988 年。
・小原良成［小4］「安全な生活—大水を防ぐ」No. 429、1988 年。
・代田毅「地域の掘りおこしと同和教育」No. 429、1988 年。
・岡崎和三［小6］「戦争体験を語る」No. 430、1988 年。
・名雪清治［小5］「北海道の酪農をどう教えたか」No. 430、1988 年。
・福崎誠次［小5］「日本の工業の仕組みに地域から迫る」No. 430、1988 年。

- 岩田稔［中歴］「日中戦争の実像をとらえる」No. 430、1988 年。
- 大坪庄吾［小 4］「2 学期のためのフィールドワーク」No. 430、1988 年。
- 小出隆司［小 2］「ぼくたちは戦争をしないよ」No. 430、1988 年。
- 玉上陸郎「『地域』論・『地域史』論と『地域社会史』論」No. 431、1988 年。
- 亘一子［小 2］「みのりの秋をむかえて」No. 432、1988 年。
- 物江郁雄［小 4］「蛇橋の伝説と地域の開発」No. 432、1988 年。
- 加藤正伸［小 5］「地域の工場から日本の工業へ②」No. 432、1988 年。
- 清水潔［小 3］「商店街ザ・ダイヤモンド」No. 432、1988 年。
- 谷田川和夫［小］「地域にはたらきかけ、学ぶ子どもたち」No. 433、1988 年。
- 大崎豊太郎［小］「真間川の洪水と桜並木」No. 434、1988 年。
- 篠原謙［小 6］「平和への道」No. 434、1988 年。
- 窪満広［小 5］「富田林の竹すだれ」No. 435、1988 年。
- 長沢秀比古［小 3］「一枚の絵で考える扇町屋のむかし」No. 435、1988 年。
- 亘一子［小 2］「バス停たんけん」No. 435、1988 年。
- 冨吉勇嗣［中公］「憲法がキャディーさんたちのくらしを守った」No. 435、1988 年。
- 岡崎和三［小 6］「阿蘇のアメリカ兵捕虜の話」No. 435、1988 年。
- 清水ゆき子［小 3］「川辺の花づくり」No. 437、1989 年。
- 大石文子［小 2］「手紙が届くなぞを解く①②」No. 437・438、1989 年。
- 金子真［小 4］「新田開発と野火止用水」No. 437、1989 年。
- 清水潔［小 3］「投げ込み井戸」No. 437、1989 年。
- 千葉誠治［小 3・4・5］「小学校におけるアイヌ学習」No. 437、1989 年。
- 早川寛司［小 3］「われらタイムトラベルたんけんたい」No. 438、1989 年。
- 田牧久五郎［中歴］「『北浦一揆』の掘りおこしと授業（上・下）」No. 438・439、1989 年。
- 谷田川和夫「教材作りの喜びを子どもたちに」No. 440、1989 年。
- 石堂正彦［小 3］「学校のうつりかわり」No. 440、1989 年。
- 植竹紀行［小 2］「地域で学習するとこんなにいいよ！」No. 440、1989 年。
- 南雲昭三［小 4］「変わってきた雪国のくらし」No. 440、1989 年。
- 中野照雄［小 2］「稲を育てる」No. 440、1989 年。
- 前野勉［小 3］「校区探検」No. 440、1989 年。
- 早川寛司［小 4］「ごみを集める人たち」No. 440、1989 年。
- 佐藤静雄［小 3］「地域を歩いて探求心を育てる」No. 440、1989 年。
- 川島孝郎「探究心を育てる授業と社会認識」No. 440、1989 年。
- 佐藤弘友「『道徳』『社会』における"地域"」No. 441、1989 年。
- 川本治雄［小 3］「地域の生産と労働の学習を通して科学的認識を育てる」No. 441、1989 年。
- 森垣薫［小 2］「とれたものはだれのもの」No. 442、1989 年。

・山梨喜正［小2］「やおやさんの仕事」No. 443、1989年。
・吉村明［小4］「消防署員のお父さんに聞く」No. 443、1989年。
・木村敏美［小3］「田んぼってなあに？」No. 443、1989年。
・森垣薫［小5］「宮津ちくわから何が見えるか」No. 443、1989年。
・山田正恵［小5］「お母さんと工業」No. 444、1989年。
・小山修治郎［小6］「農民の知恵に学ぶ」No. 444、1989年。
・唐沢慶治［小4］「あばれ天竜」No. 444、1989年。
・加藤誠一［小3］「地域の工場調べ」No. 444、1989年。
・高木敏彦［小2］「きゅうりをつくる後藤さん」No. 444、1989年。
・半沢光夫［小4］「夏休み中に見ておくところ」No. 445、1989年。
・佐藤明彦［小3］「地域のお話を書いてみよう」No. 445、1989年。
・田中正則［小5］「地域の工場を歩いてみよう」No. 445、1989年。
・馬場智子［小3］「じゃがいもほりを体験する」No. 446、1989年。
・中野照雄［小］「ちびっこ広場づくりの運動」No. 446、1989年。
・坂田善幸［小5］「子どもが動く地域の工場調べ」No. 446、1989年。
・馬場裕子［小5］「和傘から『もの』と『人』とのかかわりを」No. 447、1989年。
・中川豊［小4］「砂丘地の開発」No. 447、1989年。
・清水功［小2］「アイヌの歴史」No. 447、1989年。
・加藤正伸［小5］「生産過程を重視した白石和紙の学習」No. 447、1989年。
・和久田薫［小6］「大江山鉱山の強制連行」No. 447、1989年。
・榎本雅雄［小3］「売る工夫―セブンイレブン」No. 447、1989年。
・糸乗政治［小］「科学的認識を育てる社会科の授業」No. 448、1989年。
・石橋源一郎［中歴］「唐古・鍵ムラの4つの顔」No. 449、1989年。
・星野康［小6］「東京大空襲と拓北農兵隊」No. 449、1989年。
・阿部洋子［小4］「土師ダムに沈んだ村の人々」No. 449、1989年。
・児玉正教［小3］「4軒だけの商店街」No. 449、1989年。
・河内晴彦［小2］「真夜中のパンづくりをビデオに」No. 449、1989年。
・鹿田雄三［高日］「考古資料による地域史学習」No. 449、1989年。
・岡田克己［小2］「ちかてつではたらく人」No. 450、1989年。
・那須郁夫［小5］「手づくり豆腐屋さん(1)(2)」No. 450・452、1989年。
・山梨喜正［小3］「商店街の地図づくりを通して」No. 450、1989年。
・和久田薫［小6］「『天橋義塾』と自由民権運動」No. 451、1989年。
・志村誠［小4］「吹田にも戦争があった」No. 451、1989年。
・伊藤一之［小6］「地域の出征者調べから学ぶ」No. 451、1989年。
・平井敦子［中歴］「北海道史を教える」No. 451、1989年。
・勝山元照［中歴］「高度経済成長と住民自治」No. 451、1989年。
・北舘恭子［小4］「沼橋の開田から宅地へ」No. 453、1990年。
・浅井康男［小6］「障害者作業所をとりあげて」No. 453、1990年。

- 佐藤昭治［小］「米作農業の学習」No. 453、1990 年。
- 吉村明［小 3］「親や祖父母とのタイムトラベル」No. 453、1990 年。
- 出井寛［小 3］「瓦づくりの町のむかしと今」No. 454、1990 年。
- 亘一子［生］「『労働』をじっくり見せる」No. 454、1990 年。
- 寺川紀子・佐藤弘友［生］「『米づくり』をどのような観点で教えたか」No. 454、1990 年。
- 和歌山県歴教協和歌山支部「生活科の自主編成を進めよう」No. 454、1990 年。
- 森脇健夫「歴教協低学年社会科の到達点」No. 454、1990 年。
- 石井重男「無限に広がる教材さがし」No. 454、1990 年。
- 河崎かよ子［小 4］「北日吉台小学校ができるまで」No. 458、1990 年。
- 鈴木秀明［小 5］「K さんのホウレン草づくり」No. 458、1990 年。
- 石堂正彦［小 3］「ニンジンづくりの見学」No. 458、1990 年。
- 大坪庄吾［小 4］「東京湾開発の授業」No. 458、1990 年。
- 子安潤「地域で共同する中学年の社会科」No. 458、1990 年。
- 石樽亨造［小 4］「輪中のくらしと歴史」No. 459、1990 年。
- 山川弘美［小 3］「地域の工場を調べよう」No. 459、1990 年。
- 早野雅子［小 4］「長良川 9・12 水害」No. 459、1990 年。
- 長縄幸弘［小 6］「茜部荘 600 年のあゆみ」No. 459、1990 年。
- 久保孝［小 4］「3 学期を見通した教材研究を」No. 460、1990 年。
- 岡田信行［小 2］「ここだけは夏にみておきたい」No. 460、1990 年。
- 清水功［小 1］「地域の歴史教材をつくろう」No. 460、1990 年。
- 藤原千久子［小 5］「地域の産業を歩いて調べる」No. 460、1990 年。
- 北舘賢［小 3］「生産者と仲良しになろう」No. 460、1990 年。
- 向山三樹［小 4］「地方病とたたかう人々」No. 461、1990 年。
- 豊島ますみ［小 3］「しいたけさいばいの見学」No. 461、1990 年。
- 野崎智恵子［小 5］「働く人の豊かな人間性に学び社会の見方を育てる自動車産業の学習」No. 462、1990 年。
- 水野豊［小 6］「小池勇と自由民権運動」No. 462、1990 年。
- 串田均［小 5］「水島の公害」No. 462、1990 年。
- 木村敏美［小 3］「先生の梅ケ枝餅は売れない餅だ」No. 462、1990 年。
- 林雅広［小 6］「ぼく生まれてきてよかったよ」No. 463、1990 年。
- 佐藤昭彦［小 3］「かまぼこ工場で働く人」No. 464、1990 年。
- 中路久光［小 4］「なぜ、堤防はできない」No. 464、1990 年。
- 西川満［小 5］「手づくりのおけ屋を取材して」No. 464、1990 年。
- 塚本優子［小 2］「かまち子ども郵便局開設」No. 467、1991 年。
- 山中智子［小 3］「御室校のルーツをさがそう」No. 467、1991 年。
- 岡田信行［小 6］「みんなが使える駅に」No. 468、1991 年。
- 清水潔［小 3］「おばあちゃんが逃げた防空壕」No. 468、1991 年。

- 半沢光夫［小3］「『青い目の人形』を掘りおこし授業に」No. 468、1991年。
- 北尾悟［高日］「アジアの米騒動と原敬」No. 468、1991年。
- 木村剛［小4］「アイヌの世界のアイヌの人たちの生活」No. 468、1991年。
- 田所恭介［小6］「平和な世界を」No. 469、1991年。
- 山田宇多子［小3］「学校と町のうつりかわり」No. 468、1991年。
- 子安潤「共同する社会科教育」No. 471、1991年。
- 土産田真喜男［小4］「ゴミを追って」No. 471、1991年。
- 桂木恵［小6］「戦死者の墓碑調査から15年戦争を」No. 471、1991年。
- 物江賢司［小4］「人間と水」No. 472、1991年。
- 栗原戦三［小3］「牛舎を見学する」No. 473、1991年。
- 山本杉生［小4］「消防署を見学して」No. 473、1991年。
- 加藤正伸［小5］「顔とくらしの見える産直」No. 473、1991年。
- 新福悦郎［中歴］「鹿児島の民衆から見た明治維新」No. 474、1991年。
- 寺田肇［小3］「土と生きる黒石の人たち」No. 473、1991年。
- 長野県歴教協下伊那支部［中］「飯田・下伊那の戦争遺跡」No. 475、1991年。
- 山口謙次「地域の掘りおこし運動に学ぶもの」No. 475、1991年。
- 村瀬紀生［小6］「創作劇『ぼくらの町にも戦争があった』」No. 475、1991年。
- 石川順子［生］「とびだせ生活科」No. 476、1991年。
- 吉久正見［小4］「ため池づくりに挑戦」No. 476、1991年。
- 草野道雄［中］「近江絹糸の労働争議」No. 476、1991年。
- 河戸憲次郎［小3］「奈良漬づくりのその秘密」No. 476、1991年。
- 大石勝枝［小6］「所沢の自由民権運動」No. 477、1991年。
- 須田尚［小5］「水俣病から浦安の公害へ」No. 477、1991年。
- 外山不可止［小4］「溜め池と地域のくらし」No. 477、1991年。
- 志村誠［小3］「校区のくらしと商店街」No. 477、1991年。
- 森垣薫［中地］「いま私たちの地域はどう変わろうとしているのか」No. 477、1991年。
- 山口勇［小4］「野火止用水を歩く」No. 479、1991年。
- 白尾裕志［小3］「スーパーと小売店をくらべる」No. 479、1991年。
- 中川豊［小5］「金沢の和菓子」No. 479、1991年。
- 吉村明［小3］「坂本川はなぜきたないの？」No. 480、1991年。
- 水野豊［小5］「東濃のタイル産業」No. 480、1991年。
- 和久田薫［小6］「ぼくらの町の太平洋戦争」No. 480、1991年。
- 小林和子・佐藤美幸・佐藤静雄［小］「学習しながら高めあう」No. 481、1991年。
- 中村太貴生［小6］「1945年6月9日戦争は椙山にも」No. 481、1991年。
- 倉持祐二［小5］「山のなかに『ゴミの山』」No. 481、1991年。
- 吉村明［小4］「住民の願いに学ぶ地域開発の授業」No. 481、1991年。

- 永野守人［中地］「『水俣病問題』を社会科地理で」No. 481、1991 年。
- 三橋広夫［中公］「あおぞら裁判と戦後史の授業」No. 481、1991 年。
- 川合章「地域・子どもの生活の変貌と社会科」No. 481、1991 年。
- 山本典人［小 3］「むかしのもので地域の移り変わりを」No. 482、1992 年。
- 葉狩宅也［小 5］「赤田川の水はきれいか（上・下）」No. 482・483、1992 年。
- 志村誠［小 3］「竹やぶがつぶされる」No. 483、1992 年。
- 勝山元照［高現社］「『奈良そごう』を追って」No. 484、1992 年。
- 布施敏英［小 3］「地域のむかしを絵本に」No. 484、1992 年。
- 山口勇［小 6］「縄文土器をつくる」No. 486、1992 年。
- 橋本哲「地域教材の生かし方」No. 486、1992 年。
- 山中久司［小 4］「黒糖づくりの教材化」No. 487、1992 年。
- 松田明［生］「田ではたらく人（上・下）」No. 487・488、1992 年。
- 北舘賢［小 3］「地形・土地利用に目を向けさせる」No. 487、1992 年。
- 子安潤「授業の転換―共同する社会科をめぐって」No. 488、1992 年。
- 窪満広［小 5］「地域のなす農家から学ぶ」No. 488、1992 年。
- 川村実［小 3］「町めぐり　地域調べ　絵地図づくり」No. 488、1992 年。
- 物江郁雄［小 3］「あら川の水はどこから？」No. 489、1992 年。
- 福田和久［高日］「菅野八郎と『世直し』騒動」No. 489、1992 年。
- 斉藤民部［小 3］「奈美がつづった『おばあちゃんのわかいころ』」No. 489、1992 年。
- 有馬正己［小 4］「地域の川と下水のしまつ」No. 489、1992 年。
- 山本杉生［小 4］「『メルヘンの里』の特別村民制度」No. 490、1992 年。
- 神谷容一［小 4］「ダムで水没する村の人々とふれ合う水道学習」No. 491、1992 年。
- 近江葉子［小 3］「店長になって考える商店の学習」No. 491、1992 年。
- 土井三郎［小 4］「ニュータウンの授業づくり」No. 491、1992 年。
- 橋本哲［中歴］「歴史入門峠をこえて」No. 492、1992 年。
- 北舘恭子［小 4］「用水の開発で何を教えるか」No. 492、1992 年。
- 佐藤健［小 3］「地域に生きる小売店を調べる」No. 492、1992 年。
- 福島県歴史教育者協議会「福島・喜多方事件の掘りおこしと顕彰運動・授業実践」No. 493、1992 年。
- 物江郁雄［小 4］「平和なくらしを求めて」No. 494、1992 年。
- 西明［小 3］「養鶏場をたずねて」No. 494、1992 年。
- 児玉幸枝［小 5］「手づくりの伝統工業京友禅」No. 494、1992 年。
- 松浦敏郎［小 5］「高槻の公害を調べる」No. 495、1992 年。
- 千葉誠治［小 3］「乳しぼりの仕事はたいへんだ」No. 495、1992 年。
- 加藤正伸［小 6］「15 年戦争をどう教えたか」No. 496、1992 年。
- 大塵英夫［小 6］「命を育む『安全な食』を求めて」No. 496、1992 年。

・早川幸生［小6］「地域学習で出あった平和教材」No. 496、1992年。
・衣山武秀［小6］「旅館の看板と憲法」No. 498、1993年。
・河崎かよ子［小5］「日本の農業を考える」No. 498、1993年。
・荒木雄之［小5］「米づくりの農家の実態に迫る」No. 498、1993年。
・白尾祐志［小6］「地域の老人問題を考える」No. 499、1993年。
・川崎利夫「『地域に根ざす』とはどいうことか」No. 500、1993年。
・大宮英俊［小5］「中川の米づくり（上・下）」No. 501・502、1993年。
・小松克己［高日］「地域から学ぶ『社会科日本史』の課題」No. 501、1993年。
・北舘賢［小3］「わたしたちの村めぐり」No. 502、1993年。
・伊藤いづみ［生］「おじいちゃんと育てるミニトマト」No. 502、1993年。
・田牧久五郎［中歴］「蝦夷のたたかいと日本の歴史」No. 503、1993年。
・清水功［小3］「アイヌモシリのころの札幌」No. 503、1993年。
・北舘賢［小3］「わたしたちの村―りんご園へ」No. 503、1993年。
・西村美智子［小4］「水と人々のくらし（上・下）」No. 504・505、1993年。
・茶田敏明［小3］「旅館とホテルで働く人々の仕事」No. 504、1993年。
・山本杉生［小6］「フィールドワークで学んだ地域の歴史」No. 506、1993年。
・馬場晃［小3］「地域を歩いて教材づくり」No. 506、1993年。
・那須郁夫［小5］「コースター工場を探せ」No. 507、1993年。
・斉藤房雄［高地］「外国人労働者との『共生』の道」No. 507、1993年。
・河崎かよ子［小5］「道路はコンベア」No. 508、1993年。
・京都歴史教育者協議会乙訓支部「地域に支えられ地域から学ぶ社会科教育」No. 509、1993年。
・水野豊［小6］「東濃地方の米騒動」No. 510、1993年。
・手代木彰雄［小4］「くぐり穴用水路を学ぶ」No. 510、1993年。
・山口勇［小5］「伝統産業羽子板づくり」No. 510、1993年。
・間森誉司［小3］「なぜ『鶏舎見学お断り』」No. 510、1993年。
・伊賀基之［小3］「ピオーネのおいしいひみつ」No. 511、1993年。
・満川尚美［小4］「ごみとリサイクル」No. 513、1994年。
・斎藤秀行［小3］「中川地区のくらしのうつりかわり」No. 513、1994年。
・牧野泰浩［小6］「町の福祉センターを学ぶ」No. 513、1994年。
・大崎洋子［小3］「習志野原の開拓を劇化して」No. 514、1994年。
・林薫［小4］「八丈島の飢饉と米づくり」No. 515、1994年。
・長沢秀比古［小3］「地図で見つけた地域のうつりかわり」No. 515、1994年。
・桜本豊己［小4］「大和高原の茶づくり」No. 516、1994年。
・西野護［小3］「なるほど・ザ・金閣」No. 516、1994年。
・河崎かよ子［小4］「ポンポン山がたいへん」No. 516、1994年。
・加藤好一［中公］「個別化⇔個性化⇔学びあい―『働く生活』の授業づくりから」No. 516、1994年。

・奥村英継［高地］「京都の原爆投下計画と空襲を学ぶ」No. 516、1994 年。
・中津吉弘［高地］「四万十川巡検から地域を学ぶ」No. 516、1994 年。
・西川満［小 5］「まず地域を知ることから」No. 517、1994 年。
・谷川淳［中歴公］「北陸道の風景」No. 518、1994 年。
・堀恵子［小 4］「大丸用水（上・下）」No. 518・519、1994 年。
・佐藤昭彦［小 6］「エミシと多賀城」No. 518、1994 年。
・物江賢司［小 5］「米づくりの体験と日本農業」No. 518、1994 年。
・鹿田雄三［高日］「上野国新田荘と地域開発」No. 518、1994 年。
・志村誠［小 5］「米作り…地域から」No. 519、1994 年。
・窪満広［小 6］「富田林寺内町」No. 519、1994 年。
・真久絢子［小 3］「地域に学ぶ社会科学習」No. 520、1994 年。
・満川尚美［小 4］「へんな井戸があるよ」No. 520、1994 年。
・青木万利子［小 3］「生駒市のうつりかわり」No. 520、1994 年。
・河崎かよ子「中学年の社会科のあり方を考える」No. 520、1994 年。
・茶田敏明［小 3］「あずき・まんじゅう工場調べ」No. 521、1994 年。
・木下伸一［小 6］「地域で学ぶ近世農村」No. 522、1994 年。
・田宮正彦［小 5］「地域の工場調べ」No. 522、1994 年。
・小栗山敬子［小 4］「現代の開発『外環道路』」No. 522、1994 年。
・桜井祥行［高地現］「ごみ減量と資源化を考える」No. 522、1994 年。
・春名浩子［小 3］「草加せんべいっておもしろい（上・下）」No. 522・523、1994 年。
・牧野泰浩［小 5］「地域の 2 つの工場」No. 523、1994 年。
・河崎かよ子［小 4］「川と地域のくらし（上・下）」No. 523・525、1994 年。
・浦沢朱実［小 6］「学童疎開」No. 523、1994 年。
・渡部豊彦［小 6］「飢饉供養碑から米問題の学習へ」No. 525、1994 年。
・矢野秀之［小 6］「身近なところから探った 15 年戦争」No. 525、1994 年。
・湯口節子［小 3］「地域から学ぶ子どもたち」（上・下）」No. 525・526、1994 年。
・保岡久美子［小 5］「地域の発展と生活公害」No. 526、1994 年。
・川本治雄「体験や地域学習で育つ子どもの社会認識」No. 527、1994 年。
・山田照子［高地］「土地に刻まれた歴史を学ぶ」No. 527、1994 年。
・新福悦郎［中公］「高齢者福祉と子どもの社会認識」No. 527、1994 年。
・桜本豊己［小 3］「生産と労働の中にみえる人間の知恵を―『奈良漬工場』の実践を手がかりに」No. 527、1994 年。
・北舘賢［小 5］「りんごを育てることで何を学んだか」No. 527、1994 年。
・河内晴彦［生］「ワタを育てて」No. 527、1994 年。
・小林桂子［生］「社会認識の土台づくりをめざす生活科―もみからおにぎりまで」No. 527、1994 年。
・西浦弘望［小 6］「父母・祖父母に学ぶ」No. 528、1995 年。

・高橋正一郎［高日］「地域から見た西南戦争」No. 528、1995 年。
・桜本豊己［小 3］「戦争中のくらし」No. 529、1995 年。
・倉持重男［中歴］「学び合う十五年戦争の授業 15 時間」No. 529、1995 年。
・久保田貢［高日］「ええじゃないか」No. 530、1995 年。
・高桑美智子［小 6］「非核都市宣言から見えてくるもの」No. 530、1995 年。
・山川弘美［小 3］「馬頭観音、雷神様って何？」No. 530、1995 年。
・佐々木勝男［小 4］「ぼくたちの町からも戦争に行った」No. 530、1995 年。
・宮下美保子［小 4］「ごみとくらしを見なおす」No. 532、1995 年。
・藤原恵正［小 5］「地域で農業をどう学ぶか」No. 532、1995 年。
・伊藤正英［高日］「通信使が三河に残したもの」No. 532、1995 年。
・大石光代［小 3］「西小学区大好き」No. 533、1995 年。
・飯田彰［小 5］「『米不足』のなかでの米授業」No. 533、1995 年。
・近江葉子［小 4］「水を追う」No. 533、1995 年。
・光真志［中選社］「新里地区調べ」No. 534、1995 年。
・中川研治［小 4］「校区の川と環境問題」No. 534、1995 年。
・田宮正彦［小 5］「いちごづくり農家 S さん」No. 534、1995 年。
・佐藤昭彦［小 3］「公民館へ行こう」No. 534、1995 年。
・影山正美［高日］「地域農民からみた律令体制」No. 534、1995 年。
・松井秀明［高日］「山鉾巡行と舞車と」No. 535、1995 年。
・滝沢孝子［小 3］「わたしたちのくらしと商店街」No. 535、1995 年。
・中嶋千絵［小 6］「太閤検地と農民」No. 535、1995 年。
・茶田敏明［生］「体の不自由な人たちのくらしから学ぼう」No. 535、1995 年。
・山川功［小 5］「釧路の漁業」No. 535、1995 年。
・土井三郎［小 6］「アジア太平洋戦争学習で何を」No. 536、1995 年。
・清水功［小 3］「タコ部屋労働をお話教材で」No. 536、1995 年。
・村上敬之介［小 4］「地域の開発『府中村の鹿篭新開物語』」No. 536、1995 年。
・長谷部晃［高選社］「『寄居町の歴史』を読む」No. 537、1995 年。
・間森誉司［小 6］「1 枚の『城下絵図』から」No. 537、1995 年。
・大﨑洋子［生］「おばあちゃんおじいちゃんとなかよくなろう」No. 537、1995 年。
・佐藤則次［小 3］「とうふづくりと『とうふ屋さん』のしごと」No. 537、1995 年。
・糸乗政治［小 6］「子どもが育つ歴史学習」No. 537、1995 年。
・岡本利明［小 4］「蒜山大根から地域を見つめる」No. 537、1995 年。
・満川尚美［小 6］「未来を見つめる社会科授業」No. 537、1995 年。
・河内晴彦［小 4］「水路をたずねて」No. 538、1995 年。
・斉藤三郎［小 3］「おばあさんの醤油づくりすごいな」No. 538、1995 年。
・山川弘美［小 3］「校区にある工場調べ」No. 540、1995 年。
・道井真二郎［小 5］「毛糸で久留米絣をつくる」No. 540、1995 年。

- 中畑和彦［小4］「美波羅川と生きる」No. 540、1995年。
- 竹腰宏見［小6］「お墓調べから探る15年戦争」No. 540、1995年。
- 山本利博［高日］「難波大助と虎の門事件」No. 541、1995年。
- 大村浩二［小4］「波切不動を追って」No. 541、1995年。
- 奥野雅之［中歴］「年貢を持っていくぞーっ―『村請』でえがく江戸時代前期の村」No. 541、1995年。
- 斉藤勝明［小］「折り鶴よオランダへ」No. 542、1995年。
- 金城明美［小］「母の沖縄戦を絵本『つるちゃん』で」No. 542、1995年。
- 中川研治［小4］「門司の港から戦争に行った馬たち」No. 542、1995年。
- 羽生和夫［小6］「地域の聞き取り活動を軸にした『戦後改革』の授業」No. 542、1995年。
- 布施敏英［小6］「調べ学習と地域の資料でさぐったアジア太平洋戦争」No. 542、1995年。
- 小出隆司［小4］「低地のくらし」No. 543、1996年。
- 鏡和也［小3］「小山田新聞で地域を知る」No. 543、1996年。
- 中妻雅彦［小］「生活科から社会科へ」No. 544、1996年。
- 小松清生［小3］「昔のくらし」No. 544、1996年。
- 新山了一［小6］「宝暦一揆」No. 544、1996年。
- 山口勇［小5］「本多の森を守る」No. 545、1996年。
- 佐々木勝男［生］「生活科の展望は拓けるか」No. 545、1996年。
- 大石光代［小3］「紙芝居『パイスケ歴史物語』」No. 545、1996年。
- 西川満［小5］「属性優先型の稲作学習」No. 547、1996年。
- 西浦弘望［小6］「弥生の米づくり」No. 547、1996年。
- 佐藤則次［小3］「総合児童センターたんけん」No. 547、1996年。
- 中嶋千絵［生］「大豆からきなこへ」No. 548、1996年。
- 大槻知行［小6］「地域の古墳から学ぶ」No. 548、1996年。
- 中島浩明［小4］「水道をひく」No. 548、1996年。
- 山田孝二［小5］「飢人地蔵から農業学習へ」No. 548、1996年。
- 荒井保子［小4］「地域を学び地域を識る」No. 549、1996年。
- 茶田敏明［小4］「『丹那トンネル』を追い求める」No. 549、1996年。
- 長嶋安男「地域の歩き方・学び方」No. 549、1996年。
- 西田弘［小5］「五郎島のさつまいもづくり」No. 549、1996年。
- 田中正則［小4］「くらしをささえる水」No. 549、1996年。
- 中妻雅彦［小4］「多摩川で学ぶ」No. 549、1996年。
- 土井三郎［小3］「くらしと商店」No. 550、1996年。
- 長屋勝彦［中選社］「地域の戦争遺跡を調べる」No. 551、1996年。
- 中沢博孝［中地］「お茶について考えよう」No. 552、1996年。
- 牧野泰浩［小6］「たたかう農民―元禄一揆」No. 552、1996年。

- 吉浜孝子［小3］「商店街とマチグヮー」No. 552、1996年。
- 坂田正博［中歴］「聞き取りを取り入れた15年戦争の学習」No. 552、1996年。
- 中井和夫［小4］「質美の水道」No. 552、1996年。
- 新木伸子［小6］「明治の長浜探検」No. 553、1996年。
- 安田泰夫［小4］「二の谷ダムつくり」No. 553、1996年。
- 志和格子［小3］「キャベツをつくるしごと」No. 553、1996年。
- 中島浩明［小5］「地域の製糸工場と協力工場」No. 553、1996年。
- 辻槙子［小3］「農家の仕事『なす調べ』」No. 555、1996年。
- 坪井多愛子［生］「環境教育『木の学習』」No. 555、1996年。
- 山本杉生［小4］「出雲街道新庄宿」No. 555、1996年。
- 満川尚美［小6］「くらしのなかに憲法をさぐる」No. 555、1996年。
- 山川弘美［小3］「3年1組とうふ工場」No. 556、1996年。
- 加藤忠史［小6］「祖父母戦争体験集を使って」No. 556、1996年。
- 森豊一［小4］「境川のはんらん」No. 556、1996年。
- 会田康範［高日］「近世江戸周辺地域の教材化」No. 556、1996年。
- 田宮正彦［小5］「西淀川公害」No. 556、1996年。
- 草分京子［小6］「『谷中平和の碑』は私たちの新しい第一歩」No. 557、1996年。
- 塩谷朗［中歴］「岐阜の教材を生かしたアジア太平洋戦争の学習」No. 557、1996年。
- 谷義久［中歴］「小倉造兵廠と風船爆弾」No. 557、1996年。
- 鏡和也［小3］「『マンボの劇』を通して」No. 558、1997年。
- 遠藤美樹［小4］「どうしてこんなお腹に」No. 558、1997年。
- 松房正浩［小6］「小倉で学ぶ高度経済成長期」No. 558、1997年。
- 小林光代［中地］「学年で取り組んだ三番瀬の学習」No. 558、1997年。
- 小幡雅子［小3］「市場通りにお店が多いのはなぜ？」No. 559、1997年。
- 武田章［中］「総合教科の試み―中学3年『奈良学』の取り組み」No. 559、1997年。
- 中窪寿弥［生］「パン工場へ行ってみよう」No. 559、1997年。
- 飯田彰［小3］「『せんそうむかしはくぶつかん』を開いて」No. 560、1997年。
- 西浦弘望［小6］「校区の環境調査」No. 560、1997年。
- 石橋英敏［中地］「聞き取りから学ぶ地域の漁業」No. 560、1997年。
- 篠原謙［小5］「地域から自然保護を考える」No. 560、1997年。
- 志村誠［小4］「増えてきたごみをどうする」No. 562、1997年。
- 高橋清［小5］「主食としてのコメを考える」No. 562、1997年。
- 芝沼充［小3］「子どもにどんな力を育てるか」No. 562、1997年。
- 大坪庄悟［小6］「地域の古墳で学ぶ古墳時代」No. 563、1997年。
- 樽野美千代［中歴］「古墳時代をどう教えるのか」No. 563、1997年。
- 中窪寿弥［小5］「仲西さんの米づくり」No. 563、1997年。

・中川研治［小 6］「奈良の大仏と山口・福岡」No. 563、1997 年。
・辻隆広［中］「地域の現実から学ぶ平和学習」No. 563、1997 年。
・浦沢朱実［小 4］「くらしと水」No. 563、1997 年。
・西田和弘［小 4］「郷土で水を見つめる」No. 564、1997 年。
・古谷直康「地域社会史論と現代」No. 564、1997 年。
・飯塚正樹［高現社］「沖縄と矢臼別を学んだ高校生たち」No. 564、1997 年。
・山本杉生［小 3］「ふれあいセンターに行ってみよう」No. 565、1997 年。
・佐藤明彦［小 4］「小 4『わたしたちのくらしと水』の実践へ」No. 565、1997 年。
・高橋俊子［生］「たんぽはみんなの学校だ」No. 565、1997 年。
・井上隆生［小 4］「わたしたちの昆陽池」No. 566、1997 年。
・手代木彰雄［小 6］「戦争学習をどう学習したか」No. 566、1997 年。
・萩森繁樹［中］「社会科と人間性」No. 567、1997 年。
・阪井勝［小 6］「地域にみる寺子屋」No. 567、1997 年。
・坪井多愛子［小］「地域教材、今日の教材、調査学習」No. 567、1997 年。
・白尾祐志［小］「『地域』と『問い』へのこだわり」No. 567、1997 年。
・小松清生［小 4］「よみがえれ大和川」No. 567、1997 年。
・武田宏子［小 3］「にんじんを育てる仕事」No. 567、1997 年。
・橋本哲［中歴］「中学生と戦争」No. 567、1997 年。
・千島真［小 6］「秩父事件」No. 568、1997 年。
・安達寿子［小 3］「学区の苺作りと久能の苺作り」No. 568、1997 年。
・松房正浩［小 5］「地域から学ぶ日本の工業」No. 568、1997 年。
・井上ゆき子［小 4］「こんな小寺池になったらいいな」No. 568、1997 年。
・佐藤弘友「『地域に根ざす一本の道』―宮城歴教協 25 年のあゆみ」No. 569、1997 年。
・松浦敏郎［小 3］「地域のうどん工場見学」No. 570、1997 年。
・杉森至［小 4］「武具池と八丁田んぼ」No. 570、1997 年。
・桂木恵［中公］「住民の自治と権利を学ぶ」No. 570、1997 年。
・土井三郎［小 5］「西淀川公害裁判」No. 570、1997 年。
・熊谷鉄治［小 6］「仙台米騒動」No. 570、1997 年。
・伊海正尚［小 5］「箱根寄木細工の秘密をさぐる」No. 571、1997 年。
・向山三樹［小 4］「くらしを高める願い釜無川を学ぶ」No. 571、1997 年。
・上田敏弘［高現社］「人口ピラミッドをつくろう」No. 571、1997 年。
・熊谷賀世子［小 3］「おじさん、おばさんにおそわったかまぼこ作り」No. 571、1997 年。
・中川研治［小 6］「地域から考えるアジア・太平洋戦争」No. 571、1997 年。
・中橋章子［小 3］「祖父母の力を借りた昔調べ」No. 573、1998 年。
・三好卓［小 5］「人口の増えている地域と減っている地域」No. 574、1998 年。
・小林晶子［生］「ともだちのうちたんけん町のたんけん」No. 574、1998 年。

- 木村誠［小3］「むかしのくらし発表会」No. 574、1998 年。
- 草分京子［小4］「ふるさとの山と川が好きだから」No. 574、1998 年。
- 渡部豊彦［小6］「夢の実現へお母さんたちが立ち上がった—15 年戦争の学習から『笠木透コンサート』へ」No. 574、1998 年。
- 早川寛司［中歴］「いなべの地で学ぶ自由民権運動」No. 574、1998 年。
- 北舘恭子［小3］「羽場にも戦争があった」No. 575、1998 年。
- 中畑和彦［小4］「わたしたちの水道」No. 577、1998 年。
- 浦沢朱実［生］「トマトづくりの三ツ木さん、こんにちは」No. 577、1998 年。
- 加藤好一［中歴］「生徒を地域へ離陸させる縄文の授業」No. 577、1998 年。
- 芝沼充［小4］「『ごみ』の学習をどう進めたか」No. 578、1998 年。
- 福留修一［小5］「5 年生の社会科学習プラン」No. 577、1998 年。
- 中島浩明［生］「米づくりと子どもたち」No. 579、1998 年。
- 尾形友道［小3］「地域にとともに取り組んだわかめの養殖学習」No. 579、1998 年。
- 武田章［高総］「高校 1 年総合教科『環境学』のとりくみ」No. 579、1998 年。
- 浦沢朱実［生］「あきとあそぼう」No. 580、1998 年。
- 能登暢子［小3］「羊を飼う仕事」No. 582、1998 年。
- 寺川紀子［小6］「寛政 9 年百姓一揆の掘りおこし」No. 582、1998 年。
- 新澤あけみ［中歴］「知覧特攻基地を子どもたちと学んで」No. 583、1998 年。
- 物江郁雄［小3］「地域学習と運動会—『三吾小物語—120 周年おめでとう』」No. 583、1998 年。
- 佐藤実［小6］「自由民権と子どもたち」No. 584、1998 年。
- 魚次龍雄［中公］「御嵩町柳川町長への手紙」No. 584、1998 年。
- 草分京子［生］「田中さんといっしょに作ったお豆腐」No. 584、1998 年。
- 高橋清子［生］「手紙のたび」No. 586、1998 年。
- 萩森繁樹［中地］「街づくりの主役になれる力は」No. 586、1998 年。
- 釜ケ澤勝［小4］「鹿妻用水をどう指導したか」No. 586、1998 年。
- 加藤正伸［小6］「疎開から反戦・厭戦そして日本国憲法へ」No. 587、1998 年。
- 斎藤勉［小3］「楽しく学べる地域学習をめざして」No. 587、1998 年。
- 山田麗子［中歴］「アジアのおじいさんおばあさんに聞く戦争の話」No. 588、1998 年。
- 椿敬子［小3］「マーシィヒル（老人ホーム）で働く人」No. 588、1998 年。
- 山川弘美［小6］「地域から見る日本の近代史」No. 588、1998 年。
- 藤田真［生］「ちびっこだるま市をひらこう」No. 589、1999 年。
- 松房正浩［小6］「地域で学ぶ戦後の民主化」No. 589、1999 年。
- 馬場雅［生］「『町の探検』から見える子どもの発達」No. 590、1999 年。
- 桐藤直人［中歴］「ザビエル画像の故郷を訪ねて」No. 590、1999 年。
- 蔦保収［生］「認識を大切にする生活科を」No. 591、1999 年。

- 鬼頭明成［高日］「国民国家の形成とアイヌ・沖縄」No. 591、1999 年。
- 是恒高志［中地］「カキから見た瀬戸内海」No. 591、1999 年。
- 岡本茂［小 5］「西淀川公害と住民のたたかい」No. 591、1999 年。
- 茶田敏明［小 3］「地域をどう教材にするか」No. 593、1999 年。
- 倉持重男［中歴］「北陸から来た少女」No. 593、1999 年。
- 北舘恭子［小 4］「くらしと水」No. 593、1999 年。
- 谷岡典子［小 3］「スーパーマーケットを調べる子どもたち」No. 594、1999 年。
- 草分京子［生］「『春の地域探検』で 2 年生の生活科がスタート」No. 594、1999 年。
- 石橋源一郎［中歴］「律令の都・平城京」No. 594、1999 年。
- 齋藤聡［小 5］「米づくりがさかんな庄内平野」No. 594、1999 年。
- 小島さつき［小 4］「ゴミ捨て場じゃないんだ、水路って」No. 595、1999 年。
- 菅原美和［中地］「えりものサケ漁から漁業の現状に迫る」No. 595、1999 年。
- 大野新［中選社］「生徒の足元から考えた環境問題」No. 595、1999 年。
- 里井洋一「竹富町社会科副読本づくりの意味」No. 595、1999 年。
- 大坪庄悟「大田区の副読本づくりと授業」No. 595、1999 年。
- 千葉誠治「地名をアイヌ民族を知る糸口に」No. 595、1999 年。
- 谷田川和夫「『多様さと個性的』こそ魅力」No. 595、1999 年。
- 小幡雅子［小 3］「地域の人とつながる 3 年生」No. 596、1999 年。
- 桐藤直人［中］「ガイドライン法を知り非核『神戸方式』を学ぶ」No. 597、1999 年。
- 高橋正一郎［高日］「『戦没者名簿』から読み取る戦争の実相」No. 597、1999 年。
- 飯田彰［小 4］「大井川のはたらきと人々のくらし」No. 597、1999 年。
- 今野日出晴「地域に根ざすということ」No. 598、1999 年。
- 岩脇彰［小 4］「ため池を調べる」No. 598、1999 年。
- 草分京子［生］「稲の実り」No. 598、1999 年。
- 藤原恵正［小 4］「村の戦後開拓を学ぶ子どもたち」No. 599、1999 年。
- 中野照雄［生］「地域と結ぶ保護者参加の授業」No. 599、1999 年。
- 森豊一［小 4］「子どもたちと取り組んだ境川のはんらんの授業」No. 601、1999 年。
- 中畑和彦［生］「バスに乗って」No. 602、1999 年。
- 平山正之［小 6］「戦争に反対した人々」No. 602、1999 年。
- 斎藤俊子［小 6］「戦前・戦中・戦後を通してみた青い目の人形」No. 602、1999 年。
- 満川尚美［小 3］「ひばりがないていた谷原の昔」No. 602、1999 年。
- 安達寿子［生］「校歌から平和教育へ」No. 604、2000 年。
- 志和格子［小 3］「『昔紙しばい』を作って」No. 604、2000 年。
- 柄沢守［高日］「『福岡市』を題材にした日本史の授業」No. 604、2000 年。

・横出加津彦［高日］「田辺貝釦争議からみえる近代日本の労働運動」No. 605、2000年。
・茶田敏明［小6総］「泉の川とのつきあい方を考えよう」No. 605、2000年。
・山田哲嗣［中歴］「近世の古地図をどう授業に生かすか」No. 605、2000年。
・村松邦［小3］「『グループまちたんけん』から見えてくるもの」No. 606、2000年。
・木村誠［小6］「朝鮮通信使の学習から子どもたちの日韓交流へ」No. 606、2000年。
・草分京子［小5総］「四日市に学ぶ・宮野に学ぶ」No. 606、2000年。
・大西照雄［高現社］「沖縄戦とハンセン氏病者たち」No. 607、2000年。
・秋山敏［小3］「私たちの町でこれを調べたい」No. 607、2000年。
・小林佳子［生］「小麦物語」No. 608、2000年。
・田宮正彦［小4］「ごみ学習」No. 608、2000年。
・松房正浩［小5］「和佐の農業」No. 608、2000年。
・山口勇［小3］「どんぐり拾いの謎を追う」No. 608、2000年。
・斎藤英樹［中地］「地球環境を守るために私たちができることは」No. 610、2000年。
・小林朗［中公］「巻町長選に見る住民の選択」No. 610、2000年。
・小原良成［小4］「水の学習からごみの学習へ」No. 610、2000年。
・高橋清子［小5］「子どもと創る苫小牧の漁業の学習」No. 611、2000年。
・渡辺明［生］「大好き　大和田！」No. 611、2000年。
・山本杉生［小3］「進さんに学んだ蒜山大根」No. 611、2000年。
・庄司時二［小高総］「生命を育む食文化をさぐろう『牛乳はどこから』」No. 612、2000年。
・青山茂行［中総］「中和村の水について考える」No. 612、2000年。
・佐藤理恵［小3］「わくわくどきどきりんごづくり」No. 613、2000年。
・春名浩子［生］「楽しかった町探検！」No. 613、2000年。
・長谷川明寿［小］「日豪平和友好の歩みと直江津捕虜収容所」No. 613、2000年。
・田中正則［小5］「子どもと学ぶ自動車をつくる工業」No. 613、2000年。
・羽田純一［小6］「地域教材と具体物にこだわった歴史学習」No. 614、2000年。
・西浦弘望［小4］「西池の授業」No. 614、2000年。
・山川功［小3］「白糠の漁業」No. 616、2000年。
・住寄善志［小3］「ぼくの・わたしの町探検　パートⅡ」No. 616、2000年。
・相模律［小6］「戦時下の学校　鵜木国民学校と『決戦生活訓』」No. 616、2000年。
・熊谷鉄治［小5］「5年生が考える農業・食糧問題」No. 616、2000年。
・小林朗［中歴］「奥山荘から見る越後中世史」No. 617、2000年。
・高木元治［小6］「15年戦争と満蒙開拓」No. 617、2000年。

- 小松清生［小 3］「まちとくらしのあゆみを学ぶ」No. 617、2000 年。
- 石橋源一郎［中選社］「マジカル ヒストリー ツアー in TAWARAMOTO」No. 618、2000 年。
- 前田佳子・前田賢司［生］「学年全体で取り組んだ『小麦物語』」No. 618、2000 年。
- 草分京子［小 3 総］「渡辺さんありがとう、ミミズさんありがとう」No. 618、2000 年。
- 石田裕子［小 3］「村田町まるかじり」No. 618、2000 年。
- 小原良成［小 4］「地域を学び、自ら動きだした子どもたち」No. 618、2000 年。
- 新山了一［小 5 総］「子どもがおこなう身近な地域の環境調べ」No. 619、2001 年。
- 遠藤茂［小 3］「親子で巡る 3 年生の昔さがし」No. 619、2001 年。
- 櫻本豊己［生］「乳牛を育てる植村さん」No. 619、2001 年。
- 関明恵［中選社］「地域の上野原遺跡で学ぶ」No. 619、2001 年。
- 塚本優子［生］「自分の思いを持って、見て、聞いて、やってみる」No. 620、2001 年。
- 早川寛司［中歴］「ご先祖様の自由民権運動」No. 620、2001 年。
- 小島さつき［小 6］「いまどきの小学生の歴史学習―校区の小作争議の聞き取りから」No. 621、2001 年。
- 江崎広章［小 4］「B 29 と平和友好」No. 621、2001 年。
- 升川繁敏［小 6］「地域の視点で子どもたちと創る歴史学習」No. 621、2001 年。
- 佐藤昭彦［小 5］「『海老七五三縄づくり』をどう教えたか」No. 621、2001 年。
- 樋口俊子［小 3］「地域たんけんをしよう」No. 623、2001 年。
- 中妻雅彦［小 5 総］「社会科と子どもの生活から総合学習を創る」No. 623、2001 年。
- 北村静香［小 6 総］「クラスの井戸をカンボジアへ贈ろう」No. 623、2001 年。
- 小林光代［中 2 総］「『船橋学習』にどのように取り組んだか」No. 623、2001 年。
- 上猶覚［小 4 総］「『くらしを支える水』と『総合的な学習の時間』」No. 625、2001 年。
- 小野寺順子［小 5］「磐清水のりんごづくり」No. 625、2001 年。
- 山下悦子［生］「発見小用の町」No. 625、2001 年。
- 手代木彰雄［小 3 総］「わたしたちのくらしとものを作る仕事〜食べ物づくりを通して（上・下）」No. 626・627、2001 年。
- 加藤好一［中歴］「地域の兵士と日中戦争」No. 626、2001 年。
- 高橋正一郎［高日］「強制連行された中国人の訴え」No. 626、2001 年。
- 倉持祐二［小 4 総］「おいしいおもちが食べたい」No. 628、2001 年。
- 齋藤俊子［生］「自然・人につつまれくらしを見つめて育つ子ら（上・下）」No. 628・629、2001 年。

- 中妻雅彦［小4総］「社会科の学習内容を生かした総合学習を」No. 631、2001年。
- 見田和子［小3］「炭鉱のある町釧路から」No. 631、2001年。
- 小松清生［小4］「奈良と大阪の小学生に贈る『わたしたちの大和川』」No. 631、2001年。
- 土井三郎［小5総］「工業生産とリサイクル」No. 631、2001年。
- 小川一詩［小6］「枚方・交野の戦争遺跡を調べて」No. 632、2001年。
- 是恒高志［中地］「倉橋島のふしぎ調べ」No. 634、2002年。
- 中野照雄［小3］「港たんけん」No. 634、2002年。
- 長縄幸弘［小5総］「わらを使ってかざりをつくろう」No. 635、2002年。
- 倉持祐二［生］「給食のカレーをつくろう」No. 638、2002年。
- 河内晴彦［小中］「地域学習事始」No. 638、2002年。
- 清田敏秀［中歴］「大磯宿の打ちこわしをどのように教材化したか」No. 639、2002年。
- 佐藤昭彦［小5］「フカヒレの秘密をさぐる」No. 641、2002年。
- 日野正生・日置暁美［小6総］「地域の人たちとつくるミュージカル『泉姫の贈り物』」No. 642、2002年。
- 小野賢一［小6］「鎖国と朝鮮通信使」No. 643、2002年。
- 向山美樹［小3］「町の人たちの買い物　昔と今の商店街」No. 644、2002年。
- 草分京子［小6］「地域に学び、子どもとともに学んで」No. 645、2002年。
- 飯田彰［小6］「第5福竜丸と平和学習」No. 646、2002年。
- 荒井保子［小5総］「米から食を考える」No. 646、2002年。
- 入倉光春［小3総］「総合学習『牛・馬』」No. 646、2002年。
- 新田康二［高日］「狗奴国は伊勢湾岸にあったのか」No. 647、2002年。
- 小林正［小5］「ねぎ工場のヒミツ―特命リサーチ in ねぎ工場―」No. 647、2002年。
- 遠藤茂［小3］「行田の昔調べ」No. 647、2002年。
- 満川尚美［小4総］「総合学習　練馬大根」No. 648、2002年。
- 土井三郎［小4総］「淀川の教材化と総合学習の試み」No. 648、2002年。
- 坪井多愛子［小6総］「平和学習で育った『平和の感性』と『平和へのこだわり』」No. 648、2002年。
- 滝川隆雄［小3総］「総合学習米からわらへ」No. 648、2002年。
- 宮澤れい子［小4総］「三番瀬で子どもの『問い心』を育てる」No. 648、2002年。
- 中野真知子［小6総］「わたしたちの町にも戦争があった」No. 649、2003年。
- 藤田真［小3総］「南湖の里山の自然」No. 649、2003年。
- 阪井勝［小中］「川原の炭焼き」No. 649、2003年。
- 佐藤昭彦［小3］「くらしのうつりかわり」No. 650、2003年。

- 鏡和也［生］「バリアフリーの公園」No. 650、2003 年。
- 間森誉司［小 6 総］「7 か国 13 人の外国人ゲストティチャーに出会う国際理解教育」No. 651、2003 年。
- 北島佳寿子［小 3］「総合に負けない社会科の年間計画」No. 653、2003 年。
- 磯崎三郎［高日］「宇治火薬製造所と赤れんが建築の保存」No. 653、2003 年。
- 高橋智恵子［小総］「復活『海老根和紙』」No. 655、2003 年。
- 岡野正丸［小 3］「乳牛をかう仕事」No. 656、2003 年。
- 山本杉生［生］「フルーツクラブで育てよう」No. 656、2003 年。
- 中島浩明［小 6］「江戸幕府の政治と人々のくらし」No. 657、2003 年。
- 鳥塚義和［高日］「『日露戦争の記憶』をどう伝えたか」No. 657、2003 年。
- 滝口正樹［中歴］「関東大震災後の復興小学校に今も残る御真影奉安庫・奉掲所と防空壕を訪ねる」No. 657、2003 年。
- 佐藤広也［小 3 総］「あれも豆これも豆、三角山さんさんいっぱい大豆探偵団が行く」No. 658、2003 年。
- 向山三樹［生］「秋の食べ物からおまつりランドへ」No. 658、2003 年。
- 住寄善志［小 3］「学区の工場調べ」No. 659、2003 年。
- 中妻雅彦「子どもの生活と地域に根ざした小学校社会科を」No. 662、2003 年。
- 林綾［小 3］「地域にある〈あられ工場〉の学習を通して」No. 662、2003 年。
- 石田裕子［小 6］「地域から世界へ　スゴドラっ子の戦争学習」No. 662、2003 年。
- 滝川隆雄［小 6］「縄文は生きている」No. 662、2003 年。
- 森敦子［小 5 総］「総合的な学習『戦争と平和を考えよう』」No. 663、2003 年。
- 坪井多愛子［生］「花鳥草木すべてがともだち①・②」No. 664・665、2004 年。
- 満川尚美［小 3 総］「高松よいとこさがし」No. 666、2004 年。
- 小島さつき［小 5 総］「出会い、感動に押されて」No. 666、2004 年。
- 小松清生［小 4］「伝統産業・石津のさらし」No. 666、2004 年。
- 金刺貴彦［小 6 総］「『岩科起て』はたからもの」No. 666、2004 年。
- 佐藤光康［高現社］「地域の要求から現代社会を学ぶ」No. 666、2004 年。
- 岡野正丸［生］「馬と馬をかうしごと」No. 668、2004 年。
- 渡辺明［生］「地域ではたらく人々とのふれあい」No. 668、2004 年。
- 倉持祐二［小 5］「米づくり農家 34 人に聞きました」No. 668、2004 年。
- 倉持重男［中歴］「僕たちの上尾に旧石器人がいた」No. 668、2004 年。
- 伊田稔「歴教協を揺るがした農民の一言」No. 668、2004 年。
- 白尾裕志［小 5 総］「和牛少年隊」No. 669、2004 年。
- 塩谷朗［中地］「地域の規模に応じた調査―岐阜県」No. 670、2004 年。
- 間森誉司［小 6］「見学・体験・もの・史料で育てる子どもの関心・興味」No. 670、2004 年。
- 松房正浩［小 6］「江戸時代の農業の発達を生き生きと学ぶ」No. 670、2004 年。

・小野木真由美［小4］「ごみはどこへ」No. 670、2004年。
・中妻雅彦［小6］「子どもたちの思考を広げる近現代史学習に」No. 671、2004年。
・寺田肇［小］「子どもたちと用水堰を歩いて水を考える」No. 671、2004年。
・瀧口智見美［小5］「私たちの生活と情報」No. 671、2004年。
・棚橋正明［小6］「『青い目の人形』で学ぶアジア太平洋戦争」No. 671、2004年。
・高木道子［小3総］「大豆のはなし」No. 671、2004年。
・加藤正伸［小4］「学校の歴史調べから『青い目の人形』調べへ」No. 673、2004年。
・高橋哲夫［小3総］「魚がすむ川がほしい」No. 673、2004年。
・上田正文［小5］「畑の先生の授業」No. 673、2004年。
・草分京子［小4］「三雲の海苔養殖（上・下）」No. 674・675、2004年。
・滝川隆雄［小3総］「総合学習『木とくらし』」No. 675、2004年。
・佐藤理恵［小3］「いきいきわくわくわかめ作り」No. 676、2004年。
・夛田眞敏「足もとから世界へ―認識の広がりを求めて」No. 677、2004年。
・飯田彰［小6総］「命の尊さと平和の大切さを学ぶ」No. 677、2004年。
・門馬寛［中歴］「中学校の生徒数の変化から地域を学ぶ」No. 678、2004年。
・中出律［高特］「『散華乙女の碑』に学ぶ」No. 678、2004年。
・寺田肇［小6］「農民の生活が見えてくる地域の掘りおこしを」No. 678、2004年。
・大河原美恵子［小5］「お米の販売大作戦」No. 678、2004年。
・澤井文彦［小5総］「角田の食と農」No. 678、2004年。
・千葉誠治［小4］「アイヌの人たちの生活」No. 679、2005年。
・斎藤勝明［小4］「緑の松原と白い砂浜を永遠に」No. 680、2005年。
・桐藤直人［中歴］「『戦争体験』から子どもたちは何を学ぶか」No. 680、2005年。
・荒井保子［小3総］「とことん蕃山」No. 680、2005年。
・中山敬司［高日］「学社連携を目指した戦争学習―静岡空襲の実践―」No. 681、2005年。
・秋山敏［小4］「ひとりひとりの考えを大切に―ごみのゆくえの実践から―」No. 681、2005年。
・草分京子［小3］「そはらのいしや（曽原の石屋）」No. 681、2005年。
・小宮まゆみ［中地］「調べる力を育てる地理の授業」No. 681、2005年。
・薄久仁子［生］「土からそだつもの」No. 681、2005年。
・坪井多愛子［小中総］「平和の願いを語りつぐ『青い目の人形の日』」No. 683、2005年。
・森豊一［小5］「マグロはえ縄漁の授業」No. 684、2005年。
・神谷容一［小4総］「緑のダムからわが町の水環境を考える」No. 685、2005年。
・松房正浩［小5］「日本の工業―小倉の工場から日本・アジアが見える」　No.

685、2005 年。
- 高木郁次［中歴］「江戸時代の村上村」No. 686、2005 年。
- 渡辺明［小 3］「『お墓調べ』から入る戦争学習」No. 687、2005 年。
- 早川寛司［小 6］地租改正一揆から自由民権運動へ(1)「地租を下げろ！」No. 688、2005 年。
- 八田吏［中総］「初島の物語を掘り起こそう」No. 688、2005 年。
- 遠藤茂［小 3］「昔を生きと生きと想像するための地域学習」No. 689、2005 年。
- 早川寛司［小 6］地租改正一揆から自由民権運動へ(2)「内閣総理大臣伊藤博文殿！」No. 689、2005 年。
- 中妻雅彦「生活と地域に根ざした教育課程の自主編成のために」No. 689、2005 年。
- 稲次寛［高日］「地域の戦没者からアジア太平洋戦争を考える」No. 690、2005 年。
- 佐藤則次［小 3］「和光のむかしを知ろう！―今に伝わる『白子囃子』」No. 690、2005 年。
- 早川寛司［小 6］地租改正一揆から自由民権運動へ(3)「地租を減らせ、今度は国会だ」No. 690、2005 年。
- 小松清生［小 4］「よみがえれ大和川（上・下）」No. 691・693、2005 年。
- 飯島春光［中総］「生き方をつくる『日本とアジアの歴史と今』の学習」No. 693、2005 年。
- 清水真人［小 5］「地域へ発信！　五年生の米作り」No. 693、2005 年。

(2) 『教育』誌関係

- 鈴木清竜「生活と科学とを結ぶもの」No. 251、1970 年。
- 須藤克三「教育における地域課題とは」No. 281、1972 年。
- 稲垣忠彦「教育百年と地域」No. 284、1972 年。
- 志摩陽伍「教育研究運動における生活教育科学」No. 285・287、1973 年。
- 浅野信一「地域に根ざす教育について」No. 289、1973 年。
- 岡田イチ子［小］「私のささやかな実践から」No. 291、1973 年。
- 碓井岑夫「戦後教育と地域の認識」No. 291・297、1973 年。
- 有芸中学校学習旅行検討委員会「地域で生きる力を何で育てるか」No. 303、1974 年。
- 川上康一「かって地域にあった教育力を学校で」No. 305、1974 年。
- 宮本憲一「地域開発と教育」No. 311、1974 年。
- 教育科学研究会常任委員会「地域と日本の教育改革に責任を負う教育科学の建設を」No. 319、1975 年。
- 主張「教育を地域に根づかせるために」No. 319、1975 年。

・藤岡貞彦「コメント・地域に根ざす教育実践」No. 319、1975 年。
・鈴木正気［小］「久慈の漁業」No. 319、1975 年。
・鈴木孝［小］「ほたての養殖」No. 319、1975 年。
・斉藤浩志「『地域に根ざす教育』と『国民の教育権』」No. 319、1975 年。
・大槻健「社会認識と教育」No. 325、1976 年。
・山田貞夫「歴史運動の中での子ども・青年の社会認識はどう変革したか」No. 329、1976 年。
・佐々木勝男［小 3］「子どもの現実と社会認識」No. 329、1976 年。
・大槻健・片上宗二・佐々木勝男・宮入俊男・田中孝彦「子どもの現実と社会認識」No. 329、1976 年。
・教科研常任委「『わかること』を『生きる力』に結びつけ、地域に根ざす教育の創造を」No. 333、1976 年。
・中内敏夫「教育課程研究と住民運動」No. 350・352、1977 年。
・鈴木正気［小］「社会認識の発達と教育」No. 353、1978 年。
・若狭蔵之助［小］「教育研究をこころざす若い仲間へ」No. 356、1978 年。
・太田政男「教科研中間研究集会のまとめ」No. 357、1978 年。
・臼井嘉一「『社会科教材選択の原理』と"地域"」No. 358、1978 年。
・鈴木正気・片上宗二・佐々木勝男・柴田義松・中内敏夫・藤岡貞彦・志摩陽「『川口港から外港へ』をめぐって」No. 364、1978 年。
・竹谷延子［小 2］「地域のくらしを生かした教材づくり」No. 358、1978 年。
・小田切正・嶋祐三「地域に根ざす教育を問い直す」No. 373、1979 年。
・二杉孝司「科学的社会認識の形成と地域」No. 374、1979 年。
・森垣修［小］「地域に学ぶ学校づくり」No. 374、1979 年。
・田中武雄「社会科における科学的認識の形成」No. 376、1979 年。
・北海道帯広市愛国小学校市川恵子他「地域とともに歩む学校をめざして」No. 385、1980 年。
・武田康男［小］「地域に学ぶものづくりの教育」No. 386、1980 年。
・浅羽晴二［中］「8・15『特別授業』をこころみて」No. 388、1980 年。
・茨城県教育科学研究会「80 年代の教育実践・研究・運動の方向を探る」No. 393、1981 年。
・小嶋昭道「地域に根ざす教育実践と社会科学的認識の形成」No. 393・394、1981 年。
・鈴木正気「社会科教育における『教えこみ』とは何か」No. 404、1981 年。
・白川千代［小 3］「『釧路の漁業』の授業実践」No. 411、1982 年。
・久富善之・佐貫浩・村山士郎「学校の再生—兵庫県府中小学校の学校づくりに学ぶ—」No. 412、1982 年。
・小木曾真司「人間にとってゴミとは何か」No. 443、1984 年。
・森垣修［小］「地域に根ざした学校づくり」No. 448、1984 年。

- 斉藤三郎［小］「地域に根ざす平和教育」No. 449、1985 年。
- 和歌山県西牟婁郡富里中学校「地域に根ざした学校づくりをめざして」No. 469、1986 年。
- 田中武雄「社会科論の歴史と展望」No. 511、1989 年。
- 小川修一［小 2］「田んぼのしごと」No. 522、1990 年。
- 倉持祐二［小 5］「そびえ立つ『ゴミの山』」No. 542、1991 年。
- 西尾敏弘「地域に根ざす文化を求めて」No. 542、1991 年。
- 木村剛［小 4］「アイヌ民族の生活・文化の授業づくり」No. 563、1993 年。
- 佐藤広也［小］「学校はぼくらの宝島」No. 563、1993 年。
- 松房正浩［小 3］「子どもがつくる地域学習」No. 580、1994 年。
- 梅原憲作［高］「『渡り川』の実践を生み出したもの」No. 585、1995 年。
- 河崎かよ子［小 4］「ポンポン山がたいへん」No. 587、1995 年。
- 小林勝行［小］「海に生きる小砂子の人々（下）」No. 601、1996 年。
- 山崎智［小 3］「みんなでつくるまち」No. 604、1996 年。
- 鈴木正氣「子どもの学習の社会的参加と社会認識の発達」No. 604、1996 年。
- 大麼英夫［小］「生命を育む学校づくり」No. 616、1997 年。
- 鈴木正氣「『久慈の漁業』その後」No. 619、1997 年。
- 小野寺勝徳［生］「いねを育てて」No. 619、1997 年。
- 上里勲［中公］「彼らに、もう一枚の卒業証書を」No. 619、1997 年。
- 木村辰冨美［小 6］「子どもと老人とでつくりだしたもの」No. 622、1998 年。
- 山下正寿［高政経］「地域と学校の自治を結ぶ—地域の環境学習を通じて」No. 627、1998 年。
- 大野新［中総］「生徒とつくった『ゴミ白書』」No. 634、1998 年。
- 岡田みつよ［生］「木を植えたこどもたち」No. 634、1998 年。
- 小松清生［小 4］「よみがえれ大和川！」No. 638、1999 年。
- 茶森茂樹［中総］「他者とのかかわりをとおして自己を見つめさせる」No. 649、2000 年。
- 小林光代［中総］「学年でとりくんだ体験学習—谷津干潟と三番瀬の学習を中心として」No. 649、2000 年。
- 中妻雅彦「子どもの生活と地域に根ざした学校に」No. 661、2001 年。
- 岸本清明［小 3 総］「学ぶ喜びを味わい、自分や地域を変える総合学習—『ホタルいっぱいの東条川に』」No. 661、2001 年。
- 北村静香［小 6 総］「クラスの井戸をカンボジアへ贈ろう」No. 667、2001 年。
- 鈴木正氣「批判的継承から今日的蘇生へ」No. 676、2002 年。
- 太田政男「地域からの学校づくり」No. 683、2002 年。
- 宮原武夫「『総合的な学習』のイメージ」No. 691、2003 年。
- 中山晴生［小総］「森・川・海・ふたたび森へ—5 年間のひきつづきの学びの物語—」No. 695、2003 年。

- 細金恒男「農と地域と教育」No. 700、2004年。
- 上野浩昭［小6］「小学校区（地域）から考えた戦争と平和」No. 703、2004年。
- 山口喜久枝［高総］「僕らは『知多半島子育て支援探検隊』」No. 706、2004年。
- 今田和弘［高総］「総合『ハンセン病と人権』にとりくんで」No. 706、2004年。
- 磯部作「学習にとっての『地域』と地域学習のあり方」No. 707、2004年。

(3) 『生活教育』関係

- 大沢勝也「社会科の討論のまとめ」1970年1月号。
- 川合章「民主的人格形成と生活教育—日生連の研究運動の課題」1970年6月号。
- 佐藤英一郎「科学的な社会認識の形成と実生活」1970年8月号。
- 末方鉄郎［小6］「地域現実をふまえた歴史の学習」1971年1月号。
- 西口敏治［小3］「工場とそこで働く人たち」1971年3月号。
- 斎藤孝「3年生の社会科を考える」1971年3月号。
- 鹿野隆弘「4年生の社会科—新しい教科書教材の分析」1971年4月号。
- 三上勝康［小5］「公害と取り組む実践」1971年6月号。
- 川合章「公害をどう教えるか」1971年6月号。
- 研究部「民主的人格形成と地域」1971年6月号。
- 鹿野隆弘「地域現実に根ざした社会科の創造」1971年8月号。
- 若狭蔵之助［小6］「川越氏の荘園」1972年1月号。
- 「子どもの発達を保障する教育の創造—地域・生活に根ざして」1972年6月号。
- 岡田智晶［中歴］「『米騒動・社会運動』の授業の実践」1972年7月号。
- 斉藤孝「日生連社会科の課題について」1972年8月号。
- 田中裕一［中］「公害の本質をどう教えるか」1972年9月号。
- 江口武正「生活に根ざす教育を模索したのは」1973年1月号。
- 福田孝二［小3］「人びと（市民）のねがいと市役所のしごと」1973年3月号。
- 「基調提案 地域に根ざした教育の追求」1973年3月号。
- 西村絢子［中公］「家族生活にどうとりくんだか」1973年5月号。
- 鹿野隆弘［小2］「紙コップ工場ではたらく人の仕事」1973年6月号。
- 石井辰雄［小3］「『ゴミ焼却場』の学習」1973年6月号。
- 日生連研究委員会「子どもの全体的な発達をめざす教育の創造」1973年6月号。
- 社会科部会「地域課題にせまる社会科の内容」1973年12月号。
- わかる授業検討会「『わかる授業』をめざして9-11」1974年、1月号—3月号。
- 笹島勇次郎［小］「地域・運動・教育」1974年、1月号。
- 新島ケイ子［小2］「『こめをつくるしごと』にとりくんで」1974年1月号。
- 井上耀基［小2］「米をつくる人」1974年、1月号。
- 中野光「社会科のあり方を追求して」1974年、1月号。
- 中野光「むらの教育・まちの教育」1974年、5月号。

・江口武正「地域に根ざした教育実践の中で」1974年、6月号。
・遠藤清一［小3］「仙川のまち」1974年、7月号。
・佐藤英一郎「子どもの社会認識をどう育てるか」1974年、8月号。
・川上和美「社会科教育の今日的課題」1974年、8月号。
・斉藤孝［小2］「こうばではたらく人」1974年、8月号。
・屋名池晴紀［小5］「小松製作所粟津工場」1974年、10月号。
・江口武正［小5］「工業の発達(1)(2)」1974年、10月号・11月号。
・高田哲郎［小5］「子どもの発達・教師の発達」1974年、12月。
・伊ケ崎暁生「地域の課題と教育運動」1975年1月号。
・川合章「民衆の生きる努力を軸に」1975年6月号。
・森田俊男「地域に根ざすとは」1975年6月号。
・剣持清一「地域・生活に根ざす教育の展望」1975年6月号。
・山田正敏「地域・生活に根ざす教育実践・研究とは何か」1975年6月号。
・研究委員会「夏季全国集会基調提案」1975年6月号。
・織田隆敬「地域に根ざす教育の追求(1)(2)」1975年7・8月号。
・江口武正「わたしたちのめざすもの」1975年8月号。
・川合章「地域・生活に根ざす教育」1975年10月号。
・藤井淳夫［小］「地域の課題にせまるために」1975年11月号。
・川合章「1976年を迎えて」1976年1月号。
・小林信男［小6］「地域の生活に根ざす教育」
・大塚良宗［小］「地域に学ぶ」1976年1月号。
・金森俊朗［小］「生産活動を中心にすえた労働教育の追求」1976年1月号。
・川合章「社会観の形成と社会科」1976年3月号。
・川上和美「低学年の社会科ではなにを教えるのか」1976年3月号。
・岩下修［小4］「地域だけの問題じゃなかった」1976年3月号。
・広川俊宏［小2］「のりものではたらく人」1976年3月号。
・小川修一［小2］「『こうばではたらく人』にとりくんで」1976年3月号。
・藤田茂［小3］「『地方自治』の学習」1976年3月号。
・若狭蔵之助「社会認識の発達と学習主体」1976年9月号。
・川合章「教育基本法30年と社会科の30年」1977年5月号。
・木本力・斉藤孝「社会科教育の原点を探る」1977年5月号。
・鹿野隆弘［小3］「市民のくらしと下水道」1977年5月号。
・森浩［小4］「下北（大畑町）のイカ漁」1977年5月号。
・金森俊朗［小5］「『四日市』を学習して」1977年5月号。
・山田隆幸［小5］「小牧基地と私たちのくらし」1977年5月号。
・渋谷清［中歴］「地域に残る戦争と平和のドラマ」1977年5月号。
・大沢勝也・平田明生・西村誠・本荘正美「五つの実践記録をめぐって」1977年5月号。

・若狭蔵之助「子どもの社会認識の発達」1977 年 5 月号。
・関根鎮彦「これからの社会科教育」1977 年 5 月号。
・佐藤英一郎・西村誠「社会科研究の成果をどう生かすか」1977 年 5 月号。
・川合章「学力と学ぶ意欲・生きる力」1977 年 7 月号。
・江口昌子［小 6］「みんなでとりくむ平和教育」1977 年 8 月号。
・小枝司［小 3］「地域に教材を求めて」1978 年 5 月号。
・小林宗忠［中地］「地域の自然を復元する」1978 年 6 月号。
・松本博子［小 4］「足で調べたわが地域」1978 年 6 月号。
・巻頭言「改めて生活教育を主張する」1978 年 6 月号。
・川合章「地域に根ざす活力ある学校を」1978 年 6 月号。
・海老原治善「新たな地域教育計画と学校」1979 年 3 月号。
・若狭蔵之助［小 3］「生協"がくえん班"のおばさんたち」1979 年 4 月号。
・杉原ひろみ［小 2］「感動を育てる授業へのとりくみ」1979 年 5 月号。
・安達稔［小 6］「『15 年戦争』の学習」1979 年 8 月号。
・前田美那子［中］「『平和教育』3 年間の歩み」1980 年 8 月号。
・中野光「生活教育入門」1981 年 1 月号—4 月号。
・大和輝子［小 2］「パン工場見学の授業記録」1981 年 4 月号・5 月号。
・斉藤孝［小］「わたしの教材研究」1982 年 1 月号—9 月号。
・柿村茂［小］「地域に根ざす教育を求めて」1982 年 7 月号・9 月号。
・外山英昭「地域に根ざす教育」1982 年 8 月号。
・石谷克人［小 4］「地域教材で子どもたちのやる気をひきだす」1983 年 5 月号。
・末方鉄郎［小］「生活課題にとりくむ学習をめざして」1983 年 11 月号。
・小林毅夫［小 4］「川と人間の調和的なあり方を追求する—4 年『関川ものがたり』の実践」1983 年 11 月。
・外山英昭「生活教育入門」1983 年 11 月号—1984 年 5 月号。
・吉松正秀［小 5］「身近な農業に学ぶ」1984 年 2 月号。
・藤田茂［小 6］「子どもの歴史意識の形成と平和教育」1984 年 7 月号。
・江口昌子「地域の平和運動に学ぶ」1984 年 7 月号。
・外山不可止［小 2］「田ではたらく人たち」1986 年 1 月号。
・松村一也［小 4］「砂丘を切り開く打木の人々」1986 年 3 月号。
・知花盛考［中］「いま核基地をどう教えるか」1986 年 8 月号。
・岡田智晶［中］「福山空襲をどう教えるか」1986 年 8 月号。
・斎藤勝明「子どもとつくる社会科」1986 年 11 月号。
・高木浩朗「新しい社会科の出発」1986 年 12 月号。
・今井真一［小 2］「働く人々を見つめさせる」1987 年 8 月号。
・谷田川和夫［小 4］「学級の中に憲法を」1988 年 5 月号。
・高尾和伸［小］「主体的・意欲的な学びの姿勢を創るために」1988 年 6 月号。
・松村一成［小 2］「箱工場で働く人々の学習」1988 年 11 月号。

- 伊藤邦夫［小5］「それでも米を作りつづける人々」1989 年 2 月号。
- 小菅盛平［小1］「おじちゃん、おばあちゃんが語った戦争の話」1989 年 12 月号。
- 外山不可止［小2］「田ではたらく人たち」1989 年 12 月号。
- 山田隆幸［小2］「およげる川がほしい」1990 年 12 月号。
- 花井嵯智子［小2］「店ではたらく人びと」1990 年 12 月号。
- 北川茂［生］「もとや製パン工場」1991 年 2 月号。
- 間宮由美［生］「くもの巣もどんぐりもダンスする工場」1991 年 3 月号。
- 長谷川竜子［生］「おじいちゃんは、イカつり名人」1991 年 6 月号。
- 川合章「生活と教育を結びつけることの意味」1991 年 8 月号。
- 小林弘美［生］「おばあさん先生・おじいさん先生の出番」1993 年 1 月号。
- 岸康裕［小3］「工場・お店たんけんで地域を知ろう」1993 年 6 月号。
- 能岡寛［小3］「私の生活教育がめざすもの」1993 年 6 月号。
- 金森俊朗「地域に生きる教師」1993 年 6 月号。
- 外山不可止［小4］「『水』を追って地域とくらしを学ぶ」1993 年 8 月号。
- 石谷克人［小高］「地域に根ざす教育実践を新たに構想する―江戸時代の農民・農村を子どもたちはどう学んだか」1993 年 10 月号。
- 金森俊朗「調べる学習の成果と問題点」1993 年 10 月号。
- 斉藤孝「いま問われていること―『学習観』のとらえなおしと教師の指導性」1993 年 12 月号。
- 外山英昭他「学ぶ力を育てる社会科第 6 回」1994 年 2 月号。
- 外山英昭他「学ぶ力を育てる社会科最終回」1994 年 3 月号。
- 田村真広「斉藤孝の『ともに生きる』学習主体を育てる実践」1994 年 9 月号。
- 新井孝喜「若狭蔵之助の『公園をつくらせたせっちゃんのおばさんたち』の実践」1994 年 12 月号。
- 田村真広「岡田智晶による福山空襲の記録運動と平和教育実践」1995 年 5 月号。
- 中島由香子「外山不可止実践に学ぶ」1995 年 6 月号。
- 船橋一男「山田隆幸『小牧基地と私たちのくらし』（5 年・社会）の実践」1995 年 6 月号。
- 松村一成［小3］「自ら問いかけ学ぶ学習をどう作るか　町探検『働く人の学習』」1995 年 7 月号。
- 外山不可止［小5］「子どもとともに学ぶということ」1995 年 8 月号。
- 岸康裕［生］「表現や交流を豊かにする教育技術―駅たんけんの実践」1995 年 9 月号。
- 金森俊朗［小6］「生活主体としての問いが生まれるまで」1995 年 10 月号。
- 斎藤孝「『よき生活者』を育てる」1995 年 11 月号。
- 田村真広「対話と知の創造に乗り出す社会科学習」1996 年 1 月号。
- 川合章「戦後 50 年と学校、地域」1996 年 1 月号。

- 臼井嘉一「なぜ『子どもともにつくる社会科学習』論は十分理解されないのか」1996年5月号。
- 崎濱陽子［小］「壕をさがし壕を掘り平和を語りつぐ」1996年8月号。
- 笠肇［小6］「田んぼから作った米づくり」1996年8月号。
- 中河原良子［生］「豆腐づくりから学ぶ」1997年2月号。
- 北山ひと美［小4総］「活動し学びあう子どもたち」1997年4月号。
- 下鳥孝［小4総］「自然と人をつなげる学びの世界『多摩川』」1997年5月号。
- 渡辺恵津子［小6総］「どうする？　雑木林」1997年6月号。
- 亀田里味［生］「地域を生かした授業づくり」1997年6月号。
- 栗原伸［小4総］「総合学習『多摩川』にとりくんで」1997年9月号。
- 石谷克人［小6］「子どもが創る社会科の実践」1997年9月号。
- 長谷川京子［小6］「6年生の歴史学習」1998年1月号。
- 松本美津枝［小6総］「私たちの総合学習〈足尾鉱毒事件〉」1998年6月号。
- 野島通紀［高総］「社会に、地域に目を開くなかで変わる子どもたち」1998年11月号。
- 洲山喜久江［小3］「子どもの力を借りて学びをつくる」1998年12月号。
- 金森俊朗［小5］「『自分らしく働き、生きる人』との出会い」1999年1月号。
- 中河原良子［小2・3］「綿の学習」1999年2月号。
- 榎本和義［生］「『まちたんけん』にどう取り組んだか」1999年6月号。
- 小林桂子［生］「米・コメたんけん」1999年6月号。
- 岸康裕［小6］「主体的な学びを組織したい」1999年6月号。
- 濱田嵯智子［小4］「ゴミから環境へ」1999年10月号。
- 比嘉智子［小6］「自分の問いを追求する楽しさ―琉球の大交易時代を通して」1999年10月号。
- 和田仁［小3］「タヌキのいる小学校」2000年1月号。
- 上野善弘［小3総］「黒川発○○をおえ！」2000年4月号。
- 和田仁［小4総］「どっこい生きているぼくらが見つけた鶴見川」2000年5月号。
- 迫田実［小3総］「わたしたちのまち　大発見」2000年7月号。
- 辻美彦［小4］「居場所の確立をめざす地域学習」2000年8月号。
- 宮城アケミ［小4総］「総合『大好きな与那原湾　山原船が来た海辺の町』」2000年8月号。
- 平中健也［小4］「学校の裏山が公園になる」2000年8月号。
- 山田直明［小3］「人と出会い、学びの世界が広がる―天然酵母のパン屋さんとのふれあい」
- 外山英昭「地域とつながり学びを深める子どもたち」2000年8月号。
- 山田隆幸［小3総］「『土・水・火・生き物、そして仲間』は、子どもたちのライフ・ライン(1)(2)(3)」2000年10月号―12月号。

・滝口正樹［中総］「社会参加を通じた『学び』の探求」2000年10月号。
・鎌倉博［小3］「町を見つめ町の人とつながる社会科学習」2001年1月号。
・板垣賢二［小6総］「『戦争』を知ろうとした子どもたち」2001年3月号。
・迫田実［小4総］「対馬丸を通して命の尊さを学ぶ」2001年8月号。
・与儀やよい［小4総］「地域の良さを発見する学びをつくる―『さとうきびからふるさとウォッチング』を通して」2001年8月号。
・崎濱陽子［小5総］「米を追い、学びを深める子どもたち」2001年8月号。
・宮城アケミ［小6総］「与那原発 わした島沖縄（うちなー）」2001年8月号。
・槙田正法［小3］「子どもとつくる『総合学習安里川』」2001年8月号。
・中村源哉［小4］「子どもとともにはじめた東京学習」2001年11月号。
・和田仁［小3総］「里山の谷戸・井戸・炭」2001年11月号。
・澁谷隆行［小高総］「赤石川は生きている」2002年2月号。
・德水博志［小5総］「森・川・海と人をつなぐ環境教育」2002年3月号。
・菱川稔［小4総］「大原川」2002年7月号。
・濱田嵯智子［小4］「大和川に学ぶ」2002年8月号。
・矢賀睦都恵［小6総］「地域にあった戦争から平和活動へ」2002年11月号。
・今倉保司［中総］「椎茸をのぞいてみれば」2003年1月号。
・和田仁［小4総］「自然を学ぶ中で広がる総合学習『鶴見川』」2003年2月号。
・島田雅美［小3総］「カイコを飼うことで開いた自然界のとびら」2003年4月号。
・洲山喜久江［小］「自然を守る活動をしている人から学ぶ」2003年4月号。
・崎濱陽子［小3］「『やさいを育てる仕事』から地域の良さを知る」2003年5月号。
・岸康裕［生］「90歳のおばあちゃんとわらべ唄を楽しむ」2003年6月号。
・德水博志［小4総］「水から広がる森の学習」2003年7月号。
・竹腰宏見［生］「豊郷小・地域からの生活科」2003年9月号。
・鎌倉博［小4総］「『多摩川の水は自然の命だよ』ととらえた子どもたちとその学習」2003年9月号。
・山本ケイ子［小5総］「りんご染め」2003年11月号。
・吉越良平［高総］「生徒たちとバリアフリー調査に取り組んで」2003年11月号。
・外山英昭「自己肯定感を育てる学びの創造―地域に根ざし、子どもが動く学習―」2003年12月号。
・矢賀睦都恵［小6総］「尾鷲にあった戦争から平和活動へ2」2003年12月号。
・藤井景［小4総］「音の出る信号機を付けたい」2003年12月号。
・玉寄美津枝［小4総］「とびだせ漫湖たんけん隊」2003年12月号。
・杉見朝香［小4］「水・ゴミを学んで」2004年2月号。
・武本正明・藤村公平・丸山浩［小総］「命・平和・バリアフリー、世界の子どもと手をつなぐ平和の日」2004年3月号。

- 村越含博［生］「大豆を題材に、自分たちで学びを進めた子どもたち」2004年4月号。
- 本郷佳代子［生］「竹の子掘りから竹の学習へ」2004年4月号。
- 吉川ひろ子［小5総］「育ててさぐろうお米の世界」2004年5月号。
- 佐々木優子［生］「めざせ！　つるぴかうどん」2004年8月号。
- 中山晴生［小総］「『あの枯葉はどこへいったのか事件』をおって」2004年11月号。
- 岩佐宜始［小］「地域の誇り『青谷梅林』に学ぶ」2004年12月号。
- 斎藤博孝［小5総］「沖縄の都市河川『屋部川』を見つめた子どもたち」2004年12月号。
- 吉田武彦［中総］「前よりも『くちかんばやし』が好きになった」2004年12月号。
- 中河原良子［生］「しぜんとあそぶ子どもたち」2005年2月号。
- 栗原伸［小3総］「『大蔵大根』と3年生の総合学習」2005年3月号。
- 矢賀睦都恵［生］「わたしたちのまちかど博物館」2005年4月号。
- 村越含博［小5総］「水田作りからの総合学習」2005年5月号。
- 吉川ひろ子［小中総］「地域に萌える学び合い」2005年8月号。
- 大森亨［小5総］「墨田公園に関わる子どもたち」2005年8月号。
- 崎浜陽子［小6］「沖縄の良さを見つけ、沖縄から日本・世界を見つめる子どもに――勝連グスクと阿麻和利から日本の歴史にせまる――」2005年11月号。
- 矢賀睦都恵［小5総］「人々の願いを感じて――尾鷲の山、ヒノキ、熊野古道」2005年12月号。

(4) その他

- 市川真一『地域の歴史研究と歴史教育』明治図書、1970年。
- 若狭蔵之助『高学年の社会科教室』明治図書、1970年。
- 新潟県上越教師の会編『生産労働を軸にした社会科教育の現代化』明治図書、1972年。
- 本多公栄『ぼくらの太平洋戦争』鳩の森書房、1973年。
- 原田明美『農村をどう教えるか――減反のなかの子どもたち』鳩の森書房、1973年。
- 石井重雄『中学年社会科の理論と実践』地歴社、1974年。
- 佐々木勝男［小］「小学校中学年野外観察学習の方法」No. 133、明治図書、1975年。
- 奥西一夫『地域の問題をどう教えたか』部落問題研究所、1975年。
- 安井俊夫「『地域に根ざす社会科』を求めて」『社会科教育』No. 141、明治図書、1976年。

- 佐々木勝男「子どもがわかる『地域の変貌』の教材解釈」『社会科教育』No. 153、明治図書、1976 年。
- 若狭蔵之助『生活のある学校』中央公論社、1977 年。
- 安井俊夫『子どもと学ぶ歴史の授業』地歴社、1977 年。
- 京都歴史教育者協議会編『社会科到達度評価の実践』地歴社、1977 年。
- 鈴木正気『川口港から外港へ』草土文化、1978 年。
- 渋谷忠男『地域からの目』地歴社、1978 年。
- 森垣修『地域に根ざす学校づくり』国土社、1979 年。
- 小菅敏夫［小 4］「民衆の歴史の掘りおこしとその教材化で」『社会科教育』No. 213、明治図書、1981 年。
- 福島達夫『地域の課題と地理教育』地歴社、1981 年。
- 大阪歴教協・南部吉嗣編著『小学校の社会科の授業』労働旬報社、1981 年。
- 森垣修『地域に根ざす学校づくり』国土社、1981 年。
- 新潟県上越教師の会編『地域に根ざす教育と社会科』あゆみ出版、1982 年。
- 佐々木勝男『子どもとつくる楽しい社会科授業』明治図書、1983 年。
- 鈴木正気『学校探検から自動車工業まで』あゆみ出版、1983 年。
- 斎藤孝・川上和美・関根鎮彦編著『小学校社会科 5 年上』民衆社、1983 年。
- 若狭蔵之助『問いかけ学ぶ子どもたち』あゆみ出版、1984 年 2 月。
- 村山士郎・久富善之・佐貫浩『学校の再生　兵庫県府中小学校に学ぶ』労働旬報社、1984 年 4 月。
- 石井重雄『地域に学ぶ社会科』岩崎書店、1985 年。
- 若狭蔵之助編『地域をさぐる』あゆみ出版、1985 年 4 月。
- 静岡県小笠社会科サークル『からだを通して地域で学ぶ—産業学習の進め方—』日本書籍、1985 年 10 月。
- 鈴木正氣『支え合う子どもたち』新日本出版社、1986 年 7 月。
- 若狭蔵之助『子どもと学級』東京大学出版会、1986 年。
- 『子どもと教育』別冊『社会科授業づくりの技術と実践 1 年』あゆみ出版、1988 年。
- 『子どもと教育』別冊『社会科授業づくりの技術と実践 2 年』あゆみ出版、1988 年。
- 『子どもと教育』別冊『社会科授業づくりの技術と実践 3 年』あゆみ出版、1988 年。
- 『子どもと教育』別冊『社会科授業づくりの技術と実践 4 年』あゆみ出版、1988 年。
- 『子どもと教育』別冊『社会科授業づくりの技術と実践 5 年』あゆみ出版、1988 年。
- 『子どもと教育』別冊『社会科授業づくりの技術と実践 6 年』あゆみ出版、1988 年。

- 名雪清治・藤岡信勝『社会科で「地域」を教える』明治図書、1989 年。
- 石谷克人『じいちゃんは戦争に行った』ゆい書房、1989 年 8 月。
- 和久田薫『地域で育てる社会認識』部落問題研究所、1990 年。
- 宮入盛男『地域に根ざす社会科教育を求めて』スズキ総合印刷、1990 年。
- 白尾裕志『子どもとつくる産業学習』あゆみ出版、1992 年。
- 歴史教育者協議会『たのしくわかる生活科 1 年の授業』あゆみ出版、1992 年。
- 歴史教育者協議会『たのしくわかる生活科 2 年の授業』あゆみ出版、1992 年。
- 歴史教育者協議会『新たのしくわかる社会科 3 年の授業』あゆみ出版、1992 年。
- 歴史教育者協議会『新たのしくわかる社会科 4 年の授業』あゆみ出版、1992 年。
- 歴史教育者協議会『新たのしくわかる社会科 5 年の授業』あゆみ出版、1992 年。
- 歴史教育者協議会『新たのしくわかる社会科 6 年の授業』あゆみ出版、1992 年。
- 櫻本豊己「村から武士がいなくなって」歴史教育者協議会『歴史教育・社会科教育年報　1992 年版』三省堂、1992 年。
- 坂田善幸「赤紙が来た！」歴史教育者協議会『歴史教育・社会科教育年報　1992 年版』三省堂、1992 年。
- 北舘賢「たのしくわかる 5 年の農業学習」歴史教育者協議会『歴史教育・社会科教育年報　1992 年版』三省堂、1992 年。
- 田所恭介 / 谷田川和夫編著『新小学社会 5 年の授業』民衆社、1993 年。
- 外山不可止『子どもと学ぶ　日本のコメづくり』地歴社、1994 年。
- 歴史教育者協議会『地域から見つめる小学校の環境教育』あゆみ出版、1996 年。
- 州山喜久江［小 3］「工場たんけん」外山英昭・田所恭介・満川尚美『【教え】から【学び】への授業づくり④社会科』大月書店、1997 年。
- 松村一成［小 3］「町探検」外山英昭・田所恭介・満川尚美『【教え】から【学び】への授業づくり④社会科』大月書店、1997 年。
- 小出隆司［小 3］「探検を通して地域の移りかわりを学ぶ」外山英昭・田所恭介・満川尚美『【教え】から【学び】への授業づくり④社会科』大月書店、1997 年。
- 小出隆司［小 4］「低地の人びとのくらし」外山英昭・田所恭介・満川尚美『【教え】から【学び】への授業づくり④社会科』大月書店、1997 年。
- 白尾裕志［小 4］「みんなの持松」外山英昭・田所恭介・満川尚美『【教え】から【学び】への授業づくり④社会科』大月書店、1997 年。
- 斎藤勝明［小 4］「『十字架の塔』って何だ」外山英昭・田所恭介・満川尚美『【教え】から【学び】への授業づくり④社会科』大月書店、1997 年。
- 桑本浩泰［小 5］「わたしたちのくらしと水産業」外山英昭・田所恭介・満川尚美『【教え】から【学び】への授業づくり④社会科』大月書店、1997 年。
- 西川満［小 5］「校区の工場調べから日本の工業のすがたに迫る」外山英昭・田所恭介・満川尚美『【教え】から【学び】への授業づくり④社会科』大月書店、1997 年。
- 和久田薫［小 5］「日本の伝統工業」外山英昭・田所恭介・満川尚美『【教え】か

ら【学び】への授業づくり④社会科』大月書店、1997 年。
- 外山不可止［小 5］「子どもと学ぶ日本のコメづくり」外山英昭・田所恭介・満川尚美『【教え】から【学び】への授業づくり④社会科』大月書店、1997 年。
- 金森俊朗［小 6］「やさしさを奪ったもの」外山英昭・田所恭介・満川尚美『【教え】から【学び】への授業づくり④社会科』大月書店、1997 年。
- 満川尚美［小 6］「未来へ学ぶ子どもたち」外山英昭・田所恭介・満川尚美『【教え】から【学び】への授業づくり④社会科』大月書店、1997 年。
- 歴史教育者協議会『子どもと見つめる小学校の世界学習』あゆみ出版、1999 年。
- 歴史教育者協議会『わかってたのしい生活科 1 年の授業』大月書店、2001 年。
- 歴史教育者協議会『わかってたのしい生活科 2 年の授業』大月書店、2001 年。
- 歴史教育者協議会『わかってたのしい社会科 3・4 年の授業上・下』大月書店、2001 年。
- 歴史教育者協議会『わかってたのしい社会科 5 年の授業』大月書店、2001 年。
- 歴史教育者協議会『わかってたのしい社会科 6 年の授業』大月書店、2001 年。
- 宮城アケミ『沖縄発総合学習―山原船がきた海辺の町』民衆社、2001 年。
- 大木勝司・鈴木正氣・藤井千春『地域をともにつくる子どもたち』ルック、2005 年。
- 佐々木勝男他『こうすればできる！　生活科授業の技術と実践　1・2 年』ルック、2005 年。
- 佐々木勝男他『こうすればできる！　社会科授業の技術と実践　3 年』ルック、2005 年。
- 佐々木勝男他『こうすればできる！　社会科授業の技術と実践　4 年』ルック、2005 年。
- 佐々木勝男他『こうすればできる！　社会科授業の技術と実践　5 年』ルック、2005 年。
- 佐々木勝男他『こうすればできる！　社会科授業の技術と実践　6 年』ルック、2005 年。

2. 参考文献

- 相山竜夫「歴史的領域・地域的素材の掘り起こしと教材化の視点」No. 131、明治図書、1975 年。
- 秋葉英則・臼井嘉一・宮原武夫・石井重雄『社会科教育の理論と実際』国土社、1981 年。
- 浅井得一「産業的領域・地域の掘り起こしと教材化の手順」No. 131、明治図書、1975 年。
- 朝倉隆太郎編著『地域に学ぶ社会科教育』東洋館出版社、平成元年。

- 朝倉隆太郎編集代表『現代社会科教育実践講座　第 6 巻　地域学習と産業学習　地理的内容の授業 I』現代社会科教育実践講座刊行会、1991 年。
- 浅野奈緒子「Q＆A　どうする『グローバリゼーション』下の食料・農業問題」歴史教育者協議会『歴史地理教育』No. 646、2002 年 11 月。
- 飯沼暢康「日本生活教育連盟の社会科授業実践にみられる地域教材の構成形態」兵庫教育大学社会系教科教育研究室『社会系教科教育学研究』創刊号、1989 年。
- 池上惇「地域教育政策をめぐる対決点『日本の民間教育』」No. 17、百合出版、1978 年。
- 池野範男「社会科で『地域』はどう考えられてきたか」『社会科教育』No. 256、明治図書、1984 年。
- 石井重雄「何のために地域を扱うのか―子どもの社会認識と人格―」『歴史地理教育』No. 318、1981 年 3 月。
- 石堂良人「安井俊夫の授業にみる技術と個性の問題「後輩として学ぶこと」『社会科教育』No. 225、明治図書、1982 年。
- 板垣雄三『歴史の現在と地域学―現代中東への視角―』岩波書店、1992 年。
- 市川真一『地域の歴史研究と歴史教育』明治図書、昭和 45 年。
- 伊藤宏之「『共感』のとらえ方と社会科学の方法」『中学校社会科の新展開』あゆみ出版、1983 年。
- 伊藤宏之「『支え合う分業』論における古典と現代―鈴木正気著『学校探検から自動車工業まで―日常の世界から科学の世界へ―』の検討（その一）」『福島大学教育実践研究紀要』第 6 号、1984 年。
- 伊藤充「文化財にまつわる話を入れた授業づくりのヒント」『社会科教育』No. 334、明治図書、1990 年。
- 稲垣忠彦「教育実践における『生活』と『科学』」『季刊国民教育』No. 3-4、労働旬報社、1970 年。
- 乾宏巳「歴史学習における『地域』の視点」『社会科教育』No. 256、明治図書、1984 年。
- 岩田一彦「地域に教材を求める単元構成の条件」『社会科教育』No. 201、明治図書、1980 年。
- 岩田一彦「昭和 50 年代の社会科」『社会科教育』No. 251、明治図書、1984 年。
- 岩波講座『教育の方法 5　社会と歴史の教育』岩波書店、1987 年。
- 臼井嘉一『戦後歴史教育と社会科』岩崎書店、1982 年。
- 臼井嘉一「教育科学研究会」朝倉隆太郎『現代社会科教育実践講座　第 1 巻　新しい社会科教育への課題と実践』現代社会科教育実践講座刊行会、1991 年 4 月。
- 臼井嘉一「地域に根ざした社会科学習」朝倉隆太郎『現代社会科教育実践講座　第 6 巻　地域学習と産業学習』現代社会科教育実践講座刊行会、1991 年 11 月。
- 臼井嘉一・田中武雄・外山英昭・西内裕一・吉川幸男『新しい小学校社会科へ

のいざない』地歴社、1992年。
・臼井嘉一「『地域主義』カリキュラム」『社会科教育』No. 368、明治図書、1992年。
・臼井嘉一「当事者として付け加えると―3つの『わかる』論につながる学習方式にも着目を」『社会科教育』No. 378、明治図書、1993年。
・臼井嘉一「安井・岩田論争」『歴史地理教育』No. 500、1993年3月増刊。
・臼井嘉一「社会科教育の総合性と『社会問題領域』」柴田義松・藤岡信勝・臼井嘉一編『社会科授業づくりの展開』日本書籍、1994年。
・NHK「地球データマップ」制作班『NHK　地球データマップ　世界の"今"から"未来"を考える』日本放送出版協会、2008年。
・大谷猛夫＋春名政弘『中学校の地理30テーマ＋地域学習の新展開』地歴社、2004年。
・大槻健・臼井嘉一編『小学校社会科の新展開』あゆみ出版、1982年。
・大野和興『日本の農業を考える』岩波ジュニア新書、岩波書店、2009年。
・大森照夫『新社会科教育基本用語辞典』明治図書、1986年。
・岡明秀忠「社会参加学習を取り入れた社会科授業」社会認識教育学会編『社会教育のニュー・パースペクティブ』明治図書、2003年。
・奥丹後社会科教育研究会編『地域に根ざす社会科の創造―奥丹後の教育』あゆみ出版、1982年。
・奥田道大『都市コミュニティの理論』東京大学出版会、1982年。
・小倉和人・長沢秀比古「『こむぎこ』でつくろう」歴史教育者協議会『歴史教育・社会科教育年報　1991年版』三省堂、1991年。
・小嶋昭道『社会科教育の歴史と理論』労働旬報社、1983年。
・小嶋昭道「地域に根ざす社会科」『社会科教育の歴史と理論』労働旬報社、1983年。
・小嶋昭道「地域に根ざす教育実践と社会科学的認識の形成」『社会科教育の歴史と理論』労働旬報社、1983年。
・小島昭道「社会科の土台としての『地域』」『社会科教育』No. 256、明治図書、1984年。
・小野寺啓「地域の歴史を掘り起こして」『日本の民間教育』No. 17、百合出版、1978年。
・小原友行「地域学習の現状と問題点　第二節(4)民間教育研究団体における『身近な地域』の学習」『社会科地域学習の授業モデル』明治図書、1980年。
・小原友行「『地域に根ざす社会科』の授業構成―若狭・安井・鈴木実践の分析」全国社会科教育学会『社会科研究』30号、1982年。
・「学習指導要領社会科編(Ⅰ)（試案）―昭和22年度―」上田薫『社会科教育史資料1』東京法令出版株式会社、昭和63年。
・影山清四郎「佐々木勝男氏の授業にみる学習課題」『社会科教育』No. 253、明治

図書、1984 年 3 月。
- 片上宗二「ひとりひとりを生かす授業と問題解決学習」『社会科教育』No. 164、明治図書、1977 年。
- 加藤九二代「教材に『地域性』をどう盛り込むか」『社会科教育』No. 256、明治図書、1984 年。
- 鴨澤巌「要注意！『地域で実態を』学習」『社会科教育』No. 256、明治図書、1984 年。
- 川合章「地域学習で何を教えるか」『社会科教育』No. 147、明治図書、1976 年。
- 川合章「教育実践と地域」『日本の民間教育』No. 17、百合出版、1978 年。
- 川合章『社会科教育の理論』青木書店、1982 年。
- 河内徳子「社会科学の教育における授業の典型(2)」『講座　日本の学力 7』日本標準、1977 年。
- 河崎かよ子「小学校中学年と生活科」歴史教育者協議会『歴史教育・社会科教育年報　1995 年版』三省堂、1995 年。
- 基調報告「地域と教育の再建」『季刊国民教育』労働旬報社、1975 年 4 月臨時増刊号。
- 木戸口正宏「地域社会変動と教育実践—鈴木正氣の『地域に根ざす教育実践』を手がかりに—」『教育』No. 622、国土社、1998 年 1 月。
- 木全清博「鈴木正気氏の授業にみる学習課題」『社会科教育』No. 253、明治図書、1984 年。
- 木全清博『社会認識の発達と歴史教育』岩崎書店、1985 年。
- 木本力「『地域の実態』を学習の核として」『社会科教育の本質と学力』労働旬報社、1978 年。
- 木本力「『地域に根ざす教育』をあらためて考える」『教育実践』No. 38、1983 年。
- 教育科学研究会・社会認識と教育部会編河内徳子 / 鈴木正気 / 宮入俊男『社会認識を育てる社会科の創造』国土社、1991 年。
- 教育科学研究会 / 山住正巳 / 河内徳子編『新社会科検証　批判と創造』国土社、1992 年。
- 教育科学研究会 / 臼井嘉一 / 三石初雄編『生活科を創りかえる』国土社、1992 年。
- 教育科学研究会『現代社会と教育』編集委員会『現代社会と教育—知と学び—』大月書店、1993 年。
- 教育科学研究会『危機を希望に—教育科学研究会再建 50 周年記念資料集—』2002 年 8 月。
- 教育実践辞典刊行委員会編『教育実践辞典　第 5 巻　地域に根ざす教育実践』労働旬報社、1982 年。
- 剣持清一「地域に根づく教育研究運動」『季刊国民教育』No. 12、労働旬報社、

1972 年。
・腰原利由［中］「子どもと共に追究する地域教材の掘起しを軸に」『社会科教育』No. 256、明治図書、1984 年。
・児玉修「社会科らしい地域学習の改善とは」『社会科教育』No. 382、明治図書、1993 年。
・小林信郎「三つの観点からとらえたい地域性」『社会科教育』No. 131、明治図書、1975 年。
・子安潤「地域で共同する中学年の社会科教育」歴史教育者協議会編『歴史教育・社会科教育年報』三省堂、1991 年。
・古山明夫「子供の心の中に生きている地域の学習を」『社会科教育』No. 256、明治図書、1984 年。
・小山直樹「概念探究学習理論による授業の改善—科学的社会認識と自立的判断力の統一的育成をめざして—」『社会科教育の 21 世紀』明治図書、1985 年。
・「これは使える！　地域教材の開発と授業 1」『授業づくりネットワーク』学事出版株式会社、1990 年 11 月増刊号。
・斉藤孝「地域に根ざす社会科」日本民間教育研究団体連絡会『日本の社会科 30 年』民衆社、1977 年 6 月。
・斉藤利彦「地域住民運動と『国民主権』の学習—1970 年若狭蔵之助『児童公園』（6 年生）の授業—」『社会科教育実践の歴史—記録と分析・小学校編』あゆみ出版、1983 年。
・斉藤利彦「地域に根ざす教育と科学的社会認識の育成—1978 年　鈴木正気『久慈の漁業』（5 年生）の授業」『社会科教育実践の歴史—記録と分析・小学校編』あゆみ出版、1983 年。
・阪上順夫「政治的領域・地域的素材の掘り起こしと教材化の手順」No. 131、明治図書、1975 年。
・佐々木勝男「子どもの生活意識をふまえた社会科の創造を」『社会科教育』No. 156、明治図書、1977 年。
・佐々木勝男「地域の掘りおこしと社会科教育・歴史教育」『日本の社会科 30 年』民衆社、1977 年。
・佐々木勝男「記念碑にまつわる話を入れた授業づくりのヒント」『社会科教育』No. 334、明治図書、1990 年。
・佐藤権司「地域を内なる集団としてとらえる視点」『社会科教育』No. 117、明治図書、1974 年。
・佐藤照雄「日本列島全体をふまえて『地域』を」『社会科教育』No. 256、明治図書、1984 年。
・佐藤伸雄「地域に根ざし、地域を掘りおこす指導」『社会科教育』No. 149、明治図書、1976 年。
・佐貫浩「地域における国民教育の創造」『講座　現代教育学の理論　国民教育の

理論』青木書店、1982年。
- 沢田清「地域社会の側面からの教材探求を」『社会科教育』No. 93、明治図書、1972年。
- 柴田義松『授業の基礎理論』明治図書、1971年。
- 渋谷忠男『地域からの目　奥丹後の社会科教育』地歴社、1978年。
- 渋谷忠男・足立節雄「父母の日常生活を見つめ教育に生かす努力を」『子どもと教育』あゆみ出版、1982年10月号。
- 清水幸男「地域学習と地域理解」『社会科教育』No. 256、明治図書、1984年。
- 白尾裕志「地域論・子ども論」歴史教育者協議会『歴史教育・社会科教育年報 2000年版』三省堂、2000年。
- 白尾裕志「小学校の歴史教育を考える」歴史教育者協議会『歴史教育・社会科教育年報　2005年版』三省堂、2005年。
- 授業づくりネットワーク増刊『地域教材の開発と授業1』学事出版、1990年。
- 鈴木正気「社会認識と社会科教育」『子どもの発達と教育　5　少年期発達段階と教育』岩波書店、1979年。
- 関昌枝「『なぜ』という疑問からの出発」『社会科教育』No. 117、明治図書、1974年。
- 関沢昇「学習者にとって課題とは何かの発見を」『社会科教育』No. 117、明治図書、1974年。
- 関根鎮彦「地域の教育力と地理教育」『地理教育9』地理教育研究会編、1980年。
- 関根鎮彦「身近な地域の学習から社会認識へ」『社会科教育』No. 240、明治図書、1983年。
- 高見俊雄「地域性を加味した指導計画作成上の問題点を考える」No. 131、明治図書、1975年。
- 田島一「『地域に根ざす』教育の思想」『講座　日本の学力17』日本標準、1979年。
- 多田真敏［中］「地域の現実を切り結ぶ目と心」『社会科教育』No. 209、明治図書、1980年。
- 田所恭介/谷田川和夫編著『新小学社会5年の授業』民衆社、1993年。
- 田中武雄「"日常の世界"から"科学の世界"へ」『教育実践』No. 43、民衆社、1984年。
- 田中武雄「地域に根ざす社会科と今井実践」『社会科教育』No. 274、明治図書、1985年。
- 田中史郎「昭和40年代の社会科」『社会科教育』No. 251、明治図書、1984年。
- 谷川彰英「歴史教育者協議会の教材づくり―佐々木勝男氏の実践を例に―」『社会科教育』No. 230、明治図書、1982年6月。
- 谷本美彦「社会科と民主主義」社会認識教育学会編『社会科教育学ハンドブック―新しい視座への基礎知識―』明治図書、1994年。

- 寺崎昌男「地域と教育」『社会科教育』No. 247-249、明治図書、1983 年。
- 外山英昭「中学年社会科指導のあり方を考える―子どもが生き生きとする社会科授業の創造―」『月刊　どの子も伸びる』部落問題研究所、1978 年 5 月号・6 月号・7 月号。
- 外山英昭『地域学習と調べる社会科』民衆社、1984 年。
- 外山英昭「地域に根ざす教育と社会科の授業―1970 年代」日本民間教育研究団体連絡会『社会科の歴史　その 40 年と今日の課題　上』民衆社、1988 年 4 月。
- 外山英昭「地域に根ざす教育と社会科の授業」日本民間教育研究団体連絡会編集『社会科の歴史　上』民衆社、1988 年。
- 外山英昭・田所恭介・満川尚美『【教え】から【学び】への授業づくり④　社会科』大月書店、1997 年。
- 特集「地域に根ざす教育―その理論と実践」『季刊国民教育』労働旬報社、1974 年 7 月臨時増刊号。
- 「特集　ふるさと大好き地域学習の改革点」『社会科教育』No. 474、明治図書、2000 年。
- 中島永至「民間教育団体における社会科授業実践の展開と課題―『歴史地理教育』の小学校授業実践事例を手がかりにして―」兵庫教育大学大学院修士論文、1987 年 12 月
- 中島紀一編著『地域に広がる有機農業　いのちと農の論理』コモンズ、2006 年。
- 中田哲也『フード・マイレージ　あなたの食が地球を変える』日本評論社、2007 年。
- 中妻雅彦「小学校の総合学習と社会科学習」歴史教育者協議会『歴史教育・社会科教育年報　2003 年版』三省堂、2003 年。
- 中妻雅彦「事実をつなぎ、イメージをふくらませて」歴史教育者協議会『歴史教育・社会科教育年報　2005 年版』三省堂、2005 年。
- 中西新太郎「社会科教育における『科学』の再把握」『一橋論叢』第 87 巻第 2 号、1982 年。
- 中野照雄「生活科 10 年をふりかえって」歴史教育者協議会『歴史教育・社会科教育年報　1999 年版』三省堂、1999 年。
- 中野光「地域の課題をえぐり出す意味」『社会科教育』No. 70、明治図書、1970 年。
- 永井滋郎　平田嘉三『社会科重要用語 300 の基礎知識』明治図書、1981 年。
- 七戸長生・永田恵十郎編集『地域資源の国民的利用』農山漁村文化協会、1988 年。
- 中村哲『社会科授業実践の規則性に関する研究』清水書院、1991 年。
- 名雪清治「中学年社会科と『地域』―教材化の視点を考える―」歴史教育者協議会編『社会科の課題と授業づくり』あゆみ出版、1989 年。
- 名雪清治「小学校中学年社会科の課題と実践」歴史教育者協議会『歴史教育・

社会科教育年報　1992 年版』三省堂、1992 年。
- 西谷稔「具体的現実に基づく地域課題を」No. 131、明治図書、1975 年。
- 二谷貞夫「民間教育団体の地域学習論―『歴史教育者協議会』の『地域に根ざす』をとりあげて―」『社会科学習と地域学習の構想』明治図書、1985 年。
- 二谷貞夫「歴史教育者協議会」朝倉隆太郎『現代社会科教育実践講座　第 1 巻　新しい社会科教育への課題と実践』現代社会科教育実践講座刊行会、1991 年 4 月。
- 日本消費者連盟編『食料主権』緑風出版、2005 年。
- 日本生活教育連盟編『子どもの生活をひらく教育―戦後生活教育運動の 40 年―』学文社、1989 年 12 月。
- 日本生活教育連盟編『日本の生活教育 50 年―子どもたちと向き合いつづけて―』学文社、1998 年 11 月。
- 日本民間教育研究団体連絡会編『日本の社会科三十年』民衆社、1977 年。
- 日本民間教育研究団体連絡会編『社会科教育の本質と学力』労働旬報社、1978 年。
- 日本民間教育研究団体連絡会編集　臼井嘉一　大槻健　吉村徳蔵『社会科の歴史　その 40 年と今日の課題　上・下』民衆社、1988 年。
- 「人間の生き方モデル　地域からの教材発掘と授業化のヒント」『社会科教育』No. 486、明治図書、2000 年。
- 根本孝之「どう学習に取り組ませるかとの関連で考える」『社会科教育』No. 117、明治図書、1974 年。
- 農文協論説委員会「21 世紀は『小さい農業』の時代　世界が日本農業の生産革命に期待する」農山漁村文化協会『現代農業』1994 年 1 月号。
- 蓮見音彦・似田貝香門・矢澤澄子編『現代都市と地域形成』東京大学出版会、1997 年。
- 日比祐「安井俊夫（歴教協）における"子どもに学ぶ歴史の授業"」社会科の初志をつらぬく会『考える子ども』、1979 年 1 月号。
- 藤岡信勝「科学的社会認識の形成と社会科の授業―『安井実践』をふまえて―」『中学校社会科の新展開』あゆみ出版、1983 年。
- 藤岡信勝編『1 時間の授業技術　小学社会 4 年』日本書籍、1988 年。
- 藤岡信勝編「『共感』から『分析』へ」藤岡信勝『社会認識教育論』日本書籍、1991 年。
- 藤岡幹恭　小泉貞彦『よくわかる「いま」と「これから」　農業と食料のしくみ』日本実業出版社、2007 年。
- 二杉孝司「社会認識の形成と授業―社会科教育の改造」『教育課程編成の創意と工夫』学研、1980 年。
- 二杉孝司「安井俊夫の授業にみる技術と個性の問題―研究者としての分析」『社会科教育』No. 225、明治図書、1982 年。

- 二杉孝司「子どもと学ぶ歴史の授業―1977年安井俊夫『江戸時代の農民』(中学校歴史)」『社会科教育実践の歴史―記録と分析・中学高校編』あゆみ出版、1984年。
- 二杉孝司「子どもが歴史を認識する授業」『教育実践』No. 42、民衆社、1984年。
- 本多公栄「社会科の学力と地域」『社会科の学力像』明治図書、1980年。
- 本多公栄「安井俊夫の授業にみる技術と個性の問題―同人の立場からの分析」『社会科教育』No. 225、明治図書、1982年。
- 本多公栄「地域に根ざす社会科教育―小学校中学年の地域教材をめぐって―」大槻健・臼井嘉一編『小学校社会科の新展開』あゆみ出版、1982年。
- 本多公栄「地域に根ざす社会科教育」『小学校社会科の新展開』あゆみ出版、1982年。
- 本多公栄『社会科教育の理論と実践』岩崎書店、1984年。
- 本多公栄『社会科の学力像＊教える学力と育てる学力』明治図書、1985年。
- 本多公栄・臼井嘉一・外山英昭共著『教師のための小学校社会科』地歴社、1987年。
- 本間義人『地域再生の条件』岩波書店、2007年。
- 堀見矩浩「地理的領域・地域的素材の掘り起こしと教材化の視点」No. 131、明治図書、1975年。
- 真栄田久雄「地域の現実課題をどう取上げるか」『社会科教育』No. 209、明治図書、1980年。
- 真嶋良孝『いまこそ、日本でも食料主権の確立を！ このままでは食べ物がなくなる？ ウソのようでホントの話 改訂版』本の泉社、2009年。
- 松戸歴史教育者協議会『主権者を育てる社会科』あゆみ出版、1983年。
- 宮原武夫「小学校社会科の授業論―社会科授業記録の検討」『社会科教育の理論と実際』国土社、1981年。
- 宮原武夫「社会科の実践記録から授業研究の課題を読みとる」『現代教育科学』No. 304、明治図書、1982年。
- 宮原武夫「『子どもが動く社会科』の二つの問題」『社会科教育』No. 231、明治図書、1982年。
- 宮原武夫「地域に学ぶ歴史の授業―安井俊夫実践の新展開―」歴史教育者協議会編『歴史教育・社会科教育年報』三省堂、1991年。
- 宮本憲一『日本社会の可能性 維持可能な社会へ』岩波書店、2000年。
- 宮本憲一『環境経済学 新版』岩波書店、2007年。
- 宮本光雄「地域社会における社会認識教育」社会認識教育学会編『社会教育のニュー・パースペクティブ』明治図書、2003年。
- 民教連社会科研究委員会編『社会科教育実践の歴史 記録と分析 小学校編』あゆみ出版、1983年7月。
- 民教連社会科研究委員会編『社会科教育実践の歴史 記録と分析 中学・高校

編』あゆみ出版、1984年。
・茂木俊彦「現代日本の子どもの発達をめぐる問題―発達と環境・生活―」五十嵐顕　大槻健　小川太郎　河合章　城丸章夫　矢川徳光『講座日本の教育　能力と発達3』新日本出版社、1979年。
・本山美彦　三浦展　山下惣一　古田睦美　佐久間智子『儲かれば、それでいいのか』コモンズ、2006年。
・森脇健夫「主権者の形成と『公害学習』―1971年滝沢哲比古『新潟水俣病』（高校政治経済）」『社会科教育実践の歴史　記録と分析　中学・高校編』あゆみ出版、1984年。
・森谷宏幸・藤田尚允・谷口雅子「歴史教育者協議会の歴史教育研究における〈地域〉の問題―戦後社会科教育史の研究（Ⅰの3）―」『福岡教育大学紀要』第26号第2分冊社会科編、1977年。
・森分孝治「態度形成と授業構成(3)(4)」『社会科教育』No. 232、No. 233、1982年。
・森分孝治・片上宗二編『社会科重要用語300の基礎知識』明治図書、2000年。
・森分孝治編著『社会科教育学研究　方法論的アプローチ入門』明治図書、1999年。
・文部科学省『小学校学習指導要領』東京書籍、平成20年。
・文部科学省『小学校学習指導要領解説　社会編』東洋館出版社、平成20年。
・矢口芳生＋尾関周二『共生社会システム学序説　持続可能な社会へのビジョン』青木書店、2007年。
・安井俊夫「子どもが動く社会科―3・1独立運動の授業」『歴史地理教育』No. 315、1980年12月。
・安井俊夫「安井俊夫の授業にみる技術と個性の問題―自己分析すると」『社会科教育』No. 225、明治図書、1982年。
・安井俊夫「社会科における科学と主体形成」『いま授業で何が問われているか』明治図書、1984年。
・安井俊夫『子どもと学ぶ歴史の授業』地歴社、1985年。
・山口勇「地域学習の歴史と現在の課題」歴史教育者協議会『歴史教育・社会科教育年報　2002年版』三省堂、2002年。
・山崎準二「地域に根ざした授業実践―社会科の場合」『教育課程編成の創意と工夫（実践編）』学研、1980年。
・山崎準二「実感的認識を重視した高校地理の授業―1974年豊田薫『東京下町の零細工業地域の中で―現代社会の矛盾を考えさせる―』の授業」『社会科教育実践の歴史　記録と分析　中学・高校編』あゆみ出版、1984年。
・山崎農業研究所【編】『緊急提言　食料主権　暮らしの安全と安心のために』農山漁村文化協会、2000年。
・山下惣一　鈴木宣弘　中田哲也編『食べ方で地球が変わる～フードマイレージと食・農・環境～』株式会社創森社、2007年。

- 山下惣一、大野和興『増補　百姓が時代を創る』七つ森書館、2008年。
- 吉岡時夫「今こそ国民主権の立場からの実践を」『社会科教育』No. 256、明治図書、1984年。
- 吉村徳蔵「アジアのなかで『戦争』を考える—1972年本多公栄『ぼくらの太平洋戦争（中学校歴史）の記録」『社会科教育実践の歴史　記録と分析　中学・高校編』あゆみ出版、1984年。
- ロジャー・ハート著、木下勇・田中治彦・南博文監修 IPA 日本支部訳『子どもの参画　コミュニティづくりと身近な環境ケアへの参画のための理論と実際』萌文社、2000年。
- 歴史教育者協議会『地域に根ざす歴史教育の創造』明治図書、1979年。
- 歴史教育者協議会『わたしたちの社会科教育課程づくりのために』研究年報第4号、1982年7月。
- 歴史教育者協議会『歴史教育50年のあゆみと課題』未来社、1997年。
- 若狭蔵之助「地域生活と切り結んで育つ社会認識」『社会科教育の本質と学力』労働旬報社、1978年。
- 若狭蔵之助「『対象をみる』力を育てる社会科の授業」『いま授業で何が問われているか』明治図書、1984年。
- 若狭蔵之助『子どもと学級』東京大学出版会、1986年。
- 若狭蔵之助「日本生活教育連盟」朝倉隆太郎『現代社会科教育実践講座　第1巻　新しい社会科教育への課題と実践』現代社会科教育実践講座刊行会、1991年4月。
- 鷲谷いづみ『自然再生　持続可能な生態系のために』中公新書、中央公論社、2007年。
- 渡辺明「小学校中学年の社会科教育実践」歴史教育者協議会『歴史教育・社会科教育年報　2004年版』三省堂、2004年。

謝　辞

　本研究をまとめることができたのは、この3年間私を支えてくださった多くの方のおかげである。

　主指導教員である中村哲先生（兵庫教育大学大学院教授）には、学位論文の作成から審査に至るまでの全ての課程でお世話になった。中村先生には、一つひとつの実践の授業内容と授業展開とを検討し、「地域に根ざす社会科」実践の全体像を解明するという論文の全体構成、また全体像から個々の実践、並びに変遷をふり返り意義付けることなど、研究を仕上げていくうえで、多くのご指導をいただいた。修士論文に引き継いで、博士論文でも先生のご指導をいただけたことは大変幸せなことであった。

　修士課程で、事実としての社会科授業実践から規則性を解明しようとする先生の講義を受け、研究関心を触発されたのを今でもよく覚えている。それ以来、この研究姿勢は私のバックボーンとなり、学校現場で新しい授業を実践したり報告したりし、授業実践に主観的に関わってきた。今回の研究を通して、授業を説明することによって授業実践に客観的に関わる、研究者としてのあるべき姿を教えていただいたように思う。中村先生には、厚くお礼を申し上げたい。また、今後も変わらぬ、厳しいご指導をお願いしたい。

　副指導教員である藤井德行先生（兵庫教育大学大学院教授）、赤羽孝之先生（上越教育大学大学院教授）には、それぞれのご専門の見地から、研究に対する多くの貴重なご意見とご示唆、温かい励ましのお言葉をいただいた。

　また、このような授業実践に基づく研究ができたのは、全国各地の学校で、地域に根ざして、日々がんばっておられる先生方からの資料の提供のおかげである。春名政弘氏、鎌倉博氏、小川則子氏、渡辺明氏、佐々木勝男氏、鈴木正氣氏、宮入盛男氏、鈴木達郎氏、河崎かよ子氏、草分京子氏、外山不可止氏、佐藤則次氏、綿引直子氏、宮城アケミ氏、粕谷孝明氏には、貴重な資料の提供、研究に対する示唆など、ご協力と援助をいただいた。記して感謝申し上げる。

　今回、3年間の博士課程は、小学校に勤めながらの研究生活となった。わ

かっていたことではあったが、研究に専念した修士課程のときよりも、時間的にも肉体的にも大変であった。この大変な研究生活を支えてくださったのは、勤務校の上司や同僚、そして家族であった。鳩ヶ谷市立辻小学校校長太田有子先生、並びに教職員の皆さんには、私の研究を温かく見守ってくださったことに心から感謝申し上げたい。特に、同僚の川村道子教諭からは、日々の授業について話し合ったり、実践したりする中で貴重な示唆を受けた。いただいた温かい励ましの言葉とともに感謝したい。

　最後に私の健康を気遣い、励ましてくれた妻と、辛口ながらいつも私を応援してくれた娘達、研究の進捗状況を気遣ってくれた父母に感謝の言葉をささげたい。

峯岸由治

付　録

—目　次—

表 1　「地域に根ざす社会科」実践数の推移　　257

表 2　「地域に根ざす社会科」実践記録及び研究一覧　　258

付　録　257

表1　「地域に根ざす社会科」実践数の推移（小学校）

	年	『歴史地理教育』	『教育』	『生活教育』	合計
模索期	1970	14（3）	0	0	14（3）
	1971	13（7）	0	3（2）	16（9）
	1972	31（16）	0	3（1）	34（17）
	1973	7（3）	1（1）	4（3）	12（7）
	1974	15（6）	1（0）	8（7）	24（13）
拡大期	1975	17（10）	2（2）	0（0）	19（12）
	1976	24（16）	1（1）	7（5）	32（22）
	1977	18（9）	0	6（3）	24（12）
	1978	35（25）	3（2）	3（2）	41（29）
	1979	29（18）	1（1）	4（3）	34（22）
	1980	38（21）	3（2）	1（0）	42（23）
	1981	38（24）	0	1（1）	39（25）
継承・発展期	1982	26（15）	1（1）	2（0）	29（16）
	1983	35（20）	0	3（3）	38（23）
	1984	37（28）	1（1）	3（2）	41（31）
	1985	22（12）	1（1）	0（0）	23（13）
	1986	18（10）	1（0）	4（3）	23（13）
	1987	20（12）	0	1（1）	21（13）
	1988	31（28）	0	3（3）	34（31）
	1989	48（44）	0	3（3）	51（47）
	1990	26（26）	1（1）	2（2）	29（29）
転換期	1991	40（33）	2（1）	3（3）	45（37）
	1992	31（26）	0	0	31（26）
	1993	24（19）	2（1）	5（5）	31（25）
	1994	41（34）	1（1）	0	42（35）
	1995	48（37）	2（1）	4（4）	54（42）
	1996	41（35）	2（2）	2（2）	45（39）
	1997	48（36）	3（1）	7（7）	58（44）
	1998	32（25）	4（2）	4（3）	40（30）
	1999	31（25）	1（1）	7（7）	39（33）
創造期	2000	41（32）	2（0）	9（8）	52（40）
	2001	27（22）	2（2）	9（9）	38（33）
	2002	22（19）	0	5（5）	27（24）
	2003	21（18）	1（1）	14（12）	36（31）
	2004	32（27）	3（1）	10（9）	45（37）
	2005	25（18）	0	8（8）	33（26）
	合計	1046（759）	42（27）	148（126）	1236（912）

表2 「地域に根ざす社会科」実践記録及び研究一覧（○印は実践記録※印は他教科等との関連）

発行年	『歴史地理教育』（号）	『教育』（号）	『生活教育』（号）	その他（誌名・号）
1970	斉藤秋男 「歴史教育者にとって〈生活〉とはなにか―歴史教育運動総括へのひとつの試み」　　　　　　　　　(164) ○関兼義［中歴］ 「百姓一揆・打ちこわしをどう教えたか」 ○鶴田文史［高日］ 「幕藩から明治への人民の闘い」 ○関谷哲郎［中歴］ 「江戸時代のくらしをどう教えたか」 　　　　　　　　　　　(171) ○辻由朗［小3］ 「「山のくらし」の学習について」 ○松村吉郎 「「米」についての学習」 ○星野朗［高地］ 「都市問題」 ○小野辰興［高地］ 「変貌する農業・農村をどう教えるか」 ○平良宗潤［高］ 「現代日本の中で"沖縄"をどう教えるか」 ○皿井信［小3］ 「わたしたちの町＝豊橋」 ○西江真［高地］ 「地域の実態をどう教えるか」 　　　　　　　　　　　(172) 歴史教育者協議会 「1970年度　活動方針」 木本力 「現代日本をどう教えるか」　(173) 小松良郎 「地域に根ざし人民のたたかいをささえる歴史教育」 ○本間昇［小4］ 「子どもとともに安保を考える」 ○小野寺英太郎［中・地］ 「安保体制下の農業をどう教えたか」 ○久保田誼［高・政経］ 「入会権をめぐる部落差別と人権教育」　　　　　　　　　　(174) ○根岸泉［中・地］ 「公害と子どもたち」　　(175)	鈴木清竜 「生活と科学とを結ぶもの」　　　　(251)	大沢勝也 「社会科の討論のまとめ」　　　　　(1月) 川合章 「民主的人格形成と生活教育―日生連の研究運動の課題」　(6月) 佐藤英一郎 「科学的な社会認識の形成と実生活」 　　　　　　　(8月)	中野光 「地域の課題をえぐり出す意味」（社・70） 稲垣忠彦 「教育実践における『生活』と『科学』」 （国・3～4号） ○市川真一 『地域の歴史研究と歴史教育』明治図書 ○若狭蔵之助 『高学年の社会科教室』明治図書 ―略記号について― （社）…『教育科学・社会科教育』 　　　　　（明治図書） （国）…『季刊　国民教育』（労働旬報社） （日）…『日本の民間教育』（百合出版） （実）…『教育実践』（『日本の民間教育』改題　民衆社） （子）…『子どもと教育』　（あゆみ出版） （現）…『現代教育科学』（明治図書） （ど）…『月刊　どの子も伸びる』（『月刊はぐるま』改題　部落問題研究所）
1971	○庄司時二［小］ 「花岡事件を調査して」 ○小池喜孝［中歴］ 「近現代史の中で井上伝蔵をどう扱ったか」　　　　　　　　(176) 佐々木皓一 「地域社会史の観点」 ○道津継雄［中歴］ 「日清戦争を教えて」 ○久田昭和［中歴］ 「『米騒動』から八幡製鉄所争議へ」 ○市川幸恵［小4］ 「県庁のはたらきを教えて」 ○棚橋潤一［小5］ 「日本の農業をどう教えるか」		○末方鉄郎［小6］ 「地域現実をふまえた歴史の学習」　(1月) ○西口敏治［小3］ 「工場とそこで働く人たち」 斎藤孝 「3年生の社会科を考える」　　　　(3月) 鹿野隆弘 「4年生の社会科―新しい教科書教材の分析」　　　　　(4月) ○三上勝康［小5］ 「公害と取り組む実践」	

	○大坪庄吾［小6］ 「地域の歴史を取り入れた歴史教育」 　　　　　　　　　　　　　　(177) 斉藤秋男 「歴史教育者にとって〈生活〉とは何か」　　　　　　　　　　　(178) ○三沢康彦［中地］ 「公害をどう教えたか」 　　　　　　　(181・182・185) ○星野朗［高地］ 「東京をどう教えるか」 ○小野寺恒男［小5］ 「小5で『日本の農業』をどう教えたか」 　　　　　　　　　　　　　　(188) ○森晤［中地］ 「基地をどう教えたか」 ○宮入盛男［小5］ 「諏訪湖の公害を授業でどのように扱ったか」 ○溝口宣隆［小5］ 「郷土の農業」　　　　　　(189)		川合章 「公害をどう教えるか」 研究部 「民主的人格形成と地域」　　　　　　　(6月) 鹿野隆弘 「地域現実に根ざした社会科の創造」 　　　　　　　(8月)	
1972	○山下国幸・江刺誠一［小・中］ 「炭鉱閉山をどう教えたか」　(192) 飯塚利弘［中公］ 「3・1ビキニと日本の平和運動」 　　　　　　　　　　　　　　(192) ○大川武美［中歴］ 「月形村小作争議の掘りおこし」 　　　　　　　　　　　　　　(193) ○安井俊夫［中歴］ 「松戸農民の歴史」 清水清一［中歴］ 「地域資料『首なし地蔵』の学習」 ○江東社会科サークル［小3］ 「東京大空襲をどう教えたか」 根本弘［中歴］ 「1960年代の歴史学習の試み」 ○小出隆司［小］ 「大都市近郊農業の学習（計画案）」 ○平田れい子［小4］ 「地域の開発をどう教えたか」 ○海老沼一子［小5］ 「『国土と産業』をどう教えたか」 　　　　　　　　　　　　　　(193) ○安井俊夫［中歴］ 「なぜ地域の歴史をほり起こし実践するのか」　　　　　　　　(195) ○渡辺由美子［小6］ 「秩父事件と子どもたち—退助と博文はなぜお札になっているのか」 　　　　　　　　　　　　　　(196) ○若狭蔵之助［小6］ 「川越氏の館」　　　　　　(197) 大江一道 「世界史構成の一視角—地域を根拠地ととらえて」　　　　　(198) ○西島友子［中歴］ 「地域で掘りおこす労働者・農民・解放運動の史実」 ○清水潔［小3］ 「子どもとともに地域の遺物を」 　　　　　　　　　　　　　　(200) 川崎利夫 「地域を原点として—安井報告をよんで」 日笠俊男	須藤克三 「教育における地域課題とは」　　　　　(281) 稲垣忠彦 「教育百年と地域」 　　　　　　　(284)	○若狭蔵之助［小6］ 「川越氏の荘園」 　　　　　　　(1月) 「子どもの発達を保障する教育の創造—地域・生活に根ざして」 　　　　　　　(6月) ○岡田智晶［中歴］ 「『米騒動・社会運動』の授業の実践」 　　　　　　　(7月) 斉藤孝 「日生連社会科の課題について」　　(8月) ○田中裕一［中］ 「公害の本質をどう教えるか」　　　　(9月)	沢田清 「地域社会の側面からの教材探求を」 　　　　　　　(社・93) 剱持清一 「地域に根づく教育研究運動」　(国・12) 新潟県上越教師の会編 『生産労働を軸にした社会科教育の現代化』 　　　　　　(明治図書)

	「安井報告をよんで」 ○山本典人［小］ 「親が子に語り伝える学校の歴史」 大江一道 「世界史構成の一視角(2)」 斉藤秋男 「歴史教育者にとって〈生活〉とは何か」　　　　　　　　　　　(201) 小松良郎 「民族の課題―地域に根ざす歴史教育」 ○山梨県西八代支部 「低学年社会科の実践」 ○吉田光子［小2］ 「"働くこと"を正しくとらえさせるために」 ○米本勝弘［小4］ 「中学年社会科の実践」 ○真鍋恒雄［小4］ 「小学校4年生社会科の実践」 ○長沢正機［小6］ 「江戸時代の農民生活をどう教えたか」 ○小沼光義［小4］ 「『交通の昔と今』をどのように教えたか」 ○海老沼一子［小5］ 「農業のあゆみをどう教えたか」 　　　　　　　　　　　　　(203) ○松崎徹［高歴］ 「ヒロシマを原点とした高校『世界史』の試み」　　　　　　　　　(204) ○鶴田文史［高歴］ 「地域史教育の方法と実践」 ○久田照和［中歴］ 「戦前の労働者・農民・水平社のたたかいをどう教えたか」 ○成瀬実［小3］ 「3・1ビキニと第五福竜丸」 ○高根清子［小3］ 「『東電闘争』をどう教えたか」 ○日高信一［中地］ 「公害問題にとりくんで」 ○三好敏朗［中地］ 「『新全総』と第三期北海道総合開発計画」 ○源河朝良［中公］ 「自衛隊の沖縄配備について」 　　　　　　　　　　　　　(205)			
1973	○鈴木亮［高世］ 「弱者の世界史1～5」　(211～216) ○安井俊夫［中歴］ 「原始古代史の実践」　　(211) ○小木曾郁夫［小3］ 「"わたしたちの遊び場"調べ」 ○清水潔［小4］ 「公害教育」　　　　　　(212) 近代史文庫中予研究会 「近代史文庫と地域社会史論」 　　　　　　　　　　　　　(213) 宮原武夫 「地域の歴史の掘りおこしのために」 　　　　　　　　　　　　　(214) ○山口徹［高倫社政経］ 「足尾鉱毒事件と田中正造」(215) 森靖子［小中］	志摩陽伍 「教育研究運動における生活教育科学」 　　　　　(285・287) 浅野信一 「地域に根ざす教育について」　　　(289) ○岡田イチ子［小］ 「私のささやかな実践から」　　　　　(291) 碓井岑夫 「戦後教育と地域の認識」　　(291・297)	江口武正 「生活に根ざす教育を模索したのは」 　　　　　　　(1月) ○福田孝二［小3］ 「人びと(市民)のねがいと市役所のしごと」 「基調提案　地域に根ざした教育の追求」 　　　　　　　(3月) ○西村絢子［中公］ 「家族生活にどうとりくんだか」　(5月) ○鹿野弘弘［小2］「紙コップ工場ではたらく人の仕事」	○本多公栄 『ぼくらの太平洋戦争』　　　(鳩の森書房) ○原田明美 『農村をどう教えるか―減反のなかの子どもたち』　(鳩の森書房)

	「小学校中学年の地域学習のあゆみ」(217) 小松良郎 「民族の課題―地域に根ざす歴史教育」(218) ○渡辺明［小3］ 「戦争をどう教えたか」 ○小田英［高］ 「15年戦争をどう教えるか」(219)		○石井辰雄［小3］ 「『ゴミ焼却場』の学習」 日生連研究委員会 「子どもの全体的な発達をめざす教育の創造」(6月) 社会科部会 「地域課題にせまる社会科の内容」(12月)	
1974	栗野美紀子・大根田敦子・長沢秀比古・森靖子・大野君子・長谷川絢子・山崎泰子「小学校低学年・中学年の社会科のすすめ方」 ○大住元節夫［中公］ 「『公民』の授業の中で"地方自治と住民"をどう教えたか」(222) ○森本亨［小4］ 「『よごれるびわ湖』を教えて」 ○大野一夫［中］ 「公害をどう教えたか」 槐一男 「地域史を書く運動」 石井重雄・小池喜孝・鈴木義治・中沢市朗・本多公栄 「民権運動と地域の掘りおこし」(223) 安井俊夫 「フィールドワーク―私たちは地域とどうかかわるか」 尾河直太郎［中歴］ 「『室町時代の文化』を地域史から構成する」 奥西一夫 「現場に出かけて何を見るのか」 ○瀬戸孝［小3］ 「学区域の人々の仕事をどう教えるか」(224) ○森垣修［小］ 「農村破壊と教育実践」(226) ○松尾卓次［中］ 「長崎・原爆をどう教えているか」(227) ○梅津通郎［中クラブ］ 「生徒と共に皇居周辺に歴史をさぐる」 丸山豊［小1］ 「おかあさんのしごとをどう教えたか」 豊田薫［高地］ 「東京下町の零細工業地域の中で」 ○伊丹稔［中］ 「生徒の地域調査」 ○工藤克［中公］ 「むつ湾漁民とホタテの養殖」(228) ○半谷弘男［小3］ 「小学校3年社会科の実践」(230) ○谷田川和夫［小6］ 「母と子とともに学ぶ『戦後史』」 ○石井重雄［小3］ 「地域で戦争をどうほりおこしたか」(232)	○有芸中学校学習旅行検討委員会 「地域で生きる力を何で育てるか」(303) 川上康一 「かって地域にあった教育力を学校で」(305) 宮本憲一 「地域開発と教育」(311)	わかる授業検討会 「『わかる授業』をめざして9～11」(1～3月) ○笹島勇次郎［小］ 「地域・運動・教育」 ○新島ケイ子［小2］ 「『こめをつくるしごと』にとりくんで」 ○井上耀基［小2］ 「米をつくる人」 中野光 「社会科のあり方を追求して」(1月) 中野光 「むらの教育・まちの教育」(5月) 江口武正 「地域に根ざした教育実践の中で」(6月) ○遠藤清一［小3］ 「仙川のまち」(7月) 佐藤英一郎 「子どもの社会認識をどう育てるか」 川上和美 「社会科教育の今日的課題」 ○斉藤孝［小2］ 「こうばではたらく人」(8月) ○屋名池晴紀［小5］ 「小松製作所粟津工場」(10月) ○江口武正［小5］ 「工業の発達(1)(2)」(10月・11月) ○高田哲郎［小5］ 「子どもの発達・教師の発達」(12月)	"地域の課題を生かす単元構成のポイント" 佐藤権司 「地域を内なる集団としてとらえる視点」 根本孝之 「どう学習に取り組ませるかとの関連で考える」 関昌枝 「『なぜ』という疑問からの出発」 関沢昇 「学習者にとって課題とは何かの発見を」(社・117) ○石井重雄 『中学年社会科の理論と実践』(地歴社) 石井重雄 「地域に根ざす教育―その理論と実践」(国・7月号)
1975	○安井俊夫［中歴］ 「奈良・平安時代と子ども」(233)	教育科学研究会常任委員会	伊ケ崎暁生 「地域の課題と教育運	小林信郎 「三つの観点からとら

	○佐々木勝男 [小3] 「子どもと共につくる社会科」 菊池浄 [小3] 「楽しい授業をめざして」 辻重雄 「子どもの"生活"を重視する歴史教育に―生活綴り方教育から学ぼう」 ○岩本光子 [小1] 「生活を通して子どもを育てる1年生の社会科」 飯塚利弘 [中] 「第五福竜丸と焼津の中学生」　(235) 島崎忠志 [小4] 「くみかえた4年生教材と子どもたち」 ○石井重雄・小川護・海野達兄・源啓明 [小3] 「小3社会科副読本『わたしたちの松伏町』をどうつくり、どう使ったか」　(236・237) ○伊田稔 [中] 「伊佐沢村の娘身売りの実態」 萩森繁樹 [小中] 「川上にも矛盾がゴロゴロしている」 渋谷清 [中] 「地域をゆたかにする教育」　(237) 白鳥晃司 [小6] 「父母祖父母の"戦争体験"を聞き綴った"戦争"学習」　(240) 斉藤秋男・臼井嘉一・佐々木勝男「社会科学習方法の研究―これまで・これから」 ○栗原誠三・山梨喜正 [小2] 「小学校低学年で農業をどう教えたか」 本間昇 [小4] 「『横浜』の学習をとおして」 ○鈴木義治 [高歴] 「秩父事件をどう教えたか」 兵庫県歴教協 「地域に根ざす社会科教育と部落問題」 ○定信夫 [中地] 「『身近な地域』をこう扱ってみた」　(242) 臼井嘉一 「戦後歴史教育における内容編成の理論と実践(6)(7)」　(242・243) ○佐々木勝男 [小3] 「わかる学習をめざして―社会科づくりと支部活動」 ○根本弘 [中歴] 「地域の太平洋戦争をどう教えたか」　(244)	「地域と日本の教育改革に責任を負う教育科学の建設を」　(319) 主張「教育を地域に根づかせるために」 藤岡貞彦 「コメント・地域に根ざす教育実践」 ○鈴木正気 [小] 「久慈の漁業」 ○鈴木孝 [小] 「ほたての養殖」 斉藤浩志 「『地域に根ざす教育』と『国民の教育権』」　(324)	動」　　　(1月) 川合章 「民衆の生きる努力を軸に」 森田俊男 「地域に根ざすとは」 剣持清一 「地域・生活に根ざす教育の展望」 山田正敏 「地域・生活に根ざす教育実践・研究とは何か」 研究委員会 夏季全国集会基調提案」　　　(6月) 織田隆敬 「地域に根ざす教育の追求(1)(2)」(7・8月号) 江口武正 「わたしたちのめざすもの」　　(8月) 川合章 「地域・生活に根ざす教育」　　(10月) 藤井淳夫 [小] 「地域の課題にせまるために」　(11月)	えたい地域性」 西谷稔 「具体的現実に基づく地域課題を」 高見俊雄 「地域性を加味した指導計画作成上の問題点を考える」 堀見矩浩 「地理的領域・地域的素材の掘り起こしと教材化の視点」 相山竜夫 「歴史的領域・地域的素材の掘り起こしと教材化の視点」 浅井得一 「産業的領域・地域の掘り起こしと教材化の手順」 阪上順夫 「政治的領域・地域的素材の掘り起こしと教材化の手順」　(社・131) ○佐々木勝男 [小] 「小学校中学年野外観察学習の方法」　(社・133) 中内敏夫 「公害学習にみられる教材づくりの理論」　(国・26) ○奥西一夫 『地域の問題をどう教えたか』 　　　(部落問題研究所)
1976	○鈴木理 [小3・4] 「九一色の昔の旅・今の旅」 清水潔 [小6] 「15年戦争の時代」 浅見敏夫 [小4] 「善蔵新田の掘り起こし教材化」　(246) ○秋田県北秋田支部 [中歴] 「安藤昌益の大館資料の掘りおこしと教材化」 梶並典生 [小3] 「きょう土のくらしのうつりかわり」	大槻健 「社会認識と教育」　(325) 山田貞夫 「歴史運動の中での子ども・青年の社会認識はどう変革したか」 ○佐々木勝男 [小3] 「子どもの現実と社会認識」 大槻健・片上宗二・佐々木勝男・宮入俊男・	川合章 「1976年を迎えて」 ○小林信男 [小6] 「地域の生活に根ざす教育」 ○大塚良宗 [小] 「地域に学ぶ」 ○金森俊朗 [小] 「生産活動を中心にすえた労働教育の追求」　　　(1月) 川合章	安井俊夫 「『地域に根ざす社会科』を求めて」　　　(社・141) 川合章 「地域学習で何を教えるか」　(社・147) 佐藤伸雄 「地域に根ざし、地域を掘りおこす指導」　(社・149) ○佐々木勝男

付　録　263

	○松影訓子・島崎忠彦［小6］ 「自由民権運動をどう教えたか」 　　　　　　　　　　　　　（247） 石渡延男 「全国教研にみる『地域』」 ○吉野文夫［小3］ 「ゴミって何だろう」 ○川崎利夫［小6］ 「地域の資料を使って原始・古代をどう教えるか」　　　　　　　（249） 金子金造［高］ 「『民衆文化の歴史』授業の一経験」 　　　　　　　　　　　　　（250） ○物江賢司［小3］ 「漁業の町から工場の町へ」（251） 安井俊夫［中歴］ 「戦争体験から学ぶもの（上・下） ―15年戦争の授業」　（253・254） ○浦スス実・小堀三枝子［小2］ 「おみせのしごと」 ○葛西嗣明［小4］ 「開発教材」 ○鳥山千里［中地］ 「近郊農業」　　　　　　　　（253） ○柴田敏希［中地］ 「中小企業」　　　　　　　　（254） ○川口知子［小3］ 「地域の農業（酪農）」 ○小川碧［小5］ 「日本の工業」　　　　　　　（255） 長島保［高地］ 「多摩川の水害と堤防をつくる運動」 ○小島一仁［高歴］ 「江戸時代の農民のたたかいをどう教えたか」 ○松本良一［小6］ 「6年生に戦争をどう教えたか」 ○山村俊子［小1］ 「低学年社会科と到達度評価」 ○富吉勇嗣［小4］ 「地域の掘りおこしと教材化―寺ケ池の実践をとおして」 ○本田学［小5］ 「日本の農業―みかん産業のうつりかわり」 宮良孫立 「郷土を教材化した副読本の編さん」 　　　　　　　　　　　　　（257） ○三木昌［小5］ 「人間のくらしと権利を大切にする社会科の授業」　　　　　　　（258）	田中孝彦 「子どもの現実と社会認識」　　　　（329） 教科研常任委 「『わかること』を『生きる力』に結びつけ、地域に根ざす教育の創造を」　　　　（333）	「社会観の形成と社会科」 川上和美 「低学年の社会科ではなにを教えるのか」 ○岩下俊修［小4］ 「地域だけの問題じゃなかった」 ○広川俊宏［小2］ 「のりものではたらく人」 ○小川修一［小2］ 「『こうば』ではたらく人」にとりくんで」 ○藤田茂［小3］ 「『地方自治』の学習」 　　　　　　　　（3月） 若狭蔵之助 「社会認識の発達と学習主体」　　　　（9月）	「子どもがわかる『地域の変貌』の教材解釈」 　　　　　　（社・153）
1977	○大坪庄吾［小4］ 「玉川上水を教材化して」　（261） ○秋山敏［小3］ 「お店屋さん大作戦」 ○小沢圭介［高］ 「民衆の目で見る幕末・維新」 　　　　　　　　　　　　　（262） ○竹花静夫［中歴］ 「三閉伊二大一揆の概略」 一戸富士雄 「地域と授業〝わかる授業と主体的な地域認識〟」 笹沼正巳［小］ 「教材は地域にごろごろしているのだが」　　　　　　　　　　（263）	中内敏夫 「教育課程研究と住民運動」　（350・352）	川合章 「教育基本法30年と社会科の30年」 木本力・斉藤孝 「社会科教育の原点を探る」 ○鹿野隆弘［小3］ 「市民のくらしと下水道」 ○森浩［小4］ 「下北（大畑町）のイカ漁」 ○金森俊朗［小5］ 「『四日市』を学習して」	佐々木勝男 「子どもの生活意識をふまえた社会科の創造を」　　　　（社・156） 河内徳子 「社会科学の教育における授業の典型(2)」『講座　日本の学力7』日本標準 片上宗二 「ひとりひとりを生かす授業と問題解決学習」　　　　（社・164） 斉藤孝 「地域に根ざす社会科」

	○佐々木勝男［小4］ 「子どものひとり歩きをうながす社会科」 ○原山茂夫［中地］ 「7地方区分を脱却して新しい地理学習を」　　　　　　　　（264） ○松橋日郎［小中］ 「大太鼓・綴子用水の学習」 古谷直康 「『地域の掘りおこし』はどこまでできているか」 斉藤秋男 「歴史教育者にとって〈生活〉とは何か(4)」 ○林初太郎［小3］ 「父母に学ぶ」 ○池田錬二［高］ 「地域教材とかかわらせて朝鮮をどう教えたか」 武藤清一 「会津寛延一揆の取りあげ方」 　　　　　　　　　　　　（266） ○池田錬二［高］ 「地域教材とかかわらせて朝鮮をどう教えたか」　　　　　　　（268） ○松永育男［中］ 「焼津―第五福竜丸・3・1ビキニからの目」 佐々木勝男 「〈3年〉同心円的拡大主義の破産」 「〈4年〉人々の願いや苦心を切り捨てた地域学習」 「私たちの社会科教育課程」　（269） ○桜井利市［小高］ 「聞き取り調査で子どもが動く社会科学習を」 深沢久［高偏社］ 「農村の変化と資本主義社会」 　　　　　　　　　　　　（270） ○一戸富士男［高］ 「東北の地域史を通して日本全史を再検討する視点」 ○布施純一［小2］ 「工場ではたらく人」 ○金釜武治［小5］ 「秋田の林業」　　　　　　（271） ○小山宥一［高地］ 「地域に学ぶ日本の農業」 ○庄司時二［小中総］ 「かわと生活」　　　　　　（272）		○山田隆幸［小5］ 「小牧基地と私たちのくらし」 ○渋谷清［中歴］ 「地域に残る戦争と平和のドラマ」 大沢勝也・平田明生・西村誠・本荘正美 「五つの実践記録をめぐって」 若狭蔵之助 「子どもの社会認識の発達」 関根鎮彦 「これからの社会科教育」 佐藤英一郎・西村誠 「社会科研究の成果をどう生かすか」 　　　　　　　　（5月） 川合章 「学力と学ぶ意欲・生きる力」　　（7月） ○江口昌子［小6］ 「みんなでとりくむ平和教育」　　（8月）	佐々木勝男 「地域の掘りおこしと社会科教育・歴史教育」 『日本の社会科30年』 　　　　　　　（民衆社） 森谷宏幸他 「歴史教育者協議会の歴史教育研究における（地域）の問題―戦後社会科教育史の研究（Ⅰの3)」 『福岡教育大学紀要』 第26巻第2分冊 ○若狭蔵之助 『生活のある学校』 　　　　　（中央公論社） ○安井俊夫 『子どもと学ぶ歴史の授業』　（地歴社） ○京都歴史教育者協議会編『社会科到達度評価の実践』（地歴社）
1978	○小野寺英太郎［中］ 「出稼ぎと農民」　　　　　（273） ○中路久光［小4］ 「地域教材と子どもの認識形成」 ○吉野文夫［小3］ 「労働をどう教えるか」 ○笠井良純［小5］ 「地域にある工場」 ○榎本満喜子［小3］ 「昔の人々のくらし」 ○清水潔［小5］ 「都市の子どもにふさわしい農業学習をめざして」 ○田口忠宜［高地］ 「雪と生活の調査から」 ○大橋宗昭［中］	鈴木正気［小］ 「社会認識の発達と教育」　　　　　　（353） ○若狭蔵之助［小］ 「教育研究をこころざす若い仲間へ」 　　　　　　　（356） 太田政男 「教科研中間研究集会のまとめ」　　（357） 臼井嘉一 『社会科教材選択の原理』と"地域" 　　　　　　　（358） 鈴木正気・片上宗二・佐々木勝男・柴田	○小枝司［小3］ 「地域に教材を求めて」　　　　　　（5月） ○小林宗忠［中地］ 「地域の自然を復元する」 ○松本博子［小4］ 「足で調べたわが地域」 巻頭言 「改めて生活教育を主張する」 川合章 「地域に根ざす活力ある学校を」　　（6月）	川合章 「教育実践と地域」 小野寺啓 「地域の歴史を掘り起こして」 池上惇 「地域教育政策をめぐる対決点」（日・17） 外山英昭 「中学年社会科指導のあり方を考える―子どもが生き生きとする社会科授業の創造―」 　　　（ど・6・7月） 若狭蔵之助 「地域生活と切り結ん

「北上山地の出かせぎと過疎」
　　　　　　　　　　　　　　(274)
○八谷正巳［小2］
「コンクリート工場の学習で」
○佐原佐登司［小4］
「小4で農業をどうあつかったか」
　　　　　　　　　　　　　　(275)
○矢崎康彦［小］
「はたらく人々『紙芝居づくり』」
○今井省三［中歴］
「古墳と6人衆の墓」
○石川辰男［小4］
「干潟八万石の開発」
○北館賢［小5］
「地域の現実をふまえた日本農業の指導計画」
○中内圭子［中地］
「子どもと地域をみつめて」　　(276)
○樋渡利枝子［小3］
「商店のはたらき」　　　　　　(277)
○小出隆司［小2］
「ゆうびんきょくで働く人」
○村松邦嵩［小中］
「学区のお地蔵様を教材に」
○中野照雄［小高］
「子どもたちにトラペンを作らせて」
　　　　　　　　　　　　　　(279)
○定本美雪［小6］
「戦争学習の実践」
○木村敏美［小6］
「貧富の差の発生をどう教えたか」
○小林正弘［中歴］
「15年戦争—満蒙開拓青少年義勇軍
（1・2）」　　　　　　　(280・281)
○滝沢孝子［小2］
「地域に結びついた教材—田や畑で働く人」
○佐藤知行［小6］
「エミシの抵抗」
○磯貝正雄［中地］
「わかりやすい社会科学習を求めて—地域に根ざす地理学習の試み」
○斉藤雄二［小3］
「実感づくりの社会科—地域に根ざした農業単元プラン」　　(281)
○川北秀樹［小2］
「「みせではたらく人びと」をどう教えたか」
○西山義則［小中］
「子どもとともに取り組んだ中学年社会科」
臼井嘉一
「歴教協30年と社会科教育」
市川真一
「子どもの歴史認識と私の授業」
　　　　　　　　　　　　　　(282)
豊田薫
「地域認識をどう育てるか」　　(283)
○一宮秦［小4］
「郡内機業をお話教材に」
○大槻恭子［小2］
「のりもので働く人たち」
○長島二三子［高日］
「熊谷空襲を教材化して」
○赤城弘,［高歴］
「喜多方の自由民権運動を教えて」
　　　　　　　　　　　　　　(284)

義松・中内敏夫・藤岡貞彦・志摩陽伍
「『川口港から外港へ』をめぐって」　　(364)
○竹谷延子［小2］
「地域のくらしを生かした教材づくり」
　　　　　　　　　　　　　　(358)

で育つ社会認識」
木本力
「『地域の実態』を学習の核として」
『社会科教育の本質と学力』（労働旬報社）
鈴木正気
『川口港から外港へ』
　　　　　（草土文化）
○渋谷忠男
『地域からの目』
　　　　　（地歴社）

	○川本治雄［小中］ 「『水道のひみつ』と『下水のゆくえ』」 ○高谷二郎［小6］ 「天下の台所」 ○弦間耕一［中歴］ 「太桝事件をこう学習した」　　（286）			
1979	○山川宗秀［高歴］ 「日本史学習における沖縄（史）の位置づけとその視点」 ○中路久光［小3］ 「144人の子どもと作る社会科」 　　　　　　　　　　　　　　（287） ○福石幸紀・垣堺福男［養］ 「秩父事件を学ぶ子どもたち」 　　　　　　　　　　　　　　（288） ○小田原章江［小3］ 「七郷堀用水で地域を教える」 ○及川敏男［中地］ 「身近な地域の学習」 ○大阪・高槻支部［小6］ 「集団でつくる地域に根ざす年間計画」 ○大槻恭子［小2］ 「低学年社会科での到達度評価の実践」　　　　　　　　　　　　（289） 志摩陽伍 「子どもの発達と教材・地域」 吉田順 「歴教協における授業方法の整理（小学校）」 ○笠井摂子［小2］ 「いねを育てる人のしごと」 石井建夫［中地］ 「子どもとつくる中学社会」　（290） 田中日出夫［小4］ 「田んぼと水」 ○森垣修［小6］ 「祖父母・父母とともにつくる社会科」 　　　　　　　　　　　　　　（291） ○高梨和子［小中］ 「学校のうつり変わり」 ○今井幸枝［小4］ 「見学体験学習と社会認識の深まり」 ○鈴木早代子［中歴］ 「地域と結びつく社会科学習」 ○多田真敏［中］ 「土と体にしみこむ権利学習」 　　　　　　　　　　　　　　（292） ○磯部正博・山川弘美［小中］ 「荒川のフィールドワークと教材化」 浅海清美［小2］ 「ごっこ学習」　　　　　　　（294） ○市川寛［小6］ 「子どもがつくった歴史物語」 　　　　　　　　　　　　　　（295） ○大坪荘吾・物江賢司［小6］ 「江戸時代の農民生活をどうおしえたか」 本多公栄 「社会科の学力と地域」 ○小林早智子［小3］ 「地域の教育力とは」 ○橋本清貴［小5］ 「調査からはじめた工業学習」 ○長嶋保［高日］ 「ほたるの上納」	田中武雄 「社会科における科学的認識の形成」 　　　　　　　　（376） 小田切正・嶋祐三 「地域に根ざす教育を問い直す」　（373） 二杉孝司 「科学的社会認識の形成と地域」 ○森垣修［小］ 「地域に学ぶ学校づくり」　　　　　（374）	海老原治善 「新たな地域教育計画と学校」　　（3月） ○若狭蔵之助［小3］ 「生協〝がくえん班のおばさんたち〟 　　　　　　　（4月） ○杉原ひろみ［小2］ 「感動を育てる授業へのとりくみ」（5月） ○安達稔［小6］ 「『15年戦争』の学習」	「三全総と地域に根ざす教育」 「地域の歴史・文化(習俗)と教育」 　　（国・1月臨増） 田島一 「『地域に根ざす』教育の思想」 『講座　日本の学力17』日本標準 鈴木正気 「社会認識と社会科教育」 (『岩波講座　子どもの発達と教育5』岩波書店) 日比祐 「安井俊夫（歴教協）における〝子どもに学ぶ歴史の授業〟」 (『考える子ども』1月) ○森垣修 『地域に根ざす学校づくり』 　　　　　　（国土社） 歴史教育者協議会 『地域に根ざす歴史教育の創造』 　　　　　　（明治図書）

付　録　267

	○河原和之［中歴］ 「子どもに視点をすえた近世の授業」 　　　　　　　　　　　　　　(296) 石渡延男 「地域に根ざし国民のねがいにこたえる歴史教育」　　　　　　　(297) ○芦田良子［小2］ 「『田や畑で働く人たち』に取りくんで」 ○坂本祥子［小6］ 「平群の古墳」　　　　　　　(298) 石井重雄 「子どもの社会認識の発達をめぐって」 ○中津里子［小3］ 「地域を歩いて―しなものを売る店」 ○北館賢［小5］ 「地域の課題を生かした社会科学習―日本の農・林業・水産業」 ○秋山敏［小1］ 「遊びを通して育てる低学年の社会認識」 ○市川寛［小6］ 「子どもとともに取り組んだ開校まつり」　　　　　　　　　　(299)			
1980	小松良郎 「地域の掘りおこしと歴史教育」 大野一夫 「子どもがわかる授業と地域の掘りおこし」 ○清水功［小1］ 「『働く人』をどう学習したか」 ○岡本史郎［小3］ 「市役所の仕事と私たちのくらし」　　　　　　　　　　　　(301) ○古城正勝［小6］ 「自然と生産のもつ教育力に目を注ごう」 ○三木民夫［高歴］ 「主権者を育てる歴史教育への道」 ○田広寿千［小5］ 「地域の資料と農業学習」 ○大金辰二［中歴］ 「授業の中で戦争認識はどう変わったか」　　　　　　　　　　(302) 田中武雄 「小学校社会科はどこまできたか―歴教協30年の実践に学ぶ」 谷田川和夫 「地域に根ざした学習を―3年」 谷田川和夫 「地域学習で主権者意識を―4年」 ○宮入盛男［小2］ 「子どもが気づき求める授業を」 ○滝沢孝子［小3］ 「子どもの考えを組みこんで」 ○長畑博［小4］ 「郷土の歴史をこの目この耳で」 ○北村文夫［小5］ 「意欲的な子どもを育てるために」 ○山田宇多子［小6］ 「子どもの考えをよりどころにした歴史学習を」 ○授業ルポルタージュ［小2］ 「カネゴンと子どもたち」	○北海道帯広市愛国小学校市川恵子他 「地域とともに歩む学校をめざして」 　　　　　　　　　(385) ○武田康男［小］ 「地域に学ぶものづくりの教育」　　　　(386) ○浅羽晴二［中］ 「8・15『特別授業』をこころみて」　　(388)	○前田美那子［中］ 『平和教育』3年間の歩み」　　　　(8月)	岩田一彦「地域に教材を求める単元構成の条件」　　　　(社・201) 真栄田久雄「地域の現実課題をどう取上げるか」 ○多田真敏［中］「地域の現実を切り結ぶ目と心」　　　　(社・209) 二杉孝司「社会認識の形成と授業―社会科教育の改造」 (『教育課程編成の創意と工夫』学研) 山崎準二 「地域に根ざした授業実践―社会科の場合」 (『教育課程編成の創意と工夫(実践編)』学研) 小原友行 「地域学習の現状と問題点　第二節(4)民間教育研究団体における『身近な地域』の学習」 (『社会科地域学習の授業モデル』明治図書) 関根鎮彦 「地域の教育力と地理教育」 (『地理教育9』地教研編) 本多公栄 「社会科の学力と地域」 『社会科の学力像』 　　　　　(明治図書)

○三田裕子［小1］ 「子どもの姿が生き生きとみえる学習を」　　　　　　　　　　　（304） ○山梨喜正［小3］ 「川すじを追って"地域"を広げる」 ○高橋由利子［小3］ 「馬頭観音からみた地域のうつりかわりの学習」 一戸富士雄 「地域への目を育てながら」　（305） 安井俊夫 「『子どもが動く社会科』が提起しているもの（上・下）」　　（305・306） ○道律継雄［中歴］ 「涌井藤四郎をどう教えたか」 ○北館賢［小6］ 「高野長英どう教えたか」 ○松本成美［中歴］ 「秩父事件・飯塚森蔵を教えて」 　　　　　　　　　　　　　（306） ○初鳥ゆりこ［小3］ 「みんなでやった工場調べ」　（307） ○佐々木浩［中歴］ 「碑が語る民衆の生活」 ○高橋勝［小4］ 「これからの神奈川県・くらしと基地」 　　　　　　　　　　　　　（308） ○平島正司［小6］ 「小学校六年の戦争学習」 ○佐藤弘友［高歴］ 「父母の戦争体験の継承」 ○飛鳥馬健次［中歴］ 「よみがえった平和地蔵尊」　（309） ○小川碧［小3］ 「酒だるをつないだ百間樋用水」 ○三好敏朗［中地］ 「苫東開発をどう教えたか」　（310） 宮原武夫 「地域に根ざし国民のねがいにこたえる歴史教育」　　　　　　　（312） ○古江健祐［中歴］ 「日中戦争前夜の福岡」 ○桜本豊己［小3］ 「ろくやおん台地の農業」 ○永井学［中歴］ 「歴史新聞と授業」 ○上田信子［小中］ 「くらしと水」　　　　　　　（313） ○浅田和成［小6］ 「小学校歴史学習における到達度評価のとりくみ―原始・古代」 ○千葉・松戸支部 「地域に根ざした教育実践と自作テスト」 ○川上敬二［小5］ 「『日本の林業』をどう教えたか」 ○古川正勝［小］ 「地域住民のねがいをつかむテスト」 　　　　　　　　　　　　　（314） 石井重雄 「子どもが動く社会科をめぐって―社会科授業論形成をめざして」 安井俊夫 「子どもが動く社会科―3・1独立運動の授業」 ○南雲昭三［小1］			

付　録　269

	「『学校で働く人・用務員』をどう教えたか」 ○稲田昭［小3］ 「子どもの動きから知識をみちびく──小三歴史単元の指導」 ○栗城順一［中地］ 「ミスターXはだれだ」 ○河原和之［中歴］ 「子どもに視点をすえた近現代の授業」　　　　　　　　　　　　（315）			
1981	○斎藤博［小5］ 「稲井石材にどう取り組みどう教えたか」 ○土井三郎［小5］ 「大阪の公害をどう教えたか」　（316） ○満川尚美［小4］ 「みんなで調べた小平の昔」 ○木村敏美［小6］ 「『ゆとり』で地域の歴史劇に取り組む」 ○杉原敏［中歴］ 「対馬島民と秀吉の朝鮮侵略」　（317） ○渡辺明［小3］ 「梨づくりの仕事」 石井重雄 「何のために地域を扱うのか──子どもの社会認識と人格」（318） ○松田国雄［中地］ 「『ぼくらの村』を考える」 ○梅津通郎［中歴］ 「長野安曇の掘りおこし──スライド『松沢求作』を使って」（319） ○稲岡尚［小3］ 「酪農の村で酪農を教える」 ○上川義昭［小5］ 「地域の都市化に目をむける」 ○山口謙次［中歴］ 「四民平等」　　　　　　　　　（320） ○佐藤静雄［小2］ 「小学校2年生の工業学習」 ○佐々木浩［中歴］ 「ききん供養碑から学ぶ農民のたたかい」 ○鈴木健三［小4］ 「皿亀潜穴用水をつくった先人の努力と知恵」 ○村松邦嵩［小1］ 「1年生の地域・地図学習」 ○青木昭司［小5］ 「労働体験を通しての農業学習」 佐藤明彦 「『体験学習』と歴教協の実践」 鈴木正気 「体験学習と社会認識の形成」　（321） 井上司 「地域・民族と愛国の教育」 ○館忠良［小6］ 「日本のあゆみとアイヌ史」 ○八谷正巳［小4］ 「農業学習」 ○里井洋一［中歴］ 「"鉄血勤皇隊に入れ"といわれたらどうするか」	茨城県教育科学研究会「80年代の教育実践・研究・運動の方向を探る」　　　　　　　（393） 小嶋昭道 「地域に根ざす教育実践と社会科学的認識の形成」　　（393・394） 鈴木正気 「社会科教育における『教えこみ』とは何か」 　　　　　　　　　　　　（404）	中野光 「生活教育入門」 　　　　　　（1〜4月） 大和輝子［小2］ 「パン工場見学の授業記録」　　　　（4・5月）	○小菅敏夫［小4］ 「民衆の歴史の掘りおこしとその教材化で」 　　　　　　（社・213） 宮原武夫 「小学校社会科の授業論──社会科授業記録の検討」 （『社会科教育の理論と実際』国土社） ○福島達夫 『地域の課題と地理教育』　　　（地歴社） ○大阪歴教協 『小学校の社会科授業』　　（労働旬報社） ○歴史教育者協議会 『社会科1・2年の授業』 『社会科3・4年の授業』 『社会科5・6年の授業』 　　　　　　（あゆみ出版）

	○飯塚利弘［中］ 「3・1ビキニと太平洋諸島」　(322) ○渋谷清［中］ 「村に学ぶ」 ○中浜和夫［小］ 「『冷害と凶作』の特別授業」 ○森垣修［小4］ 「土地改良・米づくりの授業」 ○横浜小学校支部［小5］ 「都市での農業学習」 ○名雪清治［小5］ 「苫小牧東部開発をどう教えたか」 ○佐藤喜久雄［中歴］ 「松沢求策と自由民権運動」 ○北館賢［小5］ 「岩手のりんごづくりを教えて」 　　　　　　　　　　　(325) ○中西望介［中歴］ 「戦国大名を地域教材で」 ○千葉誠治［小高］ 「白糖の飯塚森蔵と自由民権運動」 ○平山元夫［中歴］ 「子どもと学ぶ香取の自由民権運動」 　　　　　　　　　　　(326) 志村毅一 「地域に根ざし、国民のねがいにこたえる歴史教育」　(327) ○阿部勇一［小3］ 「漁家の仕事」　　(328) ○中尾慶治郎［小6］ 「新見庄の教材化」 ○藤井和寿［小6］ 「埋もれた中世の町『草戸千軒』を教える」　(329) 市川真一・弦巻宏史・古谷直康・保坂和雄・鬼頭明成 「地域の掘りおこしと歴史教育—松本レポートをめぐって」 ○稲岡尚［小3］ 「酪農学習『牛乳がしぼられるまで』」 ○小原良成［小4］ 「『伊佐沼の干拓』の学習」 ○森垣薫［小5］ 「地域の伝統工業『丹後ちりめん』の授業」 ○滝沢正［高歴］ 「北海道で学ぶ日本史」 ○斉藤博［小6］ 「地域から掘りおこした戦争学習」 　　　　　　　　　　　(330)			
1982	○町田安子［小中］ 「開拓地"新光"の学習」 佐々木勝男 「社会認識の困難性と授業づくり」 　　　　　　　　　　　(331) ○山梨喜正［小3］ 「館rolling雨ごい」 ○小菅敦子［小2］ 「『田植え』の授業」 ○橋本哲［小高］ 「舟倉亜炭鉱から学ぶ」 ○柴田敏希［中歴］ 「人物を通して歴史を学ぶ」　(333) ○澄田恭一［高歴］ 「治安維持法と教育—1936年天神小学校事件」	○白川千代［小3］「『釧路の漁業』の授業実践」 　　　　　　　(411) 久富善之・佐貫浩・村山士郎 「学校の再生—兵庫県府中小学校の学校づくりに学ぶ—」　(412)	○斉藤孝［小］ 「わたしの教材研究」 　　　　　　(1〜9月) ○柿村茂［小］ 「地域に根ざす教育を求めて」　(7・9月) 外山英昭 「地域に根ざす教育」 　　　　　　　　(8月)	歴史教育者協議会 『わたしたちの社会科教育課程づくりのために』研究年報第4号 　　　　　　　　(7月) 「安井俊夫の授業にみる技術と個性の問題」 二杉孝司 「研究者としての分析」 本多公栄 「同人の立場からの分析」 石堂良人 「後輩として学ぶこと」

付　録　271

	○前田陽一・梅野正信［高世］ 「長崎へせまる（絶対主義）の授業」 ○枝村三郎［高日］ 「現代史授業の中での平和教育」 　　　　　　　　　　　　（334） ○川島孝郎［中］ 「学級に話し合いを生む授業づくり」 　　　　　　　　　　　　（335） ○加藤忠史［小6］ 「釧路空襲」　　　　　　　（336） ○岩崎繁芳［小4］ 「子どもとともに調べた津軽平野の新田開発」 ○河崎かよ子［小3］ 「農具が語るむかしの磐手」 ○宮沢れい子［小4］ 「"汚水の旅"を追ったぼくらの探検隊」 ○亀井功［中歴］ 「西蒲原の新田開発と村方騒動」 　　　　　　　　　　　　（337） ○安川富春［中歴］ 「百姓一揆の高まり」 ○三木民夫［高日］ 「地域の資料でみる戦時体制の確立」 　　　　　　　　　　　　（338） ○小松豊［中歴］ 「加害の面を中心にすえた15年戦争の学習」 ○山川功［小3］ 「厚岸むかしむかし」 ○宮入盛男［小3］ 「長池の学習と地域に根ざす社会科」 　　　　　　　　　　　　（339） ○東正彦［小中］ 「『ごみのしまつ』の学習と子どもたち」 　　　　　　　　　　　　（340） ○浅田和成［小6］ 「祇園祭をどう教えたか」 ○宮宗基行［小中］ 「地域のうつりかわり」 田中武雄 「官制社会科の文化学習に欠けているもの」　　　　　　　　　　（341） 森田俊男 「地域に根ざす平和と愛国の歴史教育」　　　　　　　　　　　（342） ○佐藤静雄［小2］ 「自分たちで調べた寺田の農業」 　　　　　　　　　　　　（344） ○紺野紀子［小3］ 「地域の『戦争』のあとを歩いて」 梅野正信［高］ 「全生徒で調べた長崎原爆碑」 ○吉浜忍・山川宗秀［高］ 「生き方にかかわる沖縄戦学習を」 　　　　　　　　　　　　（345）		安井俊夫 「自己分析すると」 　　　　　　（社・225） 谷川彰英 「歴史教育者協議会の教材づくり」 　　　　　　（社・230） 宮原武夫 「『子どもが動く社会科』の二つの問題」 　　　　　　（社・231） 宮原武夫 「社会科の実践記録から授業研究の課題を読みとる」　（現・304） 渋谷忠男・足立節雄 「父母の日常生活を見つめ教育に生かす努力を」 　　　　　　（子・10月） 中西新太郎 「社会科教育における『科学』の再把握」 （『一橋論叢』第87巻第2号） 本多公栄 「地域に根ざす社会科教育」 （『小学校社会科の新展開』あゆみ出版） 佐貫浩 「地域における国民教育の創造」 （『講座　現代教育学の理論　国民教育の理論』青木書店） 小原友行 「『地域に根ざす社会科』の授業構成──若狭・安井・鈴木実践の分析」 （『社会科研究』30号） ○新潟県上越教師の会 『地域に根ざす教育と社会科』 　　　　　　（あゆみ出版） ○奥丹後社会科教育研究会『地域に根ざす社会科の創造』 　　　　　　（あゆみ出版） ○安井俊夫 『子どもが動く社会科』　　　（地歴社） 大槻健・臼井嘉一 『小学校社会科の新展開』　（あゆみ出版） 教育実践事典刊行委員会編 『教育実践事典　第5巻』　（労働旬報社） 臼井嘉一 『戦後歴史教育と社会科』　　（岩崎書店）
1983	○布川了［中］ 「田中正造・鉱毒事件の授業」 ○三好淳二［中歴］	○石谷克人［小4］ 「地域教材で子どもたちのやる気をひき	関根鎮彦 「身近な地域の学習から社会認識へ」

「河内キリシタンを教材化して」
　　　　　　　　　　　（346）
一戸富士雄
「地域に根ざす平和のための歴史教育」
○高野永篤［中地］
「東北地方の果樹生産―地域の果樹生産と対比して」
○関谷哲郎［中歴］
「幕末松代の農民騒動」
中村政則
「科学的歴史認識が深まるとは」
　　　　　　　　　　　（348）
○森垣修［小高］
「高学年で取り組む但馬めぐり」
　　　　　　　　　　　（349）
○加藤義一［小6］
「鳥浜貝塚」
○長谷川正也［中ク］
「彦五郎さんをさがそう」
○小出隆司［小2］
「からだで学ぶ『働く人たち』」
　　　　　　　　　　　（350）
○吉田義彦［小6］
「西蒲原の自由民権運動」
○田牧久五郎［中歴］
「『蝦夷』を学ぶ」　　　（351）
石堂正彦［小4］
「『二和をひらいた人々』の授業と子どもたち」
○武政章次郎［小6］
「歴史学習で子どもに育てたい力」
○中路久光［小2］
「働く人々をどう学習してきたか」
　　　　　　　　　　　（352）
○寺田英夫［高世］
「夏休みの宿題で15年戦争の実相に迫る」
○我那覇生吉［高現］
「共同教材づくり／核戦争の危機と沖縄」
吉村徳蔵
「地域に根ざしいのちを尊び平和をつくる歴史教育」
○岡本淳一［小2］
「おばちゃん先生から学ぶ」
○枝村三郎［高日］
「幕末の変動期をどう教えるか」
○斉藤博［小5］
「石工さんに学ぶ地域の戦争と平和」
　　　　　　　　　　　（353）
○山田貞夫［高歴］
「戦地に散った魂よ北見の土に帰れ」
　　　　　　　　　　　（355）
○佐藤昭治［小2］
「稲を育てる仕事」
○千葉誠治［小4］
「アイヌの人たちの生活」　（356）
○藤原千久子［小6］
「韓国併合と平野川改修」
○大貫政明［中ク］
「わがまち北区と足尾鉱毒事件」
○中之所克己［小5］
「下請け工場の実情を調べる」
　　　　　　　　　　　（357）
○紺野紀子［小中］
「いのちと平和の尊さを学ぶ寒風沢島だす」　　　　　　（5月）
○末子鉄郎［小］
「生活課題にとりくむ学習をめざして」
○小林毅夫［小4］
「川と人間の調和的なあり方を追求する―4年『関川ものがたり』の実践」　　　　（11月）
外山英昭
「生活教育入門」
　　（11月〜1984年5月）

　　　　　　　　　（社・240）
寺崎昌男
「地域と教育」
　　　　　（社・247〜249）
木本力
「『地域に根ざす教育』をあらためて考える」
　　　　　　　　　（実・38）
梅原憲作
「地域に根ざした平和教育の創造を」
　　　　　　　　　（国・55）
伊藤宏之
「『共感』のとらえ方と社会科学の方法」
藤岡信勝
「科学的社会認識の形成と社会科の授業―『安井実践』をふまえて―」
（『中学校社会科の新展開』あゆみ出版）
斉藤利彦
「地域住民運動と『国民主権』の学習―1970年若狭蔵之助『児童公園』（6年生）の授業―」
斉藤俊彦
「地域に根ざす教育と科学的社会認識の育成―1978年
鈴木正気『久慈の漁業』（5年生）の授業」『社会科教育実践の歴史―記録と分析・小学校編』
（あゆみ出版）
○佐々木勝男
『子どもとつくる楽しい社会科授業』
　　　　　　　（明治図書）
○鈴木正気
『学校探検から自動車工業まで』
　　　　　　　（あゆみ出版）
○松戸歴史教育者協議会
『主権者を育てる社会科』（あゆみ出版）
小嶋昭道
「地域に根ざす社会科」
「地域に根ざす教育実践と社会科学的認識の形成」
『社会科教育の歴史と理論』（労働旬報社）
○斎藤孝他
『真の学力を育てる小学校社会科5年　上』
　　　　　　　　（民衆社）

付録　273

	の子どもたち」　　　　(358) ○中川研治［小4］ 「地名からさぐる校区のむかし」 ○庄野健［小5］ 「帯解の農業」　　　　(359) ○梅野正信［高現社］ 「立体的とりくみで一年中平和を語りつづける」 ○石井雅臣［高現社］ 「現代社会で地域学習『水俣』に取り組む」 ○松本成美［中地］ 「アイヌ語地名と教育実践」 ○本庄豊［中］ 「地域史の学習をどう展開したか」 ○河村稔［小2］ 「地域と仲よくなる子どもを育てる2年生社会科」 ○早川寛司［小3］ 「地域の戦没者の石碑と教材化」 ○江口勝善［小6］ 「15年も続いた戦争の学習」 ○八巻清人［小4］ 「地域の開発をどう教えたか」 　　　　　　　　　(361)			
1984	○山田清子［小3］ 「13万個の梨を落とす」 ○稲葉潮美［小4］ 「お地蔵さんと災害」　(362) ○斎藤雄二［小2］ 「魚屋さんの授業」　　(363) 一戸富士雄 「東北の大地をふまえて―われわれの地域教育論」 篠崎勝 「"私の地域社会"をつかむ住民の地域社会史学運動」 ○田牧久五郎［中歴］ 「通史の中に『地域』資料を」 ○杉浦茂［小6］ 「古城から学ぶ戦国時代」 ○林薫［小3］ 「手づくりパッションジュースと工場見学」 ○正慶光子［小5］ 「農業学習の典型を地域から」 　　　　　　　　　(364) ○間森誉司［小5］ 「見学までの手だてをたいせつに」 ○有馬正己［小6］ 「国司をやめさせた農民たち」 　　　　　　　　　(366) ○田中朋子［小2］ 「バスの運転手さんのしごと」 ○窪満広［小6］ 「人権学習をどう進めたか」(367) ○北館賢［小6］ 「小○の旗はすすむ」 ○前田一彦［小6］ 「自主教材『むら井戸』を使った部落問題学習」 ○長谷川悦子［小3］ 「田鶴浜町の建具づくり」 ○糸乗政治［小6］ 「地域教材を授業に生かす」(368) 柳功	○小木曾真司 「人間にとってゴミとは何か」　　(443) ○森垣修［小］ 「地域に根ざした学校づくり」　　(448)	○吉松正秀［小5］ 「身近な農業に学ぶ」 　　　　(2月) ○藤田茂［小］ 「子どもの歴史意識の形成と平和教育」 ○江口昌子 「地域の平和運動に学ぶ」 　　　　(7月)	田中史郎 「昭和40年代の社会科」 岩田一彦 「昭和50年代の社会科」　　(社・251) 木全清博 「鈴木正気氏の授業にみる学習課題」 　　　　(社・253) 鴨澤巌 「要注意！『地域で実態を』学習」 佐藤照雄 「日本列島全体をふまえて『地域』を」 乾宏巳 「歴史学習における『地域』の視点」 小島昭道 「社会科の土台としての『地域』」 古山明夫 「子供の心の中に生きている地域の学習を」 清水幸男 「地域学習と地域理解」 加藤九二代 「教材に『地域性』をどう盛り込むか」 吉岡時夫 「今こそ国民主権の立場からの実践を」 腰原利由［中］ 「子どもと共に追究する地域教材の掘起しを軸に」 池野範男 「社会科で『地域』はどう考えられてきた

	「子ども・地域のねがいにこたえる授業づくりを」 ○小出隆司［小6］ 「地域の教材を生かした自由民権運動の授業」 ○大坪庄吾［小6］ 「天草・島原の乱と武蔵下丸子村」 ○小沢誠［高歴］ 「追体験で学ぶ喜多方事件」　　　（369） ○和久田薫［小6］ 「平城京への旅」 ○斉藤勝明［小5］ 「筑豊のくらしを教える」 ○佐々木友孝［中地］ 「『過疎』はひとごとか」 ○名雪清治［小3］ 「きびしい手仕事に目を向ける酪農学習」 ○西谷章［中］ 「過疎地域の課題をふまえた平和教育」　　　　　　　　　　（370） ○横山隆信［小6］ 「聞きとりと地域の資料でさぐった15年戦争」 ○斎藤博［小4］ 「平和の折鶴を仙台七夕に」　　（371） ○三木民夫［高歴］ 「生徒の生活と地域に根ざした日本史の授業」　　　　　　　（373） ○池沢泉［小6］ 「たちあがる水平社の人々と労働者」 ○深田雅也［小4］ 「地図づくりとマンホール調べ」 ○坂田正博［中地］ 「学年いっせいに行った野外調査」 ○山崎泉［中歴］ 「"野良に叫ぶ" 農民の闘いを学ぶ」 　　　　　　　　　　　　　（374） ○小林早智子［小4］ 「二郷半沼の開発」　　　　　（375） ○河村稔［小4］ 「それいけ！　ときわ平地域たんけん隊」 ○市川寛［小6］ 「子どもの心をたがやす地域教材」 ○古谷直康［高］ 「"発見する日本史"の授業」 ○小出隆司［小2］ 「子どもの心をひらく低学年社会科」 ○渡辺由美子［小4］ 「水害とたたかった延徳の人々」 ○山本節子［高歴］ 「茨木からみた近世大阪の経済」 　　　　　　　　　　　　　（376）			か」　　　　　　　　（社・256） 二杉孝司 「子どもが歴史を認識する授業」　　　（実・42） 田中武雄 「"日常の世界" から "科学の世界" へ」 　　　　　　　　　（実・43） 安井俊夫 「社会科における科学と主体形成」 若狭蔵之助 「『対象をみる』力を育てる社会科の授業」 （『いま授業で何が問われているか』明治図書） 森脇健夫 「主権者の形成と『公害学習』—1971年滝沢哲比古『新潟水俣病』（高校政治経済）」 吉村徳蔵 「アジアのなかで『戦争』を考える—1972年本多公栄『ぼくらの太平洋戦争（中学校歴史）の記録』 二杉孝司 「子どもと学ぶ歴史の授業—1977年安井俊夫『江戸時代の農民』 　　　（中学校歴史）」 山崎準二 「実感的認識を重視した高校地理の授業—1974年豊田薫『東京下町の零細工業地域の中で—現代社会の矛盾を考えさせる—』の授業」 （『社会科教育実践の歴史—記録と分析・中学高校編』あゆみ出版） 伊藤宏之 「『支え合う分業』論における古典と現代—鈴木正気著『学校探検から自動車工業まで—日常の世界から科学の世界へ—』の検討（その一）」 （『福島大学教育実践研究紀要』第6号） 外山英昭 『地域学習と調べる社会科』　　　　（民衆社） ○若狭蔵之助 『問いかけ学ぶ子どもたち』　（あゆみ出版） 本多公栄 『社会科教育の理論と実践
1985	○崎本友治［小3］ 「子どもたちが調べまとめた資料を生かして」 ○有馬純一［小5］	○斉藤三郎［小］ 「地域に根ざす平和教育」　　　　（449）		田中武雄 「地域に根ざす社会科と今井実践」 　　　　　　　　（社・274）

	「日本の農業をどう学んだか」　(377) ○中西望介［中ク］ 「お寺や神社は歴史の宝庫」 ○小松豊・田中稔［中歴］ 「北海道史から日本史を見なおす」　(378) ○谷口弘一［中地］ 「龍神村の学習」 ○斉藤雄二［小3］ 「『梨づくり』見学学習のハイライト」　(379) ○土井三郎［小6］ 「近世農民の姿をどう教えたか」　(380) ○本宮武憲［小2］ 「駅ではたらくおじさんの一日」　(381) ○磯貝正雄［中歴］ 「武州世直し一揆」　(382) ○杉原敏［中歴］ 「倭寇の島・対島」　(383) ○向山三樹［小3］ 「山梨の水晶研磨業」 ○大川克人［小4］ 「7・18水害の掘りおこしと授業」　(384) ○山近顕［小6］ 「主権者に育てる戦後史学習」 ○阿部勇一［小4］ 「学区の巨大埋め立て開発をどう教えたか」 ○吉浜忍［高］ 「沖縄戦から40年」 ○沢野重男［高］ 「ヒロシマの父母の歴史と私たち」　(385) 37回大会全体討議のまとめ 「地域認識と世界認識を結ぶ実践・研究を求めて」 ○中島佑介［中］ 「炭焼きを通した総合学習」　(389) ○中坊雅俊［小6］ 「地域資料で学ぶ民衆の国づくり」　(390) ○三輪芳子［小1］ 「わたしたちのあそびばとともだちのいえ」 ○赤羽とも子［小3］ 「大内のむかしむかし」 ○和久田薫［小6］ 「宮津藩と農民」 ○加藤公明［高日］ 「班田農民の生活と律令体制」 教育課程検討委員会 「社会認識の形成と教育課程」　(391)			小山直樹 「概念探究学習理論による授業の改善―科学的社会認識と自立的判断力の統一的育成をめざして―」 (『社会科教育の21世紀』明治図書) 木全清博 「社会認識の発達と教材構成」 「社会認識の発達論の系譜」 「社会認識の発達と授業(I)―小学校鈴木実践の検討」 「社会認識の発達と授業(II)―中学校安井実践の検討」 (『社会認識の発達と歴史教育』岩崎書店) 二谷貞夫 「民間教育団体の地域学習論―『歴史教育者協議会』の『地域に根ざす』をとりあげて―」 (『社会科学習と地域学習の構想』明治図書) ○石井重男 『地域に学ぶ社会科』 (岩崎書店) ○若狭蔵之助 『地域をさぐる』 (あゆみ出版) ○静岡県小笠社会科サークル 『からだを通して地域で学ぶ』　(日本書籍)
1986	○藤崎多恵子［中］ 「学校ぐるみの平和学習」 ○桜河内正明［小5］ 「世界最初の白島洋上石油備蓄基地」 ○岩倉哲夫［高日］ 「地域の資料に基づく荘園の授業」　(393) 伊田稔 「歴教協の研究・実践のあゆみのなか	○和歌山県西牟婁郡富里中学校 「地域に根ざした学校づくりをめざして」　(469)	○外山不可止［小2］ 「田ではたらく人たち」　(1月) ○松村一也［小4］ 「砂丘を切り開く打木の人々」　(3月) ○知花盛孝［中］ 「いま核基地をどう教えるか」	外山英昭 「教材の価値と子どもの関心の接点をさぐる」 木全清博 「地域に根ざす社会科―今なぜ必要か」 (社・No. 285) ○鈴木正氣

	の"地域"」 半沢光夫 「小学校の授業で使う地域資料づくり」 〇糸乗政治［小6］ 「"地域"のなかの15年戦争」　(394) 歴教協研究委員会 「現代の課題と地域」 〇佐々木勝男［小5］ 「地域の工場と働く人びと」　(396) 〇坂田善幸［小5］ 「沿岸漁業の町"由良"」 〇野村昭也［中公］ 「子どもの地域を見る目と奄美の歴史」　(397) 〇森豊一［小2］ 「『まぐろはえなわ』の教材化にとりくんで」　(398) 〇物江郁雄［小3］ 「町のうつりかわり」　(399) 木全清博 「自分史と地域史」 〇永溝晋介［中公］ 「『水俣』から自らの生き方を問う」 〇樽見郁子［小6］ 「近世における百姓と町人」　(400) 木全清博 「地域史と民衆生活史」 〇岩田健［高日］ 「大阪からみた産業革命」 〇染井佳夫・満田和弘・三木伸一［高日］ 「石川製糸の掘りおこしと教材化」 〇木村正男［小4］ 「生き方につなぐ公民館調べ」　(401) 木全清博 「地域史と自国史(1)」 〇北岑順彦［小5］ 「校区の工場調べを中心にした工業学習」　(402) 〇前野勉［小5］ 「地域の公害を教材化」 〇原英章［中地］ 「阿南町はいま」　(404) 〇江刺誠一［中地］ 「『ホタテ養殖』をどう教えたか」　(405)		〇岡田智晶［中］ 「福山空襲をどう教えるか」　(8月) 〇斎藤勝明 「子どもとつくる社会科」　(11月) 高木浩朗 「新しい社会科の出発」　(12月)	『支えあう子どもたち』　(新日本出版社) 〇若狭蔵之助 『子どもと学級』　(東京大学出版会)
1987	〇里井洋一［中］ 「嘉手納町にみる基地」　(408) 〇寺川紀子［小1］ 「1年生の平和教育」 教育課程検討委員会 「社会認識の形成と低学年社会科」　(409・411) 半沢光夫 「地域の堀りおこしと歴史学習1～12」　(411～424) 〇川崎利夫［小6］ 「地域から歴史学習の教材を掘りおこす」　(411) 〇中浜和夫［小4］ 「むらの水道づくりで何をつかませたいか」 〇長野良一［高世］ 「大垣の朝鮮やま」		〇今井真一［小2］ 「働く人々を見つめさせる」　(8月)	

	○亘一子［小2］ 「田ではたらく人たち」 ○小出隆司［小2］ 「小学生の社会認識形成と『生活科』」 ○勝山元照［中高歴］ 「『南京事件と奈良38連隊』の授業」(412) ○木村敏美［小6］ 「楽しい歴史学習」 ○光真志［中公］ 「消費者問題」(413) ○吉村明［小3］ 「松田の野菜づくり」 ○岡本利明［小5］ 「藤田からみた日本の工業」(414) ○谷田川和夫［小1］ 「子どもと切り開いた地域学習の1年」 ○飯島春光［中歴］ 「『松代大本営』をどう教えたか」(415) ○染井佳夫［中歴］ 「教育の普及と化政文化」 ○清水潔［小3］ 「3年生の戦争学習」(416) ○大金辰三［中歴］ 「村の戦死者を追って」 ○片桐重則［小5］ 「米づくりを通して」 ○磯部作［高地］ 「『地域開発』と地域の変貌、住民の生活」(419) ○寺田肇［小4］ 「地域の歴史にどう目を向けさせたか」(420) 奥田晴樹 「歴史の研究・教育における地域の今日的位相」(421)			
1988	○川本治雄［小3］ 「工場の仕事」(422) ○岡崎和三［小6］ 「なぜ『ボシタ祭』というの？」 ○植竹紀行［小2］ 「牛を飼う農家」(423) 半沢光夫 「地域の掘りおこしと歴史学習」(411〜424) ○植竹紀行［小2］ "牛"で子どもに迫る」 ○山梨喜正［小3］ 「川はどこから？」(426) ○河村稔［小2］ 「魚政のおじさんの手」 ○山梨喜正［小3］ 「川を下って」 福島達夫 「地域の学習と社会科教育」(427) ○佐藤静雄［小3］ 「牛乳パックで考える」 ○小原良成［小4］ 「安全な生活─火事をふせぐ」 ○亘一子［小2］ 「稲を育てる」(428) ○冨沢鎮男［中歴］ 「中学生の掘りおこした東京大空襲」 ○栗原戦三［小2］ 「私たちの畑と清水さんの畑」	○谷田川和夫［小4］ 「学級の中に憲法を」(5月) ○高尾和伸［小］ 「主体的・意欲的な学びの姿勢を創るために」(6月) ○松村一成［小2］ 「箱工場で働く人々の学習」(11月)		外山英昭 「地域に根ざす教育と社会科の授業」 「社会科の歴史上」（民衆社） 日本民間教育研究団体連絡会編集 『社会科の歴史 下』（民衆社） 朝倉隆太郎 『地域に学ぶ社会科教育』（東洋館出版社） 日本生活教育連盟 『子どもの生活をひらく教育』（学文社） ○『社会科授業づくりの技術と実践1年〜6年』（あゆみ出版）

	○宮北昭子〔小3〕 「工場見学でお母さんを見直す」 ○小原良成〔小4〕 「安全な生活―大水を防ぐ」 代田毅 「地域の掘りおこしと同和教育」 　　　　　　　　　　　(429) ○岡崎和三〔小6〕 「戦争体験を語る」 ○名雪清治〔小5〕 「北海道の酪農をどう教えたか」 ○福崎誠次〔小5〕 「日本の工業の仕組みに地域から迫る」 ○岩田稔〔中歴〕 「日中戦争の実像をとらえる」 大坪庄吾〔小4〕 「2学期のためのフィールドワーク」 ○小出隆司〔小2〕 「ぼくたちは戦争をしないよ」 　　　　　　　　　　　(430) 玉上陸郎 「『地域』論・『地域史』論と『地域社会史』論」　　　　　(431) ○亘一子〔小2〕 「みのりの秋をむかえて」 ○物江郁雄〔小4〕 「蛇橋の伝説と地域の開発」 ○加藤正伸〔小5〕 「地域の工場から日本の工業へ②」 ○清水潔〔小3〕 「商店街ザ・ダイヤモンド」　(432) ○谷田川和夫〔小〕 「地域にはたらきかけ、学ぶ子どもたち」　　　　　　　　(433) ○大崎豊太郎〔小〕 「真間川の洪水と桜並木」 ○篠原謙〔小6〕 「平和への道」　　　　(434) ○窪満広〔小5〕 「富田林の竹すだれ」 ○長沢秀比古〔小3〕 「一枚の絵で考える扇町屋のむかし」 ○亘一子〔小2〕 「バス停たんけん」 ○冨吉勇嗣〔中公〕 「憲法がキャディーさんたちのくらしを守った」 ○岡崎和三〔小6〕 「阿蘇のアメリカ兵捕虜の話」 　　　　　　　　　　　(435)			
1989	○清水ゆき子〔小3〕 「川辺の花づくり」 ○大石文子〔小2〕 「手紙が届くなぞを解く①②」 　　　　　　　　(437・438) ○金子真〔小4〕 「新田開発と野火止用水」 ○清水潔〔小3〕 「投げ込み井戸」 ○千葉誠治〔小3・4・5〕 「小学校におけるアイヌ学習」 　　　　　　　　　　　(437) ○早川寛司〔小3〕 「われらタイムトラベルたんけんたい」	田中武雄 「社会科論の歴史と展望」　　　　(511)	○伊藤邦夫〔小5〕 「それでも米を作りつづける人々」　(2月) ○小菅盛平〔小1〕 「おじちゃん、おばあちゃんが語った戦争の話」 ○外山不可止〔小2〕 「田ではたらく人たち」　　　　(12月)	○名雪清治・藤岡信勝『社会科で「地域」を教える』　(明治図書)

○田牧久五郎［中歴］
「『北浦一揆』の掘りおこしと授業
（上・下）」　　　　　　（438・439）
谷田川和夫
「教材作りの喜びを子どもたちに」
○石堂正彦［小3］
「学校のうつりかわり」
植竹紀行［小2］
「地域で学習するとこんなにいいよ！」
○南雲昭三［小4］
「変わってきた雪国のくらし」
○中野照雄［小2］
「稲を育てる」
○前野勉［小3］
「校区探検」
○早川寛司［小4］
「ごみを集める人たち」
○佐藤静雄［小3］
「地域を歩いて探求心を育てる」
川島孝郎
「探究心を育てる授業と社会認識」
　　　　　　　　　　　　　（440）
佐藤弘友
「『道徳』『社会』における"地域"」
○川本治雄［小3］
「地域の生産と労働の学習を通して科学的認識を育てる」　　　（441）
○森垣薫［小2］
「とれたものはだれのもの」　（442）
○山梨喜正［小2］
「やおやさんの仕事」
○吉村明［小4］
「消防署員のお父さんに聞く」
○木村敏美［小3］
「田んぼってなあに？」
○森垣薫［小5］
「宮津ちくわから何が見えるか」
　　　　　　　　　　　　　（443）
○山田正恵［小5］
「お母さんと工業」
○小山修治郎［小6］
「農民の知恵に学ぶ」
○唐沢慶治［小4］
「あばれ天竜」
○加藤誠一［小3］
「地域の工場調べ」
○高木敏彦［小2］
「きゅうりをつくる後藤さん」
　　　　　　　　　　　　　（444）
半沢光夫［小4］
「夏休み中に見ておくところ」
佐藤明彦［小3］
「地域のお話を書いてみよう」
田中正則［小5］
「地域の工場を歩いてみよう」
　　　　　　　　　　　　　（445）
○馬場智子［小3］
「じゃがいもほりを体験する」
○中野照雄［小］
「ちびっこ広場づくりの運動」
○坂田善幸［小5］
「子どもが動く地域の工場調べ」
　　　　　　　　　　　　　（446）
○馬場裕子［小5］
「和傘から『もの』と『人』とのかかわりを」

	○中川豊［小4］ 「砂丘地の開発」 ○清水功［小2］ 「アイヌの歴史」 ○加藤正伸［小5］ 「生産過程を重視した白石和紙の学習」 ○和久田薫［小6］ 「大江山鉱山の強制連行」 ○榎本雅雄［小3］ 「売る工夫—セブンイレブン」　(447) ○糸乗政治［小］ 「科学的認識を育てる社会科の授業」　(448) ○石橋源一郎［中歴］ 「唐古・鍵ムラの4つの顔」 ○星野康［小6］ 「東京大空襲と拓北農兵隊」 ○阿部洋子［小4］ 「土師ダムに沈んだ村の人々」 ○児玉正教［小3］ 「4軒だけの商店街」 ○河内晴彦［小2］ 「真夜中のパンづくりをビデオに」 ○鹿田雄三［高日］ 「考古資料による地域史学習」　(449) ○岡田克己［小2］ 「ちかてつではたらく人」 ○那須郁夫［小5］ 「手づくり豆腐屋さん(1)(2)」　(450・452) ○山梨喜正［小3］ 「商店街の地図づくりを通して」　(450) ○和久田薫［小6］ 「『天橋義塾』と自由民権運動」 ○志村誠［小4］ 「吹田にも戦争があった」 ○伊藤一之［小6］ 「地域の出征者調べから学ぶ」 ○平井敦子［中歴］ 「北海道史を教える」 ○勝山元照［中歴］ 「高度経済成長と住民自治」　(451)			
1990	○北舘恭子［小4］ 「沼橋の開田から宅地へ」 ○浅井康男［小6］ 「障害者作業所をとりあげて」 ○佐藤昭治［小］ 「米作農業の学習」 ○吉村明［小3］ 「親や祖父母とのタイムトラベル」　(453) ○出井寛［小3］ 「瓦づくりの町のむかしと今」 ○亘一子［生］ 「『労働』をじっくり見せる」 ○寺川紀子・佐藤弘友［生］ 「『米づくり』をどのような観点で教えたか」 和歌山県歴教協和歌山支部 「生活科の自主編成を進めよう」 森脇健夫 「歴教協低学年社会科の到達点」	○小川修一［小2］ 「田んぼのしごと」　(522)	○山田隆幸［小2］ 「およげる川がほしい」 ○花井嵯智子［小2］ 「店ではたらく人びと」　(12月)	伊藤充 「文化財にまつわる話を入れた授業づくりのヒント」 佐々木勝男 「記念碑にまつわる話を入れた授業づくりのヒント」　(社・334) ○和久田薫 『地域で育てる社会認識』　(部落問題研究所) ○宮入盛男 『地域に根ざす社会科教育を求めて』　(スズキ総合印刷) 「これは使える！ 地域教材の開発と授業1」 『授業づくりネットワーク』

	石井重男 「無限に広がる教材さがし」　（454） ○河崎かよ子［小4］ 「北日吉台小学校ができるまで」 ○鈴木秀明［小5］ 「Kさんのホウレン草づくり」 ○石堂正彦［小3］ 「ニンジンづくりの見学」 ○大坪庄吾［小4］ 「東京湾開発の授業」 子安潤 「地域で共同する中学年の社会科」 　　　　　　　　　　　　　（458） ○石樽亨造［小4］ 「輪中のくらしと歴史」 ○山川弘美［小3］ 「地域の工場を調べよう」 ○早野雅子［小4］ 「長良川9・12水害」 ○長縄幸弘［小6］ 「茜部荘600年のあゆみ」　（459） 久保孝［小4］ 「3学期を見通した教材研究を」 岡田信行［小2］ 「ここだけは夏にみておきたい」 清水功［小1］ 「地域の歴史教材をつくろう」 藤原千久子［小5］ 「地域の産業を歩いて調べる」 ○北舘賢［小3］ 「生産者と仲良しになろう」　（460） ○向山三樹［小4］ 「地方病とたたかう人々」 ○豊島ますみ［小3］ 「しいたけさいばいの見学」　（461） ○野崎智恵子［小5］ 「働く人の豊かな人間性に学び社会の見方を育てる自動車産業の学習」 ○水野豊［小6］ 「小池勇と自由民権運動」 ○串田均［小5］ 「水島の公害」 ○木村敏美［小3］ 「先生の梅ケ枝餅は売れない餅だ」 　　　　　　　　　　　　　（462） ○林雅広［小6］ 「ぼく生まれてきてよかったよ」 　　　　　　　　　　　　　（463） ○佐藤昭彦［小3］ 「かまぼこ工場で働く人」 ○中路久光［小4］ 「なぜ、堤防はできない」 ○西川満［小5］ 「手づくりのおけ屋を取材して」 　　　　　　　　　　　　　（464）			（11月増刊号・学事出版株式会社）
1991	○塚本優子［小2］ 「かまち子ども郵便局開設」 ○山中智子［小3］ 「御室校のルーツをさがそう」 　　　　　　　　　　　　　（467） ○岡田信行［小6］ 「みんなが使える駅に」 ○清水潔［小3］ 「おばあちゃんが逃げた防空壕」 ○半沢光夫［小3］ 「『青い目の人形』を掘りおこし授業に」	○倉持祐二［小5］ 「そびえ立つ『ゴミの山』」 ○西尾敏弘 「地域に根ざす文化を求めて」　（542）	○北川茂［生］ 「もとや製パン工場」 　　　　　　　（2月） ○間宮由美［生］ 「くもの巣もどんぐりもダンスする工場」 　　　　　　　（3月） ○長谷川竜子［生］ 「おじいちゃんは、イカつり名人」（6月） 川合章	宮原武夫 「地域に学ぶ歴史の授業」 子安潤 「地域で共同する中学年の社会科教育へ」 小倉和人・長沢秀比古 「『こむぎこ』でつくる」 歴史教育者協議会『歴史教育・社会科教育年

○北尾悟［高日］ 「アジアの米騒動と原敬」 ○木村剛［小4］ 「アイヌの世界のアイヌの人たちの生活」　　　　　　　　　　(468) ○田所恭介［小6］ 「平和な世界を」 ○山田宇多子［小3］ 「学校と町のうつりかわり」　(469) 子安潤 「共同する社会科教育」 ○土産田真喜男［小4］ 「ゴミを追って」 ○桂木恵［小6］ 「戦死者の墓碑調査から15年戦争を」 　　　　　　　　　　　(471) ○物江賢司［小4］ 「人間と水」　　　　　　　(472) ○栗原戦三［小3］ 「牛舎を見学する」 ○山本杉生［小4］ 「消防署を見学して」 ○加藤正伸［小5］ 「顔とくらしの見える産直」(473) ○新福悦郎［中歴］ 「鹿児島の民衆から見た明治維新」 ○寺田肇［小3］ 「土と生きる黒石の人たち」(474) ○長野県歴教協下伊那支部［中］ 「飯田・下伊那の戦争遺跡」 山口謙次 「地域の掘りおこし運動に学ぶもの」 ○村瀬紀生［小6］ 「創作劇『ぼくらの町にも戦争があった』」　　　　　　　　(475) ○石川順子［生］ 「とびだせ生活科」 ○吉久正見［小4］ 「ため池づくりに挑戦」 ○草野道雄［中］ 「近江絹糸の労働争議」 ○河戸憲次郎［小3］ 「奈良漬づくりのその秘密」(476) ○大石勝枝［小6］ 「所沢の自由民権運動」 ○須田尚［小5］ 「水俣病から浦安の公害へ」 ○外山不可止［小4］ 「溜め池と地域のくらし」 ○志村誠［小3］ 「校区のくらしと商店街」 ○森垣薫［中地］ 「いま私たちの地域はどう変わろうとしているのか」　　　　(477) ○山口勇［小4］ 「野火止用水を歩く」 ○白尾裕志［小3］ 「スーパーと小売店をくらべる」 ○中川豊［小5］ 「金沢の和菓子」　　　　　(479) ○吉村明［小3］ 「坂本川はなぜきたないの？」 ○水野豊［小5］ 「東濃のタイル産業」 ○和久田薫［小6］ 「ぼくらの町の太平洋戦争」(480)		「生活と教育を結びつけることの意味」 　　　　　(8月)	報　1991年版』 　　　　　(三省堂) ○教育科学研究会・社会認識と教育部会『社会科の創造』 　　　　　(国土社) 中村哲 「教育科学研究会の社会科教育における新動向」 「日本生活教育連盟の社会科教育における新動向」 『社会科授業実践の規則性に関する研究』 　　　　　(清水書院)

	○小林和子・佐藤美幸・佐藤静雄［小］ 「学習しながら高めあう」 ○中村太貴生［小6］ 「1945年6月9日戦争は椙山にも」 ○倉持祐二［小5］ 「山のなかに『ゴミの山』」 ○吉村明［小4］ 「住民の願いに学ぶ地域開発の授業」 ○永野守人［中地］ 「『水俣病問題』を社会科地理で」 ○三橋広夫［中公］ 「あおぞら裁判と戦後史の授業」 川合章 「地域・子どもの生活の変貌と社会科」 　　　　　　　　　　　　　　(481)			
1992	○山本典人［小3］ 「むかしのもので地域の移り変わりを」 ○葉狩宅也［小5］ 「赤田川の水はきれいか（上・下）」 　　　　　　　　　　　　(482・483) ○志村誠［小3］ 「竹やぶがつぶされる」　　　(483) ○勝山元照［高現社］ 「『奈良そごう』を追って」 ○布施敏英［小3］ 「地域のむかしを絵本に」　　(484) ○山口勇［小6］ 「縄文土器をつくる」 橋本哲 「地域教材の生かし方」　　　(486) ○山中久司［小4］ 「黒糖づくりの教材化」 ○松田明［生］ 「田ではたらく人（上・下）」 　　　　　　　　　　　　(487・488) ○北舘賢［小3］ 「地形・土地利用に目を向けさせる」 　　　　　　　　　　　　　　(487) 子安潤 「授業の転換―共同する社会科をめぐって」 ○窪満広［小5］ 「地域のなす農家から学ぶ」 ○川村実［小3］ 「町めぐり　地域調べ　絵地図づくり」　　　　　　　　　　　　(488) ○物江郁雄［小3］ 「あら川の水はどこから？」 ○福田和久［高日］ 「菅野八郎と『世直し』騒動」 ○斉藤民部［小3］ 「奈美がつづった『おばあちゃんのわかいころ』」 ○有馬正己［小4］ 「地域の川と下水のしまつ」　(489) ○山本杉生［小4］ 「『メルヘンの里』の特別村民制度」 　　　　　　　　　　　　　　(490) ○神谷容一［小4］ 「ダムで水没する村の人々とふれ合う水道学習」 ○近江葉子［小3］ 「店長になって考える商店の学習」 ○土井三郎［小4］ 「ニュータウンの授業づくり」			臼井嘉一 「『地域主義』カリキュラム」　　　　　（社・368） 櫻本豊己 「村から武士がいなくなって」 坂田善幸 「赤紙が来た！」 北舘賢 「たのしくわかる5年の農業学習」 名雪清治 「小学校中学年社会科の課題と実践」 歴史教育者協議会『歴史教育・社会科教育年報　1992年版』 　　　　　　　　　（三省堂） ○白尾裕志 『子どもとつくる産業学習』　（あゆみ出版） 歴史教育者協議会 『たのしくわかる生活科1年の授業』 『たのしくわかる生活科2年の授業』 『新たのしくわかる社会科3年の授業』 『新たのしくわかる社会科4年の授業』 『新たのしくわかる社会科5年の授業』 『新たのしくわかる社会科6年の授業』 　　　　　　　（あゆみ出版）

	○橋本哲［中歴］ 「歴史入門峠をこえて」 (491) ○北舘恭子［小4］ 「用水の開発で何を教えるか」 ○佐藤健［小3］ 「地域に生きる小売店を調べる」 (492) ○福島県歴史教育者協議会 「福島・喜多方事件の掘りおこしと顕彰運動・授業実践」 (493) ○物江郁雄［小4］ 「平和なくらしを求めて」 ○西明［小3］ 「養鶏場をたずねて」 ○児玉幸枝［小5］ 「手づくりの伝統工業京友禅」 (494) ○松浦敏郎［小5］ 「高槻の公害を調べる」 ○千葉誠治［小3］ 「乳しぼりの仕事はたいへんだ」 (495) ○加藤正伸［小6］ 「15年戦争をどう教えたか」 ○大鷹英夫［小6］ 「命を育む『安全な食』を求めて」 ○早川幸生［小6］ 「地域学習で出あった平和教材」 (496)			
1993	○衣山武秀［小6］ 「旅館の看板と憲法」 ○河崎かよ子［小5］ 「日本の農業を考える」 ○荒木雄之［小6］ 「米づくりの農家の実態に迫る」 (498) ○白尾祐志［小6］ 「地域の老人問題を考える」 (499) 川崎利夫 「『地域に根ざす』とはどういうことか」 (500) ○大宮英俊［小5］ 「中川の米づくり（上・下）」 (501・502) ○小松克己［高日］ 「地域から学ぶ『社会科日本史』の課題」 (501) ○北舘賢［小3］ 「わたしたちの村めぐり」 ○伊藤いづみ［生］ 「おじいちゃんと育てるミニトマト」 (502) ○田牧久五郎［中歴］ 「蝦夷のたたかいと日本の歴史」 清水功［小3］ 「アイヌモシリのころの札幌」 ○北舘賢［小3］ 「わたしたちの村―りんご園へ」 (503) ○西村美智子［小4］※ 「水と人々のくらし（上・下）」 (504・505) ○茶田敏明［小3］ 「旅館とホテルで働く人々の仕事」 (504)	○木村剛［小4］ 「アイヌ民族の生活・文化の授業づくり」 ○佐藤広也［小］ 「学校はぼくらの宝島」 (563)	○小林弘美［生］ 「おばあさん先生・おじいさん先生の出番」 (1月) ○岸康裕［小3］ 「工場・お店たんけんで地域を知ろう」 ○能岡寛［小3］ 「私の生活教育がめざすもの」 金森俊朗 「地域に生きる教師」 (6月) ○外山不可止［小4］※ 「『水』を追って地域とくらしを学ぶ」 (8月) ○石谷克人［小高］ 「地域に根ざす教育実践を新たに構想する―江戸時代の農民・農村を子どもたちはどう学んだか」 金森俊朗 「調べる学習の成果と問題点」 (10月) 斉藤孝 「いま問われていること―『学習観』のとらえなおしと教師の指導性」 (12月)	臼井嘉一 「当事者として付け加えると―3つの『わかる』論につながる学習方式にも着目を」 (社・378) 児玉修 「社会科らしい地域学習の改善とは」 (社・382)

付　録　285

	○山本杉生［小6］ 「フィールドワークで学んだ地域の歴史」 ○馬場晃［小3］ 「地域を歩いて教材づくり」　（506） ○那須郁夫［小5］ 「コースター工場を探せ」 ○斉藤房雄［高地］ 「外国人労働者との『共生』の道」 　（507） ○河崎かよ子［小5］ 「道路はコンベア」　（508） ○京都歴史教育者協議会乙訓支部 「地域に支えられ地域から学ぶ社会科教育」　（509） ○水野豊［小6］ 「東濃地方の米騒動」 ○手代木彰雄［小4］ 「くぐり穴用水路を学ぶ」 ○山口勇［小5］ 「伝統産業羽子板づくり」 ○間森誉司［小3］ 「なぜ『鶏舎見学お断り』」　（510） ○伊賀基之［小3］ 「ピオーネのおいしいひみつ」 　（511）			
1994	○満ル尚美［小4］ 「ごみとリサイクル」 ○斎藤秀行［小3］ 「中川地区のくらしのうつりかわり」 ○牧野泰浩［小6］ 「町の福祉センターを学ぶ」　（513） ○大崎洋子［小3］ 「習志野原の開拓を劇化して」 　（514） ○林薫［小4］ 「八丈島の飢饉と米づくり」 ○長沢秀比古［小3］ 「地図で見つけた地域のうつりかわり」　（515） ○桜木豊己［小4］ 「大和高原の茶づくり」 ○西野護［小3］ 「なるほど・ザ・金閣」 ○河崎かよ子［小4］※ 「ポンポン山がたいへん」 ○加藤好一［中公］ 「個別化⇔個性化⇔学びあい―『働く生活』の授業づくりから」 ○奥村英継［高地］ 「京都の原爆投下計画と空襲を学ぶ」 ○中津吉弘［高地］ 「四万十川巡検から地域を学ぶ」 　（516） 西川満［小5］ 「まず地域を知ることから」　（517） ○谷川淳［中歴公］ 「北陸道の風景」 ○堀恵子［小4］ 「大丸用水（上・下）」　（518・519） ○佐藤昭彦［小6］ 「エミシと多賀城」 ○物江賢司［小5］ 「米づくりの体験と日本農業」 ○鹿田雄三［高日］ 「上野国新田荘と地域開発」　（518）	○松房正浩［小3］ 「子どもがつくる地域学習」　（580）	外山英昭他 「学ぶ力を育てる社会科第6回」　（2月） 外山英昭他 「学ぶ力を育てる社会科最終回」　（3月） 田村真広 「斉藤孝の『ともに生きる』学習主体を育てる実践」　（9月） 新井孝喜 「若狭蔵之助の『公園をつくらせたせっちゃんのおばさんたち』の実践」　（12月）	外山不可止 『子どもと学ぶ　日本のコメづくり』 　（地歴社）

	○志村誠［小5］ 「米作り…地域から」 ○窪満広［小6］ 「富田林寺内町」　　　　（519） ○真久絢子［小3］ 「地域に学ぶ社会科学習」 ○満川尚美［小4］ 「へんな井戸があるよ」 ○青木万利子［小3］ 「生駒市のうつりかわり」 河崎かよ子 「中学年の社会科のあり方を考える」 　　　　　　　　　　　（520） ○茶田敏明［小3］ 「あずき・まんじゅう工場調べ」 　　　　　　　　　　　（521） ○木下伸一［小6］ 「地域で学ぶ近世農村」 ○田宮正彦［小5］ 「地域の工場調べ」 ○小栗山敬子［小4］ 「現代の開発『外環道路』」 ○桜井祥行［高地現］ 「ごみ減量と資源化を考える」 ○春名浩子［小3］ 「草加せんべいっておもしろい（上・下）」　　　　　　（522・523） ○牧野泰浩［小5］ 「地域の2つの工場」 ○河崎かよ子［小4］ 「川と地域のくらし（上・下）」 　　　　　　　　　（523・525） ○浦沢朱実［小6］ 「学童疎開」　　　　　（523） ○渡部豊彦［小6］ 「飢饉供養碑から米問題の学習へ」 ○矢野秀之［小6］ 「身近なところから探った15年戦争」 ○湯口節子［小3］ 「地域から学ぶ子どもたち 　（上・下）」　　（525・526） ○保岡久美子［小5］ 「地域の発展と生活公害」（526） 川本治雄 「体験や地域学習で育つ子どもの社会認識」 ○山田照子［高地］ 「土地に刻まれた歴史を学ぶ」 ○新福悦郎［中公］ 「高齢者福祉と子どもの社会認識」 ○桜本豊己［小3］ 「生産と労働の中にみえる人間の知恵を――『奈良漬工場』の実践を手がかりに」 ○北舘賢［小5］ 「りんごを育てることで何を学んだか」 ○河内晴彦［生］ 「ワタを育てて」 ○小林桂子［生］ 「社会認識の土台づくりをめざす生活科――もみからおにぎりまで」（527）			
1995	○西浦憲望［小6］ 「父母・祖父母に学ぶ」 ○高橋正一郎［高日］ 「地域から見た西南戦争」（528）	○梅原憲作［高］ 「『渡り川』の実践を生み出したもの」 　　　　　　　　　（585）	田村真広 「岡田智晶による福山空襲の記録運動と平和教育実践」　（5月）	河崎かよ子 「小学校中学年と生活科」 歴史教育者協議会『歴

○桜本豊己［小3］ 「戦争中のくらし」 ○倉持重男［中歴］ 「学び合う十五年戦争の授業15時間」(529) ○久保田貢［高日］ 「ええじゃないか」 ○高桑美智子［小6］ 「非核都市宣言から見えてくるもの」 ○山川弘美［小3］ 「馬頭観音、雷神様って何？」 ○佐々木勝男［小4］ 「ぼくたちの町からも戦争に行った」(530) ○宮下美保子［小4］ 「ごみとくらしを見なおす」 ○藤原恵正［小5］ 「地域で農業をどう学ぶか」 ○伊藤正英［高日］ 「通信使が三河に残したもの」(532) ○大石光代［小3］ 「西小学区大好き」 ○飯田彰［小5］ 「『米不足』のなかでの米授業」 ○近江葉子［小4］ 「水を追う」(533) ○光真志［中選社］ 「新里地区調べ」 ○中川研治［小4］ 「校区の川と環境問題」 ○田宮正彦［小5］ 「いちごづくり農家Sさん」 ○佐藤昭彦［小3］ 「公民館へ行こう」 ○影山正美［高日］ 「地域農民からみた律令体制」(534) ○松井秀明［高日］ 「山鉾巡行と舞車と」 ○滝沢孝子［小3］ 「わたしたちのくらしと商店街」 ○中嶋千絵［小6］ 「太閤検地と農民」 ○茶田敏明［生］ 「体の不自由な人たちのくらしから学ぼう」 ○山川功［小5］ 「釧路の漁業」(535) ○土井三郎［小6］ 「アジア太平洋戦争学習で何を」 ○清水功［小3］ 「タコ部屋労働をお話教材で」 ○村上敬之介［小4］ 「地域の開発『府中村の鹿篭新開物語』」(536) ○長谷部晃［高選社］ 「『寄居町の歴史』を読む」 ○間森誉司［小6］ 「1枚の『城下絵図』から」 ○大崎洋子［生］ 「おばあちゃんおじいちゃんとなかよくなろう」 ○佐藤則次［小3］ 「とうふづくりと『とうふ屋さん』のしごと」 ○糸乗政治［小6］	○河崎かよ子［小4］ 「ポンポン山がたいへん」(587)	中島由香子 「外山不可止実践に学ぶ」 船橋一男 「山田隆幸『小牧基地と私たちのくらし』(5年・社会)の実践」(6月) 松村一成［小3］ 「自ら問いかけ学ぶ学習をどう作るか　町探検『働く人の学習』」(7月) ○外山不可止［小5］ 「子どもとともに学ぶということ」(8月号) ○岸康裕［生］ 「表現や交流を豊かにする教育技術—駅たんけんの実践」(9月) ○金森俊朗［小6］ 「生活主体としての問いが生まれるまで」(10月) 斎藤孝 「『よき生活者』を育てる」(11月号)	史教育・社会科教育年報　1995年版」 （三省堂）

	「子どもが育つ歴史学習」 ○岡本利明 [小4] 「蒜山大根から地域を見つめる」 ○満川尚美 [小6] ※ 「未来を見つめる社会科授業」 　　　　　　　　　　　　(537) ○河内晴彦 [小4] 「水路をたずねて」 ○斉藤三郎 [小3] 「おばあさんの醤油づくりすごいな」 　　　　　　　　　　　　(538) ○山川弘美 [小3] 「校区にある工場調べ」 ○道井真二郎 [小5] 「毛糸で久留米絣をつくる」 ○中畑和彦 [小4] 「美波羅川と生きる」 ○竹腰宏見 [小6] 「お墓調べから探る15年戦争」 　　　　　　　　　　　　(540) ○山本利博 [高日] 「難波大助と虎の門事件」 ○大村浩二 [小4] 「波切不動を追って」 ○奥野雅之 [中歴] 「年貢を持っていくぞーっ—『村請』 でえがく江戸時代前期の村」 (541) ○斉藤勝明 [小] 「折り鶴よオランダへ」 ○金城明美 [小] 「母の沖縄戦を絵本『つるちゃん』で」 ○中川研治 [小4] 「門司の港から戦争に行った馬たち」 ○羽生和夫 [小6] 「地域の聞き取り活動を軸にした『戦後改革』の授業」 ○布施敏英 [小6] 「調べ学習と地域の資料でさぐったアジア太平洋戦争」　　(542)			
1996	○小出隆司 [小4] 「低地のくらし」 ○鏡和也 [小3] 「小山田新聞で地域を知る」 (543) 中妻雅泰 [小] 「生活科から社会科へ」 ○小松清生 [小3] 「昔のくらし」 ○新山了一 [小6] 「宝暦一揆」　　　　　　　　(544) ○山口勇 [小5] 「本多の森を守る」 佐々木勝男 [生] 「生活科の展望は拓けるか」 ○大石光代 [小3] 「紙芝居『バイスケ歴史物語』」 　　　　　　　　　　　　(545) ○西川満 [小5] 「属性優先型の稲作学習」 ○西浦弘望 [小6] 「弥生の米づくり」 ○佐藤則次 [小3] 「総合児童センターたんけん」 　　　　　　　　　　　　(547) ○中嶋千絵 [生] 「大豆からきなこへ」 ○大槻知行 [小6]	○小林勝行 [小] 「海に生きる小砂子の人々（下）」 (601) ○山崎智 [小3] 「みんなでつくるまち」 鈴木正氣 「子どもの学習の社会的参加と社会認識の発達」 　　　　　　　　(604)	田村真広 「対話と知の創造に乗り出す社会科学習」 川合章 「戦後50年と学校、地域」　　　　(1月) 臼井嘉一 「なぜ『子どもともにつくる社会科学習』論は十分理解されないのか」 　　　　　　　(5月) ○崎濱陽子 [小] 「壕をさがし壕を掘り平和を語りつぐ」 笠鼇 [小6] 「田んぼから作った米づくり」　　(8月)	○歴史教育者協議会 『地域から見つめる小学校の環境教育』 （あゆみ出版）

「地域の古墳から学ぶ」 ○中島浩明［小4］ 「水道をひく」 ○山田孝二［小5］ 「飢人地蔵から農業学習へ」　　（548） ○荒井保子［小4］ 「地域を学び地域を識る」 ○茶田敏明［小4］ 「『丹那トンネル』を追い求める」 長嶋安男 「地域の歩き方・学び方」 ○西田弘［小5］ 「五郎島のさつまいもづくり」 ○田中正則［小4］ 「くらしをささえる水」 ○中妻雅彦［小4］※ 「多摩川で学ぶ」　　　　　　　　（549） ○土井三郎［小3］ 「くらしと商店」　　　　　　　　（550） ○長屋勝彦［中選社］ 「地域の戦争遺跡を調べる」　　　（551） ○中沢博孝［中地］ 「お茶について考えよう」 ○牧野泰浩［小6］ 「たたかう農民―元禄一揆」 ○吉浜孝子［小3］ 「商店街とマチグヮー」 ○坂田正博［中歴］ 「聞き取りを取り入れた15年戦争の学習」 ○中井和夫［小4］ 「賀美の水道」　　　　　　　　　（552） ○新木伸子［小6］ 「明治の長浜探検」 ○安田泰夫［小4］ 「二の谷ダムつくり」 ○志和格子［小3］ 「キャベツをつくるしごと」 ○中島浩明［小5］ 「地域の製糸工場と協力工場」 　　　　　　　　　　　　　　　（553） ○辻槙子［小3］ 「農家の仕事『なす調べ』」 ○坪井多愛子［生］ 「環境教育『木の学習』」 ○山本杉生［小4］ 「出雲街道新庄宿」 ○満川尚美［小6］ 「くらしのなかに憲法をさぐる」 　　　　　　　　　　　　　　　（555） ○山川弘美［小3］ 「3年1組とうふ工場」 ○加藤忠史［小6］ 「祖父母戦争体験集を使って」 ○森豊一［小4］ 「境川のはんらん」 ○会田康範［高日］ 「近世江戸周辺地域の教材化」 ○田宮正彦［小5］ 「西淀川公害」　　　　　　　　　（556） ○草分京子［小6］ 「『谷中平和の碑』は私たちの新しい第一歩」 ○塩谷朗［中歴］ 「岐阜の教材を生かしたアジア太平洋戦争の学習」 ○谷義久［中歴］			

	「小倉造兵廠と風船爆弾」 (557)			
1997	○鏡和也［小3］※ 「『マンボの劇』を通して」 ○遠藤美樹［小4］ 「どうしてこんなお腹に」 ○松房正浩［小6］ 「小倉で学ぶ高度経済成長期」 ○小林光代［中地］ 「学年で取り組んだ三番瀬の学習」 (558) ○小幡雅子［小3］ 「市場通りにお店が多いのはなぜ？」 ○武田章［中］ 「総合教科の試み―中学3年『奈良学』の取り組み」 ○中窪寿弥［生］ 「パン工場へ行ってみよう」 (559) ○飯田彰［小3］ 「『せんそうむかしはくぶつかん』を開いて」 ○西浦弘望［小6］ 「校区の環境調査」 ○石橋英敏［中地］ 「聞き取りから学ぶ地域の漁業」 ○篠原謙［小5］ 「地域から自然保護を考える」 (560) ○志村誠［小4］ 「増えてきたごみをどうする」 ○高橋清［小5］ 「主食としてのコメを考える」 ○芝沼充［小3］ 「子どもにどんな力を育てるか」 (562) ○大坪庄悟［小6］ 「地域の古墳で学ぶ古墳時代」 ○樽野美千代［中歴］ 「古墳時代をどう教えるのか」 ○中窪寿弥［小5］ 「仲西さんの米づくり」 ○中川研治［小6］ 「奈良の大仏と山口・福岡」 ○辻隆広［中］ 「地域の現実から学ぶ平和学習」 ○浦沢朱実［小4］ 「くらしと水」 (563) ○西田和弘［小4］ 「郷土で水を見つめる」 古谷直康 「地域社会史論と現代」 ○飯塚正樹［高現社］ 「沖縄と矢臼別を学んだ高校生たち」 (564) ○山本杉生［小3］ 「ふれあいセンターに行ってみよう」 ○佐藤明彦［小4］※ 「小4『わたしたちのくらしと水』の実践へ」 ○高橋俊子［生］ 「たんぽはみんなの学校だ」 (565) ○井上隆生［小4］ 「わたしたちの昆陽池」 ○手代木彰雄［小6］ 「戦争学習をどう学習したか」 (566) ○萩森繁樹［中］	○大鷹英夫［小］ 「生命を育む学校づくり」 (616) 鈴木正氣 「『久慈の漁業』その後」 ○小野寺勝徳［生］ 「いねを育てて」 ○上里勲［中公］ 「彼らに、もう一枚の卒業証書を」 (619)	○中河原良子［生］ 「豆腐づくりから学ぶ」 (2月) ○北山ひと美［小4総］ 「活動し学びあう子どもたち」 (4月) ○下鳥孝［小4総］ 「自然と人をつなげる学びの世界『多摩川』」 (5月) ○渡辺恵津子［小6総］ 「どうする？雑木林」 ○亀田里味［生］ 「地域を生かした授業づくり」 (6月) ○栗原伸［小4総］ 「総合学習『多摩川』にとりくんで」 ○石谷克人［小6］ 「子どもが創る社会科の実践」 (9月)	○州山喜久江［小3］ 「工場たんけん」 ○松村一成［小3］ 「町探検」 ○小出隆司［小3］ 「探検を通して地域の移りかわりを学ぶ」 ○小出隆司［小4］ 「低地の人びとのくらし」 ○白尾裕志［小4］ 「みんなの持松」 ○斎藤勝明［小4］ 「『十字架の塔』って何だ」 ○桑本浩泰［小5］ 「わたしたちのくらしと水産業」 ○西川満［小5］ 「校区の工場調べから日本の工業のすがたに迫る」 ○和久田薫［小5］ 「日本の伝統工業」 ○外山不可止［小5］ 「子どもと学ぶ日本のコメづくり」 ○金森俊朗［小5］ 「やさしさを奪ったもの」 ○満川尚美［小6］ 「未来へ学ぶ子どもたち」 外山英昭・田所恭介・満川尚美『【教え】から【学び】への授業づくり④社会科』 (大月書店) 歴史教育者協議会 『歴史教育50年のあゆみと課題』 (未来社)

	「社会科と人間性」 ○阪井勝［小6］ 「地域にみる寺子屋」 ○坪井多愛子［小］ 「地域教材、今日の教材、調査学習」 ○白尾祐志［小］ 「『地域』と『問い』へのこだわり」 ○小松清生［小4］ 「よみがえれ大和川」 ○武田宏子［小3］ 「にんじんを育てる仕事」 ○橋本哲［中歴］ 「中学生と戦争」　　　　　（567） ○千島真［小6］ 「秩父事件」 ○安達寿子［小3］ 「学区の苺作りと久能の苺作り」 ○松房正浩［小5］ 「地域から学ぶ日本の工業」 ○井上ゆき子［小4］ 「こんな小寺池になったらいいな」 　　　　　　　　　　　　（568） 佐藤弘友 「『地域に根ざす一本の道』─宮城歴教協25年のあゆみ」　　（569） ○松浦敏郎［小3］ 「地域のうどん工場見学」 ○杉森至［小4］ 「武具池と八丁田んぼ」 ○桂木恵［中公］ 「住民の自治と権利を学ぶ」 ○土井三郎［小5］ 「西淀川公害裁判」 ○熊谷鉄治［小6］ 「仙台米騒動」　　　　　　（570） ○伊海正尚［小5］ 「箱根寄木細工の秘密をさぐる」 ○向山三樹［小4］ 「くらしを高める願い釜無川を学ぶ」 ○上田敏弘［高現社］ 「人口ピラミッドをつくろう」 ○熊谷賀世子［小3］ 「おじさん、おばさんにおそわったかまぼこ作り」 ○中川研治［小6］ 「地域から考えるアジア・太平洋戦争」 　　　　　　　　　　　　（571）			
1998	○中橋章子［小3］ 「祖父母の力を借りた昔調べ」 　　　　　　　　　　　　（573） ○三好卓［小5］ 「人口の増えている地域と減っている地域」 ○小林晶子［生］ 「ともだちのうちたんけん町のたんけん」 ○木村誠［小3］ 「むかしのくらし発表会」 ○草分京子［小4］ 「ふるさとの山と川が好きだから」 ○渡部豊彦［小6］ 「夢の実現へお母さんたちが立ち上がった─15年戦争の学習から「笠木透コンサート」へ」 ○早川寛司［中歴］ 「いなべの地で学ぶ自由民権運動」	○木村辰冨美［小6］ 「子どもと老人とでつくりだしたもの」 　　　　　　　　　（622） ○山下正寿［高政経］ 「地域と学校の自治を結ぶ─地域の環境学習を通じて」　（6月号） ○大野新［中総］ 「生徒とつくった『ゴミ白書』」 ○岡田みつよ［生］ 「木を植えたこどもたち」　　　　　　（634）	○長谷川京子［小6］ 「6年生の歴史学習」 　　　　　　　　（1月） ○松本美津枝［小6総］ 「私たちの総合学習〈足尾鉱毒事件〉」 　　　　　　　　（6月） ○野島通紀［高総］ 「社会に、地域に目を開くなかで変わる子どもたち」 　　　　　　　　（11月） ○洲山喜久江［小3］ 「子どもの力を借りて学びをつくる」 　　　　　　　　（12月）	日本生活教育連盟 『日本の生活教育50年』 　　　　　（学文社）

付　録　291

	○北舘恭子［小3］ 「羽場にも戦争があった」　(575) ○中畑和彦［小4］ 「わたしたちの水道」 ○浦沢朱実［生］ 「トマトづくりの三ツ木さん、こんにちは」 ○加藤好一［中歴］ 「生徒を地域へ離陸させる縄文の授業」　(577) ○芝沼充［小4］ 「『ごみ』の学習をどう進めたか」 ○福留修一［小5］ 「5年生の社会科学習プラン」　(578) ○中島浩明［生］ 「米づくりと子どもたち」 ○尾形友道［小3］ 「地域にとともに取り組んだわかめの養殖学習」 ○武田章［高総］ 「高校1年総合教科『環境学』のとりくみ」　(579) ○浦沢朱実［生］ 「あきとあそぼう」　(580) ○能登暢子［小3］ 「羊を飼う仕事」 ○寺川紀子［小6］ 「寛政9年百姓一揆の掘りおこし」　(582) ○新澤あけみ［中歴］ 「知覧特攻基地を子どもたちと学んで」 ○物江郁雄［小3］※ 「地域学習と運動会―『三吾小物語―120周年おめでとう』」　(583) ○佐藤実［小6］ 「自由民権と子どもたち」 ○魚次龍雄［中公］ 「御嵩町柳川町長への手紙」 ○草分京子［生］ 「田中さんといっしょに作ったお豆腐」　(584) ○高橋清子［生］ 「手紙のたび」 ○萩森繁樹［中地］ 「街づくりの主役になれる力は」 ○釜ケ澤勝［小4］ 「鹿妻用水をどう指導したか」　(586) ○加藤正伸［小6］ 「疎開から反戦・厭戦そして日本国憲法へ」 ○斎藤勉［小3］ 「楽しく学べる地域学習をめざして」　(587) ○山田麗子［中歴］ 「アジアのおじいさんおばあさんに聞く戦争の話」 ○椿敬子［小3］ 「マーシィヒル（老人ホーム）で働く人」 ○山川弘美［小6］ 「地域から見る日本の近代史」　(588)	(574)			
1999	○藤田真［生］	○小松清生［小4］	○金森俊朗［小5］	中野照雄

付　録　293

「ちびっこだるま市をひらこう」 ○松坂正浩［小6］ 「地域で学ぶ戦後の民主化」　（589） ○馬場雅［生］ 「『町の探検』から見える子どもの発達」 ○桐藤直人［中歴］ 「ザビエル画像の故郷を訪ねて」 　　　　　　　　　　　　　（590） ○蔦保収［生］ 「認識を大切にする生活科を」 ○鬼頭明成［高日］ 「国民国家の形成とアイヌ・沖縄」 ○是恒高志［中地］ 「カキから見た瀬戸内海」 ○岡本茂［小5］ 「西淀川公害と住民のたたかい」 　　　　　　　　　　　　　（591） ○茶田敏明［小3］ 「地域をどう教材にするか」 ○倉持重男［中歴］ 「北陸から来た少女」 ○北舘恭子［小4］ 「くらしと水」　　　　　　（593） ○谷岡典子［小3］ 「スーパーマーケットを調べる子どもたち」 ○草分京子［生］ 「『春の地域探検』で2年生の生活科がスタート」 ○石橋源一郎［中歴］ 「律令の都・平城京」 ○齋藤聡［小5］ 「米づくりがさかんな庄内平野」 　　　　　　　　　　　　　（594） ○小島さつき［小4］ 「ゴミ捨て場じゃないんだ、水路って」 ○菅原美和［中地］ 「えりものサケ漁から漁業の現状に迫る」 ○大野新［中選社］ 「生徒の足元から考えた環境問題」 ○里井洋一 「竹富町社会科副読本づくりの意味」 ○大坪庄悟 「大田区の副読本づくりと授業」 ○千葉誠治 「地名をアイヌ民族を知る糸口に」 谷田川和夫 「『多様さと個性的』こそ魅力」 　　　　　　　　　　　　　（595） ○小幡雅子［小3］ 「地域の人とつながる3年生」（596） ○桐藤直人［中］ 「ガイドライン法を知り非核『神戸方式』を学ぶ」 ○高橋正一郎［高日］ 「『戦没者名簿』から読み取る戦争の実相」 ○飯田彰［小4］ 「大井川のはたらきと人々のくらし」 　　　　　　　　　　　　　（597） 今野日出晴 「地域に根ざすということ」 ○岩脇彰［小4］ 「ため池を調べる」 ○草分京子［生］	「よみがえれ 大和川！」 　　　　　　（638）	「『自分らしく働き、生きる人』との出会い」 　　　　　　　　（1月） ○中河原良子［小2・3］ ※「綿の学習」 　　　　　　　　（2月） ○榎本和義［生］ 「『まちたんけん』にどう取り組んだか」 ○小林桂子［生］ 「米・コメたんけん」 　　　　　　　　（6月） ○岸康裕［小6］ 「主体的な学びを組織したい」 　　　　　　　　（8月） ○濱田嵯智子［小4］ 「ゴミから環境へ」 ○比嘉智子［小6］ 「自分の問いを追求する楽しさ―琉球の大交易時代を通して」 　　　　　　　　（10月）	「生活科10年をふりかえって」 歴史教育者協議会『歴史教育・社会科教育年報　1999年版』 　　　　　（三省堂） ○歴史教育者協議会 『子どもと見つめる小学校の世界学習』 　　　　　（あゆみ出版）

	「稲の実り」　　　　　　　(598) ○藤原恵正［小4］ 「村の戦後開拓を学ぶ子どもたち」 ○中野照雄［生］ 「地域と結ぶ保護者参加の授業」 　　　　　　　　　　　　(599) ○森豊一［小4］ 「子どもたちと取り組んだ境川のはんらんの授業」　　　　　　(601) ○中畑和彦［生］ 「バスに乗って」 ○平山正之［小6］ 「戦争に反対した人々」 ○斎藤俊子［小6］ 「戦前・戦中・戦後を通してみた青い目の人形」 ○満川尚美［小3］ 「ひばりがないていた谷原の昔」 　　　　　　　　　　　　(602)			
2000	○安達寿子［生］ 「校歌から平和教育へ」 ○志和格子［小3］ 「『昔紙しばい』を作って」 ○柄沢守［高日］ 「『福岡市』を題材にした日本史の授業」　　　　　　　　　(604) ○横出加津彦［高日］ 「田辺貝釦争議からみえる近代日本の労働運動」 ○茶田敏明［小6総］ 「泉の川とのつきあい方を考えよう」 ○山田哲嗣［中歴］ 「近世の古地図をどう授業に生かすか」　　　　　　　　　　(605) ○村松邦［小3］※ 「『グループまちたんけん』から見えてくるもの」 ○木村誠［小6］※ 「朝鮮通信使の学習から子どもたちの日韓交流へ」 ○草分京子［小5総］※ 「四日市に学ぶ・宮野に学ぶ」 　　　　　　　　　　　　(606) ○大西照雄［高現社］ 「沖縄戦とハンセン氏病者たち」 ○秋山敏［小3］ 「私たちの町でこれを調べたい」 　　　　　　　　　　　　(607) ○小林佳子［生］ 「小麦物語」 ○田宮正彦［小4］ 「ごみ学習」 ○松房正浩［小5］ 「和佐の農業」 ○山口勇［小3］ 「どんぐり拾いの謎を追う」(608) ○斎藤英樹［中地］ 「地球環境を守るために私たちができることは」 ○小林朗［中公］ 「巻町長選に見る住民の選択」 ○小原良成［小4］ 「水の学習からごみの学習へ」 　　　　　　　　　　　　(610) ○高橋清子［小5］ 「子どもと創る苫小牧の漁業の学習」	○茶森茂樹［中総］ 「他者とのかかわりをとおして自己を見つめさせる」 ○小林光代［中総］ 「学年でとりくんだ体験学習―谷津干潟と三番瀬の学習を中心として」　　　　　　(649)	○和田仁［小3］※ 「タヌキのいる小学校」 　　　　　　(1月) ○上野善弘［小3総］※ 「黒川発○○をおえ！」 　　　　　　(4月) ○和田仁［小4総］ 「どっこい生きているぼくらが見つけた鶴見川」 　　　　　　(5月) ○迫田実［小3総］ 「わたしたちのまち大発見」 　　　　　　(7月) ○辻美彦［小4］※ 「居場所の確立をめざす地域学習」 ○宮城アケミ［小4総］※ 「総合『大好きな与那原湾　山原船が来た海辺の町』」 ○平中健也［小4］※ 「学校の裏山が公園になる」 ○山田直明［小3］ 「人と出会い、学びの世界が広がる―天然酵母のパン屋さんとのふれあい」 外山英昭 「地域とつながり学びを深める子どもたち」 　　　　　　(8月) ○山田隆幸［小3総］ 「『土・水・火・生き物、そして仲間』は、子どもたちのライフ・ライン(1)(2)(3)」 　　　　　(10月～12月) ○滝口正樹［中総］ 「社会参加を通じた『学び』の探求」 　　　　　(10月)	「特集　ふるさと大好き地域学習の改革点」 　　　　　　(社・474) 「人間の生き方モデル地域からの教材発掘と授業化のヒント」 　　　　　　(社・486) 白尾裕志 「地域論・子ども論」 歴史教育者協議会『歴史教育・社会科教育年報　2000年版』 　　　　　　(三省堂)

	○渡辺明 [生] 「大好き 大和田!」 ○山本杉生 [小3] ※ 「進さんに学んだ蒜山大根」　(611) ○庄司時二 [小高総] 「生命を育む食文化をさぐろう『牛乳はどこから』」 ○青山茂行 [中総] 「中和村の水について考える」 　(612) ○佐藤理恵 [小3] 「わくわくどきどきりんごづくり」 ○春名浩子 [生] 「楽しかった町探検!」 ○長谷川明寿 [小] 「日豪平和友好の歩みと直江津捕虜収容所」 ○田中正則 [小5] 「子どもと学ぶ自動車をつくる工業」 　(613) ○羽田純一 [小6] 「地域教材と具体物にこだわった歴史学習」 ○西浦弘望 [小4] 「西池の授業」　(614) ○山川功 [小3] 「白糠の漁業」 ○住寄善志 [小3] 「ぼくの・わたしの町探検　パートⅡ」 ○相模律 [小6] 「戦時下の学校　鵜木国民学校と『決戦生活訓』」 ○熊谷鉄治 [小5] ※ 「5年生が考える農業・食糧問題」 　(616) ○小林朗 [中歴] 「奥山荘から見る越後中世史」 ○高木元治 [小6] 「15年戦争と満蒙開拓」 ○小松清生 [小3] 「まちとくらしのあゆみを学ぶ」 　(617) ○石橋源一郎 [中選社] 「マジカル　ヒストリー　ツアー in TAWARAMOTO」 ○前田佳子・前田賢司 [生] 「学年全体で取り組んだ『小麦物語』」 ○草分京子 [小3総] ※ 「渡辺さんありがとう、ミミズさんありがとう」 ○石田裕子 [小3] 「村田町まるかじり」 ○小原良成 [小4] ※ 「地域を学び、自ら動きだした子どもたち」　(618)			
2001	○新山了一 [小5総] 「子どもがおこなう身近な地域の環境調べ」 ○遠藤茂 [小3] 「親子で巡る3年生の昔さがし」 ○櫻本豊己 [生] 「乳牛を育てる植村さん」 ○関明恵 [中選社] 「地域の上野原遺跡で学ぶ」　(619) ○塚本優子 [生] 「自分の思いを持って、見て、聞いて、	中妻雅彦 「子どもの生活と地域に根ざした学校に」 ○岸本清明 [小3総] 「学ぶ喜びを味わい、自分や地域を変える総合学習──ホタルいっぱいの東条川に!」 　(661) 北村静香 [小6総] 「クラスの井戸をカン	○鎌倉博 [小3] ※ 「町を見つめ町の人とつながる社会科学習」 　(1月) ○板垣賢二 [小6総] 「『戦争』を知ろうとした子どもたち」 　(3月) ○迫田実 [小4総] 「対馬丸を通して命の尊さを学ぶ」	歴史教育者協議会 『わかってたのしい生活科1年の授業』 『わかってたのしい生活科2年の授業』 『わかってたのしい社会科3・4年の授業上・下』 『わかってたのしい社会科5年の授業』 『わかってたのしい

付　録　295

	やってみる」 ○早川寛司［中歴］ 「ご先祖様の自由民権運動」　（620） ○小島さつき［小6］ 「いまどきの小学生の歴史学習―校区の小作争議の聞き取りから」 ○江崎広章［小4］ 「B 29と平和友好」 ○升川繁敏［小6］ 「地域の視点で子どもたちと創る歴史学習」 ○佐藤昭彦［小5］※ 「『海老七五三縄づくり』をどう教えたか」　（621） ○樋口俊子［小3］ 「地域たんけんをしよう」 ○中妻雅彦［小5総］※ 「社会科と子どもの生活から総合学習を創る」 ○北村静香［小6総］ 「クラスの井戸をカンボジアへ贈ろう」 ○小林光代［中2総］※ 「『船橋学習』にどのように取り組んだか」　（623） ○上猶覚［小4総］※ 「『くらしを支える水』と『総合的な学習の時間』」 ○小野寺順子［小5］ 「磐清水のりんごづくり」 ○山下悦子［生］ 「発見小用の町」　（625） ○手代木彰雄［小3総］※ 「わたしたちのくらしとものを作る仕事～食べ物づくりを通して（上・下）」 　　　　　　　　　　（626・627） ○加藤好一［中歴］ 「地域の兵士と日中戦争」 ○高橋正一郎［高日］ 「強制連行された中国人の訴え」 　　　　　　　　　　　　　（626） ○倉持祐二［小4総］ 「おいしいおもちが食べたい」 ○齋藤俊子［生］ 「自然・人につつまれくらしを見つめて育つ子ら（上・下）」（628・629） ○中妻雅彦［小4総］※ 「社会科の学習内容を生かした総合学習を」 ○見田和子［小3］ 「炭鉱のある町釧路から」 ○小松清生［小4］ 「奈良と大阪の小学生に贈る『わたしたちの大和川』」○土井三郎［小5総］※ 「工業生産とリサイクル」　（631） ○小川一詩［小6］ 「枚方・交野の戦争遺跡を調べて」 　　　　　　　　　　　　　（632）	ボジアへ贈ろう」 　　　　　　　（667）	○与儀やよい［小4総］ 「地域の良さを発見する学びをつくる―『さとうきびからふるさとウォッチング』を通して」 ○崎濱陽子［小5総］ 「米を追い、学びを深める子どもたち」 ○宮城アケミ［小6総］ 「与那原発 わしだ島沖縄（うちなー）」 ○槙川正法［小3］ 「子どもとつくる『総合学習安里川』」 　　　　　　　（8月） ○中村源哉［小4］ 「子どもとともにはじめた東京学習」 ○和田仁［小3総］ 「里山の谷戸・井戸・炭」　（11月）	社会科6年の授業』 　　　（大月書店） 宮城アケミ 『沖縄発総合学習―山原船がきた海辺の町』 　　　（民衆社）
2002	○是恒高志［中地］ 「倉橋島のふしぎ調べ」 ○中野照雄［小3］ 「港たんけん」　（634） ○長縄幸弘［小5総］ 「わらを使ってかざりをつくろう」 　　　　　　　　　　　　　（635）	鈴木正氣 「批判的継承から今日的蘇生へ」　（676） 太田政男 「地域からの学校づくり」　（683）	○澁谷隆行［小高総］※ 「赤石川は生きている」　（2月） ○徳水博志［小5総］ 「森・川・海と人をつなぐ環境教育」	山口勇 「地域学習の歴史と現在の課題」 歴史教育者協議会『歴史教育・社会科教育年報　2002年版』 　　　（三省堂）

付録 297

	○倉持祐二［生］ 「給食のカレーをつくろう」 ○河内晴彦［小中］※ 「地域学習事始」　　　　　　(638) ○清田敏秀［中歴］ 「大磯宿の打ちこわしをどのように教材化したか」　　　　　　(639) ○佐藤昭彦［小5］※ 「フカヒレの秘密をさぐる」　(641) ○日野正生・日置暁美［小6総］ 「地域の人たちとつくるミュージカル『泉姫の贈り物』」　　　　　(642) ○小野賢一［小6］※ 「鎖国と朝鮮通信使」　　　　(643) ○向山美樹［小3］ 「町の人たちの買い物　昔と今の商店街」　　　　　　　　　　(644) ○草分京子［小6］ 「地域に学び、子どもとともに学んで」 　　　　　　　　　　　　　(645) ○飯田彰［小6］※ 「第5福竜丸と平和学習」 ○荒井保子［小5総］ 「米から食を考える」 ○入倉光春［小3総］ 「総合学習『牛・馬』」　　　(646) ○新田康二［高日］ 「狗奴国は伊勢湾岸にあったのか」 ○小林正［小5］ 「ねぎ工場のヒミツ―特命リサーチinねぎ工場―」 ○遠藤茂［小3］ 「行田の昔調べ」　　　　　　(647) ○満川尚美［小4総］ 「総合学習　練馬大根」 ○土井三郎［小4総］ 「淀川の教材化と総合学習の試み」 ○坪井多愛子［小6総］※ 「平和学習で育った『平和の感性』と『平和へのこだわり』」 ○滝川隆雄［小3総］※ 「総合学習米からわらへ」 ○宮澤れい子［小4総］ 「三番瀬で子どもの『問い心』を育てる」　　　　　　　　　　(648)		(3月) ○菱川稔［小4総］ 「大原川」　　　(7月) ○濱田嵯智子［小4］ 「大和川に学ぶ」 　　　　　　　(8月) ○矢賀睦都恵［小6総］ 「地域にあった戦争から平和活動へ」 　　　　　　　(11月)	
2003	○中野真知子［小6総］※ 「わたしたちの町にも戦争があった」 ○藤田真［小3総］ 「南湖の里山の自然」 ○阪井勝［小中］※ 「川原の炭焼き」　　　　　　(649) ○佐藤昭彦［小3］ 「くらしのうつりかわり」 ○鏡和也［生］ 「バリアフリーの公園」　　(650) ○間森誉司［小6総］ 「7か国13人の外国人ゲストティチャーに出会う国際理解教育」 　　　　　　　　　　　　　(651) ○北島佳寿子［小3］※ 「総合に負けない社会科の年間計画」 ○磯崎三郎［高日］ 「宇治火薬製造所と赤れんが建築の保存」　　　　　　　　　　(653) ○高橋智恵子［小総］ 「復活『海老根和紙』」　　(655)	宮原武夫 「『総合的な学習』のイメージ」　(691) ○中山晴生［小総］ 「森・川・海・ふたたび森へ―5年間のひきつづきの学びの物語―」　　　　　　(695)	○今倉保司［中総］ 「椎茸をのぞいてみれば」　　　　　(1月) ○和田仁［小4総］ 「自然を学ぶ中で広がる総合学習『鶴見川』」　　　　　(2月) ○島田雅美［小3総］ 「カイコを飼うことで開いた自然界のとびら」　　　　　　(3月) ○洲山喜久江［小］※ 「自然を守る活動をしている人から学ぶ」 　　　　　　　(4月) ○崎濱陽子［小3］ 「『やさいを育てる仕事』から地域の良さを知る」　　　(5月) ○岸康裕［生］ 「90歳のおばあちゃん	中妻雅彦 「小学校の総合学習と社会科学習」 歴史教育者協議会『歴史教育・社会科教育年報　2003年版』 　　　　　(三省堂)

	○岡野正丸［小3］ 「乳牛をかう仕事」 ○山本杉生［生］ 「フルーツクラブで育てよう」 　　　　　　　　　　（656） ○中島浩明［小6］※ 「江戸幕府の政治と人々のくらし」 ○鳥塚義和［高日］ 「『日露戦争の記憶』をどう伝えたか」 ○滝口正樹［中歴］ 「関東大震災後の復興小学校に今も残る御真影奉安庫・奉掲所と防空壕を訪ねる」　　　　　　　　（657） ○佐藤広也［小3総］ 「あれも豆これも豆、三角山さんさんいっぱい大豆探偵団が行く」 ○向山三樹［生］ 「秋の食べ物からおまつりランドへ」 　　　　　　　　　　（658） ○住寄善志［小3］ 「学区の工場調べ」　　（659） 中妻雅彦 「子どもの生活と地域に根ざした小学校社会科を」 ○林綾［小3］ 「地域にある〈あられ工場〉の学習を通して」 ○石田裕子［小6］ 「地域から世界へ　スゴドラっ子の戦争学習」 ○滝川隆雄［小6］ 「縄文は生きている」　（662） ○森敦子［小5総］ 「総合的な学習『戦争と平和を考えよう』」　　　　　　　　（663）		「とわらべ唄を楽しむ」 　　　　　　　　　　（6月） ○徳水博志［小4総］※ 「水から広がる森の学習」　　　　　　　　（7月） ○竹腰宏見［生］ 「豊郷小・地域からの生活科」 ○鎌倉博［小4総］ 「『多摩川の水は自然の命だよ』ととらえた子どもたちとその学習」　　　　　　　（9月） ○山本ケイ子［小5総］ 「りんご染め」 ○吉越良平［高総］ 「生徒たちとバリアフリー調査に取り組んで」　　　　　　　（11月） 外山英昭 「自己肯定感を育てる学びの創造―地域に根ざし、子どもが動く学習―」 ○矢賀睦都恵［小6総］※ 「尾鷲にあった戦争から平和活動へ2」 ○藤井景［小4総］ 「音の出る信号機を付けたい」 ○玉寄美津枝［小4総］ 「とびだせ漫湖たんけん隊」　　　　　　　（12月）	
2004	○坪井多愛子［生］ 「花鳥草木すべてがともだち①・②」 ○満川尚美［小3総］ 「高松よいとこさがし」　（664・665） ○小島さつき［小5総］ 「出会い、感動に押されて」 ○小松清生［小4］ 「伝統産業・石津のさらし」 ○金剌貴彦［小6総］ 「『岩石起て』はたからもの」 ○佐藤光康［高現社］ 「地域の要求から現代社会を学ぶ」 　　　　　　　　　　（666） ○岡野正丸［生］ 「馬と馬をかうしごと」 ○渡辺明［生］ 「地域ではたらく人々とのふれあい」 ○倉持祐二［小5］ 「米づくり農家34人に聞きました」 ○倉持重男［中歴］ 「僕たちの上尾に旧石器人がいた」 伊藤稔 「歴教協を揺るがした農民の一言」 　　　　　　　　　　（668） ○白尾裕志［小5総］ 「和牛少年隊」　　　　（669） ○塩谷朗［中地］ 「地域の規模に応じた調査―岐阜県」 ○間森誉司［小6］ 「見学・体験・もの・史料で育てる子どもの関心・興味」	細金恒男 「農と地域と教育」 　　　　　　　　　　（700） ○上野浩昭［小6］ 「小学校区（地域）から考えた戦争と平和」 　　　　　　　　　　（703） ○山口喜久枝［高総］ 「僕らは『知多半島子育て支援探検隊』」 ○今田和弘［高総］ 「総合『ハンセン病と人権』にとりくんで」 　　　　　　　　　　（706） 磯部作 「学習にとっての『地域』と地域学習のあり方」　　　　　　　（707）	○杉見朝香［小4］ 「水・ゴミを学んで」 　　　　　　　　　　（2月） ○武本正明・藤村公平・丸山浩［小総］ 「命・平和・バリアフリー、世界の子どもと手をつなぐ平和の日」 　　　　　　　　　　（3月） ○村越含博［生］ 「大豆を題材に、自分たちで学びを進めた子どもたち」 ○本郷佳代子［小総］※ 「竹の子掘りから竹の学習へ」　　　　（4月） ○吉川ひろ子［小5総］ 「育ててさぐろうお米の世界」　　　　（5月） ○佐々木優子［生］ 「めざせ！　つるぴかうどん」　　　　（8月） ○中山晴生［小総］ 「『あの枯葉はどこへいったのか事件』をおって」　　（11月） ○岩佐官始［小］※ 「地域の誇り『青谷梅林』に学ぶ」 ○斎藤博孝［小5総］ 「沖縄の都市河川『屋	渡辺明 「小学校中学年の社会科教育実践」 歴史教育者協議会『歴史教育・社会科教育年報　2004年版』 　　　　　　　　　（三省堂）

付　録　299

	○松房正浩［小6］ 「江戸時代の農業の発達を生き生きと学ぶ」 ○小野木真由美［小4］ 「ごみはどこへ」　　　　　　（670） ○中妻雅彦［小6］※ 「子どもたちの思考を広げる近現代史学習に」 ○寺田肇［小］ 「子どもたちと用水堰を歩いて水を考える」 ○瀧口智見美［小5］ 「私たちの生活と情報」 ○棚橋正明［小6］※ 「『青い目の人形』で学ぶアジア太平洋戦争」 ○髙木道子［小3総］ 「大豆のはなし」　　　　　　（671） ○加藤正伸［小4］ 「学校の歴史調べから『青い目の人形』調べへ」 ○高橋哲夫［小3総］ 「魚がすむ川がほしい」 ○上田正文［小5］ 「畑の先生の授業」　　　　　（673） ○草分京子［小4］ 「三雲の海苔養殖（上・下）」 　　　　　　　　　　　（674・675） ○滝川隆雄［小3総］ 「総合学習『木とくらし』」　（675） ○佐藤理恵［小3］※ 「いきいきわくわくわかめ作り」 　　　　　　　　　　　　　　（676） 多田眞敏 「足もとから世界へ─認識の広がりを求めて」 ○飯田彰［小6総］ 「命の尊さと平和の大切さを学ぶ」 　　　　　　　　　　　　　　（677） ○門馬寛［中歴］ 「中学校の生徒数の変化から地域を学ぶ」 ○中出律［高特］ 「『散華乙女の碑』に学ぶ」 ○寺田肇［小6］ 「農民の生活が見えてくる地域の掘りおこしを」 ○大河原美恵子［小5］※ 「お米の販売大作戦」 ○澤井文彦［小5総］ 「角田の食と農」　　　　　　（678）		部川」を見つめた子どもたち」 ○吉田武彦［中総］ 「前よりも『くちかんばやし』が好きになった」　　　　（12月）	
2005	○千葉誠治［小4］ 「アイヌの人たちの生活」　（679） ○斎藤勝明［小4］※ 「緑の松原と白い砂浜を永遠に」 ○桐藤直人［中歴］ 「『戦争体験』から子どもたちは何を学ぶか」 ○荒井保子［小3総］ 「とことん蕃山」　　　　　　（680） ○中山敬司［高日］ 「学社連携を目指した戦争学習─静岡空襲の実践─」 ○秋山敏［小4］ 「ひとりひとりの考えを大切に─ごみのゆくえの実践から─」		○中河原良子［生］ 「しぜんとあそぶ子どもたち」　　　　　（2月） ○栗原伸［小3総］※ 「『大蔵大根』と3年生の総合学習」　　（3月） ○矢賀睦都恵［生］ 「わたしたちのまちかど博物館」　　（4月） ○村越倍博［小5総］※ 「水田作りからの総合学習」　　　　　（5月） ○吉川ひろ子［小中総］ 「地域に萌える学び合い」	○大木勝司・鈴木正気・藤井千春 『地域をともにつくる子どもたち』 　　　　　　（ルック） 白尾裕志 「小学校の歴史教育を考える」 中妻雅彦 「事実をつなぎ、イメージをふくらませて」 歴史教育者協議会『歴史教育・社会科教育年報　2005年版』

○草分京子［小3］※ 「そはらのいしや（曽原の石屋）」 ○小宮まゆみ［中地］ 「調べる力を育てる地理の授業」 ○薄久仁子［生］ 「土からそだつもの」　　　(681) ○坪井多愛子［小中総］ 「平和の願いを語りつぐ『青い目の人形の日』」　　　　　　　　(683) ○森豊一［小5］ 「マグロはえ縄漁の授業」　(684) ○神谷容一［小4総］※ 「緑のダムからわが町の水環境を考える」 ○松房正浩［小5］ 「日本の工業―小倉の工場から日本・アジアが見える」　　　　(685) ○高木郁次［中歴］ 「江戸時代の村上村」　　　(686) ○渡辺明［小3］ 「『お墓調べ』から入る戦争学習」 　　　　　　　　　　　(687) ○早川寛司［小6］ 地租改正一揆から自由民権運動へ(1) 「地租を下げろ！」 ○八田吏［中総］ 「初島の物語を掘り起こそう」 　　　　　　　　　　　(688) ○遠藤茂［小3］※ 「昔を生きと生きと想像するための地域学習」 ○早川寛司［小6］ 地租改正一揆から自由民権運動へ(2) 「内閣総理大臣伊藤博文殿！」 中妻雅彦 「生活と地域に根ざした教育課程の自主編成のために」　　　　(689) ○稲次寛［高日］ 「地域の戦没者からアジア太平洋戦争を考える」 ○佐藤則次［小3］※ 「和光のむかしを知ろう！―今に伝わる『白子囃子』」○早川寛司［小6］ 地租改正一揆から自由民権運動へ(3) 「地租を減らせ、今度は国会だ」 　　　　　　　　　　　(690) ○小松清生［小4］ 「よみがえれ大和川（上・下）」 　　　　　　　　　(691・693) ○飯島春光［中総］ 「生き方をつくる『日本とアジアの歴史と今』の学習」 ○清水真人［小5］※ 「地域へ発信！　五年生の米作り」 　　　　　　　　　　　(693)		○大森亨［小5総］※ 「墨田公園に関わる子どもたち」　　　　(8月) ○崎浜陽子［小6］ 「沖縄の良さを見つけ、沖縄から日本・世界を見つめる子どもに―勝連グスクと阿麻和利から日本の歴史にせまる―」　　(11月) ○矢賀睦都恵［小5総］ 「人々の願いを感じて―尾鷲の山、ヒノキ、熊野古道」　(12月)	（三省堂） ○佐々木勝男他 『こうすればできる！生活科授業の技術と実践　1・2年』 『こうすればできる！社会科授業の技術と実践　3年』 『こうすればできる！社会科授業の技術と実践　4年』 『こうすればできる！社会科授業の技術と実践　5年』 『こうすればできる！社会科授業の技術と実践　6年』　（ルック）

著者紹介

峯 岸 由 治（みねぎし・よしはる）

略　歴

1956年　埼玉県に生まれる
1975年　蕨市立東小学校、蕨市立東中学校、埼玉県立浦和西高等学校を経て、和光大学経済学部に入学
1979年4月〜2009年3月
　　　　埼玉県公立小学校教諭（草加市、さいたま市、鳩ケ谷市の公立小学校に勤める）
2009年4月〜現在
　　　　関西学院大学教育学部に在職

学　位

学校教育学博士

主な著書

- 『現代社会科教育実践講座第16巻』（共著）現代社会科教育実践講座刊行会　1991年
- 『地域から見つめる　小学校の環境教育』（共著）あゆみ出版　1996年
- 『国際理解教育のABC』（共著）東洋館出版社　2002年
- 『こうすればできる　授業の技術と実践　生活科1・2年』（共著）ルック　2005年

主な論文（単著）

- 「『地域に根ざす社会科』実践における授業理論―兵庫県日高町立府中小学校の場合―」
  （修士論文）兵庫教育大学大学院学位論文　1986年
- 「『地域に根ざす社会科』実践における授業理論―兵庫県日高町立府中小学校の場合―」
  全国社会科教育学会『社会科研究』第35号　1987年
- 「自己学習能力を育てる総合学習の授業構成―小6総合学習『地球と私たち』を手がかりに―」社会系教科教育学会『社会系教科教育学研究』第7号　1999年
- 「社会認識の形成と生活科―小1生活科授業実践『みそしるぱあてい』を手がかりに―」社会系教科教育学会『社会系教科教育学研究』第16号　2002年
- 「社会科授業実践の臨床的組織解剖―小5『わたしたちの生活と情報』を事例として―」社会系教科教育学会『社会系教科教育学研究』第17号　2005年
- 「『地域に根ざす社会科』実践の新動向―地域形成的行為を取り上げた小学校の授業実践を手がかりに―」社会系教科教育学会『社会系教科教育学研究』第17号　2009年
- 「『地域に根ざす社会科』実践の歴史的展開―授業内容と授業展開を視点として―」（博士論文）兵庫教育大学大学院連合学校教育学研究科学位論文　2009年
- 「『地域に根ざす社会科』実践の歴史的展開―授業内容と授業展開を視点にして―」
  兵庫教育大学大学院連合学校教育学研究科『教育実践学論集』第10号　2009年

関西学院大学研究叢書　第133編

「地域に根ざす社会科」実践の歴史的展開と授業開発
――授業内容と授業展開を視点として

2010年3月30日初版第一刷発行

著　者　峯岸由治

発行者　宮原浩二郎

発行所　関西学院大学出版会
所在地　〒662-0891
　　　　兵庫県西宮市上ケ原一番町1-155
電　話　0798-53-7002

印　刷　株式会社クイックス

©2010 Yoshiharu Minegishi
Printed in Japan by Kwansei Gakuin University Press
ISBN 978-4-86283-059-3
乱丁・落丁本はお取り替えいたします。
本書の全部または一部を無断で複写・複製することを禁じます。
http://www.kwansei.ac.jp/press